Wandel und Kontinuität der Familie
in der Bundesrepublik Deutschland

Der Mensch als soziales und personales Wesen

Herausgegeben von
Klaus A. Schneewind,
Laszlo A. Vaskovics,
Gerhard Wurzbacher

Band 8

Wandel und Kontinuität der Familie in der Bundesrepublik Deutschland

Herausgegeben von
Rosemarie Nave-Herz

 Ferdinand Enke Verlag Stuttgart 1988

Professor Dr. Rosemarie Nave-Herz
Universität Oldenburg
Ammerländer Heerstraße 114–118
D-2900 Oldenburg

CIP-Kurztitelaufnahme der Deutschen Bibliothek

Wandel und Kontinuität der Familie in der Bundesrepublik Deutschland /
hrsg. von Rosemarie Nave-Herz. – Stuttgart : Enke, 1988
  (Der Mensch als soziales und personales Wesen ; Bd. 8)
  ISBN 3-432-96691-1
NE: Nave-Herz, Rosemarie [Hrsg.]; GT

Dieses Buch trägt – mit Einverständnis
des Georg Thieme Verlages, Stuttgart –
die Kennzeichnung
flexibles Taschenbuch

Das Werk, einschließlich aller seiner Teile, ist urheberrechtlich geschützt. Jede Verwertung außerhalb der engen Grenzen des Urheberrechtsgesetzes ist ohne Zustimmung des Verlages unzulässig und strafbar. Das gilt insbesondere für Vervielfältigungen, Übersetzungen, Mikroverfilmungen und die Einspeicherung und Verarbeitung in elektronischen Systemen.

© 1988 Ferdinand Enke Verlag, D-7000 Stuttgart 1 – P.O. Box 1304
Printed in Germany
Satz und Druck: Zechnersche Buchdruckerei, D-6720 Speyer
Filmsatz: 8½/9 p Times   5 4 3 2 1

Geleitwort der Reihenherausgeber

Seit 1960 hat eine größere Zahl von Wissenschaftlern (unter der Initiative und Herausgeberschaft von *F. Neidhardt, F. Ronneberger, Th. Scharmann, L. A. Vaskovics* und *G. Wurzbacher*) in der Reihe „Der Mensch als soziales und personales Wesen" unterschiedliche Themen der Sozialisationsforschung aufgegriffen. In der Vergangenheit enthielt diese Publikationsfolge im wesentlichen Sammelbände, die aus themenspezifischen Tagungen der Sektion für Familien- und Jugendsoziologie der Deutschen Gesellschaft für Soziologie hervorgegangen waren. Die bisher erschienenen Bände sollten in interdisziplinärer Zusammenarbeit der an der Sozialisationsforschung interessierten Wissenschaften einen Beitrag zur theoretischen und empirischen Analyse der Wechselwirkungen zwischen Gesellschaft, Individuum und Kultur unter Berücksichtigung der wichtigsten Sozialisationsträger wie Familie, Schule, Massenmedien, Betriebe etc. leisten.

Im Jahr 1983 kam es zu einer Neuorientierung der Reihe. Die neuen Reihenherausgeber *K. A. Schneewind* (Psychologie), *L. A. Vaskovics* (Soziologie) und *G. Wurzbacher* (Soziologie) vereinbarten, zwar an der Grundkonzeption der Reihe festzuhalten, zugleich aber einige Neuerungen einzuführen. Wesentliche Merkmale des neuen Konzepts sind zum einen eine verstärkte Beachtung der Zusammenführung verschiedener Wissenschaftsdisziplinen bei der Behandlung einzelner Fragestellungen der Sozialisationsforschung und zum anderen die Durchführung von publikationsvorbereitenden Symposien mit der Zielsetzung, den direkten fachlichen Austausch zwischen den Autoren eines Themenbandes zu vertiefen und zugleich die Qualität der einzelnen Beiträge zu erhöhen. Auf dem Hintergrund dieser Konzeption regten die Reihenherausgeber eine Anzahl von Projekten an, die in enger Zusammenarbeit mit den jeweiligen Themenbandherausgebern konkretisiert wurden.

Der vorliegende, von *R. Nave-Herz* betreute Themenband greift einen Forschungsbereich auf, der in dieser Reihe schon mehrfach Gegenstand interdisziplinärer Erörterungen gewesen ist. So hatte erstmalig *G. Wurzbacher* (1968) mit dem Band „Die Familie als Sozialisationsfaktor" sowie *L. A. Vaskovics* (1982) mit der Frage nach den „Umweltbedingungen familiärer Sozialisation" die Familie zum Fokus eines Themenbandes gemacht. Angeregt durch die teilweise heftig und polemisch geführte Diskussion um Funktionswandel, Funktionsverlust oder gar Fortbestand der Familie stellte sich die Frage, ob die behaupteten Veränderungsprozesse sich empirisch nachweisen lassen. So stehen im Zentrum des vorliegenden Bandes die Bedingungen, Begleitumstände und Konsequenzen von Veränderungen ebenso wie von Kontinuitäten der Institution „Familie", wie sie sich vor allem in den letzten 40 Jahren für den Bereich der Bundesrepublik Deutschland abgezeichnet haben. Wie komplex und facettenreich diese Prozesse sind, zeigen die Beiträge dieses Bandes, in denen aus jeweils unterschiedlicher Perspektive eine Annäherung an das Zentralthema erfolgt.

Wir danken *R. Nave-Herz* für ihren gleichermaßen kenntnisreichen wie engagiertem Einsatz bei der Betreuung dieses Bandes und wünschen dem Band eine positive Resonanz.

Klaus A. Schneewind *Laszlo A. Vaskovics* *Gerhard Wurzbacher*

Vorwort der Bandherausgeberin

Familiale Wandlungsprozesse seit dem Zweiten Weltkrieg – oder genauer: seit Bestehen der Bundesrepublik Deutschland – beschreiben zu wollen, ist nicht nur aus methodischen Gründen ein sehr anspruchsvolles und kompliziertes Vorhaben, sondern auch in bezug auf den Inhalt. Denn auf das gewählte Thema wären die oft zitierten Worte des alten v. Briest anwendbar, den Fontane sagen läßt: „... Ach, Luise, laß das, es ist ein zu weites Feld".

Wir haben dennoch den Versuch unternommen, das Thema zu behandeln, mußten uns aber – wie schon das Inhaltsverzeichnis zeigt – auf einige Problembereiche beschränken. Ihre Auswahl war auch abhängig von der vorhandenen Datenlage, der heutigen und der aus früheren Jahren. Der vorliegende Band erhebt somit nicht etwa den Anspruch, alle Arten von familialen Veränderungsprozessen und alle verursachenden Bedingungen, die zu familialem Wandel geführt oder familiale Kontinuität bewirkt haben, erfassen zu wollen.

Mit dieser Veröffentlichung wird im übrigen die Tradition der Bandreihe explizit fortgesetzt, nämlich familien- und sozialisationswissenschaftliche Themen interdisziplinär zu behandeln. So wirkten an diesem Band Fachvertreter bzw. -vertreterinnen der Soziologie, Rechtswissenschaft, Psychologie, Theologie und Pädagogik mit sowie – was bei der Planung des Buches nicht zu vermuten war – eine zur Zeit in der praktischen Politik stehende Wissenschaftlerin.

Den Herausgebern der Reihe – Herrn Prof. Dr. *K. Schneewind*, Herrn Prof. Dr. *L. Vaskovics* und Herrn Prof. Dr. *G. Wurzbacher* – sei für die Anregung des Themas und der Fritz Thyssen-Stiftung für die finanzielle Unterstützung eines Symposiums in Bamberg gedankt, das uns ermöglichte, Ursachen, Formen und Folgen familialer Wandlungsprozesse in der Bundesrepublik in einem interdisziplinären Zusammenhang zu diskutieren und darüber hinaus die einzelnen Beiträge durch gegenseitige Kritik zu ergänzen. Als Herausgeberin möchte ich abschließend auch allen Autoren/-innen für die Mitarbeit, für die gegenseitigen Anregungen und für ihre Unterstützung danken.

Oldenburg, im Sommer 1987   *Rosemarie Nave-Herz*

Inhalt

Rosemarie Nave-Herz
Einführung 1
1 Zur Zielsetzung und zum Inhalt des Bandes 1
2 Familialer Wandel als Gegenstand von Forschung – ein zeitgeschichtlicher Abriß – 5
Literatur 9

Jutta Limbach
Die Entwicklung des Familienrechts seit 1949 11
1 Das Recht als Gerüst der Sozialgeschichte 12
2 Der Wandel des Eherechts 13
   2.1 Die Reformanliegen 13
   2.2 Phasen der Rechtsentwicklung 13
   2.3 Das Namensrecht 15
   2.4 Die Entscheidungsmacht 16
   2.5 Die Arbeitsteilung in der Ehe 17
   2.6 Die Scheidung und ihre Folgen 19
3 Der Wandel des Kindschaftsrechts 22
   3.1 Die Reform des Rechts der nichtehelichen Kinder ... 22
   3.2 Elterliche Sorge statt elterliche Gewalt 24
   3.3 Der Schutz vernachlässigter und mißhandelter Kinder . 25
4 Die Grenzen des Rechts und die nichteheliche Lebensgemeinschaft 27
Literatur 33

Laszlo A. Vaskovics
Veränderungen der Wohn- und Wohnumweltbedingungen in ihren Auswirkungen auf die Sozialisationsleistung der Familie .. 36
1 Einleitung 36
2 Veränderung von Wohnverhältnissen und Wohnumweltbedingungen seit dem Zweiten Weltkrieg 36
   2.1 Wohnverhältnisse 37
   2.2 Veränderungen der Wohnumwelt 42
3 Wohn- und Wohnumweltbedingungen familiärer Sozialisation: theoretische Begründungen 45
4 Sozialisationsrelevante Merkmale der Wohnung und der Wohnumgebung 49
5 Auswirkungen der veränderten Wohn- und Wohnumweltbedingungen auf die innerfamiliale Sozialisation 53
Literatur 58

Rosemarie Nave-Herz
Kontinuität und Wandel in der Bedeutung, in der Struktur und Stabilität von Ehe und Familie in der Bundesrepublik Deutschland ... 61
1 Einführung ... 61
2 Kontinuität und Veränderungen im Prozeß der Ehe- und Familiengründung ... 62
  2.1 Die statistischen Veränderungen der Eheschließungszahlen von 1950 bis zur Gegenwart ... 62
  2.2 Die nicht-eheliche Lebensgemeinschaft und die Ehe: zwei konkurrierende Daseinsformen? ... 65
  2.3 Die Kontinuität in der Familiengründungsbereitschaft . 71
3 Veränderungen in der Familiengröße und in den Familienzyklen ... 73
4 Wandel und Kontinuität in den innerfamilialen Machtbeziehungen ... 77
  4.1 Wandel und Kontinuität in den ehelichen Autoritätsstrukturen ... 78
  4.2 Wandel und Kontinuität in der innerfamilialen Arbeitsteilung ... 80
5 Die Thesen über die Abnahme des Verpflichtungs- und Verbindlichkeitscharakters von Ehe und Familie ... 83
6 Ausblick ... 89
Literatur ... 90

Yvonne Schütze
Zur Veränderung im Eltern-Kind-Verhältnis seit der Nachkriegszeit ... 95
1 Einführende Bemerkungen: Nachkriegssoziologie und Gegenwartsanalyse ... 95
  1.1 Das Eltern-Kind-Verhältnis der Nachkriegszeit aus der Sicht damaliger familiensoziologischer Untersuchungen ... 96
  1.2 Die Eltern-Kind-Beziehung der 50er Jahre aus der Perspektive gegenwärtiger Forschung ... 98
2 Vermutungen über Veränderungen des Eltern-Kind-Verhältnisses seit der Nachkriegszeit ... 101
  2.1 Die Einschränkung nicht-kindbezogener Handlungsspielräume ... 105
  2.2 Die Minderung des Eigenwertes der Paarbeziehung ... 106
  2.3 Zur Situation des Kindes in der kindzentrierten Familie 109
3 Zusammenfassung ... 112
Literatur ... 112

Ingrid N. Sommerkorn
Die erwerbstätige Mutter in der Bundesrepublik: Einstellungs- und Problemveränderungen ... 115

1 Einleitung 115
2 Statistische Eckdaten als Bezugsrahmen 116
3 Verschiedene Entwicklungsphasen der Erwerbstätigkeit von Müttern in der Bundesrepublik 118
   3.1 Müttererwerbstätigkeit – ein soziales Faktum, das als eigenständiges Thema in der sozialwissenschaftlichen Forschung ausgeblendet wird 118
   3.2 Die Darstellung der Erwerbstätigkeit von Frauen in den familiensoziologischen Untersuchungen der Nachkriegszeit 118
   3.3 Gründe, warum Mütter erwerbstätig sind: Das Selbstverständnis der erwerbstätigen Mütter im Spannungsfeld zwischen Familie und Beruf in der zweiten Hälfte der 50er Jahre 122
   3.4 Umorientierungsprozesse in den 60er und 70er Jahren: Der erweiterte Bedeutungsgehalt von Müttererwerbstätigkeit 130
   3.5 Die Gegenwart der 80er Jahre: Wider die falsche Dichotomisierung im Lebenszusammenhang von Frauen 135
Anmerkungen 139
Literatur 140

Günther Lüschen
Familial-verwandtschaftliche Netzwerke 145
1 Das Problem verlorener Bedeutsamkeit für die Verwandtschaft in führenden Paradigmen der Familienanalyse und die Notwendigkeit für ein sachbezogenes Paradigma 146
2 Der demographische Sachbezug in Familie und Verwandtschaft 148
3 Ergebnisse einer Untersuchung in zwei Großstädten 151
   3.1 Zahl, Lage, Bewertung, Ausdehnung der Verwandtschaft 151
   3.2 Erbrechtliche Probleme als Indikatoren für Sachbezogenheit und Typen des Verwandtschaftssystems 154
   3.3 Hilfeleistungen unter Verwandten 157
   3.4 Freunde als Quasi-Verwandte 159
   3.5 Verwandtenbesuche 161
4 Zusammenfassung und Diskussion 166
Literatur 169

Helmut Lukesch
Von der „radio-hörenden" zur „verkabelten" Familie – Mögliche Einflüsse der Entwicklung von Massenmedien auf das Familienleben und die familiale Sozialisation – 173

1 Medienökologie oder das massenmediale Angebot 173
2 Die Nutzung der Massenmedien 175
3 Massenmedien und Familie 179
  3.1 Haushaltsbudget 180
  3.2 Emotionale Bindung an das Fernsehen 180
  3.3 Tagesablauf und Freizeit 181
  3.4 Außenbeziehungen der Familie 182
  3.5 Familienbilder in den Medien 184
  3.6 Fernsehen und familiäre Interaktion 186
  3.7 Elterliche Kontrolle des Medienkonsums 188
  3.8 Medienkonsum bei Eltern und Kindern und elterliches Erziehungsverhalten 189
Literatur 192

Siegfried Keil
Veränderungen im Verhältnis von Kirche und Familie seit den Anfängen der Bundesrepublik Deutschland am Beispiel der evangelischen Kirche 198
1 Theologische Gegensätze reichen weit zurück 198
2 Familienrechtsform zwischen Zustimmung und Widerspruch 201
3 Sozialpolitisches Engagement in Grenzen 204
4 Kirche und Familie im Meinungsbild ihrer Mitglieder 207
5 Kirche und Familie im Spiegelbild der kirchenamtlichen Statistik 213
Literatur 219

Rita Süßmuth
Wandlungen in der Struktur der Erwerbstätigkeit und ihr Einfluß auf das Familienleben 222
1 Wirtschaftsstrukturveränderungen und ihre Auswirkungen auf die Familie 222
  1.1 Verschiebung der Erwerbstätigenquote und wachsender Reflexions- und Psychologisierungsgrad 222
  1.2 Wandel der Einstellung von Arbeitgebern gegenüber Arbeitnehmern und ihre Rückwirkungen auf eine Subjektivierung der Familienbeziehungen 224
  1.3 Arbeitszeitverkürzungen und Zeitbudgetveränderungen . 225
  1.4 Die Suche nach neuen Arbeitszeitformen 229
  1.5 Arbeitslosigkeit als Generator individueller und familialer Desorientierung 231
  1.6 Neue Technologien – Chancen für neue Heimarbeitsplätze ohne Entfremdung? 232
2 Wachsende Notwendigkeit der sozialen Absicherung und der Berufstätigkeit der Individuen 233
Literatur 234

Kurt Lüscher, Franz Schultheis
Die Entwicklung von Familienpolitik – Soziologische Überlegungen anhand eines regionalen Beispiels ... 235
1 Einleitung ... 235
2 Die Entwicklung im Südwesten Baden-Württembergs 1950–1985: ein Fallbeispiel ... 236
  2.1 Familienpolitik im Wiederaufbau der unmittelbaren Nachkriegszeit ... 236
  2.2 Erste Konsolidierung – die 50er Jahre ... 238
  2.3 Auf dem Wege zur eigenständigen Sozialpolitik: die 60er Jahre ... 239
  2.4 Familienpolitik im Wohlfahrtsstaat um 1980 ... 241
  2.5 Familienpolitik angesichts pluraler Familienformen und knapper Finanzen – die 80er Jahre ... 244
  2.6 Zusammenfassung: Grundzüge der Entwicklung der Familienpolitik ... 245
3 Diskussion: Überlegungen und Thesen zu einer Soziologie der Familienpolitik ... 247
  3.1 Gesellschaftspolitische Wirkungen familienpolitischer Aktivitäten ... 249
  3.2 Die konstitutiven Ambivalenzen von Familienpolitik ... 253
Anmerkungen ... 255
Literatur ... 256

Otto M. Ewert
Veränderungen in der Inanspruchnahme familienorientierter Beratungsangebote am Beispiel der Erziehungsberatung ... 259
1 Die Aufgaben der Erziehungsberatung im zeitlichen Wandel ... 261
2 Veränderungen im institutionellen Angebot von Erziehungsberatung ... 263
3 Veränderungen in der Inanspruchnahme und der Arbeitsweise von Erziehungsberatungsstellen ... 266
  3.1 Veränderungen in der Altersstruktur der Klienten ... 267
  3.2 Geschlechtsspezifische Verteilung der Klienten ... 267
  3.3 Soziale Zusammensetzung des Klientels ... 268
  3.4 Gründe der Inanspruchnahme von Erziehungsberatung ... 269
  3.5 Änderung der Sensibilität gegenüber psychischen Störungen ... 271
4 Arbeitsweisen der Erziehungsberatungsstellen ... 272
  4.1 Zeitlicher Aufwand für bestimmte Tätigkeitsbereiche ... 272
  4.2 Änderungen im diagnostischen Bereich ... 272
  4.3 Beratung und Therapie in der Erziehungsberatung ... 273
  4.4 Änderungen in den therapeutischen Verfahrensweisen ... 273
  4.5 Zusammenarbeit mit anderen Institutionen, Prävention und Öffentlichkeitsarbeit ... 275

XIV *Inhalt*

5 Epikrise 276
Literatur 276

Bernhard Nauck
Zwanzig Jahre Migrantenfamilien in der Bundesrepublik.
Familiärer Wandel zwischen Situationsanpassung, Akkulturation und Segregation 279
1 Dimensionen des Wandels bei Migrantenfamilien 279
2 Sozialstruktureller Wandel der Migrantenfamilien 281
   2.1 Bevölkerungsentwicklung 282
   2.2 Familienstand 286
   2.3 Generatives Verhalten 288
   2.4 Scheidungen 290
3 Intergenerativer Wandel in Migrantenfamilien 291
4 Ausblick 293
Literatur 295

Tabellen-Anhang 298
Namenregister 300
Sachregister 308

Mitarbeiterverzeichnis

Ewert, Otto M., Prof. Dr.
Institut für Psychologie der Johannes Gutenberg Universität Mainz, Saarstr. 21, 6500 Mainz
   Studium der Psychologie an der Universität Mainz, Promotion 1953, Habilitation 1962. Lehrtätigkeit an der Ruhr-Universität Bochum von 1967 bis 1974, Lehrstuhl für Pädagogische Psychologie. Seither an der Johannes Gutenberg Universität in Mainz, Lehrstuhl für Entwicklungs- und Pädagogische Psychologie.
   Forschungs- und Publikationsschwerpunkte im Bereich der Entwicklungs- und Pädagogischen Psychologie: Selbstkonzept-Forschung, Entwicklungspsychologie des Jugendalters, Gedächtnisentwicklung.

Keil, Siegfried, Prof. Dr. Dr.
Philipps-Universität Marburg, Fachbereich Evangelische Theologie, Abteilung für Sozialethik, Sozialethisches Seminar, Lahntor 3, 3550 Marburg/Lahn
   Studium der Theologie mit Promotion zum Dr. theol. (Kiel 1959) und der Soziologie mit Promotion zum Dr. phil. (Kiel 1961). Habilitation in Sozialethik (Marburg 1969). Direktor der Evangelischen Hauptstelle für Familien- und Lebensberatung im Rheinland (Düsseldorf 1968 bis 1972); Prof. für Sozialpädagogik an der Pädagogischen Hochschule Ruhr/Universität Dortmund (1973 bis 1985); seit 1986 Prof. für Sozialethik am Fachbereich Evangelische Theologie der Philipps-Universität Marburg.
   Forschungs- und Publikationsschwerpunkte: Familien- und Lebensberatung, Sexualethik, Ethik der Lebensalter und -formen, staatliche und kirchliche Sozialarbeit und Sozialpolitik.

Limbach, Jutta, Prof. Dr.
Fachbereich Rechtswissenschaft, Wissenschaftliche Einrichtung für Grundlagen und Grenzgebiete des Rechts, Boltzmannstr. 3, 1000 Berlin 33
   Studium der Rechtswissenschaften an der Universität Berlin und Freiburg. 1. und 2. juristische Staatsprüfung (1958, 1962). Promotion 1966 in Berlin, 1963 bis 1966 Tätigkeit als Wiss. Assistentin und Ak. Rätin. 1967 bis 1970 Habilitationsstipendium der DFG. 1971 Habilitation und Verleihung der Lehrbefugnis für die Fächer Rechtssoziologie, Privatrecht, Handels- und Wirtschaftsrecht. Universitätsprofessorin für diese Fächer im Fachbereich Rechtswissenschaft der Freien Universität Berlin. Mitglied des Direktoriums der Wissen-

schaftlichen Einrichtung für Grundlagen und Grenzgebiete des Rechts.

Forschungs- und Publikationsschwerpunkte: Familienrecht, Soziologische Jurisprudenz und Rechtssoziologie im Bereich des Familienrechts.

Lüschen, Günther, Prof. Dr.
Rhein.-Westf. Techn. Hochschule Aachen, Institut für Sportwissenschaft, Mies-van-der-Rohe-Str., 5100 Aachen und Dpt. Sociology; University of Illinois; Urbana, Ill./USA

Studium der Germanistik, Philosophie, Soziologie, Sportwissenschaft an den Universitäten Köln, Bonn, Graz, Michigan. Dr. phil. (Graz 1959). 1961 bis 1965 Projektleiter am Forschungsinstitut für Soziologie der Universität sowie Lehrauftrag für Soziologie an der Sporthochschule Köln. Seit 1966 Professor für Soziologie, Universität Illinois; 1978/79 Gastprofessor Universität Köln; seit 1982 ebenfalls Professor für Sportwissenschaft, RWTH Aachen.

Forschungs- und Publikationsschwerpunkte: Familie, Gesundheit, Sport, soziologische Theorie.

Lüscher, Kurt, Prof. Dr.
Universität Konstanz, Sozialwissenschaftliche Fakultät, Fachgruppe Soziologie, Universitätsstr. 10, 7750 Konstanz 1

Studium an den Universitäten Basel, Bern und der Columbia University (New York); Habilitation an der Universität Bern. Seit 1971 Lehrstuhl für Soziologie an der Universität Konstanz.

Forschungs- und Publikationsschwerpunkte: Familie, Medien, Familienpolitik.

Lukesch, Helmut, Prof. Dr.
Institut für Psychologie, Universität Regensburg, Universitätsstr. 31, 8400 Regensburg

Studium der Psychologie, Pädagogik und Philosophie an den Universitäten Innsbruck und Salzburg; Promotion zum Dr. phil. (Hauptfach Psychologie) 1971 an der Universität Salzburg; Habilitation für das Fach Psychologie an der Universität Konstanz (1976); Assistent am Psychologischen Institut in Salzburg (1971 bis 1973); Assistent im Fachbereich Erziehungswissenschaft der Universität Konstanz (1973 bis 1977); Projektleiter im Zentrum I Bildungsforschung an der Universität Konstanz (1978 bis 1979); seit 1979 Ordinarius für Psychologie an der Universität Regensburg.

Forschungs- und Publikationsschwerpunkte: Familienerziehung, Systemvergleichende Schulforschung, Psychologie der Schwangerschaft, Angstforschung und Medienforschung.

Nauck, Bernhard, Dr. habil.
Staatsinstitut für Frühpädagogik und Familienforschung, Arabellastr. 1, 8000 München 81
  Studium der Soziologie, Erziehungswissenschaften und Didaktik der Deutschen Sprache; Promotion 1977 in Köln; Habilitation für Soziologie 1983 in Bonn; 1972 bis 1984 wiss. Mitarbeiter an der Pädagogischen Hochschule Rheinland, den Universitäten Oldenburg und Bonn; 1985 Vertretung einer Professur für Soziologie und Methodenlehre an der Universität Wuppertal; seit 1986 Leiter der Abteilung Familienforschung des Staatsinstituts in München.
  Forschungs- und Publikationsschwerpunkte: Familien-, Freizeit-, Jugend- und Migrationssoziologie, interkulturellvergleichende Familienforschung.

Nave-Herz, Rosemarie, Prof. Dr.
Institut für Soziologie, Universität Oldenburg, Birkenweg 5, 2900 Oldenburg
  Studium der Soziologie, Wirtschaftswissenschaften und Germanistik an der Universität Köln; Promotion (Hauptfach: Soziologie) 1963; Wiss. Mitarbeiterin am Max-Planck-Institut für Bildungsforschung, Berlin (1965 bis 1967); Hochschuldozentin an der PHN-Niedersachsen (1967 bis 1971); Lehrstuhl für Soziologie in Köln von 1971 bis 1974. Ab 1974 Prof. für Soziologie mit dem Schwerpunkt Familie, Jugend, Freizeit an der Universität Oldenburg; 1985 Gastprofessur an der University of Sussex/England.
  Forschungs- und Publikationsschwerpunkte: Familien, Bildungs- und Freizeitsoziologie; Frauenforschung.

Schütze, Yvonne, PD Dr.
Max-Planck-Institut für Bildungsforschung, Lentzeallee 94, 1000 Berlin 33
  Studium der Soziologie, Psychologie, Politik, Pädagogik; Promotion (Soziologie) 1975 an der Universität Frankfurt; Habilitation 1986 an der Universität Göttingen; Wiss. Assistentin am Soziologischen Seminar der Universität Göttingen (1972 bis 1976), wiss. Mitarbeiterin am Deutschen Jugendinstitut, München (1976 bis 1977). Seit 1977 wissenschaftliche Mitarbeiterin am Max-Planck-Institut für Bildungsforschung (Berlin).
  Forschungs- und Publikationsschwerpunkte: Sozialisations- und Familienforschung, Geschichte der Kindheit und Familie.

Schultheis, Franz, Dr.
Universität Konstanz, Sozialwissenschaftliche Fakultät, Fachgruppe Soziologie, Universitätsstr. 10, 7750 Konstanz
  Studium der Soziologie, Politikwissenschaft und Psychologie in Freiburg und Nancy; Promotion 1985 an der Universität Konstanz.

Zur Zeit Hochschulassistent im Fach Soziologie an der Universität Konstanz.

Forschungsschwerpunkte: Familiensoziologie, Wissens- und Religionssoziologie, Interkultureller Vergleich von Sozialpolitik.

Sommerkorn, Ingrid N., Prof. Dr.
Universität Hamburg IZHD und Institut für Soziologie,
Sedanstr. 19, 2000 Hamburg 13

Studium der Soziologie und verwandte Fächer am Frankfurter Institut für Sozialforschung und an der London School of Economics (Dipl.-Soz., Frankfurt 1962; Ph. D. an der Universität London 1966); Stipendiatin und wissenschaftl. Mitarbeiterin am Max-Planck-Institut für Bildungsforschung, Berlin (1964 bis 1969); Research Associate am M.I.T., Cambridge/Mass.; Prof. für Soziologie der Erziehung an der Universität Bremen (1971 bis 1976); seit 1976 Professur für Hochschuldidaktik und Bildungssoziologie an der Universität Hamburg; Gastprofessuren an der Universität Toronto (1972), am M.I.T. (1975, 1980), an der Universität Toulouse (1984).

Forschungs- und Publikationsschwerpunkte: Bildungs-, Jugend-, Medizinsoziologie, Hochschulsozialisation, Frauenforschung.

Süßmuth, Rita, Prof. Dr.
Bundesministerium für Jugend, Familie, Frauen und Gesundheit,
Postfach 20 04 90, 5300 Bonn 2

Assistentin an den Hochschulen Stuttgart und Osnabrück; Dozentin an der PH Ruhr; Prof. für Erziehungswissenschaft an der Ruhr-Universität Bochum; Lehrstuhlinhaberin für Erziehungswissenschaft an der Universität Dortmund; 1982 Ernennung zur Direktorin des Forschungsinstituts „Frau und Gesellschaft" in Hannover; seit 1985 Bundesministerin für Jugend, Familie, Frauen und Gesundheit.

Forschungs- und Publikationsschwerpunkte: Frühe Kindheit, Jugendlicher Protest und Krisen im Jugendalter, Familien- und Frauenforschung, Familienbildung, Familienpolitik.

Vaskovics, Laszlo, Prof. Dr.
Universität Bamberg, Lehrstuhl für Soziologie I, Feldkirchenstr. 21,
8600 Bamberg

Studium der Soziologie, Philosophie, Ethnologie in Wien; Promotion zum Dr. phil. (Soziologie) in Wien 1962; 1966 Hochschulass. an der Sozial- und Wirtschaftswiss. Fakultät der Universität Linz, dort Habilitation für das Fach Soziologie (1966); Prof. und Abteilungsvorsteher an der Universität Trier (1970 bis 1976); seit 1977 Inhaber des Lehrstuhls für Soziologie I an der Universität Bamberg und Leiter der Sozialwissenschaftlichen Forschungsstelle.

Forschungs- und Publikationsschwerpunkte: Familienforschung, Sozialisationsforschung, Armuts- und Randgruppenforschung, Stadtforschung.

Einführung

Rosemarie Nave-Herz

1 Zur Zielsetzung und zum Inhalt des Bandes

Mit dem vorliegenden Band wird versucht, einerseits den Wandel, andererseits die Kontinuität familialen Lebens seit Bestehen der Bundesrepublik Deutschland aufzuzeigen. Dabei konzentrieren sich die folgenden Beiträge nicht nur auf die zeitgeschichtliche Analyse der bundesrepublikanischen Familie selbst, sondern untersuchen auch die Veränderungen von ausgewählten familialen Rahmenbedingungen und ihre möglichen Auswirkungen auf den Familienbereich, ferner die Wandlungen in anderen gesellschaftlichen Teilbereichen — wie den Massenmedien, der Institution Kirche, dem Erwerbsbereich —, von denen Transferwirkungen auf den Familienbereich zu erwarten sind; und schließlich werden die Veränderungen in bestimmten öffentlich-praktischen Leistungen für die Familie erfaßt, die das Ziel haben, familiales Handeln in irgendeiner Weise zu unterstützen.

Im Hinblick auf die familialen Rahmenbedingungen wurden das Rechtssystem (*J. Limbach*) und die Wohn- und Wohnumweltbedingungen (*L. Vaskovics*) ausgewählt, da gerade hier in den vergangenen 40 Jahren weitreichende Veränderungen erfolgten. Schon die Übersicht der Gesetzesänderungen zwischen 1957 und 1976 auf S. 33 zeigt dies; und *L. Vaskovics* belegt die wohnungsmäßige Entwicklung in bezug auf die Erhöhung des Wohnraumbestandes, der Zunahme der Wohnungsgröße, der Veränderungen der Wohnformen, der Verbesserung der Wohnausstattung usw. sehr eindrucksvoll.

Doch in bezug auf das Recht erhebt sich die Frage — auf die *J. Limbach* einleitend eingeht —, ob bzw. in welcher Hinsicht überhaupt Gesetze als Rahmenbedingungen für soziale Wirklichkeit gelten können. Denn speziell in bezug auf die familiale Realität ist die Einklagbarkeit von Gesetzen häufig beschränkt, und in der Literatur wird dem formalen Recht für den Familienbereich eine Orientierungsfunktion im Hinblick auf individuelles Handeln abgesprochen. Diese These wird u. a. in diesem Kapitel an verschiedenen Gesetzesänderungen diskutiert.

Doch könnte die Wirkung von Gesetzen nicht auch darin liegen, daß immer mehr Personen die Ordnungsfunktion des Rechts im Bereich persönlicher Beziehungen meiden möchten und sich nicht unter ein bestimmtes Gesetz stellen wollen? Wie wäre sonst — so wird zuweilen in der Öffentlichkeit argumentiert — der Anstieg nichtehelicher Lebensgemeinschaften zu erklären? Hierauf wird ausführlich im nächsten Kapitel (*R. Nave-Herz*) eingegangen.

In diesem und den folgenden Beiträgen (*Y. Schütze, I.N. Sommerkorn, G. Lüschen*) wird der innerfamiliale Wandel seit 1950 beschrieben und hierbei geprüft, ob sich die familialen Interaktionsbeziehungen und die familialen Rollen verändert haben, sowohl was die gesellschaftlichen Erwartungen als auch das faktische Verhalten der Rollenträger betrifft.

Aus der Fülle der unter dieser Thematik zu behandelnden möglichen Fragen konnten selbstverständlich nur einige wenige beantwortet werden: Es wird u.a. nach den Veränderungen in den Gründen, die zur Eingehung einer Ehe und zur Gründung einer Familie führen, gefragt, nach Einstellungsänderungen der Ehepartner zum Verpflichtungscharakter von Ehe und Familie, nach Kontinuität und Wandel in der innerfamilialen Arbeitsteilung, in der Stellung des Kindes in der Familie, im Selbstverständnis erwerbstätiger Mütter u.a.m. Gerade bei dem zuletzt genannten Thema ist im übrigen zu unterscheiden zwischen der Realität selbst und der gewandelten Einstellung zu eben dieser Realität. Denn der Tatbestand, eine „erwerbstätige Mutter" zu sein, hatte 1950 eine andere Bedeutung als heute, obwohl der Grund der Erwerbstätigkeit gleich geblieben sein kann. Auf diese notwendige Differenzierung geht *I.N. Sommerkorn* in ihrem Beitrag u.a. ausführlich ein. Intensiv wird auch der Frage nachgegangen (vgl. *Y. Schütze*), ob der Bedeutungswandel von Ehe und Familie auch einen Wandel in den Eltern-Kind-Beziehungen gebracht und ob sich das Verhältnis des Ehe-Subsystems zum Eltern-Kind-System verändert hat.

Die Beiträge zeigen, daß die Familie als ein komplizierter Wirkungszusammenhang zu begreifen ist, für den im Zeitablauf gleichermaßen Kontinuität und Wandel gilt. Vor allem in bezug auf die Beziehungen der Familie zu ihrer nächsten Umwelt, den Verwandten und Freunden, ist weit mehr Kontinuität im zeitgeschichtlichen Vergleich gegeben als in der Öffentlichkeit häufig behauptet wird, wie *G. Lüschen* ausführlich nachweist. Rein theoretisch weist er eingangs darauf hin, daß bestimmte Paradigmata in der Analyse Kontinuitäten der Familie systematisch übersehen. In diesem Zusammenhang plädiert er für ein „sachbezogenes" Paradigma.

Dagegen wird in der Öffentlichkeit häufig vermutet, daß das Fernsehen, das in dem von uns betrachteten Zeitraum erst entwickelt wurde und nunmehr in fast allen Haushalten vorhanden ist, tiefgreifenden familialen Wandel bewirkt hätte, schon deswegen, weil es die innerfamilialen Interaktions- und Kommunikationsformen, selbst den familialen Tagesrhythmus verändert hätte. *H. Lukesch* geht in seinem Beitrag hierauf ausführlich ein, wobei er ferner die Auswirkungen dieses Mediums auf die familiale Sozialisation und seine Bedeutung für das Haushaltsbudget thematisiert.

Wenn man nach weiteren Faktoren, die das Familienleben beeinflussen könnten, fragt, ist auch das zeitgeschichtliche Verhältnis von Kirche und Familie zu analysieren. Denn einerseits bilden Familienmitglieder die Kirchengemeinde und zum anderen hat die Institution Kirche sich immer familienpolitisch engagiert. Am Beispiel der evangelischen Kirche zeichnet *S. Keil* dieses doppelte Verhältnis der Familien zu ihrer Kirche nach. So werden hier die zeitlich und innerkirchlich unterschiedlichen Positionen im Hinblick auf die jeweils aktuellen familien- und sozialpolitischen Themen ausführlich behandelt. Ferner geht es hier auch um die Frage, ob nach der Säkularisierungstendenz der vergangenen 30 Jahre jetzt — im Rahmen von Demokratisierungstendenzen, der Friedensbewegung usw. — junge Eltern die Beziehung zur Kirche wieder suchen und damit der kirchliche Einfluß auf das Familienleben in den letzten Jahren wieder gewachsen ist. Denn Wandel kann auch erneute Hinwendung zu früher üblichen Einstellungs- und Verhaltensweisen bedeuten, was z. B. ablesbar wäre an dem Wiederaufleben kirchlicher Rituale, mit denen die Statuspassagen zu bestimmten Familienrollen begleitet werden. Deshalb wendet sich *S. Keil* in seinem Beitrag auch den Trendverläufen der Kirchenstatistik zu, u. a. den quantitativen Veränderungen der Tauf- und Trauungszahlen.

Viel stärker als die Transferwirkungen zwischen Kirche und Familie wurden seit den 68er Jahren bis heute in der Wissenschaft die zwischen dem Erwerbs- und Familienbereich diskutiert. Gerade im Produktionssektor sind in den vergangenen Jahren vielschichtige Veränderungsprozesse abgelaufen, was die Qualifikationsanforderungen an die Arbeitnehmer, die Arbeitszeiten, die Arbeitszeitformen, die Arbeitslosigkeit, die Verbreitung neuer Technologien u. v. m. betrifft. Diese bereits stattgefundenen — aber auch die noch zu erwartenden — Veränderungen im Hinblick auf ihre möglichen Auswirkungen auf das Familienleben beschreibt *R. Süßmuth* in ihrem Artikel. Sie geht hierbei ferner auf die hieraus zu ziehenden politischen Konsequenzen ein. In diesem Beitrag wird damit die Relevanz wissenschaftlicher Forschung für politisch-pragmatisches Handeln aufgezeigt.

Die gesellschaftliche Reaktion auf familiale Veränderungen wird in den Beiträgen von *K. Lüscher/F. Schultheis* (am Beispiel der Familienpolitik) und von *O.M. Ewert* (am Beispiel der Erziehungsberatungsstellen) aufgenommen.

Dabei geht es aber *K. Lüscher* und *F. Schultheis* in ihrem Artikel um weit mehr als um das Nachzeichnen der Entwicklung von familienpolitischen Maßnahmen seit Kriegsende (wozu sie ein Fallbeispiel wählen): sie stellen einen Entwurf zu einer Soziologie der Familienpolitik zur Diskussion. Ferner belegen sie ihre — für unsere augenblickliche Situation der Ausprägung pluraler Familienformen besonders wichtige — These, die besagt, daß zwischen Familienpolitik und der Definition von Familie eine Art dynamischer Interdependenz besteht. Explizit wird auch hier den methodischen Problemen von Wirkungsanalysen nachgegangen, mit ähnlichen Ergebnissen wie *H. Lukesch* und *L. Vaskovics*.

Wenn man bedenkt, wie sich die Qualifikationsanforderungen an die Elternrolle in den vergangenen 40 Jahren erhöht haben (vgl. den Beitrag von *Y. Schütze*), könnte man vermuten, daß u. U. auch die Unsicherheit der Eltern gewachsen und der Bedarf nach professioneller Beratung gestiegen ist. Da die Institutionsvielfalt an Beratungsstellen in der Bundesrepublik sehr groß ist, beschränkt sich *O.M. Ewert* in seinem Beitrag auf die Veränderung der Tätigkeiten von Erziehungsberatungsstellen. Hier werden im übrigen erstmalig Daten einer empirischen Erhebung über die Veränderungen in dem Tätigkeitsspektrum dieser Beratungsstellen, in den sozialstatistischen Variablen ihrer Klientel, in den Gründen, die zum Aufsuchen einer Beratungsstelle führen usw., beschränkt auf das Land Rheinland-Pfalz, Hessen und Baden-Württemberg, präsentiert und kritisch beleuchtet.

Der letzte Beitrag hebt sich thematisch von den übrigen Kapiteln ab, da hier nicht über Kontinuität und Wandel der bundesrepublikanischen Familie berichtet wird. Doch durch die ökonomische Entwicklung des Erwerbsbereichs und dem damit verbundenen Arbeitskräftemangel in der Bundesrepublik in den 60er Jahren, der zu einer Anwerbung von ausländischen Arbeitnehmern führte, nahm der Umfang an Gastarbeiterfamilien derart zu, daß ihre Problematik in dem vorliegenden Band mit einbezogen werden muß. *B. Nauck* stellt in seinem Beitrag die statistischen Daten über die Gastarbeiterfamilien zeitvergleichend dar und hinterfragt ferner die gängige Selektions- und Akkulturationsthese.

Überblickt man zusammenfassend alle Kapitel des vorliegenden Bandes, die sich nicht nur in ihrer spezifischen Thematik, sondern in den Grundkonzeptionen, in der methodischen Erfassung von familialem Wandel und in ihrer Abfassung unterscheiden, so wird deutlich, daß jeder Artikel einen zentralen Beitrag beisteuert zur Beantwortung der generellen Fragestellung, die mit dem Titel des Buches angesprochen wird.

Auf ein zentrales Problem, das mit der Analyse sozialen und damit familialen Wandels verbunden ist, soll abschließend kurz eingegangen werden, nämlich auf das Problem der Ausgrenzung einer bestimmten Zeitepoche (vgl. hierzu *Wiswede* und *Kutsch* 1978; *W. Zapf* 1979; *Moore* 1973). Denn die Bestimmung des Anfangs- und Endpunktes wirkt sich auf die Beschreibung von familialem Wandel aus, weil man nicht von einer Stetigkeit des Wandels ausgehen kann. So z. B. haben als Ausgangspunkt der Interpretation von familienstatistischen Trendverläufen verschiedene Autoren die 60er Jahre genommen, ohne zu betonen, daß die Zeit von Anfang 1950 bis Anfang bzw. Mitte der 60er Jahre — statistisch gesehen — eine besonders familienbetonte Phase gewesen ist, denn sie war gekennzeichnet durch einen Anstieg der Eheschließungen (noch nie in der Geschichte hatten wir eine derart hohe Verheiratetenquote wie in dem Zeitraum von 1950 bis 1965; vgl. *Ballerstedt, Glatzer* u. a. 1977: 44), der Geburtenüberschüsse sowie durch eine Zunahme der Familien mit drei Kindern, ein Überwiegen der Drei- und Mehr-Personenhaushalte und letztlich durch sehr geringe Ehescheidungsquoten. Erst Ende der 60er setzte die Tendenzwende ein: die Eheschließungsneigung nahm ab, und die Zahl der Zwei-Generationen-Familien mit einem bzw. zwei Kindern, ebenso die Scheidungszahlen stiegen (vgl. Tabelle im Anhang). Ferner erhöhte sich der Anteil von Familien mit erwerbstätigen Müttern (vgl. S. 116ff.).

Auch die von uns vorgenommene zeitliche Zäsur ist nur durch das historische Ereignis der Gründung der Bundesrepublik Deutschland bestimmt, familien-historisch aber kaum zu rechtfertigen. Dieser Sachverhalt wird im übrigen in vielen Beiträgen dadurch sichtbar, daß ihre Autoren bzw. Autorinnen zum Verständnis des zeitgeschichtlichen Wandels vielfach auf noch frühere Epochen zurückgreifen müssen.

2 Familialer Wandel als Gegenstand von Forschung — ein zeitgeschichtlicher Abriß

Die Frage nach „Wandel und Kontinuität der Familie in der Bundesrepublik Deutschland" ist im übrigen nicht neu; insbesondere auch zur Zeit der Gründung der Bundesrepublik Deutschland wurde sie sehr häufig und seitdem — über 40 Jahre hindurch — immer wieder gestellt.

Dennoch wurden bisher nur einzelne Aspekte aus der Gesamtthematik empirisch überprüft oder theoretisch erörtert, nie aber inner- und außersystemische Veränderungen sowie ihre interdependenten Beziehungen gleichzeitig und chronologisch von der Gründung der Bundesrepublik Deutschland bis heute untersucht, wie im vorliegenden Band.

Überblickt man alle theoretischen und empirischen Arbeiten der letzten 40 Jahre, die in irgendeiner Weise Themen über familialen Wandel und Kontinuität behandelten, so wird deutlich, daß ebenso für diese Forschungsfrage Wandel und Kontinuität gilt.

Mit dem folgenden grob skizzierten Überblick über die wissenschaftliche Berücksichtigung des Themas „Familialer Wandel in der Bundesrepublik Deutschland seit Ende des Zweiten Weltkriegs" wird die Absicht verbunden, die Zielsetzung des vorliegenden Bandes „historisch" und thematisch einzuordnen. Hierbei wird gleichzeitig versucht, sowohl die Kontinuität als auch den mehrfachen Perspektiven-Wechsel in bezug auf unser Thema und damit verbunden die unterschiedliche kategoriale Bestimmung des Begriffes „Familialer Wandel" aufzuzeigen:

Ausgelöst durch die umwälzenden gesamtgesellschaftlichen Veränderungen der Kriegs- und Nachkriegszeit wurde bereits 1947 — und verstärkt in den 50er Jahren — das Problem von Wandel und Stabilität der Familie diskutiert. So gingen auch die ersten empirischen Erhebungen nach dem Zweiten Weltkrieg der Frage nach, ob die gesamtgesellschaftlichen Ereignisse familiale Veränderungen hervorgerufen hätten und ob unter den kriegsbedingten Wandlungserscheinungen langfristige Strukturveränderungen sichtbar würden (*Thurnwald* 1948; *Wurzbacher* 1951; *Schelsky* 1953; *Baumert* 1954). In jenen empirischen Erhebungen wurde familialer Wandel überwiegend als abhängige Variable und damit als empirisch-analytische Kategorie definiert.

Eine derartige Vielzahl von empirischen Untersuchungen, die sich explizit dem Thema familialen Wandels widmeten, hat es in der Folgezeit nicht wieder gegeben. Denn die empirische familiensoziologische Forschung wandte sich nunmehr — entsprechend dem von da an vorherrschenden strukturell-funktionalen und interaktionistischen Paradigma — vermehrt Gegenwartsanalysen oder der Prüfung bestimmter familialer Strukturen und deren Auswirkungen zu. Dennoch ist — trotz Unterbrechungen — eine gewisse Kontinuität in der empirischen Bearbeitung dieser Forschungsfrage bis heute gegeben. So sind erneut Anfang der 70er Jahre empirische Untersuchungen durchgeführt worden (z. B. in der Form des Vergleichs von statistischen und empirischen Daten aus verschiedenen Jahren), die dieser Frage im Hinblick auf bestimmte Familientypen (z. B. *Planck* 1970; *Pfeil* 1970) oder in bezug auf ausgewählte Aspekte von Familienalltag (z. B. *Köckeis* 1970) nachgegangen sind.

Für fast alle erwähnten empirischen Untersuchungen gilt, daß sie neben ihrer spezifischen Zielsetzung auch — wie einige Autoren es selbst betonten (*Wurzbacher* 1969; *Planck* 1970; *Pfeil* 1970) — sich mit den in ihrer jeweiligen Zeit öffentlich diskutierten Prophezeiungen über Zerrüttungs- oder Auflösungserscheinungen von Ehe und Familie sowie mit der Isolationsproblematik der modernen Kleinfamilie auseinandersetzen wollten.

Seit Anfang der 80er Jahre mehren sich erneut die Veröffentlichungen, die nunmehr aus den sozio-demographischen Veränderungen der letzten Jahre düstere Prognosen für die Zukunft von Ehe und Familie ableiten und in denen von Bedeutungsverlust oder von „Krise" der Familie gesprochen wird. Vor allem in allen Arten von Medien, in partei- und verbandspolitischen Reden wurden (und werden) häufig die familien- und haushaltsstatistischen Trendverläufe der letzten Jahre mit derartigen pessimistischen Deutungsmustern belegt und mit einer zeitkritischen Perspektive verbunden. Doch aus statistischen Datenreihen sind nicht ohne weiteres Aussagen über Veränderungsprozesse, die die Individualebene betreffen, ableitbar.

Erst vereinzelt sind ab Mitte der 80er Jahre wissenschaftliche Abhandlungen zu finden, die durch eigene Erhebungen oder durch Sekundäranalysen von empirischem Material (z. B. *Schumacher* und *Vollmer* 1982; *Rerrich* 1983; *Schulz* 1983; *Nave-Herz* 1984) nachprüfen, ob hinter den massenstatistischen Datenveränderungen subjektive Bedürfnisverschiebungen sich verbergen, die zu einem Bedeutungswandel von Ehe und Familie und zu einer Pluralität von Lebensformen geführt haben (vgl. auch *Lüscher* 1987). Diese Diskussion steht in der Bundesrepublik Deutschland noch am Anfang.

Neben empirischen Erhebungen über familialen Wandel wurden aber zur gleichen Zeit, nämlich seit Kriegsende bis heute, theoretische Analysen durchgeführt, die das Besondere der modernen Ehe und Familie und die stattgefundenen familiären Veränderungsprozesse durch historischen Vergleich mit früheren Familienformen und -strukturen zu erfassen und zu beschreiben versuchten (z. B. *König* 1946, 1974, 1978; *Mayntz* 1955; *Claessens* 1967; *Neidhardt* 1966/1975). Vor allem mit dem besonderen Aufschwung der historischen Familienforschung ab Mitte der 70er Jahre nahmen die theoretischen Abhandlungen zu, die in — mehr oder weniger strenger — chronologischer Abfolge familialen Wandel beschreiben (z. B. *Conze* 1976; *Weber-Kellermann* 1974; *Mitterauer* und *Sieder* 1977 und 1982; *Rosenbaum* 1982). Zeitgeschichtliche familiale Veränderungsprozesse blieben bisher jedoch unberücksichtigt.

Auch einige Veröffentlichungen erschienen ab jener Zeit, die Theorien des sozialen Wandels heranzogen und mit ihnen familialen Wandel über weite historische Epochen bis hin zur Gegenwart zu erklären versuchten (z. B. *Tyrell* 1976 und 1979; *Scheuch* und *Sussman* 1970; *Hondrich* 1982).

Zusammenfassend bleibt festzuhalten: In allen diesen theoretischen Abhandlungen wurde familialer Wandel als historisch-deskriptive bzw. historisch-analytische Kategorie verwendet.

Auch derartige sozial-historische Veröffentlichungen erschienen — wie die empirischen Analysen über familialen Wandel — in den vergangenen 40 Jahren kontinuierlich, aber ebenso schwankten ihre Veröffentlichungszahlen im Zeitablauf.

Erst ab Mitte der 60er Jahre erhielt der Begriff „familialer Wandel" noch eine weitere kategoriale Bestimmung. Denn, ausgelöst durch die Protestbewegung im Rahmen der Studentenunruhen und der Entstehung der Neuen Frauenbewegung (vgl. hierzu *Nave-Herz* 1987), wurde familialer Wandel nicht selbst und explizit zum Gegenstand von Forschung gewählt, sondern zur Aufhebung schichtspezifischer, aber auch geschlechtsspezifischer Ungleichheit gefordert.

In einigen Abhandlungen wurde sogar nicht nur über familiale Veränderungen, sondern über die Abschaffung der modernen Kleinfamilie bzw. über neue Formen des Zusammenlebens (z. B. *Haensch* 1973; *Claessens* und *Menne* 1973; *Pieper* 1975; *Korczak* 1979; *Ostermeyer* 1979) diskutiert.

Auch in psychiatrischen und psychoanalytischen Veröffentlichungen wurde in den 70er Jahren die Forderung nach familialem Wandel zur Vorbeugung psychischer Störungen intensiv erörtert sowie die Frage, inwieweit Ehe- und Familientherapie möglichen Strukturwandel von Familie sogar verhindere (z. B. *Richter* 1970; *Gastager* 1973; *Richter* et al. 1976). Die Zahl derartiger Abhandlungen ist jedoch im Zeitablauf zurückgegangen.

Der Begriff „familialer Wandel" bekam also in den 60er/70er Jahren auch eine sozialkritische und politische kategoriale Bestimmung.

Geht man im übrigen in die Geschichte der Familienforschung weiter zurück als bis zum Ende des Zweiten Weltkriegs, so kann man feststellen, daß familialer Wandel gerade in dieser kategorialen Bestimmung sehr häufig verwendet worden ist.

Im folgenden soll nunmehr auf die thematische, „historische" und wissenschaftstheoretische „Verortung" des vorliegenden Bandes eingegangen werden, indem auf den zuvor skizzierten Rückblick über die Berücksichtigung des Problembereiches familialer Wandel innerhalb der Familiensoziologie nach dem Zweiten Weltkrieg Bezug genommen wird; denn es werden in den folgenden Beiträgen verschiedene alte „Diskussionsstränge" über Wandel und Kontinuität der Familie in der Bundesrepublik Deutschland wieder aufgenommen.

So wird die gleiche Frage, wie sie *Schelsky, Wurzbacher* u. a. vor ca. 40 Jahren für jene Zeit zu beantworten versucht haben, mit dieser Veröffentlichung über unsere jüngste Vergangenheit erneut gestellt, nunmehr aber in einem anderen historischen Kontext. Diese frühen Untersuchungen haben im übrigen einige Autoren und Autorinnen in den folgenden Beiträgen zum Ausgangspunkt gewählt und zu Vergleichszwecken herangezogen (vgl. *Y. Schütze, G. Lüschen, I.N. Sommerkorn*). Mit dem vorliegenden Band wird also in gewissem Sinne auch eine Forschungstradition begründet. Ebenso knüpft der vorliegende Band — wie die damaligen Veröffentlichungen — an die aktuelle Diskussion an und versucht, die bereits in der Öffentlichkeit verbreiteten Interpretationen und zeitkritischen Deutungsmuster (*R. Nave-Herz, I.N. Sommerkorn*) oder vermuteten Auswirkungen der technischen, ökonomischen und rechtlichen Entwicklungen auf die Familie und ihre Sozialisationsleistung (*L. Vaskovics, H. Lukesch, R. Süßmuth, J. Limbach*) auf ihren Realitätsgehalt hin zu überprüfen.

Ferner soll der Band zum Abbau des — bereits erwähnten — zeitgeschichtlichen Forschungsdefizits beitragen, also die seit den 70er Jahren vermehrt durchgeführten historisch-deskriptiven Analysen ergänzen. So werden in verschiedenen Beiträgen — soweit dies datenmäßig möglich ist — chronologisch nicht nur familialer Wandel, sondern auch die Veränderungen von familialen Außensystemen, die in Interdependenzen zum Familiensystem stehen, untersucht. Unter den genannten wissenschaftlichen Perspektiven, unter denen familialer Wandel seit dem Zweiten Weltkrieg behandelt wurde, wird im vorliegenden Band allein die sozialkritische Diskussion über die Notwendigkeit von familialem Wandel, wie sie in den 60er/70er Jahren geführt wurde, nicht wieder aufgenommen. Statt dessen werden — umgekehrt — Maßnahmen gesucht und diese erörtert, die es vermögen, die familialen Leistungen — vor allem ihre Sozialisationsfunktion — zu erhalten und zu unterstützen (vgl. *K. Lüscher, O.M. Ewert, S. Keil, R. Süßmuth*). Dabei ist die Berücksichtigung von unterschiedlichen Familientypen nunmehr zur Selbstverständlichkeit geworden.

Literatur

Ballerstedt, E., Glatzer, W. et al.: Soziologischer Almanach, 2. Aufl. Frankfurt 1975
Baumert, G.: Deutsche Familien nach dem Kriege. Darmstadt 1954
Claessens, D.: Familie und Wertsystem, 2. Aufl. Berlin 1967
Claessens, D., Menne, F.: Zur Dynamik der bürgerlichen Familie und ihrer möglichen Alternativen. In: Familiensoziologie — Ein Reader als Einführung, hrsg. von *D. Claessens, P. Milhoffer.* Frankfurt 1973, S. 313—346
Conze, W. (Hrsg.): Sozialgeschichte der Familie in der Neuzeit Europas. Stuttgart 1976
Gastager, H. und *S.:* Die Fassadenfamilie — Ehe und Familie in der Krise — Analyse und Therapie. München 1973
Haensch, D.: Zerschlagt die Kleinfamilie. In: Familiensoziologie — Ein Reader als Einführung, hrsg. von *D. Claessens, P. Milhoffer.* Frankfurt 1973, S. 363—374
Hondrich, K.O.: Soziale Differenzierung in Langzeitanalysen zum Wandel von Politik, Arbeit und Familie. Frankfurt/Main 1982
Köckeis, E.: Familienbeziehungen alter Menschen. In: KZfSS, Sonderheft 14, hrsg. von *G. Lüschen, E. Lupri,* 1970, S. 508—527
König, R.: Die Familie der Gegenwart. Tübingen 1974
König, R.: Materialien zur Soziologie der Familie, 1. Aufl. 1946, 2. Aufl. Köln 1974
Korczak, D.: Neue Formen des Zusammenlebens. Frankfurt 1979
Lüschen, G., Lupri, E. (Hrsg.): Soziologie der Familie. Sonderheft 14 der KZfSS, Opladen 1970
Lüscher, K., Schultheis, F., Wehrspann, M.: Die postmoderne Familie. Konstanz 1987
Mayntz, R.: Die moderne Familie. Stuttgart 1955
Mitterauer, M., Sieder, R.: Vom Patriarchat zur Partnerschaft. München 1977
Mitterauer, M., Sieder, R.: Historische Familienforschung. Frankfurt 1982
Moore, W.E.: Strukturwandel der Gesellschaft, 3. Aufl. München 1973

Nave-Herz, R. (Hrsg.): Familiäre Veränderungen seit 1950 — eine empirische Studie — Abschlußbericht/Teil I. Oldenburg (Institut für Soziologie) 1984
Nave-Herz, R.: Familiäre Veränderungen in der Bundesrepublik Deutschland seit 1950. ZSE 1 (1984) 45—63
Nave-Herz, R.: Die Geschichte der Frauenbewegung in Deutschland, 3. Aufl. Düsseldorf 1987
Neidhardt, F.: Die Familie in Deutschland, 1. Aufl. 1966, 4. Aufl. Opladen 1976
Ostermeyer, H. (Hrsg.): Ehe — Isolation zu Zweit? Mißtrauen gegen eine Institution. Frankfurt 1979
Pfeil, E.: Die Großstadtfamilie. In: KZfSS, Sonderheft 14, hrsg. von *G. Lüschen, E. Lupri,* 1970, S. 411—432
Pieper, B. und *M.*: Familie — Stabilität und Veränderung. München 1975
Planck, U.: Die Landfamilie in der Bundesrepublik Deutschland. In: KZfSS, Sonderheft 14, hrsg. von *G. Lüschen, E. Lupri,* 1970, S. 380—410
Rerrich, S.: Veränderte Elternschaft — Entwicklung in der familialen Arbeit mit Kindern seit 1950. Soziale Welt 4 (1983) 420—499
Richter, H.E., Strotzka, H., Willi, J.: Familie und seelische Krankheit. Hamburg 1976
Richter, H.E.: Patient Familie — Entstehung, Struktur und Therapie von Konflikten in Ehe und Familie. Hamburg 1970
Rosenbaum, H.: Formen der Ehe. Frankfurt 1982
Rosenbaum, H.: Formen der Familie. Frankfurt/Main 1982
Schelsky, H.: Wandlungen der Deutschen Familie in der Gegenwart, 1. Aufl. Stuttgart 1953
Scheuch, I.K., Sussman, M.B.: Gesellschaftliche Modernität und Modernität der Familie. In: Soziologie der Familie, hrsg. von *G. Lüschen, E. Lupri,* KZfSS, Sonderheft 14. Opladen 1970, S. 239—253
Schmidt, M.: Theorie sozialen Wandels. Wiesbaden 1982
Schulz, W.: Von der Institution „Familie" zu den Teilbeziehungen zwischen Mann, Frau und Kind — Zum Strukturwandel von Ehe und Familie. Soziale Welt 4 (1983) 401—419
Schumacher, J., Vollmer, R.: Differenzierung und Entdifferenzierungsprozesse im Familiensystem. In: Soziale Differenzierung — Langzeitanalysen zum Wandel von Politik, Arbeit und Familie, hrsg. von *K.O. Hondrich.* Frankfurt/Main 1982, S. 210—352
Thurnwald, H.: Gegenwartsprobleme Berliner Familien. Berlin 1948
Tyrell, H.: Probleme einer Theorie der gesellschaftlichen Ausdifferenzierung der privatisierten modernen Kleinfamilie. ZfS 4 (1976) 393—417
Tyrell, H.: Familie und gesellschaftliche Differenzierung. In: Familie — wohin?, hrsg. von *H. Pross.* Hamburg 1979, S. 13—82
Weber-Kellermann, I.: Die deutsche Familie, 1. Aufl. 1974, 4. Aufl. Frankfurt 1977
Wiswede, G., Kutsch, G.: Sozialer Wandel. Darmstadt 1978
Wurzbacher, G.: Leitbilder gegenwärtigen deutschen Familienlebens, 1. Aufl. Dortmund 1951
Wurzbacher, G.: Zur bundesdeutschen Familien- und Sozialisationsforschung in den Nachkriegsjahren. ZfS 3 (1987) 1—8
Zapf, W.: Theorien sozialen Wandels, 4. Aufl. München 1979

Die Entwicklung des Familienrechts seit 1949

Jutta Limbach

1 Das Recht als Gerüst der Sozialgeschichte

Wer über Wandel und Kontinuität der deutschen Familie berichten will, könnte auf die Idee verfallen, das Bürgerliche Gesetzbuch mit seinen fortgeltenden und wechselnden Rechtssätzen als Auskunftsquelle zu benutzen. Ein solches Verfahren hat ein literarisches Vorbild. *Hubbard* bietet am Anfang seiner deutschen Familiengeschichte Gesetzestexte auf. Zwar bezweifelt er, daß diese faktische Verhaltensweisen und soziale Beziehungsgefüge widerspiegeln. Aber er meint, daß Gesetze wegen ihres relativen Zwangscharakters zumindest als Rahmenbedingungen der sozialen Wirklichkeit angesehen werden dürften. Denn sie beschrieben die allgemeinen gesellschaftlichen Erwartungen an die Institution der Ehe und das Eltern-Kind-Verhältnis — Erwartungen, die gegebenenfalls mit Hilfe von Gerichten durchgesetzt werden könnten (*Hubbard* 1983, 38).

Doch der Zwangscharakter des Rechts ist gerade im Familienrecht in besonderem Maße eingeschränkt. Ehepflichten können allenfalls eingeklagt, aber nicht mit Hilfe der Vollstreckungsbehörden durchgesetzt werden. So können der untreue Ehemann oder die untreue Ehefrau nicht mit Hilfe des Gerichtsvollziehers oder eines Zwangsgeldes an den heimischen Herd zurückgeholt werden. Gerichtlich durchsetzbar sind nur vermögensrechtliche Pflichten wie etwa die Unterhaltspflicht. Selbst diese wird während bestehender Ehe nur äußerst selten gerichtlich eingeklagt. Schaut man sich die Sachverhalte der wenigen veröffentlichten Urteile näher an, dann bestätigt sich eine alte rechtssoziologische Einsicht: Wenn sich Familienmitglieder auf den Rechtsstandpunkt stellen, ist die Familie bereits von dem Zerfall bedroht; rufen sie den Richter an, dann gehen sie auch schon auseinander (*Ehrlich* 1967, 45).

Das alte Rechtssprichwort „Recht scheidet wohl, aber es freundet nicht" gilt in besonderem Maße für dauerhafte intime Sozialbeziehungen wie die der Familie. In deren Bereich dient das Recht weitgehend nur als Konfliktordnung. Der Orientierungswert des Rechts für die Bürger ist relativ gering. Das ist enttäuschend für diejenigen, die gern mit den Mitteln des Rechts sittenprägend wirken wollen. Das wollte schon *Savigny* (1850, 246 f.), der das relativ liberale Scheidungsrecht des Preußischen Allgemeinen Landrechts zu Fall bringen wollte. In seinem Plädoyer für ein strenges Scheidungsrecht behauptete er, daß bei vielen Ehen der Grund des Verderbens schon in der Art liege, wie sie geschlossen werden. Stünde doch nicht selten den neuen Ehegatten schon der Gedanke an die leichte Auflösbarkeit vor Augen. *Savigny* meinte, daß der Ehegatte, „der sich auf dem Abweg von Selbstsucht, Rohheit oder böser Lust" befinde, diesen Anwandlungen mit mehr Selbstbeherrschung begegnen würde, wenn ihm „der Gedanke an ein ernstes, die bloße Willkür beschränkendes Scheidungsrecht vor Augen stünde". Der Streit um die Wirksamkeit scheidungsfeindlicher oder scheidungsfreundlicher Gesetze ist trotz der Studien nicht zur Ruhe gekommen, die die relative Ohnmacht des Gesetzgebers im Eherecht nachgewiesen haben (*E. Wolf* et al. 1959). Immer wieder ist mit dem Hinweis auf die Scheidungsstatistiken die Motivierbarkeit der Eheleute durch ein strenges bzw. liberales Scheidungsrecht darzulegen versucht worden.

Die hier umstrittene vorbildhafte Funktion von Recht benennt ein Desiderat soziologischer Forschung. Der Forschungsstand der Rechtssoziologie rechtfertigt bislang nur bescheidene Hoffnungen, daß durch Recht ein gesellschaftlicher Wandel bewirkt werden könnte. Die innovative und beispielgebende Wirksamkeit von Recht ist mit Bezug auf das Recht und die soziale Situation der nichtehelichen Kinder untersucht worden. Die dort gewonnenen Erkenntnisse über die notwendigen Randbedingungen belegen die Annahme, daß allein durch Rechtsnormen das gesellschaftliche Denken und Handeln schwerlich verändert werden kann (*Winter* 1969).

Gesetze taugen auch deshalb nur begrenzt als Gerüst der Sozialgeschichte, weil die Untätigkeit des Gesetzgebers nicht den Schluß auf den Fortbestand sozialer Ordnungsgefüge gestattet. Schon *Max Weber* (1972, 196) hat hervorgehoben, daß eine Rechtsordnung unverändert bleiben kann, obwohl sich die Wirtschaftsbeziehungen radikal ändern. Das gilt nicht minder für familiäre Strukturen. Auch im Bereich der Familie lassen sich Entwicklungen beobachten, die sich außerhalb des Rechts und zum Teil in bewußter Abkehr vom Recht ereignet haben. Ein Beispiel aus jüngster Zeit bietet die nichteheliche Lebensgemeinschaft. Das Bürgerliche Gesetzbuch erwähnt sie mit keinem Wort. Gleichwohl oder gerade deshalb sind die Beziehungen unverheiratet zusammenlebender Paare ein häufiger Streitgegenstand vor den Gerichten und zugleich ein populäres Thema in der rechtswissenschaftlichen Literatur.

Es wäre darum sehr vordergründig, wenn wir von Gesetzen und den mit diesen verfolgten Ordnungsaufgaben auf die soziale Wirklichkeit schließen wollten. Die Beziehung zwischen dem Recht und den sozialen Verhaltensweisen ist eine sehr vermittelte und mehrfach gebrochene. Mitunter versucht sich das Recht als Schrittmacher des sozialen Wandels, mitunter paßt es sich — vielfach mit einer gehörigen Verspätung — neuen gesellschaftlichen Entwicklungen an. Der Einfluß von Rechtspflege und Rechtspraxis auf diese Prozesse darf nicht vernachlässigt werden. Wenn das Recht mit dem Wandel familiärer Verhältnisse und Regelungsbedürfnisse Schritt zu halten vermochte, so ist das nicht zuletzt der Lebendigkeit und Elastizität der höchstrichterlichen Rechtsprechung und in bescheidnerem Maße der Familienrechtswissenschaft zu danken (*Wieacker* 1967, 514).

2 Der Wandel des Eherechts

2.1 Die Reformanliegen

Wer den Wandel des deutschen Eherechts seit dem Bestehen der Bundesrepublik griffig skizzieren möchte, bedient sich gern der Formel „Vom Patriarchat zur Partnerschaft" (*Mitterauer, Sieder* 1977). Doch diese dynamisch klingende Redensart täuscht eine unzutreffende Ein- und Gradlinigkeit vor.

Zum einen ist — im Gegensatz zur DDR — die Entwicklung des Eherechts weniger kontinuierlich verlaufen (*Ramm* 1985, 91, 114). Trotz des herausfordernden Auftakts mit dem Gleichbehandlungsgebot des Grundgesetzes (Art. 3 Abs. 2: Männer und Frauen sind gleichberechtigt) ist die Gleichberechtigung zunächst nur schleppend vorangekommen. Es hat immer wieder der Nachhilfe durch das Bundesverfassungsgericht bedurft, um den ins Stocken geratenen Prozeß der Gleichstellung von Mann und Frau voranzutreiben (*Scheffler* 1970, 20).

Zum anderen hat sich die Reform des Eherechts nicht nur auf den Abbau der Vorherrschaft des Ehemannes und Vaters beschränkt. Denn auch die Anmaßung des staatlichen Gesetzgebers war Gegenstand der Kritik, den Eheleuten die Weise ihres Zusammenlebens und -wirkens gesetzlich vorschreiben zu wollen. Der Rückzug des Gesetzgebers aus dem Intimbereich von Ehe und Familie ist eine weitere wichtige Tendenz, die den Wandel sowohl des Zivil- als auch des Strafrechts charakterisiert. Der Respekt des Staates vor der eigenverantwortlichen und unvernehmlichen Lebensgestaltung der Ehegatten war ein durch das Gleichberechtigungsgebot herausgefordertes und zunehmend an Gewicht gewinnendes Leitmotiv der Eherechtsreform. Das gleiche gilt von dem Schutz des sozial und wirtschaftlich schwächeren Partners, vornehmlich der nicht erwerbstätigen Hausfrau.

2.2 Phasen der Rechtsentwicklung

Die Mütter und Väter des Grundgesetzes hatten aus dem Mißerfolg der Weimarer Reichsverfassung gelernt. Denn schon diese hatte verkündet, daß die Ehe auf der Gleichberechtigung der Geschlechter beruhe. Doch hatte dieser Programmsatz keine Reform des Familienrechts auszulösen vermocht. Das Grundgesetz hat das Problem der überfälligen, dennoch nicht von heute auf morgen zu bewältigenden Reform mit einer Übergangsvorschrift zu lösen versucht. Das dem Gleichheitssatz entgegenstehende Recht sollte bis zu seiner Anpassung an das Grundgesetz in Kraft bleiben, jedoch nicht über den 31. März 1953 hinaus. Der Gesetzgeber ließ die Frist fruchtlos verstreichen. Damit begann der Zeitabschnitt des Gesetzesvakuums, der bis zum Jahr 1958 währte, in dem das Gleichberechtigungsgesetz in Kraft trat. Das Bundesverfassungsgericht stellte klar, daß seit dem 1. April 1953 Mann und Frau auch im Bereich von Ehe und Familie gleichberechtigt sind. Nunmehr war es Sache der Richter, soweit als irgend möglich im Streitfall die Gleichberechtigung zu verwirklichen.

Man mag rückschauend die familienrechtliche Rechtsprechung während des Gesetzesvakuums in ihrer Grundtendenz als eher konservativ bewerten. Denn die Gerichte hatten am Leitbild der Hausfrauenehe festgehalten, das Namensrecht nicht geändert und sich auch nicht ausdrücklich gegen das Letztentscheidungsrecht des Ehemannes in allen ehelichen Angelegenheiten gewandt (*Kropholler* 1975, 74 f.). Bedenkt man jedoch, daß Richter immer nur am konkreten individuellen Rechtsstreit unter Entscheidungszwang und Zeitdruck lernen können, so durfte man kaum ausgereifte Früchte rechtspolitischer Phantasie erwarten.

Gemessen an der Einstellung der Bevölkerung ist jene Rechtsprechung dem Zeitgeist eher einen Schritt vorausgeeilt, während sich das Gleichberechtigungsgesetz des Jahres 1957 eher im Einklang mit dem damals noch recht konservativen gesellschaftlichen Denken befunden hat (*Voegeli, Willenbacher* 1984, 243). Die Autoren dieses Gesetzes hatten ihre Regelungsaufgabe gemäß der Maxime verfolgt, daß unser Ehe- und Familienleben durch eine „falsch verstandene Gleichberechtigung" keinen Schaden leiden dürfe (*Ramm* 1985, 91, 93). Die Reform durch das Gleichberechtigungsgesetz kann insgesamt nur als halbherzig beurteilt werden. Behielt es doch u. a. die Regelung bei, daß in Angelegenheiten des gemeinsamen Kindes der Vater zu entscheiden habe, wenn sich die Eltern nicht einigen können.

„Mehr Eigenverantwortung — weniger Bevormundung" war eine der Maximen der Eherechtsreform der siebziger Jahre. Das 1. Eherechtsreformgesetz (EheRG) des Jahres 1977 hatte sich nicht nur das Ziel gesetzt, die Autonomie von Ehe und Familie zu respektieren. Es hatte darüber hinaus mit einem neuen Scheidungsrecht bewirken wollen, daß die Ehegatten mit einem Minimum an Bitterkeit und einem Maximum an Fairneß auseinandergehen können (*Bundesminister der Justiz* 1976, 5 f.). Insbesondere im Scheidungsfolgenrecht hat der Gesetzgeber den bereits von dem Gleichberechtigungsgesetz eingeschlagenen Weg weiterverfolgt, durch kompensatorische Vorschriften Nachteile auszugleichen, die aus der ungleichen sozialen Lage der Geschlechter resultieren. Der hervorstechende Charakterzug des 1. EheRG ist die durchgehend egalitäre bzw. geschlechtsneutrale Formulierung von Rechten und Pflichten. Dieser Sprachstil wirft die Frage auf, ob er nicht verdeckt, daß ungeachtet der rechtlichen Gleichstellung von Mann und Frau deren tatsächliche Benachteiligung nach wie vor ihren Schutz erforderlich macht (*Ramm* 1985, 95, 109, 570).

2.3 Das Namensrecht

Nach dem BGB erhielt die Frau den Familiennamen des Mannes. Das Gleichberechtigungsgesetz behielt diese Regelung bei, eröffnete allerdings der Frau die Möglichkeit, dem Namen des Mannes ihren Mädchennamen anzufügen. Die Gerichte und die Mehrzahl der Rechtslehrer hielten seinerzeit diese Vorschrift für verfassungsgemäß. Sie beriefen sich auf die Ordnungsfunktion des Familiennamens, die Tradition und das „herrschende Bewußtsein", „nach dem der Mann vornehmlich die Familiengemeinschaft nach außen vertrete und sich die Ehe und Familie nach der natürlichen Aufgabenteilung unter dem Namen des Mannes darstelle". Das Bundesverfassungsgericht jedoch hob diese Vorschrift als verfassungswidrig auf. Das Gericht verwies auf die zunehmende Eingliederung der Frau in den Arbeitsprozeß, wodurch sich das Leitbild der Frau tiefgreifend verändert habe (*Bundesverfassungsgericht*, Beschluß vom 31.5.1978, Amtl. Sammlg. Bd. 48, 335, 338).

Das 1. EheRG entschied sich zwar auch für einen gemeinsamen Namen der Ehegatten, doch durften diese sich für den Geburtsnamen des Mannes oder der Frau entscheiden. Derjenige Ehegatte, dessen Geburtsname nicht Ehename wird, darf seinen Geburtsnamen dem Ehenamen voranstellen. Treffen die Eheleute keine Wahl — etwa weil es ihnen nicht gelingt, sich zu einigen —, ist der Geburtsname des Mannes der Ehename. Diese subsidiäre, d. h. hilfsweise Geltung des Mannesnamens läßt sich schwerlich mit dem Gleichberechtigungsgebot vereinbaren; denn die Ausgangslage von Mann und Frau ist bei der Namenswahl nach wie vor verschieden. Der Mann kann seinen Geburtsnamen als Ehenamen einfach in der Weise durchsetzen, daß er sich einseitig passiv verhält und gegenüber dem Standesbeamten zu der Frage der Namenswahl keine Erklärung abgibt. Die Frau dagegen bedarf seiner Mitwirkung, d. h. seines Einverständnisses, um ihren Namen zum Ehenamen machen zu können (*Alternativkommentar-Lange-Klein* 1981, § 1355 Rdnr. 9; *Rolland* 1982, § 1355 Rdnr. 15).

Schätzungen zufolge wählen etwa 2 bis 3% aller Brautpaare den Geburtsnamen der Frau als gemeinsamen Ehenamen. Mehrere Frauen haben bereits Verfassungsbeschwerden erhoben, in denen sie sich gegen die subsidiäre Geltung des Mannesnamens oder überhaupt gegen den Zwang richten, einen gemeinsamen Familiennamen führen zu müssen. Eine Entscheidung des Bundesverfassungsgerichts steht noch aus. Es bleibt abzuwarten, welches Gehör das Bundesverfassungsgericht dem Argument schenkt, daß die Namenseinheit ein unabdingbares Element der Ordnung und der ehelichen Verbundenheit sei.

2.4 Die Entscheidungsmacht

Das BGB in seiner Urfassung zeichnete sich durch eine patriarchalische Struktur aus. Dem Ehemann stand das Entscheidungsrecht in allen ehelichen Angelegenheiten zu. Er war als Vater zugleich Inhaber der elterlichen Gewalt. Die Mutter war nur berechtigt und verpflichtet, das Kind zu betreuen und zu erziehen. Bei einer elterlichen Meinungsverschiedenheit sollte die Meinung des Vaters vorgehen.

Das Entscheidungsrecht des Mannes in den ehelichen Angelegenheiten ist durch das Gleichberechtigungsgesetz im Jahr 1958 umstands- und ersatzlos aufgehoben worden. Das Gesetz folgte den Gerichten überdies in der Entscheidung, daß Vater *und* Mutter die elterliche Gewalt zusteht. Doch für den Fall, daß sich die Eltern nicht zu einigen vermögen, sollte der Vater das letzte Wort haben. Er war auch allein mit der Vertretung des Kindes betraut. Nur mit dem väterlichen Stichentscheid glaubte man den Familienfrieden und die Ehe in ihrer christlich-abendländischen Prägung und Grundstruktur bewahren zu können. Der Vorschlag, das Vormundschaftsgericht im Konfliktfall einzuschalten, wurde verworfen, weil diese Möglichkeit „uneinsichtigen Eltern einen Anreiz bieten könnte, ihre Meinungsverschiedenheiten nicht im Schoße der Familie auszutragen" (*Bundesverfassungsgericht,* Urteil vom 29.7.1959, Amtl. Sammlg. Bd. 10, 59, 60).

In der Rechtssoziologie wird dieses Gesetz als ein Versuch gedeutet, in konservativer Absicht in den sich andeutenden Wandel familiärer Machtverhältnisse einzugreifen (*Voegeli, Willenbacher* 1984, 247 f.). Umfrageergebnisse aus den fünfziger Jahren zeigen, daß es in dieser Frage damals noch keine eindeutigen Mehrheiten gab und daß das väterliche Letztentscheidungsrecht — vor allem unter den Männern — noch zahlreiche Anhänger hatte (*König* 1974, 224ff.; *Fröhner* et al. 1956). Jedoch unbekümmert darum, daß sich das Modell der Gleichrangigkeit von Mann und Frau in der Rechtswirklichkeit noch nicht voll durchgesetzt hatte, hob das Bundesverfassungsgericht das Letztentscheidungsrecht des Vaters als verfassungswidrig auf. Es vermochte nicht zu sehen, inwiefern objektive biologische oder funktionale Unterschiede und die besondere Wesensart der Frau das väterliche Vorrecht rechtfertigten (*Bundesverfassungsgericht*, Urteil vom 29.7.1959, Amtl. Sammlg. Bd. 10, 59, 69). Durch den Wandel des wirtschaftlichen Hintergrundes, insbesondere die zunehmende Berufstätigkeit der Ehefrau, war die Vorstellung vom allein verantwortlichen Hausvater bereits zur leeren Formel und die Autoritätsfigur des pater familias zur Ideologie geworden (*Weber-Kellermann* 1974, 10 f.).

2.5 Die Arbeitsteilung in der Ehe

Seit dem Beginn unseres Jahrhunderts ist die Erwerbsbeteiligung von Frauen, insbesondere der verheirateten Frauen, ständig gestiegen (vgl. *I. Sommerkorn* in diesem Band). In den fünfziger Jahren, dem Entstehungszeitraum des Gleichberechtigungsgesetzes, waren rd. 30% aller verheirateten Frauen erwerbstätig, eine große Zahl davon (rd. 20%) allerdings nur als mithelfendes Familienmitglied. Die Hausfrauenehe war zu jener Zeit noch immer der in der Wirklichkeit vorherrschende Ehetyp. Die halbherzige Reform der im BGB angelegten Rollenverteilung durch das Gleichberechtigungsgesetz des Jahres 1957 kann man deshalb weitgehend als im Einklang mit dem sozialen Handeln stehend beurteilen (*Voegeli, Willenbacher* 1984, 250, 253).

Das BGB in seiner Urfassung hatte der Frau das Recht und die Pflicht zugewiesen, das gemeinsame Hauswesen zu leiten. Der Mann durfte ein Dienstverhältnis, das seine Frau mit einem Dritten eingegangen war, fristlos kündigen. Das Gleichberechtigungsgesetz hob zwar diese Vorschrift auf, hielt aber im übrigen an der überkommenen Rollenverteilung fest. Erwerbstätig sollte eine Ehefrau nur sein dürfen, wenn sich das mit ihren Aufgaben in Haushalt und Familie vereinbaren läßt (§1356 Abs. 1 S. 2 BGB Fassung 1957). Mit dieser Vorschrift verfolgten die Autoren des Gesetzes erzieherische Absichten. Nicht etwa wollten sie Frauen aus dem Erwerbsleben fernhalten, die „aus Berufung" erwerbstätig seien. Mit jenem Vorbehalt der Familienverträglichkeit sollte hauptsächlich den Fällen begegnet werden, „in denen eines übersteigerten Lebensstandards wegen beide Ehegatten berufstätig seien, worunter die Kinder zu leiden hätten" (*Breetzke, Krüger, Nowack* 1958; § 1356 Rdnr. 11). Die naive Anmaßung, den „übersteigerten" von dem „gesunden" Lebensstandard unterscheiden, sowie die nicht aus Berufung erwerbstätigen Ehefrauen an den heimischen Herd zurückbringen zu wollen, hatte allseitige Kritik ausgelöst. Die Meinung war geteilt, ob sich jene die Erwerbstätigkeit der Ehefrau einschränkende Vorschrift mit dem Gleichberechtigungsgebot vereinbaren lasse (*Dölle*, Bd. 1 1964, 413,

Anm. 11; *Krüger, Breetzke, Nowack* 1958, § 1356 Rdnr. 11). Die auf die Familienverträglichkeit ehefraulicher Erwerbstätigkeit abstellende Vorschrift hat die Gerichte kaum beschäftigt, weil während bestehender Ehe nur äußerst selten Ehepflichten eingeklagt werden. Noch im Jahr 1965 vermag der Autor des seinerzeit renommiertesten Lehrbuchs des Familienrechts nur ein einsames Urteil des Landgerichts Freiburg aufzubieten (*Dölle*, Bd. 1 1964, 414, Anm. 12). Inwiefern Verstöße erwerbstätiger Frauen gegen familiäre Pflichten als Eheverfehlungen bei der Scheidung eine Rolle gespielt haben, ist nie systematisch untersucht worden. In der damaligen Kommentarliteratur wird dieser Scheidungsgrund zwar genannt, doch veröffentlichte Urteile zu dieser „Eheverfehlung" sind rar.

Während sich die Gelehrten und Richter stritten, ob jene im Gesetz angelegte Rollenverteilung zwischen Mann und Frau zwingend sei, nahm die Zahl der außerhäuslich erwerbstätigen Ehefrauen und Mütter stetig zu. Unter dem vielschichtigen Einfluß sozialer und wirtschaftlicher Faktoren, gesellschaftlicher Erwartungen und individueller Wünsche bildeten sich seit den sechziger Jahren vielfältige Ehe- und Familienformen heraus. Diese Entwicklung hat die Autoren des 1. Eherechtsreformgesetzes (EheRG) bewogen, von der Hausfrauenehe als Leitbild Abschied zu nehmen und auf die Vorgabe von Ehe- und Familienmodellen überhaupt zu verzichten (*Bundesminister der Justiz* 1976, 110). Dieses 1977 in Kraft getretene Gesetz verordnet den Eheleuten keine nach Sphären (Beruf—Familie) geschiedenen Rollen. Die gleichberechtigten und gleichverpflichteten Eheleute sollen nach dem partnerschaftlichen Konzept des Reformgesetzgebers die Aufgaben des Haushalts im gegenseitigen Einvernehmen verteilen. Beide Ehegatten sind berechtigt, erwerbstätig zu sein (§ 1356 BGB). Der Ausdruck „partnerschaftlich" in der Redeweise des Reformgesetzgebers besagt nur etwas über das Zustandekommen der Entscheidungen, die das Eheleben ordnen, nicht jedoch zum Inhalt der im Einvernehmen zu fassenden Beschlüsse. Das Charkteristikum des neuen Rechts ist die Offenheit für jede einverständlich getroffene Organisation des Familienlebens. Ein auf die Wahlfreiheit reduziertes Verständnis von Partnerschaft eröffnet auch die Wahl des patriarchalischen Familienmodells. So wird in einem Kommentar nüchtern festgestellt: „Der Gleichheitssatz verpflichtet die Eheleute nicht, nach ihm zu leben; es steht ihnen frei, einem patriarchalischen Eheleitbild zu folgen (*Münchener Kommentar-Wacke* 1978, § 1353 BGB Rdnr. 19). Das Leitbild vom mündigen Bürger und die Schwierigkeit, in einer pluralistischen Gesellschaft ein allgemein akzeptiertes Eheverständnis zur Richtschnur rechtlichen Ordnens nehmen zu können, haben positiv wie negativ den Gesetzgeber bewogen, sich zu bescheiden (*Bundestagsdrucksache* 7/4361, 7 f.; *Mikat* 1969, 6). Doch daneben dürfte auch die Einsicht in die begrenzte

Tauglichkeit des Rechts am Werke gewesen sein, Intimbeziehungen konstruktiv zu gestalten.

Eine Schranke ist den Eheleuten im 1. EheRG allerdings gesetzt worden: *Beide* Ehegatten haben bei der Wahl und Ausübung der Erwerbstätigkeit auf die Belange des anderen und der Familie Rücksicht zu nehmen. An diesem Gebot der Familienverträglichkeit der Erwerbsarbeit läßt sich die Neigung mancher Juristen belegen, Neues im Lichte des Alten zu interpretieren. In mehreren Kommentaren zum 1. EheRG wird die — schon in der amtlichen Begründung des Gesetzes aufgebotene — Einsicht beifällig zitiert, daß „die Ehefrau im verstärkten Maße auf die Belange der Familie Rücksicht zu nehmen" habe, „wenn Kinder zu pflegen und zu erziehen sind". Daß Kinderpflege Muttersache sei, erscheint einigen Juristen als schiere Selbstverständlichkeit. Sie argumentieren, daß die Berufstätigkeit beider Eltern die Sozialisation der Kinder gefährde und belegen die negativen Folgen mütterlicher Berufstätigkeit zum Teil mit dem Hinweis auf die Entwicklungsstörungen bei Heimkindern (*Limbach* 1981, 443 f.). Daß dieser Vergleich hinkt, wird nicht erkannt, und die Kritik, die die Hospitalismusforschung in der Wissenschaft erfahren hat, sowie die neueren Studien über die Auswirkung mütterlicher Berufstätigkeit auf das Kind werden nicht zur Kenntnis genommen (vgl. *Lehr* 1978).

Zu der Frage, wie die Hausarbeit im Falle der Berufstätigkeit beider Eheleute zu verteilen ist, schweigt der Gesetzgeber. Das Problem der Doppelbelastung der berufstätigen Ehefrau wird in der juristischen Literatur — allerdings mit unterschiedlicher Perspektive — erörtert. Während die einen es begrenzt als ein Rollenproblem der Frau wahrnehmen, betonen andere, daß im Falle beidseitiger Berufstätigkeit beide Eheleute den Haushalt gemeinsam und zu gleichen Lasten zu führen haben (*Limbach* 1981, 446 f.). Kritiker des 1. EheRG meinen, daß es in Anbetracht des gesellschaftlichen Wandels und der damit verbundenen Rollenunsicherheit von Mann und Frau Aufgabe des Gesetzgebers gewesen wäre, den Eheleuten Orientierungshilfe zu bieten. Gedacht ist an die Vorgabe von Eheleitbildern, die je nach dem Familienzyklus variieren, z.B. den Typ der partnerschaftlichen Erwerbstätigenehe einerseits und den der Haushaltsführungsehe andererseits, wenn Kinder zu betreuen sind (*Ramm* 1985, 111 f., 168).

2.6 Die Scheidung und ihre Folgen

Das Scheidungsrecht ist erst im Jahr 1976 mit dem Übergang vom Schuld- zum Zerrüttungsprinzip grundlegend reformiert worden. Die Eheleute können heute geschieden werden, wenn die Ehe gescheitert ist. Eine Ehe ist gescheitert, wenn die Lebensgemeinschaft der Ehegatten nicht mehr besteht und nicht erwartet werden kann, daß die Ehegatten sie wiederherstellen (§ 1565 BGB). Wollen sich die Eheleute einverständlich scheiden lassen, müssen sie vorher ein Jahr getrennt gelebt haben. Will sich nur einer der Ehegatten scheiden lassen, so muß das Paar mindestens drei Jahre getrennt gelebt haben. Das Gesetz knüpft an den Ablauf dieser Fristen die unwiderlegbare Vermutung, daß die Ehe gescheitert ist.

Auch für das Recht der Scheidungsfolgen hat das 1. EheRG das Schuldprinzip im Grundsatz abgelöst. Der Unterhaltsanspruch hängt von der Bedürftigkeit des einen und der Leistungsfähigkeit des anderen Ehegatten ab. Die Frage, wer für das gemeinsame Kind das Sorgerecht nach der Scheidung erhalten soll, beantwortet sich vorzugsweise nach dem Kindeswohl und dem gemeinsamen Elternvorschlag. Ein wesentliches Reformziel war die soziale Sicherung der nicht erwerbstätigen Ehefrau. Das 1. EheRG führt insofern die Strategie des Gleichberechtigungsgesetzes fort, die Familienfrau an dem Vermögenserwerb während der Ehe zu beteiligen. Das Gleichberechtigungsgesetz hatte 1958 die Zugewinngemeinschaft als gesetzlichen Güterstand eingeführt. Dessen Kernpunkt ist neben der grundsätzlichen Gütertrennung der Zugewinnausgleich am Ende der Ehe: Erzielt einer der Ehegatten während der Ehe einen höheren Vermögenserwerb als der andere, so muß er diesem im Falle der Beendigung der Ehe in Höhe der Hälfte seines Überschusses einen Ausgleich gewähren. Für den Fall, daß die Ehe durch den Tod eines Ehegatten beendet wird, hat der Gesetzgeber pauschal den gesetzlichen Erbteil des überlebenden Ehegatten um ein Viertel der Erbschaft erhöht. Das 1. EheRG hat darüber hinaus — den Rechtsgedanken der Gleichwertigkeit von Haus- und Erwerbsarbeit fortführend — den Versorgungsausgleich eingeführt, wonach die während der Ehe erworbenen Versorgungsanwartschaften im Falle der Scheidung geteilt werden.

Das neue Scheidungsrecht, insbesondere das vom Verschulden weitgehend absehende Unterhaltsrecht ist in der Lehre, Rechtsprechung und Öffentlichkeit heftig kritisiert worden (vgl. *Limbach* 1982, 36 ff.). In der Demoskopie ist alsbald konstatiert worden, daß die sittlichen Überzeugungen der Bevölkerung und das Recht unverträglich kollidierten. Bei einer Umfrage im Jahr 1980 billigten nur 24% aller Befragten die Abkehr vom Schuldprinzip im Scheidungsrecht. 45% der Befragten mißbilligten ein Unterhaltsrecht, daß auch der Frau einen Unterhaltsanspruch einräumt, die ihren Mann verläßt, um mit einem anderen Partner zusammenzuleben. Dem Gesetzgeber ist daraufhin der Vorwurf gemacht worden, daß er seine Aufgabe verfehlt habe, für ein dem neuen Recht gewogenes Rechtsbewußtsein zu sorgen (*Noelle-Neumann* 1980, 11). Im Hinblick auf Beanstandungen des Bundesverfassungsgerichts und den „werbewirksam" vorgetragenen Protest organisierter Unterhaltsschuldner ist sowohl das Recht des Versorgungsausgleichs als auch das Unterhaltsrecht nach der Scheidung modifiziert worden. Mit dem im Jahr 1986 in Kraft getretenen Unterhaltsrecht nach der Scheidung soll erreicht werden, daß Unterhalt im wesentlichen mit Rücksicht auf ehebedingte Nachteile und zu betreuende Kinder gewährt wird; denn es soll nicht Sache des Ehemannes sein, die gesellschaftliche Ungleichheit der Frau, insbesondere ihre Diskriminierung auf dem Arbeitsmarkt, auszugleichen (*Bundestagsdrucksache* 10/2888 1985, 11 f.).

Über die lautstarke Kritik an dem „überzogenen" und „übermäßig frauenfreundlichen" Unterhaltsrecht nach der Scheidung ist die eigentliche Frage in den Hintergrund gerückt, ob durch das neue Recht geschiedene Frauen besser gesichert sind als vordem. Erste empirische Analysen der Scheidungspraxis geben Anlaß zu Zweifeln. Die Auswertung einer — allerdings für die Bundesrepublik nicht repräsentativen — Stichprobe von Scheidungsverfahren hat ergeben, daß jene sozialpolitisch motivierten Unterhaltstatbestände nach sehr restriktiven Kriterien gehandhabt werden. Sie kommen nur einem „harten Kern" der anvisierten Problemgruppe der Ehefrauen und Mütter zugute: „den mittellosen *und* lange verheirateten *und* überwiegend während der Ehe nicht erwerbstätigen Frauen bzw. solchen Frauen, die auch nach der Scheidung noch minderjährige Kinder zu versorgen haben". Bemerkenswert ist auch die hohe Zahl von Unterhaltsverzichten an sich unterhaltsberechtigter Frauen in Scheidungsvereinbarungen. Die auf eine wirtschaftliche Gleichstellung der Geschiedenen gerichteten Vorschriften des 1. EheRG scheinen weithin außer Kraft gesetzt. Die Rechtspraxis scheint weniger an der Herstellung gleicher Ausgangsbedingungen zwischen den geschiedenen Eheleuten als vielmehr vorrangig daran orientiert, die Erziehung der Kinder sicherzustellen. Der gesellschaftlichen Entwicklung gewissermaßen vorauseilend, werden Frauen so behandelt, „als ob" sie ihren Männern bereits materiell gleichgestellt seien und nach der Scheidung ohne weiteres für sich selbst sorgen könnten (*Caesar-Wolf, Eidmann* 1985, 163, 185 f.).

Zu einem nicht unerheblichen Teil dürfte die Tatsache, daß nur eine kleine Gruppe von geschiedenen Müttern durch Ehegattenunterhalt nach der Scheidung gesichert ist, darauf zurückzuführen sein, daß der Ehemann wegen der Höhe seines Einkommens nicht leistungsfähig ist. Laut Auskunft der Familienrichter haben sie vielfach nur den Mangel zu verteilen. Offenbar kann sich eine große Anzahl der Bürger die durch das neue Scheidungsrecht ermöglichte sukzessive Polygamie finanziell nicht leisten. Die eröffnete Freiheit zur Wiederheirat können zumeist diejenigen wirtschaftlich nicht verkraften, die für Kinder aus der ersten und möglicherweise noch für die aus der zweiten zu sorgen haben. Diesem eigentlichen Problem der Scheidungswirklichkeit dürfte auch mit einer privaten Umverteilung durch das Scheidungsfolgenrecht nicht beizukommen sein.

3 Der Wandel des Kindschaftsrechts

Wie das Eherecht so ist auch das Kindschaftsrecht grundlegend neu gestaltet worden. Zunächst hat der Gesetzgeber — allerdings erst auf ein „Ultimatum" des Bundesverfassungsgerichts hin — im Jahr 1970 das Recht der nichtehelichen Kinder reformiert. Nach einem kurzen Auftakt mit der Herabsetzung des Volljährigkeitsalters von 21 auf 18 Jahre im Jahr 1975 ist mit Wirkung vom 1.1.1980 das Rechtsverhältnis zwischen Eltern und Kindern grundlegend neu geregelt worden.

3.1 Die Reform des Rechts der nichtehelichen Kinder

Die Reformbedürftigkeit des Rechts der nichtehelichen Kinder war schon bald nach dem Erlaß des BGB erkannt worden. Dieses hatte in seiner Urfassung lakonisch festgesetzt, daß ein uneheliches Kind und dessen Vater als nicht verwandt gelten. Der Erzeuger war lediglich Zahlvater. Der von ihm zu leistende Unterhalt bestimmte sich in seinem Umfang nach der — zumeist bescheideneren — Lebensstellung der Mutter. Dieser stand lediglich die Personensorge zu; denn das Kind stand kraft Gesetzes unter Amtsvormundschaft.

Sowohl die Weimarer Reichsverfassung als auch das Grundgesetz hatten dem Gesetzgeber aufgegeben, den nichtehelichen Kindern die gleichen Lebensbedingungen zu schaffen wie den ehelichen. Doch die grundlegende Reform des Rechts des nichtehelichen Kindes kam nur sehr schwerfällig voran. Erst 20 Jahre nach dem Erlaß des Grundgesetzes trat im Jahre 1970 das Gesetz zur Neuregelung des Rechts der nichtehelichen Kinder in Kraft. Dieses Gesetz hob die das Verwandtschaftsverhältnis zwischen Vater und Kind leugnende Vorschrift auf. Damit wurden beide gegenseitig erbberechtigt. Es baute den Unterhaltsanspruch des nichtehelichen Kindes aus. Diesem wurde die Möglichkeit eröffnet, den für eine einfache Lebensführung erforderlichen Betrag in einem vereinfachten Verfahren mit Hilfe amtlich festgelegter Regelsätze geltend zu machen. Die obligatorische Amtsvormundschaft wurde beseitigt und der Mutter das elterliche Sorgerecht eingeräumt, das nach der neuen Terminologie sowohl die Vermögenssorge als auch die gesetzliche Vertretung des Kindes umfaßt. Das Jugendamt wird nur in einigen Angelegenheiten als Pfleger tätig, in denen eine Interessenkollision zwischen Mutter und Kind oder eine Überforderung der Mutter zu besorgen ist (z. B. bei einer Unterhaltsklage gegen den Vater).

Die Frage, ob durch dieses Gesetz die Lebenschancen nichtehelicher Kinder tatsächlich verbessert worden sind, läßt sich nicht eindeutig beantworten. Wo und wie will man überhaupt solche Verbesserungen empirisch dingfest machen? Als Anhaltspunkte kommen

u. a. die gesellschaftliche Bewertung von Mutter und Kind, die Häufigkeit nichtehelicher Geburten, die Gesundheit und Versorgung der nichtehelichen Kinder in Betracht. Doch der Umstand z. B., daß nichteheliche Kinder und deren Mütter heute weitgehend von sozialer Ächtung befreit sind, dürfte eher auf einen Wandel der gesellschaftlichen Anschauungen über das Zusammenleben der Geschlechter und die zunehmende Popularität der nichtehelichen Lebensgemeinschaft als auf das neue Recht zurückzuführen sein. Die Zahl der nichtehelichen Geburten ist seit 1970 (5,4%) stets gestiegen und betrug in den Jahren 1982 bis 1984 jeweils fast 10% aller Lebendgeborenen (*Statistisches Jahrbuch* 1984, 1985, 1986, 74). Die „Übersterblichkeit" nichtehelicher Säuglinge im ersten Lebensjahr hat sich erheblich vermindert. Hat sie im Jahr 1970 noch 41, 7% je 1000 Lebendgeborene betragen, so ist sie in den Jahren 1980 bis 1984 kontinuierlich von 18,6 über 16,3, 15,8, 14,8 auf 13,3% gesunken. Sie liegt damit im Jahr 1984 nur — oder immer — noch um 4% über der Säuglingssterblichkeit ehelicher Kinder, während sie im Jahr 1970 fast doppelt so hoch war, nämlich 22,3 zu 41,7% (*Behr* 1981, 124; *Statistisches Jahrbuch* 1982, 75, 1983, 78, 1984, 79, 1985, 80, 1986, 78). Diesen Zahlen stehen weniger erfreuliche Daten hinsichtlich der Unterhaltsleistungen gegenüber; denn innerhalb der Gruppe aller Ein-Eltern-Familien sind es die nichtehelichen Kinder, die am häufigsten keine oder nur unregelmäßige oder unvollständige Unterhaltszahlungen erhalten (*Behr* 1981, 24 f.; *Gesellschaftliche Daten* 1979, 281). Dieser Umstand belegt, daß privilegierende Unterhaltsvorschriften für sich allein die materielle Lage der nichtehelichen Kinder nicht wesentlich zu verbessern vermögen. Familienpolitische Maßnahmen wie die Unterhaltsvorschuß- und Ausfallkassen versprechen eher Abhilfe bei diesem alten Problem und sollten hinsichtlich ihres Wirkungsbereichs noch ausgeweitet werden (*Alternativkommentar-Münder* 1981, § 1705 Rdnr. 11).

Zu bedenken bleibt, ob mit der Verbesserung der Rechtsstellung der Väter nichtehelicher Kinder auch deren Zahlungsmoral gehoben werden könnte. Hinsichtlich der Rechte der Väter hat sich der Gesetzgeber recht einseitig an dem Klischee des verantwortungslosen Vaters orientiert (*Fthenakis* 1985, 37). Der Vater muß — von Ausnahmemöglichkeiten abgesehen — die Mutter heiraten, wenn er das Sorgerecht für sein Kind bekommen will. Seine Befugnis, Kontakte mit dem Kind zu pflegen, ist von dem Einverständnis der Mutter oder aber dem Nachweis abhängig, daß der persönliche Umgang dem Wohl des Kindes dient. Diesen Beweis wird er schwerlich führen können, wenn die Mutter solchen Kontakten abgeneigt ist.

Mit der zunehmenden Bedeutung der nichtehelichen Lebensgemeinschaften und dem wachsenden familiären Selbstverständnis der Partner dieser Lebensform hat die Forderung nach einem Sorgerecht für die Väter nichtehelicher Kinder mehr und mehr Gefolgschaft gefunden. Mit Mutter und Kind ohne Trauschein zusammenlebende Väter haben ihr Anliegen bis vor das Bundesverfassungsgericht gebracht. Dieses hat vornehmlich wegen der jederzeitigen Auflösbarkeit dieser Lebensform die Entscheidung des Gesetzgebers gebilligt, ausschließlich der Mutter das Sorgerecht zu übertragen. Auch der Hinweis auf die zunehmende Zerbrechlichkeit der Ehen hat bei dem Bundesverfassungsgericht nicht verfangen, weil hier für das Auseinandergehen der Familienmitglieder wenigstens ein geordnetes (Scheidungs-)Verfahren zur Verfügung steht (*Bundesverfassungsgericht* Urteil vom 24.3.1981, Amtl. Sammlg. Bd. 56, 363, 386). Die Chancen für eine Verbesserung der Rechtsstellung der Väter nichtehelicher Kinder dürften im Hinblick auf diesen Spruch aus Karlsruhe in naher Zukunft gering sein, was allerdings die in der Bundesrepublik noch junge Vaterrechtsbewegung nicht zu entmutigen vermag.

3.2 Elterliche Sorge statt elterliche Gewalt

Die jüngste große familienrechtliche Reform war dem Eltern-Kind-Verhältnis gewidmet. Das im Jahr 1980 in Kraft getretene Gesetz war der Schlußpunkt in der Ablösung des bürgerlich-patriarchalischen Familienmodells im BGB. In der Einsicht, daß das Elternrecht nicht mehr wie ehedem ein Herrschaftsrecht über das Kind, sondern ein dienendes Recht ist, wählte der Gesetzgeber an Stelle des bisherigen Begriffs der „elterlichen Gewalt" den der „elterlichen Sorge".

Wie alle familienrechtlichen Regelungen zuvor war auch das neue Sorgerecht „im heißen Streit geworden" (*Kipp-Wolf* 1928, 1). Umstritten war insbesondere die Frage, ob es Sache des Gesetzgebers sei, den Eltern Verhaltens- und Erziehungsleitbilder vorzuschreiben. Der Gesetzgeber hat das Leitbild einer Familie vorzuzeichnen versucht, in der partnerschaftliche Umgangsformen geübt werden, die Verständnis, Achtung der Individualität und Aufgeschlossenheit für die Neigungen und neuen Lebenswünsche aller Familienmitglieder einschließen. Er hat sich hierbei appellativer Vorschriften bedient, die nur fordern bzw. empfehlen, aber keine Durchsetzungsmöglichkeiten oder Sanktionen vorsehen. So werden die Eltern aufgefordert, bei der Pflege und Erziehung die wachsende Fähigkeit und das Bedürfnis des Kindes zu selbständigem und verantwortungsbewußtem Handeln zu berücksichtigen (§ 1626 BGB). Eine andere Vorschrift konstatiert, daß Eltern und Kinder einander Beistand und Rücksichtnahme schulden (§ 1618a BGB). Soweit es um Fragen der Ausbildung und Berufsbildung geht, wird an die Eltern appelliert, auf die Eignung und Neigung des Kindes Rücksicht zu nehmen. Nur wenn sich die Eltern offensichtlich darüber hinwegsetzen und dadurch die Gefahr begründet wird, daß die Entwicklung des Kindes erheblich beeinträchtigt wird, entscheidet das Vormundschaftsgericht (§ 1631a BGB). Mit Hilfe dieser Vorschriften wollte die sozial-liberale Koalition den Gedanken der Partnerschaft in der Familie stärken. Sie hoffte, mit diesen neuen Normen langfristig das gesellschaftliche Bewußtsein und das gesellschaftliche Handeln verändern zu können. Diese erzieherischen Absichten haben ihr von der Opposition den Vorwurf eingebracht, „ideologisch-emanzipatorisch überzogene Forderungen" zu erheben und die Pfade eines liberalen Gesetzgebers verlassen zu haben (*Stenographischer Bericht* 1979, 12017, 12019, 12037, 12011, 12033).

Im Grunde jedoch sind diese gesetzlich empfohlenen Erziehungsstile nur eine späte Frucht der Diskussion über die „autoritäre" bzw. „anti-autoritäre" Erziehung, die Ende der siebziger Jahre bereits ihren Höhepunkt überschritten hat. Schon in seiner im Jahr 1952 erschienenen Studie „Leitbilder gegenwärtigen deutschen Familienlebens" hatte *Wurzbacher* festgestellt, daß die Vorstellung von der elterlichen Verfügungsgewalt über das Kind durch das Erziehungskonzept „Eigenständigkeit des Kindes" Konkurrenz bekommen hat. Repräsentativumfragen in den darauffolgenden Jahrzehnten zeigten die zunehmende Bedeutung dieses Erziehungsziels an. Insbesondere seit den sechziger Jahren verstärkte sich die Tendenz zu liberalen Erziehungsstilen. 1976 rangierte bei den jüngeren Jahrgängen Kritikfähigkeit und Wißbegierde vor Folgsamkeit und guten Umgangsformen. 1983 gaben nur noch 18,7% der befragten Jugendlichen an, ihre Erziehung als „streng" bzw. „sehr streng" erlebt zu haben. Die appellativen Normen des Sorgerechtsgesetzes lagen und liegen also im Trend, d. h. sie kodifizieren und bestärken möglicherweise einen Erziehungsstil, der sich weitgehend mit den liberalen Erziehungsvorstellungen der Bevölkerung, vorzugsweise des Bildungsbürgertums deckt (*Allerbeck, Hoag* 1985, 64; *Rerrich* 1986, 432 f.).

3.3 Der Schutz vernachlässigter und mißhandelter Kinder

Das vernachlässigte Kind

Mehr noch als bei den gesetzlich umschriebenen Erziehungsstilen ist im Bereich des Kinderschutzes das Spannungsverhältnis zwischen Familienautonomie und Staat berührt. Zwar darf der Staat die Familienverhältnisse nicht unnötig verrechtlichen. Doch ist das Kind nach moderner Auffassung Grundrechtsträger und hat gemäß Art. 6 Abs. 3 des Grundgesetzes einen Anspruch auf den Schutz des Staates, wenn die Eltern versagen oder das Kind aus einem anderen Grunde zu verwahrlosen droht. Es ist jedoch schwierig, in der notwendig allgemeingehaltenen Sprache des Gesetzes die Situation zu umschreiben, die einen staatlichen Eingriff zum Schutze des Kindes herausfordert und rechtfertigt. Der Gesetzgeber hat sich mit einer Generalklausel beholfen. So darf das Vormundschaftsgericht einschreiten, wenn durch das Tun oder Lassen der Eltern das körperliche, geistige oder seelische Wohl des Kindes gefährdet wird. Ernähren beispielsweise die Eltern ein Kind nicht ausreichend oder mißhandeln sie es, so darf das Gericht zum Schutz der Kinder in die Familie hineinregieren.

Die das staatliche Wächteramt konkretisierende Vorschrift (§ 1666 BGB) war schon in der Urfassung des BGB enthalten. Sie ist aber in mehrfacher Hinsicht durch das Sorgerechtsgesetz des Jahres 1979 modifiziert bzw. ergänzt worden. Der Eingriff des Vormundschaftsgerichts ist nunmehr auch dann erlaubt, wenn die Eltern unverschuldet versagen. Die Trennung des Kindes von seinen Eltern ist aber nur zulässig, wenn andere Maßnahmen — vor allem öffentliche Hilfe — nicht zur Gefahrenabwehr ausreichen (§ 1666a BGB). In einer viel beachteten Entscheidung hat das Bundesverfassungsgericht klargestellt, daß das staatliche Wächteramt nicht dazu berechtige, gegen den Willen der Eltern für eine bestmögliche Förderung der Fähigkeiten des Kindes zu sorgen. So dürfte beispielsweise die „geistige Unterversorgung" eines Kindes leichtgradig schwachsinniger oder geistig erheblich minderbegabter Eltern nicht durch die Fortgabe des Kindes in eine Pflegestelle abgewendet werden, soweit durch Erziehungshilfen (Besuch eines Kindergartens z. B.) den drohenden Mängeln abgeholfen werden könne (*Bundesverfassungsgericht*, Beschluß vom 17.2.1982, Familienrechtszeitschrift 1982, 567—570).

Das mißhandelte Kind

Ein zentrales Problem des rechtlichen Kinderschutzes ist die elterliche Gewalt, die jahrhundertelang mit „erzieherischen Gründen" gerechtfertigt worden ist (*Zenz* 1981, 35—42). Im Einklang mit den zunehmenden Zweifeln, daß körperliche Strafen ein geeignetes Erziehungsmittel seien, hatten bereits die Gerichte in den sechziger und siebziger Jahren das Züchtigungsrecht der Eltern eingeschränkt. So hatte das Oberlandesgericht Karlsruhe einem seine 14jährige Tochter schlagenden Vater das Personensorgerecht entzogen, weil Ohrfeigen und Schläge mit dem Holzstock „in diesem Alter kein geeignetes Erziehungsmittel" seien (vgl. *Münder* 1977; *Zenz* 1981, 40 f.). Gleichwohl konnte sich der Gesetzgeber des Jahres 1979 wegen schwieriger Abgrenzungsfragen nicht zu einem ausdrücklichen Züchtigungsverbot im Familienrecht durchringen. Allerdings untersagt er entwürdigende Erziehungsmaßnahmen (§ 1631 Abs. 2 BGB). Da es sich jedoch um eine appellative und sanktionslose Norm handelt, ist ihr Einfluß auf das elterliche Erziehungsverhalten davon abhängig, inwieweit den Eltern bei ihrer Erziehungsaufgabe durch gesellschaftliche Unterstützungssysteme geholfen wird. Rechtssoziologische Studien in Schweden machen deutlich, daß eine gewaltfreie Erziehung ein hohes Maß an Gleichsinnigkeit im gesellschaftlichen Handeln und Denken, eine breite materielle und soziale Sicherheit sowie die Hilfe sozialer Dienste voraussetzt (*Ziegert* 1984, 153). In Anbetracht der extrem hohen Dunkelziffer und der nur begrenzten Wirksamkeit des straforientierten Kinderschutzes wird zunehmend darüber nachgedacht, wie in Zusammenarbeit mit der ganzen Familie in verläßlicher Weise das Kind geschützt, versorgt und gefördert werden kann. Im Rahmen eines vom Bundesministerium für Jugend, Familie, Frauen und Gesundheit geförderten Forschungsprojekts des Berliner Kinderschutzzentrums sind Wege gesucht worden, das Wohl des Kindes nicht mit institutioneller Gewalt, sondern mit offenen und freiwilligen Hilfsangeboten zu sichern (*Beiderwieden* et al. 1985). Soll der Schutz der Kindesrechte nicht vernachlässigt werden, so ist ein subtiles Wechselspiel zwischen konfliktorientierter Familienberatung und rechtsförmigem Kinderschutz vonnöten.

4 Die Grenzen des Rechts und die nichteheliche Lebensgemeinschaft

Eine in der Jurisprudenz gern zitierte These besagt, daß die Rechtsgeschichte der Familie die Geschichte ihrer Zersetzung sei (*Kipp-Wolf* 1928, 2). Die gesellschaftliche Entwicklung im vergangenen Jahrzehnt scheint diese These zu bestätigen. Die modernen Fruchtbarkeitstechnologien machen Familienbeziehungen fungibel und berauben das Familienrecht der Verläßlichkeit seiner Verwandtschaftsbegriffe. Der alte Satz „Mater semper certa est"* ist überholt; denn seit der Möglichkeit der künstlichen Befruchtung, der Samen- und Eispende sowie der In-vitro-Fertilisation haben wir zwischen der genetischen, biologischen sowie sozialen Mutter zu unterscheiden und die Frage zu beantworten, wer von ihnen Mutter im Rechtssinne sein soll.

Die zunehmende Flucht aus der Ehe durch Scheidung sowie die Abkehr von der Ehe und Einkehr in die nichteheliche Lebensgemeinschaft werden vielfach als Zeichen des Zerfalls von Ehe und Familie gedeutet (vgl. dagegen *R. Nave-Herz* in diesem Band). Am Beispiel der nichtehelichen Lebensgemeinschaft ist intensiv über die Wirksamkeit von Recht nachgedacht worden. Die Wahl dieser Lebensform erscheint vielen als Ausdruck einer ernst zu nehmenden Rechtsverdrossenheit. Vornehmlich junge Bürger begreifen die Ehe als einen von außen aufgesetzten Zwang. Unbekümmert um den

---

* Die Mutter ist immer gewiß.

Verzicht des modernen Gesetzgebers, den privaten Lebensbereich der Ehe zu reglementieren, wird der Vorwurf formuliert, daß die Institution der Ehe nicht zwei volle menschliche Wesen halten könne — sie sei nur bestimmt für eine und eine halbe Person (*Freeman, Lyon* 1983, 47). Die Popularität der nichtehelichen Lebensgemeinschaft erscheint so auch als ein Produkt der neuen Frauenbewegung, die mit ihrer Forderung nach wirtschaftlicher und gesellschaftlicher Eigenständigkeit und mehr Partnerschaft in der Paargemeinschaft die traditionelle geschlechtsspezifische Rollenteilung in der Ehe in Frage gestellt hat (*Meyer, Schulze* 1983, 749, 751; *Bundesminister für Jugend, Familie und Gesundheit* 1985, 39, 44).

Für die „Auszehrung" der Rechtsform der Ehe wird aber auch häufig die abschreckende Wirkung des Scheidungs-, insbesondere des Unterhaltsrechts geltend gemacht. Auch seien die finanziellen und psychischen Kosten des Scheidungsverfahrens zu hoch. Das formal gegnerisch gestaltete Gerichtsverfahren stimuliere unwillkürlich die Konfrontation und belaste das ohnehin angegriffene Selbstgefühl sich trennender Eheleute zusätzlich. Der Richter verkürze und verzerre durch seinen beschränkten psychologischen Sachverstand die Konfliktsituation (*Bundesminister für Jugend, Familie und Gesundheit* 1985, 15, 39, 40, 44).

Doch die Tatsache, daß ein Paar die Rechtsform der Ehe meidet, bewahrt es nicht notwendig vor der Bekanntschaft mit dem Recht und dem Gericht. Sehr häufig versuchen die Partner nach dem Zerbrechen ihrer Lebensgemeinschaft Gerichtshilfe — zumeist für die Vermögensauseinandersetzung — in Anspruch zu nehmen. Die Richter befinden sich dann zumeist in einer schwierigen Situation, weil der Gesetzgeber die nichteheliche Lebensgemeinschaft weitgehend ignoriert hat. Im Einklang mit der zunehmenden Akzeptanz der nichtehelichen Lebensgemeinschaft in der Bevölkerung würdigen die Gerichte diese nicht mehr ohne weiteres unter dem Verdikt der Sittenwidrigkeit (vgl. *R. Nave-Herz* in diesem Band). Zwar vermeiden sie es, die nichteheliche der ehelichen Lebensgemeinschaft rechtlich gleichzustellen. Sie lehnen es allerdings auch ab, die Lebensgefährten so zu behandeln, als seien sie eine rein geschäftliche Verbindung eingegangen. Ein Vermögensausgleich nach der Trennung wird allenfalls dann gewährt, wenn beide Partner auf Grund gemeinsamer Arbeit hochwertige Gegenstände angeschafft haben, die von ihnen nicht nur gemeinsam benutzt werden, sondern ihnen auch gemeinsam gehören sollten (*Limbach* 1983, 93—96; *Schlüter* 1986, 408).

In Anbetracht der weitgehenden „Rechtlosigkeit" nichtehelicher Lebensgemeinschaften wird den Partnern zumeist empfohlen, sich hinsichtlich bestimmter Lebenslagen vertraglich abzusichern. Die Notwendigkeit vertraglicher Abreden wird vor allem für den Fall betont, daß mit der Ankunft eines Kindes die Lebensgefährtin die Familienarbeit übernimmt und auf eigene Erwerbsarbeit verzichtet (*De Witt, Huffmann* 1986, 17; *v. Münch* 1983, 153). Der Inhalt der weitgehend an das Eherecht angelehnten Musterverträge erlaubt den Schluß, daß dem Gesetzgeber der Schutz des schwächeren Familienmitglieds in vielen Punkten geglückt ist. Die entworfenen Partnerschaftsverträge haben aber den Vorteil, daß sie weitaus vielfältiger sind und Lebenspläne in Partnerschaftsmodelle einfangen, die wir im Gesetz vergeblich suchen: Etwa ein Vertragsmuster für Partner in der Ausbildung, die abwechselnd studieren und für den Lebensunterhalt des jeweils anderen mitsorgen wollen (*Ihara, Warner* 1982, 56 f.). Derartige die Lebensführung und Arbeitsteilung regelnde Absprachen gestattet auch das Eherecht. Manche Vereinbarung in diesen Ratgebern kann auch für die Partner einer Ehe als Vorbild dienen. Mit dem Wunsch und der Warnung, durch ausdrückliche Abreden die nichteheliche Lebensgemeinschaft inhaltlich zu gestalten und die Partner zu sichern, verbindet sich darum nicht ohne Grund die Erwartung, daß auch die Ehe aus diesen alternativen Lebensstilen Gewinn ziehen könnte.

Eine vergleichende Betrachtung von Ehe und nichtehelicher Lebensgemeinschaft macht abschließend die Ordnungsaufgabe des Rechts, aber auch die Grenzen der Normierbarkeit von Familienbeziehungen durch Recht deutlich. Im Vordergrund des modernen Familienrechts steht die Schutzfunktion. Das Recht ist jedoch kein geeignetes Mittel, um auf Intimität und gegenseitiges Einstehen für einander gegründete Lebensgemeinschaften zu gestalten und zu erhalten. Daß die Mehrzahl der Bürger gleichwohl ein geordnetes Familienleben führt, beruht auf der orientierenden und gestaltenden Kraft religiös oder weltanschaulich begründeten Sitte. Erst wenn die Eigenkräfte in Ehe und Familie — wie Liebe, Verständnis und Geduld — nicht mehr ausreichen, stellen sich Familienmitglieder auf den Rechtsstandpunkt (*Ehrlich* 1967, 45; *Ellscheid* 1980, 42 f.). Erst im Konflikt machen sie die Bekanntschaft mit dem Recht und dem Gericht. Doch selbst im Scheidungsverfahren greift das Gericht erst dann aktiv in die Rechtsbeziehungen ein, wenn sich die Partner nicht zu verständigen vermögen. Daß im Konfliktfalle auch die Partner nichtehelicher Lebensgemeinschaften nicht ohne den schlichtenden oder streitentscheidenden Dritten auskommen, belegen neben der häufigen Inanspruchnahme der Gerichte die Rechtsratgeber für nichteheliche Lebensgemeinschaften: Sie empfehlen die Anrufung eines Schiedsmannes. Hier deutet sich der Versuch an, Schlichtungsformen zu wählen, deren psychische und finanzielle Kosten geringer und die für eine konstruktive Konfliktlösung geeigneter sind. Auch im Zusammenhang mit dem Scheidungsverfahren wird über alternative Methoden der Konfliktlösung nachgedacht. Modellversuche, die eine Beratung durch Angehörige verschiedener Berufe anbieten, werden seit Anfang der achtziger Jahre in der Bundesrepublik erprobt. Ziel dieser Modelle ist ein auf eine einverständliche Regelung bedachtes Konfliktverhalten der Betroffenen. Dieses soll im idealen Fall den Zusammenhalt von Eltern und Kindern in einem verständnisvollen Familienklima begünstigen. Läßt sich jedoch die Trennung der Eltern nicht vermeiden, so soll die Gemeinsamkeit in dem Bemühen gestiftet werden, daß Vater und Mutter die Elternaufgaben im gegenseitigen Einvernehmen wahrnehmen und versuchen, dem Kind auch nach der Scheidung das gesamte familiäre Beziehungsnetz zu erhalten (*Deutsches Familienrechtsforum* 1982). Auch oder gerade ein auf einvernehmliches Handeln ausgerichtetes Familienrecht ist auf die unterstützende Mitarbeit von Psychologen, Sozialarbeitern und Familientherapeuten angewiesen, wenn es Familienmitgliedern die Anpassung an veränderte Lebenssituationen erleichtern will.

Literatur

Allerbeck, K., Hoag, W.: Jugend ohne Zukunft? Einstellungen, Umwelt, Lebensperspektiven, 2. Aufl. München 1985
Alternativkommentar zum BGB. Hrsg. *R. Wassermann.* Neuwied 1981
Behr, S.: Junge Kinder in Einelternfamilien. Auswirkungen der sozialen und wirtschaftlichen Lage von Einelternfamilien auf die Entwicklungschancen der Kinder. Hrsg. vom BMJFG, Bonn ohne Datum (wahrscheinl. 1981)
Beiderwieden, J., Windaus, E., Wolff, R.: Jenseits der Gewalt — Hilfen für mißhandelte Kinder. Basel—Frankfurt 1985
Bundesminister der Justiz: Das Erste Gesetz zur Reform des Ehe- und Familienrechts vom 14. Juni 1976. Gesetzestext, Auszug aus den Materialien und ergänzende Erläuterungen. Bonn 1976
Bundesminister für Jugend, Familie und Gesundheit (Hrsg.): Nichteheliche Lebensgemeinschaften in der Bundesrepublik Deutschland. Stuttgart 1985
Caesar-Wolf, B., Eidmann, D.: Gleichberechtigungsmodelle im neuen Scheidungsfolgenrecht und deren Umsetzung in die familiengerichtliche Praxis. Z. Rechtssoziol. 6 (1985) 163—189
Claessens, D., Klönne, A., Tschoepe, A.: Sozialkunde der Bundesrepublik Deutschland. Reinbek b. Hamburg 1985
Deutsches Familienrechtsforum (Hrsg.): Modelle alternativer Konfliktregelungen in der Familienkrise. Stuttgart 1982
De Witt, S., Huffmann, J.: Nichteheliche Lebensgemeinschaft, 2. Aufl. München 1986
Dölle, H.: Familienrecht, Bd. I. Karlsruhe 1964
Ehrlich, E.: Grundlegung der Soziologie des Rechts, 3. Aufl. (Unveränderter Nachdruck der 1. Aufl. 1913), Berlin 1967
Ellscheid, G.: Die Verrechtlichung sozialer Beziehungen als Problem der praktischen Philosophie. Neue Hefte für Philosophie 17 (1979) 37—61
Freeman, M.D.A., Lyon, Ch.M.: Cohabitation without Marriage. An Essay in Law and Social Policy. Aldershot, England 1983
Fröhner, R., Hackelberg, M.v., Eser, W.: Familie und Ehe. Bielefeld 1956

Fthenakis, W.E.: Väter, Bd. II: Zur Vater-Kind-Beziehung in verschiedenen Familienstrukturen. München 1985
Gesellschaftliche Daten: Bundesrepublik Deutschland, hrsg. vom Presse- und Informationsamt der Bundesregierung. Bonn 1979
Hubbard, W.H.: Familiengeschichte. Materialien zur deutschen Familie seit dem Ende des 18. Jahrhunderts. München 1983
Ihara, T., Warner, R.: Ehe ohne Trauschein. Reinbek b. Hamburg 1982
Kipp, Th., Wolff, M.: Lehrbuch des Bürgerlichen Rechts, Bd. II, 2. Abt.: Das Familienrecht. 6. Bearbeitung, Marburg 1928
König, R.: Familie und Autorität: Der deutsche Vater im Jahre 1955. In: ders., Materialien zur Soziologie der Familie, 2. Aufl. Köln 1974
Kropholler, J.: Gleichberechtigung durch Richterrecht. Bielefeld 1975
Krüger, H., Breetzke, E., Nowack, K.: Gleichberechtigungsgesetz. München— Berlin 1958
Lehr, U.: Ist Frauenarbeit schädlich? Im Spannungsfeld von Familie und Beruf. Zürich 1979
Limbach, J.: Das Eheleitbild in der Jurisprudenz. In: *J. Matthes* (Hrsg.), Lebenswelt und soziale Probleme. Verhandlungen des 20. Deutschen Soziologentages. Frankfurt 1981, 441—450
Limbach, J.: Die nichteheliche Lebensgemeinschaft als Regelungsproblem. Politik und Recht 19 (1983) 83—89
Meyer, S., Schulz, E.: Nichteheliche Lebensgemeinschaften — Alternativen zur Ehe? Eine internationale Datenübersicht. Kölner Z. Soz. Sozialpsychol. 35 (1983) 735—754
Mitterauer, M., Sieder, R.: Vom Patriarchat zur Partnerschaft. Zum Strukturwandel der Familie. München 1977
Münch, E.M.v.: Zusammenleben ohne Trauschein, 2. Aufl. München 1983
Münchener Kommentar zum BGB. Hrsg. *K. Rebmann, F.J. Säcker,* Bd. V: Familienrecht. München 1978
Münder, J.: Elterliche Gewalt und Wohl des Kindes. In: Recht der Jugend 1977, S. 358—377
Quintessenzen aus der Arbeitsmarkt- und Berufsforschung 4: Frauen und Arbeitsmarkt. Hrsg. Institut für Arbeitsmarkt- und Berufsforschung der Bundesanstalt für Arbeit. Überarb. Neuaufl., Nürnberg 1984
Ramm, T.: Familienrecht, Bd. I: Recht der Ehe. München 1985
Rerrich, M.S.: Veränderte Elternschaft. Entwicklung in der familialen Arbeit mit Kindern seit 1950. Soziale Welt 34 (1983) 420—449
Rolland, W.: Kommentar zum Eherechtsreformgesetz, 2. Aufl. Neuwied und Darmstadt 1982
Savigny, F.C.v.: Darstellung der in den Preußischen Gesetzen über die Ehescheidung unternommenen Reform. In: Vermischte Schriften, Neudruck der Ausgabe Berlin 1850, Aalen 1968, Bd. V, S. 222—414
Scheffler, E.: Die Stellung der Frau in Familie und Gesellschaft im Wandel der Rechtsordnung seit 1918. Frankfurt—Berlin 1970
Schlüter, W.: Die nichteheliche Lebensgemeinschaft und ihre vermögensrechtliche Abwicklung. Familienrechtszeitschrift 33 (1986) 405—416
Statistisches Bundesamt: Statistische Jahrbücher 1981—1986. Stuttgart und Mainz 1981, 1982, 1983, 1984, 1985, 1986
Statistisches Bundesamt: Frauen in Familie, Beruf und Gesellschaft. Ausgabe 1983, Mainz 1983

Voegeli, W., Willenbacher, B.: Die Ausgestaltung des Gleichberechtigungssatzes im Eherecht. Z. Rechtssoz. 5 (1984) 235—259
Weber, M.: Wirtschaft und Gesellschaft. Grundriß der verstehenden Soziologie, Halbbd. 1. Mit textkritischen Erläuterungen hrsg. von *J. Winckelmann*, 5. rev. Aufl. Tübingen 1972
Weber-Kellermann, I.: Die deutsche Familie. Versuch einer Sozialgeschichte. Frankfurt 1974
Wieacker, F.: Privatrechtsgeschichte der Neuzeit unter besonderer Berücksichtigung der deutschen Entwicklung, 2. neubearb. Aufl. Göttingen 1967
Winter, G.: Sozialer Wandel durch Rechtsnormen. Erörtert an der sozialen Stellung unehelicher Kinder. Berlin 1969
Wolf, E., Lüke, G., Hax, H.: Scheidung und Scheidungsrecht. Untersuchung an Hand der Statistiken. Tübingen 1959
Zenz, G.: Kindesmißhandlung und Kindesrechte. Erfahrungswissen, Normstruktur, Entscheidungsrationalität. Frankfurt 1981
Ziegert, K.A.: Die Untersuchung der Effektivität des Züchtigungsverbots in Schweden. In: *K. Plett, K.A. Zeigert*, Empirische Rechtsforschung zwischen Wissenschaft und Politik. Tübingen 1984, S. 151—154

Die Entwicklung des Familienrechts seit 1949 33

§§	Urfassung des BGB von 1896	Gleichberechtigungsgesetz von 1957	1. Eherechtsreformgesetz von 1976
1353 Abs. 1	Die Ehegatten sind einander zur ehelichen Lebensgemeinschaft verpflichtet.	textgleich	Die Ehe wird auf Lebenszeit geschlossen.
1354	Dem Manne steht die Entscheidung in allen das gemeinschaftliche eheliche Leben betreffenden Angelegenheiten zu; er bestimmt insbesondere Wohnort und Wohnung.	aufgehoben	aufgehoben
1355	Die Frau erhält den Familiennamen des Mannes.	Der Ehe- und Familienname ist der des Mannes. Die Frau ist berechtigt, durch Erklärung gegenüber dem Standesbeamten dem Namen des Mannes ihren Mädchennamen hinzuzufügen; ...	(1) Die Ehegatten führen einen gemeinsamen Familiennamen. (2) Zum Ehenamen können die Ehegatten bei der Eheschließung durch Erklärung gegenüber dem Standesbeamten den Geburtsnamen des Mannes oder den Geburtsnamen der Frau bestimmen. Treffen sie keine Bestimmung, so ist Ehename der Geburtsname des Mannes. ...
1356	(1) Die Frau ist, unbeschadet der Vorschrift des § 1354, berechtigt und verpflichtet, das gemeinschaftliche Hauswesen zu leiten. ...	(1) Die Frau führt den Haushalt in eigener Verantwortung. Sie ist berechtigt, erwerbstätig zu sein, soweit das mit ihren Pflichten in Ehe und Familie vereinbar ist. ...	(1) Die Ehegatten regeln die Haushaltsführung im gegenseitigen Einvernehmen. ... (2) Beide Ehegatten sind berechtigt, erwerbstätig zu sein. Bei der Wahl und Ausübung einer Erwerbstätigkeit haben sie auf die Belange des anderen Ehegatten und der Familie die gebotene Rücksicht zu nehmen.

§§	Urfassung des BGB von 1896	Gleichberechtigungsgesetz von 1957	1. Eherechtsreformgesetz von 1976
1358	(1) Hat sich die Frau einem Dritten gegenüber zu einer von ihr in Person zu bewirkenden Leistung verpflichtet, so kann der Mann das Rechtsverhältnis ohne Einhaltung einer Kündigungsfrist kündigen, wenn er auf seinen Antrag von dem Vormundschaftsgericht dazu ermächtigt worden ist. Das Vormundschaftsgericht hat die Ermächtigung zu erteilen, wenn sich ergibt, daß die Tätigkeit der Frau die ehelichen Interessen beeinträchtigt.	aufgehoben	aufgehoben
1363	Das Vermögen der Frau wird durch die Eheschließung der Verwaltung und Nutznießung des Mannes unterworfen (eingebrachtes Gut). Zum eingebrachten Gut gehört auch das Vermögen, das die Frau während der Ehe erwirbt.	Die Ehegatten leben im Güterstand der Zugewinngemeinschaft, wenn sie nicht durch Ehevertrag etwas anderes vereinbaren. Das Vermögen des Mannes und das Vermögen der Frau werden nicht gemeinschaftliches Vermögen der Ehegatten; dies gilt auch für Vermögen, das ein Ehegatte nach der Eheschließung erwirbt. Der Zugewinn, den die Ehegatten in der Ehe erzielen, wird jedoch ausgeglichen, wenn die Zugewinngemeinschaft endet.	textgleich
1364		Jeder Ehegatte verwaltet sein Vermögen selbständig; er ist jedoch in der Verwaltung seines Vermögens nach Maßgabe der folgenden Vorschriften beschränkt.	textgleich

§§	Urfassung des BGB von 1896	Gleichberechtigungsgesetz von 1957	1. Eherechtsreformgesetz von 1976 Sorgerechtsgesetz von 1980
1627	Der Vater hat kraft der elterlichen Gewalt das Recht und die Pflicht, für die Person und das Vermögen des Kindes zu sorgen.	Die Eltern haben die elterliche Gewalt in eigener Verantwortung und im gegenseitigen Einvernehmen zum Wohle des Kindes auszuüben. Bei Meinungsverschiedenheiten müssen sie versuchen, sich zu einigen.	Die Eltern haben die elterliche Sorge ... im übrigen textgleich
1634 bzw. 1628	Neben dem Vater hat während der Dauer der Ehe die Mutter das Recht und die Pflicht, für die Person des Kindes zu sorgen; zur Vertretung des Kindes ist sie nicht berechtigt, ... Bei einer Meinungsverschiedenheit zwischen den Eltern geht die Meinung des Vaters vor.	(1) Können sich die Eltern nicht einigen, so entscheidet der Vater; er hat auf die Auffassung der Mutter Rücksicht zu nehmen. ...	(1) Können sich die Eltern in einer einzelnen Angelegenheit oder in einer bestimmten Art von Angelegenheiten der elterlichen Sorge nicht einigen, deren Regelung für das Kind von erheblicher Bedeutung ist, so kann das Vormundschaftsgericht auf Antrag eines Elternteils die Entscheidung einem Elternteil übertragen, sofern dies dem Wohl des Kindes entspricht. ... (2) Vor der Entscheidung soll das Vormundschaftsgericht darauf hinwirken, daß sich die Eltern auf eine dem Wohl des Kindes entsprechende Regelung einigen.

Die Entwicklung des Familienrechts seit 1949

Veränderungen der Wohn- und Wohnumweltbedingungen in ihren Auswirkungen auf die Sozialisationsleistung der Familie

Laszlo A. Vaskovics

1 Einleitung

Die Problemstellung dieses Beitrags beinhaltet zwei Aspekte: zunächst geht es um die Veränderung von Wohn- und Wohnumweltbedingungen in der Bundesrepublik seit dem Zweiten Weltkrieg; zum anderen soll geklärt werden, inwieweit diese Veränderungen die innerfamiliäre Sozialisation beeinflussen. Ohne geklärt zu haben, welche Eigenschaften der Wohnung und der Wohnumwelt sozialisationsrelevant sind, kann nicht gezielt nach den Sozialisationsfolgen der veränderten Wohnungsbedingungen gefragt werden. In diesem Beitrag sollen daher folgende Fragen genau überprüft bzw. unter Hinweis auf die einschlägige Forschungsliteratur beantwortet werden:
1. Welche (sozialisationsrelevanten) Veränderungen der Wohnungs- und Wohnumwelt lassen sich in der Bundesrepublik Deutschland seit dem Zweiten Weltkrieg empirisch nachweisen?
2. Wie läßt sich die im Titel dieses Beitrags enthaltene Annahme begründen, *daß* das innerfamiliäre Sozialisationsgeschehen durch Wohn- und Wohnumweltbedingungen beeinflußt wird?
3. Welche *Merkmale* der Wohnung und Wohnumwelt sind für die innerfamiliäre Sozialisation von Bedeutung?
4. *Wie* haben sich die festgestellten Veränderungen der Wohnverhältnisse und Wohnumweltbedingungen hinsichtlich innerfamiliärer Sozialisation ausgewirkt?

2 Veränderung von Wohnverhältnissen und Wohnumweltbedingungen seit dem Zweiten Weltkrieg*

Zunächst werden Veränderungen der Wohnverhältnisse und Wohnbedingungen unter Berücksichtigung solcher Merkmale beschrieben, von denen *angenommen* wird, daß sie für das Sozialisationsgesche-

---

* Dieses Kapitel wurde unter Mitarbeit von *Frau von Mach* erstellt. Für die Bereitstellung einiger Daten aus ihrer Diplomarbeit (Veränderungen der familialen Wohn- und Wohnumweltbedingungen seit dem Zweiten Weltkrieg) bin ich zu Dank verpflichtet.

hen in der Familie von Bedeutung sind. Ob die Sozialisationsrelevanz dieser Merkmale theoretisch begründet und empirisch nachgewiesen werden kann, wird im nachfolgenden Kapitel beschrieben. Die Beschreibung der Veränderungen der Wohnbedingungen ist natürlich auch durch die Datenlage bestimmt.

2.1 Wohnverhältnisse

Die Veränderungen der Wohnsituation lassen sich zusammenfassend wie folgt charakterisieren:
Erhebliche Erhöhung des Wohnraumbestandes: Der Wohnungsbestand hat sich seit den 50er bis zum Ende der 70er Jahre mehr als verdoppelt. Der Bestand an Wohnungen wird auf Grund der Fortschreibung der letzten Häuser- und Wohnungszählung (1968) für das Jahr 1978 mit 24 Mio. angenommen. Obwohl in dieser Zeit auch die Zahl der wohnungssuchenden Haushalte stark zugenommen hat (hauptsächlich infolge der Trennung von 3-Generationen-Haushalten und Entstehung vieler Ein- und Zweipersonenhaushalte), ist es gelungen, das Wohnungsdefizit der 50er Jahre weitgehend abzubauen. Die 1%ige Wohnungsstichprobe 1978 weist zwar noch immer ein Wohnungsdefizit von 1,8 Mio. aus; aber dies ist hauptsächlich auf einen Mangel an preisgünstigen Wohnungen, insbesondere für sozial schwache Bevölkerungsgruppen, zurückzuführen.
Durchschnittliche Zunahme der Wohnungsgröße: Die Veränderung der Wohnungsgröße kann auf Grund der Wohnfläche und der Raumanzahl beschrieben werden. Unter Zugrundelegung dieser Kriterien kann ein kontinuierlicher Trend zur Vergrößerung der Wohnungen seit dem Zweiten Weltkrieg beobachtet werden: 1950 betrug die durchschnittliche Wohnungsgröße 57 m^2, 1982 schon 82 m^2 (Ergebnisse der 1%-Stichprobe), und 1981 wurde eine durchschnittliche Wohnungsgröße von 95 m^2 festgestellt (*Ruede-Wissmann* 1983, 31). Der Anstieg der durchschnittlichen Wohnungsgröße korreliert mit der zunehmenden Raumzahl pro Wohnung. Insbesondere die Zahl der 3- und 4-Zimmerwohnungen hat zwischen 1950—1978 stark zugenommen (*Glatzer* 1978, 1980, 624; *Herlyn* 1980; *Herlyn, Herlyn* 1983). Gestiegen ist auch die durchschnittliche Größe der einzelnen Wohnräume (besonders in 3- und Mehrzimmerwohnungen, insbesondere in Einfamilienhäusern und in Eigentumswohnungen).
Geringere Belegungsdichte der Wohnungen, insbesondere Rückgang überbelegter Wohnungen: Teils als Folge der größeren Wohnfläche von neu gebauten Wohnungen, teils wegen der Verkleinerung der Haushalte, zeigt die durchschnittliche Belegungsdichte für Wohnungen seit den 50er Jahren ein immer günstigeres Bild für die Majorität der Bevölkerung. Lag die den einzelnen Personen zur Verfügung stehende Wohnfläche 1950 noch bei ca. 15 m^2, stieg diese 1972 auf 25 m^2 (*Glatzer* 1980, 89) und erreichte 1978 bereits 29 m^2.
Ingesamt läßt sich also nach diesem Kriterium eine Verbesserung der Wohnsituation für einen immer größeren Bevölkerungsanteil feststellen: 1950 waren nach *Glatzer* (1978, 628) noch fast 15% der Haushalte durch extreme räumliche Überbelegung betroffen, 1976 waren es noch 3,7% und 1982 nur noch 0,6% der Haushalte. Den heute geltenden Standard (ein Raum pro Person) hatten 1950 fast zwei Drittel noch nicht erreicht, zehn Jahre später waren

es nur noch rund die Hälfte, bis 1972 nur noch ein Viertel der Haushalte, die diesen Standard noch nicht erreicht hatten. Standen 1950 für 100 Personen nur 63 Wohnräume zur Verfügung, so waren es 1972 108 Räume (*Glatzer* 1980, 89).

An der allgemeinen Verbesserung der Wohnsituation konnten allerdings nicht alle Familien in gleicher Weise partizipieren. Eine Überbelegung (d. h. durchschnittlich mehr als 1 Person je Wohnraum) ist vor allem bei kinderreichen Familien (mit mehr als 3 Kindern) festzustellen. Trotz des Anstiegs der durchschnittlichen Wohnungsfläche je Kind läßt sich mit zunehmender Kinderzahl eine wohnflächenmäßige Unterversorgung beobachten. Insbesondere größere Wohnparteien erreichen bei weitem nicht jene Raumzahlen, die als angemessene Standards angesehen werden (*Glatzer* 1980, 91). 1972 wurde für Familien mit einem Kind eine flächenmäßige Unterversorgung von 35% festgestellt, für Familien mit 3 Kindern betrug diese 58% und für Familien mit 5 Kindern 72% (Familie und Wohnen 1975, 58 ff.). Auch hier kommt man also zu der Feststellung, daß insbesondere die kinderreichen Familien der Unterschicht durch wohnungsmäßige Unterversorgung betroffen sind (Familie und Wohnen 1975; *Schmücker* 1976, 127).

Starke Verbreitung von eigenen Kinderzimmern: Der soziale Wohnungsbau der 50er Jahre hat dem separaten Kinderzimmer zu einem allgemeinen Standard verholfen (*Herlyn, Herlyn* 1983, 62 ff.). Allerdings wurde in den 50er Jahren meistens der kleinste Wohnraum als Kinderzimmer ausgewiesen und verwendet. Eine vom Plan abweichende Nutzung war im Regelfall nicht möglich. Diese aus der Größe und den einzelnen Räumen und Anzahl der Räume resultierende rigide Funktionszuweisung wurde in den 60er Jahren, nicht zuletzt aufgrund von wissenschaftlichen Untersuchungen, kritisiert. Gefordert wurde ein funktionsneutraler Grundriß, der eine flexible Nutzung zuläßt. Über das Vorhandensein von Kinderzimmern gibt es leider seit 1972 keine verläßlichen Informationen. 1972 verfügten 73% der vollständigen 1-Kind-Haushalte, 34% der 2-Kind-Haushalte und nur 17% der 3-Kind-Haushalte sowie 6% der 4-(und mehr)Kind-Haushalte über ein eigenes Zimmer für jedes Kind (*Wingen* 1976, 52). Nachdem seit 1972 die Zahl der Räume pro Wohnung weiterhin zugenommen hat und die Zahl der kinderreichen Familien abnahm, kann durchaus gefolgt werden, daß heute ein höherer Anteil der Kinder über ein eigenes Kinderzimmer verfügt als vor 20 Jahren.

Zunahme von Wohnungen, die eine flexible Nutzung zulassen: Die Bautätigkeit der 60er und 70er Jahre kam der Förderung funktionsneutraler Grundrißgestaltung insoweit entgegen, als durchschnittlich größere Wohnungen mit mehreren (und größeren) Räumen gebaut wurden. Natürlich ergaben sich sehr große Unterschiede zwischen Wohnungen in Ein- und Zweifamilienhäusern, Reihenhäusern und größeren Wohnblocks und Hochhäusern. Das Einfamilienhaus ist im Regelfall nach den individuellen Wünschen seines Besitzers, d. h. auf seine Bedürfnisse zugeschnitten und eingerichtet. Einfamilienhäuser mit im Durchschnitt größeren Wohnräumen als in Mehrfamilienhäusern bieten außerdem wesentlich bessere Voraussetzungen für eine flexible Nutzung. Doch gilt für Einfamilienhäuser wie auch für Wohnungen in Wohnblocks und Hochhäusern in gleicher Weise: Individualräume für Kinder und Eltern nehmen seit den 70er Jahren an Bedeutung zu. Das gleiche gilt auch für Wohnküchen, separate Eßzimmer und verschiedene Hobbyräume.

Zunahme an Wohnungen mit guter sanitärer Ausstattung: Bad und WC (zunächst in einem Raum — später getrennt) gehören seit den 50er Jahren zur

Standardausstattung einer neu eingerichteten Wohnung. Im Jahre 1950 betrug der Anteil der Wohnungen mit Bad (mit und/oder ohne WC) 20%, 1960 bereits 43%, 1972 82% und 1978 90%. Vergleicht man die Entwicklung einer gut ausgestatteten Wohnung nach den heutigen Maßstäben und fragt nach dem Anteil der Wohnungen mit Bad/WC und Sammelheizung, so läßt sich folgende Entwicklung feststellen: Im Jahre 1960 waren nach diesen Kriterien nur 10% der Wohnungen gut ausgestattet, 1965 schon knapp 30%, 1972 betrug dieser Anteil 41%, und 1982 wurde ein Anteil von 66% ermittelt (Wirtschaft und Statistik 1, 1975, 35). Da in Wohnungen ohne sanitäre Ausstattung hauptsächlich ältere Menschen oder jüngere Haushalte (abgesehen von Gastarbeiterfamilien) wohnen, sind die Folgen der mangelhaften oder fehlenden sanitären Ausstattung für die familiäre Sozialisation, quantitativ gesehen, nicht sehr gravierend. So zeigt die Untersuchung von *Mundt*, die zu Beginn der 80er Jahre bei Müttern durchgeführt wurde, daß nur noch 1% der Familien der Mittelschicht und 4% der Unterschicht in einer Wohnung ohne Bad und Dusche gelebt haben (*Mundt* 1980, 76—77).

Veränderung der Wohnform: bis Mitte der 70er Jahre zugunsten von Wohnungen in mehrgeschossigen Häusern; seitdem eine Zunahme von Familienhäusern: Bis zur Mitte der 70er Jahre nahm der Anteil von Mehrfamilienhäusern, insbesondere in Form von Wohnblocks und Hochhäusern — nicht zuletzt durch Intensivierung des sozialen Wohnungsbaus — zu. Der Anteil der Bewohner in solchen Häusern betrug Mitte der 70er Jahre 58% (*Deilmann* et al. 1977, 27) und wurde zu einer dominanten Wohnform. Zu bedenken ist bei dieser Entwicklung, daß die meisten Wohnungen in Wohnblocks und Hochhäusern keinen direkten Zugang zur Grünfläche haben. Dieses Manko versuchte man anfänglich (insbesondere im Rahmen des sozialen Wohnungsbaus) durch Balkone zu kompensieren. Durch die verstärkte Förderung des Eigenheimbaus hat die quantitative Bedeutung der Ein- und Zweifamilienhäuser und der Reihenhäuser seit Beginn der 70er Jahre kontinuierlich zugenommen. Bei dieser Entwicklung ist zu berücksichtigen, daß das Ein- und Zweifamilienhaus eine Reihe von positiven Eigenschaften beinhaltet, denen in der Forschungsliteratur positive Sozialisationswirkungen zugeschrieben werden. So z. B. eine größere Raumanzahl, größere Wohnfläche, bessere sanitäre Ausstattung, flexible Nutzungsmöglichkeit, Möglichkeit der individuellen Nutzung von Räumen, meist Vorhandensein eines Gartens (daraus resultierende Spielmöglichkeit der Kinder außerhalb der Wohnung ohne direkte Kontrolle der Eltern), in der Regel günstige Wohnlage.

Zusammenfassend ist festzustellen, daß in den letzten 40 Jahren insgesamt erhebliche positive Veränderungen im Wohnbereich stattgefunden haben. Diese positive Entwicklung korreliert durchaus mit einer generellen Erhöhung der subjektiven Wohnzufriedenheit (zusammenfassend bei *Glatzer* 1980, 177 ff.). Man darf aber bei diesem allgemeinen Trend nicht übersehen, daß vermutlich erhebliche Unterschiede vor allem nach der Schichtzugehörigkeit der Familie, aber auch nach Kinderzahl und regionaler Zugehörigkeit vorliegen. Nach der Schichtzugehörigkeit können folgende Zusammenhänge vermutet werden: die Wohnsituation der Mitglieder der Oberschicht und oberen Mittelschicht hat sich im Laufe der vergangenen 30 Jahre kontinuierlich verbessert, aber dies ist weniger sozialisationswirksam, weil die Wohnsituation bei diesen Bevölkerungsschichten schon früher keine restriktiven Rahmenbedingungen für die familiäre Sozialisation beinhaltet. Erhebliche Veränderungen sind bei den Mitgliedern der unteren Mittelschicht und der oberen Unterschicht festzustellen. Hier kann von einer generellen Verbesserung der Wohnsituation gesprochen werden. Für die Mitglieder der unteren Unterschicht erbrachte die Entwicklung der vergangenen 3—4 Jahrzehnte zwar im Durchschnitt eine leichte Verbesserung, insbesondere im Hinblick auf die Verringerung der Belegungsdichte der Wohnungen. Es trat aber für diese eine relative Verschlechterung in dem Sinne ein, daß sie an der allgemeinen Entwicklung in wesentlich geringerem Umfang partizipieren konnten als die Mitglieder der Mittel- bzw. oberen Unterschicht. Die seit dem Zweiten Weltkrieg beobachtbare Entwicklung birgt einen sich verschärfenden Widerspruch in sich: auf der einen Seite gelingt es, für immer mehr Haushalte und Familien eine befriedigende Lösung anzubieten, auf der anderen Seite verbleiben die Resthaushalte noch in Wohnungen, die, nach dem gestiegenen allgemeinen Standard bewertet, als immer schlechter erscheinen müssen. Hinzu kommt, daß diese seit den 50er Jahren absolut wie relativ abnehmende Zahl von sozial schwachen Haushalten und Familien immer häufiger in Wohngebiete mit schlechter Wohnqualität verdrängt werden und räumlich konzentriert in einigen Gebieten der Stadt wohnen müssen (*Vaskovics* 1976; *Vaskovics*, *Weins* 1979). Allgemeine Verbesserung der Wohnungssituation der Majorität der Bevölkerung geht also mit einer relativen Verschlechterung bei einer Minorität der Bevölkerung einher. Ein erheblicher Anteil der größeren Haushalte hat eine Raumanzahl und eine Wohnfläche zur Verfügung, die konventionellen Mindeststandards nicht genügen. Die Größe der unterversorgten Gruppen ist zwar immer kleiner geworden, doch hat sie immer noch eine Größenordnung, die keine kurzfristige Problemlösung möglich erscheinen läßt. Das Problem einer angemessenen Wohnungsversorgung erweist sich somit ebenso als Problem der Größe des Wohnungsbestandes wie als ein Verteilungsproblem (*Glatzer* 1980, 116).

Nach der Kinderzahl ist festzustellen, daß an der allgemeinen Verbesserung der Wohnsituation die kinderreichen Familien — vor allem dann, wenn sie zur Unterschicht gehören — nur geringfügig partizipiert haben. Insbesondere kinderreiche Familien der Unterschicht wohnen häufig in Wohnungen, die nach den heute geltenden Mindestanforderungen sowohl im Hinblick auf Größe, Anzahl der Räume als auch Ausstattung der Räume nicht mehr akzeptabel sind.

Nach der regionalen Zugehörigkeit kann keine einheitliche Entwicklung festgestellt werden. In den Städten — vor allem in Gebieten mit alter Bausubstanz — hat sich die Wohnsituation der Familien eher verschlechtert. In den städtischen Randgebieten und Vororten ist eine Verbesserung der Wohnsituation festzustellen. Dies gilt auch — wenn auch mit Einschränkungen — für ländliche Gebiete.

Bisher haben wir die Veränderungen der Wohnverhältnisse aufgrund von repräsentativen Querschnittsdaten oder aufgrund von Totalerhebungen zu bestimmten Zeitpunkten analysiert. Wie verändern sich aber die Wohnverhältnisse der einzelnen Familien im Laufe ihrer familienzyklischen Entwicklung? Zur Beantwortung dieser Frage können die Vorergebnisse einer von uns bearbeiteten Längsschnittbefragung des Bundesinstituts für Bevölkerungsforschung herangezogen werden, die über einige Aspekte der Wohnungsänderung von (in 2jährigen Abständen befragten) rd. 2000 Familien im Laufe der ersten 10 Ehejahre Auskunft geben (*Schneider* 1987). Einen ersten Anhaltspunkt zur Analyse der Veränderung der Wohnsituation stellt die Verbreitung der untersuchten Familien im Zeitablauf auf unterschiedliche Haustypen dar. Nach ca. 3jähriger Ehedauer wohnt fast die Hälfte der befragten Familien in einem Ein- oder Zweifamilienhaus. Fünf Jahre später (8—10 Jahre nach der Familiengründung) wohnen bereits zwei Drittel aller befragten Familien in diesem Haustyp. Jede dritte erfaßte Familie hat zwischen 1977—1983 ihre Wohnsituation hinsichtlich des bewohnten Haustyps verändert. Die Analyse der individuellen Veränderungen zwischen 1977—1983 verdeutlicht die Richtung dieser Veränderung: fast 9 von 10 Bewohnern eines Ein- oder Zweifamilienhauses haben in diesem Zeitraum diesen Haustyp beibehalten. Demgegenüber sind 41% derjenigen Familien, die 1977 in einem Mehrfamilienhaus wohnten, zwischenzeitlich in ein Ein- oder Zweifamilienhaus umgezogen. Auch der Wohnstatus, d.h. ob die Befragten Eigentümer oder Mieter ihrer Wohnung sind, hat sich bei einem erheblichen Teil der untersuchten Familien zwischen 1975—1983 verändert. Zu Beginn ihrer Ehe verfügte nur eine von 10 befragten Familien über Wohnungs- oder Hauseigentum. Innerhalb der ersten 10 Ehejahre steigt mit zunehmender Ehedauer der Anteil der Wohnungseigentümer kontinuierlich an. Nach 8—10jähriger Ehedauer wohnt fast jede zweite der befragten Familien in einem Eigenheim bzw. in einer Eigentumswohnung. Zwischen 1975—1983 haben 46% der erfaßten Familien ihren Wohnstatus durch Erwerb von Wohneigentum vom Mieter zum Eigentümer verändert.

Differenziert nach Kinderzahl (im 8. und 10. Ehejahr) zeigt sich zwar, daß sich (z.B. gemessen am Anteil der Familien, die in Ein- oder Zweifamilienhäusern wohnen) die Wohnsituation generell verbessert hat, aber der höchste Anteil der in diesem Haustyp Wohnenden ist bei Familien mit zwei und drei Kindern festzustellen. Während beispielsweise im Jahre 1983 (also zu einem Zeitpunkt, wo ein erheblicher Teil der Familien die endgültige Familiengröße erreichte und vermutlich auch die angestrebte Wohnform realisierte) von den kinderlosen Familien 55% ein Ein- oder Zweifamilienhaus bewohn-

ten, konnten 75% der Drei-Kind-Familien diese Wohnform realisieren. Bei diesem Zusammenhang zwischen Kinderzahl und Wohnform sind folgende Einschränkungen zu beachten:
- Wie die Ergebnisse für 1977 zeigen, können offenbar Familien mit mehreren Kindern den Wunsch, in einem Ein- oder Zweifamilienhaus zu wohnen, nicht so rasch realisieren wie Familien, die in der Familiengründungsphase keine bzw. nur ein oder zwei Kinder hatten.
- Die Drei-Kind-Familie stellt in dem hier diskutierten Zusammenhang sozusagen einen Schwellenwert dar: von den Familien mit vier und mehr Kindern wohnen bedeutend weniger in einem Ein- oder Zweifamilienhaus als von allen anderen Familien.

Aus den vorliegenden Daten geht allerdings die zeitliche Reihenfolge der beiden Ereignisse (Geburt des ersten oder eines weiteren Kindes und Bezug eines Ein- oder Zweifamilienhauses) nicht eindeutig hervor. Es ist also nicht eindeutig zu klären, ob Familien, die relativ rasch nach der Eheschließung ein Ein- oder Zweifamilienhaus beziehen, (unter diesen Bedingungen) mehr Kinder bekommen, oder ob Familien mit mehreren Kindern (nach realisierter Kinderzahl) sich verstärkt um ein Ein- oder Zweifamilienhaus bemühen.

2.2 Veränderungen der Wohnumwelt

Über die Veränderungen der Wohnumwelt in der Bundesrepublik Deutschland seit dem Zweiten Weltkrieg gibt es nur wenige generalisierbare empirische Informationen. Notwendig wären Daten über die Ausstattung der unmittelbaren Wohnumgebung mit sozialisationsrelevanten infrastrukturellen Einrichtungen, wie Kindergärten, Kinderhorten, Schulen, Freizeiteinrichtungen für Jugendliche, aber auch Daten über Spielplätze und Grünflächen sowie sonstige Freiräume im Nahbereich der Wohnung, über Belastungen der Wohnumgebung durch Lärm und Emissionen und Gefährdung durch den Verkehr. Es wären Informationen nötig über Anregungen und Restriktionen der Wohnumgebung, die die kindliche Entwicklung beeinflussen können. Doch solche Daten fehlen entweder vollständig, oder sie liegen nur für Einzelaspekte vor und dies auch nur für die jüngste Entwicklung. Die vorhandenen Informationen beleuchten nur einige Aspekte dieser Entwicklung, die nachfolgend resümierend dargestellt werden.

Versorgung mit Spielplätzen, Grünflächen und Freiräumen: Über die Entwicklung mit Spielplätzen liegen nur Informationen von einigen Städten vor. In München beispielsweise gab es im Jahre 1954 nur 50, knapp 20 Jahre später bereits 417 Spielplätze (*Rerrich 1983*, 427 ff.). Trotz solcher Entwicklungen wird ein hoher Fehlbestand an Spielplätzen in der Bundesrepublik Deutschland vermutet (*Wingen 1983*, 450). Dies ist hauptsächlich damit zu erklären, daß die Straße als Folge des zunehmenden Verkehrs für die Kinder als Spielplatz weitgehend verlorengeht (obwohl neuerdings einige Gegentendenzen, etwa durch die Errichtung sog. Spielstraßen, zu beobachten sind). Als Alternative bleiben die eigens für Kinder vorgesehenen Spielflächen, die natürlich vorrangig in neuen Wohngebieten (hauptsächlich in den 70er und 80er Jahren) errichtet wurden. Hinsichtlich Ausstattung mit Spielflächen ergeben sich demzufolge zwischen neuen und alten Wohngebieten erhebliche Unterschiede. 1972 beklagten sich fast doppelt so viele Familien, die zur Miete wohnten, daß ihre Kinder keine Spielmöglichkeiten außerhalb des Hauses hätten wie Familien in Einfamilienhäusern und Eigentumswohnungen (1%ige Wohnungsstichprobe, H. 6, 46—47). Solche Einzelinformationen deuten darauf hin, daß die vorhandenen künstlich angelegten Spielplätze nur ein unzureichender Ersatz für den Wegfall von Freiflächen für Kinder infolge von hohem Verkehrsaufkommen, Bebauung von bisher freiem Gelände oder Umwidmung von freien Plätzen für Parkplätze sind. Nachdem die künstlich angelegten Spielplätze nur unzureichende Ersatzmöglichkeiten bieten, ist davon auszugehen, daß sich die gefahrlosen Spielmöglichkeiten in einer natürlichen Umgebung zunehmend verringert haben.

Versorgung mit Kindergärten, Kinderhorten und schulischen Einrichtungen: Die Versorgung der Familien mit sogenannten familienunterstützenden Einrichtungen wie Kindergärten, Kinderhorten hat sich im Laufe der vergangenen 30—40 Jahre nicht nur erheblich verbessert, sondern einen Entwicklungsstand erreicht, der — vielleicht von einigen regionalen Ausnahmen abgesehen — den aktuellen Bedarf zu decken in der Lage ist. Anfang der 70er Jahre besuchten beispielsweise 40% der Kinder einen Kindergarten. Dieser Anteil konnte innerhalb von 10 Jahren verdoppelt werden (*Fauser, Bargel, Mundt* 1979, 127). Heute kann vermutlich jedes Kind, falls von den Eltern gewünscht, einen Kindergarten besuchen. Was die räumliche Verteilung von Kindergärten und Kinderhorten betrifft, gilt, daß es keine nennenswerten räumlichen Disparitäten hinsichtlich räumlicher Erreichbarkeit mehr gibt (*Herlyn* 1980, 51 ff.). Dementsprechend können in neueren Untersuchungen keine schichtspezifischen Unterschiede hinsichtlich stadtteilbezogener Ausstattung und Erreichbarkeit festgestellt werden, wohl aber erhebliche Unterschiede hinsichtlich Nutzung solcher Einrichtungen je nach Schichtzugehörigkeit der Eltern. Nach *Herlyn* läßt sich in dieser Hinsicht eine starke schichtspezifische Nutzungsstruktur in dem Sinne nachweisen, daß die Eltern der Unterschicht solche Einrichtungen seltener benutzen als andere. Dies gilt übrigens nicht nur für Kindergärten und Kinderhorte, sondern insgesamt für die nahräumliche Ausstattung, wie Spielplätze und Grünflächen (*Herlyn* 1980).

Lärmbelästigung und Luftverschmutzung: Besonders gravierend ist in diesem Zusammenhang das hohe private und öffentliche Verkehrsaufkommen. Nicht nur, weil dies für die Kinder eine besondere Gefährdung darstellt und deshalb eine verstärkte Kontrolle seitens der Eltern unabdingbar macht, sondern auch wegen der sehr hohen Lärmbelästigung der Wohnumwelt. Über die Entwicklung der Lärmbelastung liegen nur für die jüngste Zeit Angaben vor. Deshalb kann man sich über die Entwicklung nur aufgrund von Befragungsdaten über Lärmstörungen ein Bild machen. Eine vergleichende Untersuchung des Allensbacher Instituts zeigt beispielsweise für den Zeitraum von 1960—1969, daß der Anteil jener Personen, die über Lärmstörungen berichten, von 35% auf 43% zugenommen hat. Nach 1971 wird allerdings ein leichter Rückgang signalisiert (*Noelle-Neumann, Piel* 1983, 41). Dieser Rückgang ist vermutlich durch die Verbesserung der Wohnsituation der Mittel- und Oberschicht bedingt, denn gerade hier geht der Anteil jener, die sich nicht mehr gestört fühlen, am stärksten zurück. Zu berücksichtigen ist in diesem Zusammenhang auch, daß in den 70er Jahren eine besonders starke Fluchtbewegung ins Grüne stattfand. Diese führte zur Entstehung von relativ verkehrsruhigen Wohnlagen am Rande der Städte. Auch die Veränderung der Bauweise und die stärkere Beachtung von Schallschutzvorschriften spielt hier eine Rolle. Besonders häufig beklagen sich jene über Lärmbelästigung, die in zwischen 1945 und 1960 errichteten Wohnungen wohnten (*Noelle-Neumann, Piel* 1983). Ob die Anfang der 80er Jahre festgestellte rückläufige subjektive Lärmbelästigung bei der Bevölkerung weiterhin eine positive Tendenz aufweist, kann man mangels Daten leider nicht feststellen. Über die Entwicklung der Belästigung durch Luftverschmutzung läßt die 1%ige Wohnungsstichprobe von 1972 und 1978 vergleichende Aussagen zu. Im Jahre 1972 haben 16% aller Familien nach ihren eigenen Angaben sich durch Geruchsbelästigung gestört gefühlt. Bei der zweiten Umfrage (bei der allerdings etwas differenzierter nach Geruch, Abgasen und Staubentwicklung gefragt wurde) ergab sich, daß 43% aller Familien mit Kindern sich dadurch gestört fühlten.

Verkehrsversorgung: Neben den negativen Folgen des zunehmenden privaten und öffentlichen Verkehrs muß auch auf eine positive Wirkung hingewiesen werden, nämlich auf die Tatsache, daß die infrastrukturellen Einrichtungen für Eltern und Kinder leichter erreichbar werden. Zeitlich gesehen rücken solche Einrichtungen der eigenen Wohnung näher. Besondere Bedeutung kommt dem Schulbus-System zu, das auch jenen Kindern den Besuch höherer Schulen ermöglicht, die ansonsten wegen der räumlichen Entfernung überhaupt nicht oder nur unter erschwerten Bedingungen solche Schulen besuchen könnten.

Es ist sehr schwierig, eine *zusammenfassende* Aussage zur Entwicklung der Wohnumwelt zu treffen. Denn es gibt keinen klaren Trend, im Gegenteil: es gibt einige gegenläufige Tendenzen. Aus der Sicht der Familien mit kleinen Kindern ist herauszustellen, daß der außerhäusliche Spielbereich im Laufe der vergangenen 30 Jahre eine erhebliche Beschränkung erfuhr. Als Folge der verstärkten Wohnbautätigkeit, insbesondere am Rande und in den Vororten der Städte, wurden bei den Familienhäusern für die Kinder durch die Errichtung von eigenen Gärten Spielmöglichkeiten außerhalb des Hauses geschaffen, bei Mehrfamilienhäusern Grünflächen in unmittelbarer Umgebung des Hauses (deren Nutzung allerdings durch zahlreiche Verbote erheblich dezimiert wurde). Etwa jedes zweite Kleinkind (unter 6 Jahren) in Verdichtungsräumen Nordrhein-Westfalens wohnt heute in einem Haus mit Garten. Auf der anderen Seite trifft eine Verschärfung in den übrigen Stadtgebieten mit älteren Miethäusern ein, wo als Folge der erhöhten Verkehrsaufkommen Spielflächen für die Kinder wegfallen und keine Alternativen in Form von Spielplätzen geboten werden. Abgesehen von den Randgebieten der Städte und den städtischen Vororten, ist von einer Verringerung der unbebauten Gebiete auszugehen. Nach dem Grad der Umweltbelastung — sei es Verkehrslärm oder Belastung durch Emission — ergeben sich ebenfalls sehr starke Unterschiede, je nachdem, in welchem Teil der Stadt sich die Wohnung der Familie befindet. Weiter ist auf eine Umschichtung infolge der erhöhten schichtspezifischen räumlichen Mobilität hinzuweisen. Familien, die sich dies leisten können, verlassen ihre umweltbelastenden Wohngebiete bzw. Wohngebiete, die für ihre Kinder Restriktionen der oben beschriebenen Art enthalten. Die verbleibende „Residualkategorie" ist auf eine kumulative Weise den Wohnumweltbedingungen ausgesetzt. (Hier spielt natürlich auch die Tatsache eine Rolle, daß traditionelle Arbeitergebiete infrastrukturell allgemein schlechter ausgelastet sind; vgl. *Herlyn* 1980). Denn die sich in diesen Gegenden befindlichen Wohnungen sind jene, von denen negative Auswirkungen auf die kindliche Entwicklung vermutet werden können. Konnte der soziale Wohnungsbau in den 60er und 70er Jahren noch einen Ausgleich schaffen (etwa dadurch, daß sozial geförderte Wohnungen ebenfalls am Rande der Städte errichtet wurden), so scheint dieser Effekt nunmehr infolge der rückläufigen Bautätigkeit bei öffentlich geförderten Wohnungen ebenfalls an Bedeutung verloren zu haben.

Nachdem nicht damit gerechnet werden kann, daß man die sehr unterschiedlichen Wohnumweltbedingungen je nach Lage der Wohnung in absehbarer Zeit ausgleichen kann, ist eher damit zu rechnen, daß die Familien je nach ihren finanziellen Möglichkeiten tragbare Standorte aussuchen und demzufolge eine verstärkte schichtspezifische Segregation eintreten wird. Das bedeutet eine Verschärfung der Wohnumweltsituation für sozial schwache Familien.

3 Wohn- und Wohnumweltbedingungen familiärer Sozialisation: theoretische Begründungen

Kann nun behauptet werden, daß von diesen Veränderungen im Wohnbereich Auswirkungen auf Verhaltensweisen der einzelnen Familienmitglieder, insbesondere Sozialisationsziele, -verhalten und -praktiken der Eltern und Persönlichkeitsentwicklung der Kinder ausgehen? Man findet zwar zahlreiche Veröffentlichungen, in denen ein ursächlicher Wirkungszusammenhang zwischen Wohn- und Wohnumeltbedingungen und familiärer Sozialisation (und damit kindlicher Verhaltens- und Persönlichkeitsentwicklung) *behauptet* wird, aber nur wenige, die eine *theoretische Begründung* für diese anführen. Im folgenden wird der Frage nachgegangen, *wie* diese Wirkungszusammenhänge in der Forschungsliteratur theoretisch erklärt werden.

Die ersten Erklärungen zur Abhängigkeit zwischen materieller Umwelt und kindlicher Persönlichkeitsentwicklung wurden in den 50er Jahren durch umweltpsychologische Theorien angeboten. Eine zentrale Bedeutung nimmt in diesem Zusammenhang das von *Barker*

(1968) entwickelte Konzept des „Verhaltensumfeldes" ("behavior setting") ein. Das Verhaltensumfeld ist nach dieser Konzeption eine natürliche Grundeinheit der Umwelt, die neben verhaltensmäßigen und zeitlichen Bestimmungsmerkmalen auch *materielle Komponenten* aufweist (konstituiert durch Straßen, Häuser, Wohnungen, Einrichtungsgegenstände, Gebrauchsgegenstände usw.). Dieses vom Individuum unabhängige „physikalische Milieu" umschließt das Verhalten von Individuen und Gruppen. Es ist sozusagen der (räumlich-materielle) Rahmen, innerhalb dessen sich das familiale Sozialisationsgeschehen abspielt. Verhaltensumfelder (einschließlich ihrer materiellen Dimensionen) sind also verhaltensbestimmend und damit sozialisationsrelevant.

Die wesentlichen Begründungen für die Annahme, daß Wohn- und Wohnumweltbedingungen *innerfamiliäre* Sozialisationsprozesse beeinflussen, sind aus dem sog. sozialökologischen Sozialisationskonzept zu entnehmen (vgl. zusammenfassend *Vaskovics* 1982). Diese Begründungszusammenhänge hat *U. Bronfenbrenner* herausgestellt (1976; 1978; 1981). Da sein theoretisches Modell als bekannt vorausgesetzt werden kann, sollen hier nur jene Aspekte erwähnt werden, die für die Fragestellung dieses Beitrags von direkter Bedeutung sind. *Bronfenbrenner* geht — wie auch andere Vertreter der Umweltpsychologie — davon aus, daß die Struktur der *alltäglichen Umwelt* (einschließlich ihrer wichtigsten Einflußfaktoren) von Sozialisanden *und* Sozialisatoren als sozialisationsrelevant anzusehen ist. „Umwelt" wird als der unmittelbare Erlebnisraum des Kindes durch kindliche Wahrnehmung definiert (sogenannter „ökologischer Raum"). Neben der sozialen Dimension und Handlungsdimension hebt *Bronfenbrenner* die sozialisationsrelevante Bedeutung der *physischen Dimension* des ökologischen Raumes besonders hervor. Die physisch-materielle Dimension meint die räumlich-stoffliche Anordnung der *ökologischen Einheiten* (*Barker* 1968), die nach *Bronfenbrenner* neben sozialen Netzwerken und Institutionen (er spricht von „Sozialstruktur") und dem „ideologischen System" die unmittelbare Umgebung des Kindes ausmachen. Die physisch-materielle Dimension stellt eine Umwelt mit relativ geringer Komplexität (Umwelt unterer Ordnung) dar, die sich aus physisch-räumlichen Elementen der unmittelbar wahrnehmbaren Umgebung (wie Wohnung, Haus, Straße, Platz usw.) konstituiert. Sie ist insoweit sozialisationsrelevant, als sie je nach Beschaffenheit unterschiedliche Chancen und Restriktionen für die kindliche Entwicklung bedeuten kann. Den Zusammenhang zwischen der Beschaffenheit von physischer Umgebung und kindlicher Entwicklung begründet *Bronfenbrenner* damit, daß die konkrete physische Umgebung die Kommunikations- und Beziehungsmuster der am Sozialisationsgeschehen beteiligten Personen nachhaltig strukturiert.

Obwohl die räumlich-stoffliche Ausstattung nur *ein* konstitutives Element des unmittelbaren Erlebnisraumes des Kindes darstellt und diese wiederum in ein hierarchisch strukturiertes System von übergreifenden Elementen (wie informellen Beziehungsmustern des Kindes) und formelleren Organisationen und Strukturen der Gesellschaft eingebettet ist, ist nach *Bronfenbrenner* auch ein direkter Wirkungszusammenhang zwischen materieller Ausstattung der unmittelbaren Umgebung und kindlicher Entwicklung anzunehmen. Besonders bedeutsam sind allerdings nach *Bronfenbrenner* die *indirekten* Wirkungen der materiellen Ausstattung der Umwelt, die vermittelt durch das elterliche Verhalten sozialisationsrelevant sind. *Wie* die Wohn- und Wohnumweltbedingungen das Elternverhalten im einzelnen beeinflussen, wird durch *Bronfenbrenner* im einzelnen nicht begründet. Diese Zusammenhänge werden in einigen neueren empirischen Studien zur ökologischen Sozialisationsforschung erläutert. Am Beispiel der theoretischen Konzeption der Studie von *Schneewind, Beckmann, Engfer* (1983) und des theoretischen Modells der Studie von *Kaufmann, Herlth, Strohmeier* (1980) sollen diese Begründungszusammenhänge nachfolgend kurz beschrieben werden.

Schneewind und Mitarb., die die materielle Ausstattung der räumlichen Umgebung der Familie als eine wichtige ökologische Kontextbedingung für die familiäre Sozialisation ansehen, gehen davon aus, daß der ökologische Kontext sowohl den potentiellen und aktuellen Erfahrungsbereich des Kindes als auch den der Eltern absteckt. Besondere Bedeutung wird der *Beziehung* zwischen dem potentiellen und aktuellen Erfahrungsbereich zugemessen. Dies wird damit begründet, daß der räumlich abgrenzbare Erfahrungsbereich der Familie hauptsächlich erst über seine *Erlebnisqualität* sozialisationswirksam ist. Die Erlebnisqualität des aktuellen Erfahrungsbereiches ist für Eltern und Kinder in gleicher Weise wichtig. Es wird angenommen, daß die materielle Ausstattung des Raumes entweder durch das Vorhandensein bzw. die Nutzung von „verhaltensprovozierenden" Gegebenheiten die Gelegenheit zu differenzierten Lern- und Erfahrungsmöglichkeiten bietet (Anregungsdimension) bzw. bei Fehlen dieser eine „Stimulusarmut" zur Folge hat (Deprivationsdimension).

Die psychische Erlebnisqualität der Eltern beeinflußt Erziehungsstil und Familienklima und diese wiederum die Persönlichkeitsmerkmale des Kindes (1983, 30 f.). Die Reaktionen auf geringeren Anregungsgehalt, belastende und deprivierende Eigenschaften der materiellen Ausstattung des Nahraumes beeinflussen das Verhalten der Eltern. Dies wirkt sich wiederum auf den Erziehungsstil und das Familienklima aus. Nach diesem Konzept ist die materielle Umwelt für das Kind insofern von Bedeutung, als „sie die Qualität und den Umfang seiner möglichen (Lern-)Erfahrungen" bestimmt. Allerdings gibt der ökologische Kontext lediglich den Rahmen für mögliche (Lern-)

Erfahrungen ab. Ob vorhandene Möglichkeiten auch genützt werden, hängt davon ab, ob die Kinder jene Dispositionen, Fähigkeiten und Fertigkeiten erworben haben, die sie in den Stand versetzen, von diesem Angebot Gebrauch zu machen" (S. 27 ff.). Es wird also unterstellt, daß es wesentlich von den Persönlichkeitsmerkmalen des Kindes abhängt, welche Umweltgegebenheiten des potentiellen Erfahrungsbereiches zum Bestandteil des *aktuellen* Erfahrungsbereiches werden. Bei der Erschließung des „ökologischen Angebots" dienen hauptsächlich die Eltern als „Umweltvermittler", indem sie den aktuellen Erfahrungsbereich des Kindes durch Selektion vorstrukturieren und ihm bestimmte Umwelten eröffnen. Ob und in welcher Form das geschieht, hängt wiederum vom Erziehungsstil der Eltern und vom Familienklima ab — also von den Determinanten des innerfamiliären Sozialisationsgeschehens (S. 29). Hier wird also auf der einen Seite angenommen, daß die anregende, belastende oder deprivierende Qualität von Umgebungsmerkmalen nicht losgelöst von den betroffenen Personen bestimmt und analysiert werden kann (*Beckmann, Krohns, Schneewind* 1982, 145) und daß auf der anderen Seite die Erfahrungen des Kindes in seiner häuslichen und weiteren Umgebung für die Entwicklung von Bedeutung sind. Dies wiederum hängt davon ab, wie der potentielle Erfahrungsbereich des Kindes beschaffen ist, d. h. welche materielle Ausstattung vorhanden ist (und wie die Zusammensetzung seines sozialen Umfeldes aussieht) (*Beckmann, Krohns, Schneewind* 1982, 147).

Die Begründung, daß das familiäre Sozialisationsgeschehen durch Erschließung des „ökologischen Angebots" seitens der Eltern beeinflußt werden kann, wird im sogenannten „Ressourcenansatz" von *Kaufmann, Strohmeier, Herlth* (1980) aufgegriffen und weiter vertieft. Die materielle Ausstattung der Umgebung stellt nach dieser Konzeption wichtige Bestandteile der Erfahrungsumwelt und als solche (ökologische) Hilfsquellen für die innerfamiliäre Sozialisation dar. Ressourcen, die die soziale Umwelt bereitstellt (z. B. Geschäfte, Ämter, Schulen, Kindergärten, Grünflächen usw.), konstituieren das sozialökologische Umfeld der Familie. Die Umweltabhängigkeit familiärer Sozialisation bedeutet nach dieser Erklärung, daß Art und Ausmaß der Verfügbarkeit von Ressourcen einerseits durch die Bereitstellung durch die soziale Umwelt, andererseits durch die Art und Weise, wie die Familie diese Ressource unter den strukturellen Voraussetzungen eines gegebenen sozialökologischen Umfeldes für sich nutzbar macht, bestimmt wird (*Strohmeier, Herlth* 1982, 310 ff.). Die Eltern sind bemüht, diese außerfamiliären Ressourcen für die innerfamiliäre Sozialisation zu erschließen, wobei die Chancen in Abhängigkeit von der Lebenslage der Familie unterschiedlich verteilt sind.

Die materielle Ausstattung der Umgebung wird nach diesem Konzept in ihrer Gesamtheit nicht direkt sozialisationswirksam, sondern selektiert und vermittelt durch das Elternverhalten (in Abhängigkeit von der Lebenslage der Familie). Je nachdem, welche materielle Ausstattung (ökologische Ressourcen) die Eltern für die familiäre Sozialisation erschließen können, ergeben sich für die Kinder unterschiedliche Lern- und Erfahrungsumwelten mit verschiedenen Chancen und Risiken.

Zusammenfassend ist festzuhalten, daß diese Erklärungsmodelle folgende Begründungszusammenhänge für die Beeinflussung der innerfamiliären Sozialisation durch Wohn- und Wohnumweltbedingungen beinhalten:
1. Der genutzte Raum samt seiner materiellen Ausstattung (z. B. Raummenge) setzt Rahmenbedingungen für die kindliche Entwicklung. Die sozialisationsrelevante Wirkung der genutzten Wohnung und Wohnumwelt auf die kindliche Entwicklung kann direkt oder indirekt (über Beeinflussung des Elternverhaltens) erfolgen.
2. Die *wahrgenommenen* Eigenschaften der Wohnung und Wohnumwelt (z. B. Anregungsgehalt der Wohnung) beeinflussen die kindliche Entwicklung. Die sozialisationsrelevante Wirkung kann auch nach dieser Begründung direkt oder indirekt (über Beeinflussung des Elternverhaltens) erfolgen.
3. Eltern beeinflussen aktiv die sozialisationsrelevanten Wohnungs- und Wohnumweltbedingungen ihrer Kinder (indem sie bestimmte wohnungsmäßige Bedingungen für ihre Kinder erschließen). Diese durch die Eltern erschlossenen Wohnbedingungen wirken entweder durch ihre Nutzung oder durch ihre Wahrnehmung auf die kindliche Entwicklung, und zwar entweder direkt oder indirekt über die Beeinflussung des Elternverhaltens (denn diese durch die Eltern erschlossenen Wohnbedingungen können das Elternverhalten selbst beeinflussen).

4 Sozialisationsrelevante Merkmale der Wohnung und der Wohnumgebung

In einem weiteren Schritt soll der Frage nachgegangen werden, *welche Eigenschaften* der Wohnung und der Wohnumgebung in der Forschungsliteratur als sozialisationsrelevant angesehen werden. Diese Frage läßt sich weder unter Rückgriff auf Theorien der Umweltpsychologie noch der ökologischen Sozialisationsforschung noch der Wohnungssoziologie beantworten. Wenn in den theoretischen Modellen Merkmale der Wohnung und der Wohnumgebung überhaupt erwähnt werden, so meist nur beispielhaft, unverbindlich. Es bleibt theoretisch unbegründet, *warum* ein Merkmal der Wohnung und der Wohnumgebung das Sozialisationsgeschehen in der Familie beeinflußt und warum ein anderes nicht. Wenn *Barker, Bronfenbrenner* und auch *Porteous* (1977) oder *Ittelson* et al. (1977)

z. B. Wohnungsdichte und Anordnung der Räume einer Wohnung bei Beschreibung des sozialisationsrelevanten Kontextes erwähnen, geschieht dies nur im Sinne einer beispielhaften Erläuterung. Auch in theoriegeleiteten Studien zur Sozialisationsforschung werden bestimmte Eigenschaften der Wohnung und Wohnumgebung lediglich nach Plausibilitätskriterien als sozialisationsrelevant bestimmt. Dies soll mit den Studien von *Schneewind* et al. (1983) und *Kaufmann* et al. (1980) — stellvertretend für zahlreiche andere Studien — gezeigt werden. Zur Operationalisierung des theoretischen Konstruktes „ökologischer Kontext" (*Schneewind*) und „Wohnsituation" (*Kaufmann*) werden folgende Merkmale herangezogen:

Schneewind	*Kaufmann* et al.
- Stadt	- Wohnraum pro Kopf in m²
- Aktionsraum	- Anzahl der bewohnten Zimmer pro Person
- Geld pro Person	- Anzahl der Kinderzimmer pro Kind
- Raum pro Person	- Miete pro m² in DM
- Wohndauer	- Alter des Hauses
- baulicher Zustand der Wohnung	- Wohnungstyp (Sozial-, Mietwohnung, Mietshaus, eigenes Haus, Eigentumswohnung)
- ökologische Qualität der Wohnumgebung	- Anzahl der Mietparteien pro Wohnebene
	- Anzahl der Stockwerke
	- Haustyp (Einfamilien-, Reihen-, Mietshaus)

In anderen einschlägigen Untersuchungen werden außer diesen Merkmalen beispielsweise folgende Eigenschaften der Wohnung als sozialisationsrelevant angeführt: Eigentumsverhältnis, Anordnung der Räume (insbesondere Trennung Bad/WC, Lage des Kinderzimmers innerhalb der Wohnung, Lage der Wohnung innerhalb des Hauses [insbesondere Stockwerkshöhe], Ausstattung mit Balkon, Nutzungsmöglichkeit des verfügbaren Wohnraumes [variable Räume], Schallschutz).

Für das Wohnumfeld werden folgende Eigenschaften als sozialisationsrelevant behauptet: Lärmbelästigung, Luftverschmutzung, Verkehrsbelastung, Vorhandensein von Grünflächen und sonstiger Freifläche, Vorhandensein einer kindbezogenen sozialen Infrastruktur, Grad der Verkehrsanbindung, Art der Bebauung, Siedlungsstruktur. Aber wie gesagt, in der Forschungsliteratur werden keine aus Theorien abgeleitete Begründungen dafür angeführt, warum gerade diese (oder eine dieser) Eigenschaften der Wohnumwelt sozialisationsrelevant sein soll. Nur das Vorhandensein von einer kindbezogenen sozialen Infrastruktur wird in der Studie von *Bargel, Fauser,*

Mundt (1981) und der Studie von *Kaufmann* et al. (1980) als sozialisationsrelevant begründet.

Wir haben zunächst danach gefragt, wie die angenommenen Zusammenhänge zwischen Wohnungs- und Wohnumweltbedingungen und innerfamiliärer Sozialisation theoretisch begründet und *welche* Eigenschaften der Wohnungs- und Wohnumgebung theoretisch als sozialisationsrelevant ausgewiesen werden. Im folgenden wollen wir uns der Frage zuwenden, ob und inwieweit die angenommenen Zusammenhänge durch Ergebnisse der empirischen Forschung bestätigt werden können. Über den Einfluß der Eigenschaften der Wohnung werden folgende empirisch gestützte Aussagen getroffen:

Beengte Wohnverhältnisse beeinflussen (hemmen)
- die Lernfähigkeit und Intelligenz des Kindes (*Douglas* 1969; *Pinkert* 1972),
- die Schulleistung des Kindes (*Douglas* 1969; *Kaufmann* et al. 1980),
- die Kreativitätsentfaltung des Kindes (*Schwickerath* 1983, 163),
- die psychomotorische Entwicklung des Kindes (*Baumann, Zinn* 1973, 67).

Fehlende Kinderzimmer beeinflussen (beeinträchtigen)
- die Schulleistung des Kindes (*Mollenhauer* 1970; *Kaufmann* et al. 1980).

Mangelhafte Schallisolierung der Wohnung beeinflußt (beeinträchtigt)
- die Lernbereitschaft und Lernfähigkeit der Kinder (*Cohen* et al. 1973; 1975).

Schlechte sanitäre Wohnausstattung erschwert
- die Einübung von Reinlichkeitsverhalten (*Dittrich, Krummacher* 1979).

„Schlechte Wohnverhältnisse" beeinflussen (fördern)
- jugendliche Delinquenz (*Glueck, Glueck* 1962; *Wallis, Maliphant* 1972)
- die Neigung passiv-rezeptiver Beschäftigung des Kindes in der Wohnung (*Baumann, Zinn* 1973).

Beengte Wohnverhältnisse beeinflussen (fördern)
- restriktive Erziehungsmethoden der Eltern (*Baumann, Zinn* 1973)
- die autoritäre Erziehung, aber auch die resignative Haltung der Eltern (*Littmann, Kasilke* 1970)
- kontrollierende, disziplinierende Erziehungsmethoden der Mütter (*Vaskovics, Watzinger* 1982).

Materielles (und soziales) Angebot des „ökologischen Kontextes" (operationalisiert durch: Schicht, Stadt, Verkehrslage, Wohndauer, Aktionsraumdichte) beeinflußt (*Schneewind* et al. 1983)
- soziale Netzwerke der Eltern (Umfang, Qualität, Intensität)
- sozialbezogene Aktivitäten des Kindes
- (fördert) expressives Familienklima.

Materielles (und soziales) Angebot des ökologischen Kontextes (operationalisiert durch: Schicht, Stadt, Aktionsdichte, Verkehrslage, Wohndauer, Raum pro Person) beeinflußt
- negativ die Fernsehnachfrage des Kindes (hoher Anregungsgehalt in Verbindung mit Fernsehbedingungen der Eltern reichen offenbar aus, um Kinder vom Fernsehen abzuhalten (*Schneewind* et al. 1983).

Materielles (und soziales) Angebot des ökologischen Kontextes (operationalisiert durch: Stadt, Aktionsraumdichte, Geld pro Person, Wohndauer, bauli-

cher Zustand der Wohnung, ökologische Qualität der Wohnumgebung) beeinflußt
- die Kreativität des Kindes (allerdings nur schwach und nur „vermittelt" über Familienklima und Erziehungsstil der Eltern) (*Schneewind* et al. 1983).

Über den Einfluß der Wohnumweltbedingungen werden folgende empirisch begründbare Aussagen getroffen: Verkehrsunsicherheit, hohes Verkehrsaufkommen erhöhen die Kontrollhaltung der Eltern (*Bargel, Fauser, Mundt* 1981); mit sozialökonomischem Status des Wohnviertels nimmt die aktive Sprachkompetenzförderung der Kinder zu (*Bargel, Fauser, Mundt* 1981; *Strohmeier, Herlth* 1981); „Wohnumweltqualität" beeinflußt Bildungsaspiration der Kinder (*Bargel, Fauser, Mundt* 1981; *Eirmbter* 1982; *Rodax, Spitz* 1982); Diskreditierungsgrad des Wohnviertels beeinflußt negativ den Schulerfolg der Kinder (*Vaskovics, Watzinger* 1982, 272 ff.).

Auch für solche empirisch gestützte Aussagen gilt, daß — in Anbetracht der Multikausalität der angesprochenen Zusammenhänge — über die tatsächliche Wirkung von Wohnungs- und Wohnumweltbedingungen auf die innerfamiliäre Sozialisation nichts Sicheres ausgesagt werden kann. Von einigen wenigen Ausnahmen abgesehen, ist es bisher nicht gelungen, die Wirkung der Wohnungs- und Wohnumgebungsmerkmale auf die innerfamiliäre Sozialisation von anderen Einflußfaktoren zu isolieren. Stellt man in Rechnung, daß familiäre Sozialisationsprozesse in einem komplexen, wechselseitigen Bedingungsgefüge bestimmt werden und aus diesem Grunde einzelne Einflußfaktoren methodisch sehr schwer isolierbar sind, können die Ergebnisse der bisherigen Forschung wie folgt resümiert werden:

1. Wohnungsgröße — und damit zusammenhängend Belegungsdichte sowie Raumeinteilung/insbesondere das Vorhandensein eines Kinderzimmers — beeinflussen (in Verbindung mit anderen Umweltfaktoren) direkt oder indirekt die kindliche Entwicklung.
2. Wohnform (Ein- und Zweifamilienhaus/Mehrfamilienhaus) und damit korrelierende Wohnbedingungen (z. B. bessere sanitäre Ausstattung, bessere Schallisolierung, „kinderfreundliche" Wohnumgebung, Wohnungsgröße, funktionsgerechte Anordnung der Räume) beeinflussen in Verbindung mit anderen Umweltfaktoren direkt oder indirekt die familiäre Sozialisation.
3. Das Vorhandensein einer kindbezogenen sozialen Infrastruktur in der Wohnumgebung beeinflußt die Nachfrage nach solchen Einrichtungen (insbesondere Kindergarten und höhere Schulen).
4. Eltern erschließen hauptsächlich in Abhängigkeit von ihren finanziellen Möglichkeiten unterschiedliche Wohnbedingungen und Wohnumweltbedingungen für ihre Kinder. Daraus resultieren für die Kinder sehr unterschiedliche wohnungsmäßige Bedingungen und Umweltbedingungen für ihre Entwicklung.

Es ist aber zu berücksichtigen, daß die Forschungsliteratur darüber kaum Auskünfte gibt, in welchem Ausmaß die Beeinflussung durch diese Eigenschaften der Wohnung und Wohnumwelt erfolgt. (Oder anders ausgedrückt: Welcher Anteil der Varianz des kindlichen Verhaltens und der Persönlichkeitsstruktur kann durch solche Wohnungs- und Wohnumweltbedingungen erklärt werden?) Um so erstaunlicher ist es, daß in mehreren resümierenden Studien eine vielfache (empirisch gesicherte) Wirkung von Wohnungs- und Wohnumgebungsmerkmalen auf die innerfamiliäre Sozialisation behauptet wird. Im Gutachten des Wissenschaftlichen Beirates für Familienfragen beim BMJFG (1975) wird z. B. festgestellt, daß äußere Lebensbedingungen („Wohnsituation") nicht nur allgemeinen Anregungscharakter haben, sondern auch indirekt die Anzahl und Qualität der Interaktionen der Kinder mit erwachsenen Bezugspersonen und anderen Kindern bestimmen, „die ihrerseits als Objektbeziehungen entscheidenden Einfluß auf die Persönlichkeitsentwicklung des Kindes haben" (S. 16), bzw. wird herausgestellt, daß beengte Wohnverhältnisse zu psychischen Krankheiten oder zu psychisch abweichenden Verhaltensweisen führen können (S. 19). Nicht bestätigt ist beispielsweise auch die Feststellung, daß eine starr festgelegte Gestaltung und Nutzung der Wohnung „den Ausdruck von Attraktivität und Initiative der Jugendlichen beschneidet" (S. 19). Solche generalisierenden Aussagen können derzeit nicht als empirisch bestätigt angesehen werden. Auf der anderen Seite kann derzeit mangels einschlägiger Studien aber auch nicht behauptet werden, daß die theoretisch angenommenen Zusammenhänge *nicht* bestehen. Mangels einschlägiger Daten können über diese Zusammenhänge nur Vermutungen angestellt werden. Dies gilt insbesondere für die Folgen der *Veränderungen* im Wohnbereich hinsichtlich Sozialisationsproblemen in der Familie.

5 Auswirkungen der veränderten Wohn- und Wohnumweltbedingungen auf die innerfamiliale Sozialisation

Die veränderte *Wohnsituation* hat für die Kinder vermutlich folgende Effekte erbracht: Wohnbedingungen, denen restriktive Wirkungen hinsichtlich Lernfähigkeit und Intelligenzentwicklung der Kinder zugeschrieben werden, sind heute mit Sicherheit seltener anzutreffen als vor 30 Jahren. Dasselbe gilt für die schulischen Leistungen. Ablenkung durch personelle Überbelegung der Wohnung ist heute seltener als früher. Die Wohnungen bieten heute für die Kinder eher eine Rückzugsmöglichkeit. Die Spielmöglichkeiten, insbesondere für Spiele, die einen größeren Raum in der Wohnung und gewisse Ungestörtheit voraussetzen oder auch laute Spiele, sind heute eher gegeben als früher. Generell sind die Bedingungen für Kreativität und aktives Spiel, ohne von den Eltern allzu sehr eingeschränkt und kontrolliert zu werden, eher gegeben als früher. Auch die gegenseitige Beeinträchtigung (aber auch Anregung) durch Geschwister müßte einen rückläufigen Trend zeigen, einerseits durch die Vergrößerung der Wohnungen bedingt, andererseits durch die abnehmende Kinderzahl. Die Bedingungen für Besuche von Freunden, für ein ungestörtes Beisammensein mit diesen, sind aus räumlicher Sicht ebenfalls besser geworden. Auch die verbesserte sanitäre Ausstattung der Wohnungen bietet heute für die Körperpflege im Sinne der Erwartungen hinsichtlich Reinlichkeit bessere Voraussetzungen.

Ob diese Bedingungen aber tatsächlich positivere Sozialisations*wirkungen* bei den heutigen Kindern hervorrufen und ermöglichen als bei früheren Generationen, bleibt mangels einschlägiger Untersuchungen eine derzeit nicht beantwortbare Frage. Zu bedenken ist in diesem Zusammenhang, daß die individuelle Nutzung der Wohnräume durchaus auch negative Folgen für die Kinder haben kann. Durch Separierung der einzelnen Familienmitglieder kann durchaus ein Verlust an Kontakten zwischen Eltern und Kindern resultieren oder ein unkontrollierter Fernsehkonsum. Eine wie auch immer gemeinte Liberalisierung kann durchaus eine Vernachlässigung oder Vereinsamung der auf ihren eigenen Bereich verwiesenen Kinder hervorrufen. Zu bedenken ist außerdem, daß eine gegenseitige Störung durch Lärmquellen wie Fernsehen, Video oder Stereoanlagen durch die Zunahme der Zahl der Räume, durch die Entstehung von Individualräumen dezimiert werden kann. Aber über diese Zusammenhänge kann derzeit nur spekuliert werden.

Aus der Veränderung der Wohnbedingungen resultieren vermutlich auch einige Konsequenzen hinsichtlich Erziehungsverhalten der Eltern. Als Konsequenz der beschriebenen Entwicklung ist beispielsweise davon auszugehen, daß für den streng restriktiven Erziehungsstil die Wohnsituation heute weniger verantwortlich gemacht werden kann als früher. Auf der anderen Seite sind die räumlichen Möglichkeiten zur Realisierung eines liberalen Erziehungsstils eher gegeben als früher. Die Tatsache, daß auch die Eltern heute eher die Möglichkeit haben, sich — wenn sie dies wünschen — zurückzuziehen, sich zu erholen oder einfach „Dampf abzulassen", kann sich auf das Familienklima insgesamt positiv auswirken. Aggressives Elternverhalten, provozierende räumliche Bedingungen sind heute immer seltener anzutreffen. Die bessere Schallisolierung der Wohnungen und der einzelnen Räume lassen beispielsweise gegenüber Lärmentwicklung durch die Kinder eine größere Toleranzbereitschaft zu als in schlecht isolierten kleinen Wohnungen. Die bessere Schallisolierung führt zu einer geringeren Lärmbelästigung der Nachbarn durch die Kinder, woraus ebenfalls eine tolerantere Haltung gegenüber Lärmentwicklung durch die Kinder in der eigenen Wohnung folgen könnte. Auch als Folge der stärkeren Verbreitung von Einfamilienhäusern müßte erwartet werden, daß die Eltern ihre Kinder wegen der befürchteten Störung der Nachbarn nicht mehr wie früher disziplinieren müssen.

Es ist davon auszugehen, daß unter solchen Wohnbedingungen die Eltern den Wünschen der Kinder eher entgegenkommen können, sie weniger reglementieren müssen, seltener Gehorsam verlangen müssen; denn die räumlichen Voraussetzungen für die Erfüllung der Wünsche der einzelnen Familienmitglieder sind eher gegeben. Aber auch hier könnte man durchaus mit negativen Konsequenzen rechnen. Es ist durchaus möglich, daß z. B. die Nachbarn an Lärm durch benachbarte Familien nicht mehr gewöhnt sind und viel heftiger auf eine überhöhte Lärmentwicklung durch die Kinder reagieren. Dies könnte übrigens durchaus auch für die Eltern gelten. Eltern, die an ihre Ruhe gewöhnt sind, reagieren möglicherweise viel aggressiver auf lärmende Kinder. Oder ein anderes Beispiel: In einer kleineren Wohnung war die Erwartung der Eltern hinsichtlich häuslicher Ordnung eher einsichtig als in einer größeren Wohnung oder einem Einfamilienhaus, wo die Kinder lernen müssen, daß sie zwar im eigenen Zimmer nicht aufräumen, aber in der übrigen Wohnung auf Ordnung achten müssen. Daraus könnte ein Problem hinsichtlich Ordnunghalten und Ordnunglernen resultieren.

Abschließend noch einige Bemerkungen zu den Auswirkungen der veränderten Wohnumgebung: Es ist zunächst davon auszugehen, daß die Kinder heute eher auf die eigene Wohnung verwiesen sind als dies früher der Fall war. Auf die kleinen Kinder bezogen ist beispielsweise herauszustellen, daß sie ihre Wohnumwelt meistens nur in Begleitung und unter Kontrolle von Erwachsenen erfahren können. Dies gilt nicht nur für das Bewegen auf der Straße, sondern auch für das Spielen auf Spielplätzen. Gerade weil die Kinder insgesamt stärker auf die Wohnung verwiesen sind, sehen sich die Eltern häufiger veranlaßt, planmäßig z. B. am Wochenende ins Grüne zu fahren. Auch das Anknüpfen von Sozialkontakten im Nahbereich der Wohnung erfolgt heute eher unter elterlicher Kontrolle als früher, wo die Kinder sich frei „auf der Straße" bewegen und spielen konnten. Besonders gilt dies für Kinder, die in Wohnblöcken ohne Innenhöfen in einer verkehrsreichen Straße oder in einem Hochhaus wohnen.

Hinsichtlich Elternverhalten können aus den veränderten Wohnumweltbedingungen folgende Vermutungen angestellt werden: Die Eltern zeigen eine höhere Bereitschaft, für ihre Kinder außerhalb der unmittelbaren Wohnumgebung eine Möglichkeit zum unkontrollierten Spiel zu bieten, etwa durch Wochenendausflüge, Urlaubsreisen usw. In der Forschungsliteratur findet man Hinweise dafür, daß die Ängstlichkeit der Mütter als Folge der vielfältigen Gefährdungen ihrer Kinder außerhalb der Wohnung zunimmt. Daraus würde ein zunehmend restriktiver Erziehungsstil resultieren. Die Eltern müssen ihre Kinder in der Wohnung zwar weniger beaufsichtigen, sie können ihren Kindern *mehr* Freiheiten innerhalb der Wohnung bieten, dafür müssen sie diese aber außerhalb der Wohnung mehr beaufsichtigen, stärker kontrollieren. Mütter, die in Stadtrandsiedlungen wohnen und demzufolge vielleicht durch einen eigenen Garten oder Freiflächen in der Wohnumgebung Spiel- und Bewegungsmöglichkeiten für ihre Kinder erschlossen haben, müssen dafür mit ständigem Pendeln zwischen ihrer Wohnung und Kindergarten, Schule, sonstigen Unterrichtsstunden (z. B. Musikunterricht), Sportplatz usw. „bezahlen". Auch hier kommt man zu dem Ergebnis, daß die Auswirkungen sehr vielschichtiger, ja widersprüchlich, gegenläufig sein können. Wenn man noch bedenkt, daß bei all diesen möglichen Auswirkungen außerordentlich starke Unterschiede zwischen innerstädtischen Gebieten, Stadtrandgebieten, städtischen Vororten und ländlichen Gebieten bestehen können, ist es einsichtig, daß mangels verallgemeinerbarer empirischer Informationen eine generelle Aussage über die Auswirkungen der veränderten Wohnumweltbedingungen derzeit nicht möglich ist. Die hier angesprochenen Zusammenhänge können nur als Vermutungen gelten.

Die bisherigen Überlegungen gingen von der Frage aus, welche direkten sozialisationsrelevanten Wirkungen aus den veränderten Wohn- und Wohnumweltbedingungen resultieren. Zu anderen Schlußfolgerungen kommt man, wenn man von der Frage ausgeht, ob und welche Familien in welcher Phase ihrer Entwicklung von den verbesserten Wohnbedingungen im Hinblick auf ihre Sozialisationsaufgaben profitieren. Die verbesserten Wohnbedingungen bieten heute für die Haushalte zweifellos mehr und verbesserte Wahlmöglichkeiten. Die Frage ist nur, ob die Familien in einer für die Sozialisation relevanten Phase ihrer Entwicklung die Chance der verbesserten Wohnmöglichkeiten wahrnehmen können oder beispielsweise Alleinstehende oder Kinderlose oder Ehepaare nach der Familienphase an den verbesserten Wohnbedingungen mehr partizipieren. Empirische Informationen belegen, daß Familien mit Kindern auf dem Wohnungsmarkt gegenüber den anderen generell benachteiligt sind. Demzufolge würden die verbesserten Wohnbedingungen für die Familien mit kleineren Kindern bei der Wahrnehmung ihrer Sozialisationsaufgaben nur bedingt Vorteile bringen.

Es ist eine andere Frage, welche Familien auch unter direkter Berücksichtigung von Sozialisationszielen von den verbesserten Bedingungen Gebrauch machen können. Denn Wohnungen, die als sozialisationsfreundlich angesehen werden, sind in der Regel die teureren. Diese sind nur Familien zugängig, die sich diese auch leisten können, und das sind hauptsächlich die Mitglieder der Oberschicht und oberen Mittelschicht. Aber die Mitglieder dieser Schichten konnten vermutlich auch schon in den 50er Jahren Wohnverhältnisse schaffen, die keine restriktiven Bedingungen für die familiale Sozialisation darstellten. Bei der Oberschicht und oberen Mittelschicht könnte daher von einer erhöhten Partizipation an den guten

Wohnverhältnissen ohne Sozialisationsrelevanz gesprochen werden. Anders bei den Mitgliedern der unteren Mittelschicht und der oberen Unterschicht. Insbesondere die Mitglieder der Unterschicht können sich heute Wohnungen leisten, die sich die Mitglieder der gleichen Schicht vor 30 Jahren noch nicht leisten konnten. In diesem Sinn könnte eine Verbesserung der sozialisationsrelevanten Wohnbedingungen bei diesen Familien vermutet werden. Es ist aber fraglich, ob diese Familien sozusagen rechtzeitig, also in einer Phase ihrer Entwicklung, in den Genuß verbesserter Wohnbedingungen gelangen, die für das Sozialisationsgeschehen noch relevant ist. Denn es ist zu vermuten, daß sich diese Familien erst längere Zeit nach der Familiengründung eine Wohnung leisten können, die als „kindgerecht" angesehen werden kann. Es ist offensichtlich, daß es auch Familien gibt — hauptsächlich Mitglieder der unteren Unterschicht —, die von den allgemeinen Verbesserungen der Wohnverhältnisse nur sehr eingeschränkt oder überhaupt nicht profitieren. Dabei handelt es sich vielfach um Familien, die in billige, qualitativ schlechte Wohnungen verdrängt werden, wo Eigenschaften der Wohnung, denen negative Sozialisationseffekte zugeschrieben werden, kumulativ auftreten.

Was die verschlechterten Wohnumweltbedingungen im Hinblick auf Lärmbelästigung oder die ungleiche sozialisationsrelevante infrastrukturelle Ausstattung der Wohngebiete betrifft, gilt ebenfalls generell, daß jene Familien, die sich dies leisten können, die als belastend empfundene Umgebung eher verlassen und einen günstigeren Standort auswählen können als andere. Hier spielen vermutlich sehr stark schichtspezifisch überformte, sozialräumliche Sortierungsvorgänge eine Rolle, die letztlich auch bei insgesamt verbesserten Wohn- und Wohnumweltbedingungen zu Benachteiligungen mancher Familien führen können.

Neben ungleicher räumlicher Verteilung in infrastrukturellen Einrichtungen im Nahbereich der Wohnung sowie solcher sozialräumlichen Sortierungsvorgänge spielen allerdings auch schichtspezifische Muster der Inanspruchnahme eine Rolle. Insbesondere Mitglieder der Unterschicht nutzen auch bei räumlicher Erreichbarkeit diese Einrichtungen seltener als andere Bevölkerungsgruppen. Die Infrastrukturnutzung ist also ein Vermittlungsglied in der Ungleichheitsstruktur der Teilhabe an sozialer Infrastruktur (*Herlyn* 1980, 199). Wenn man noch bedenkt, daß bei all diesen möglichen Auswirkungen außerordentlich starke Unterschiede zwischen innerstädtischen Gebieten, Stadtrandgebieten, städtischen Vororten und ländlichen Gebieten bestehen können, ist es einsichtig, daß mangels verallgemeinbarer empirischer Informationen eine generelle Aussage über die Auswirkungen der veränderten Wohnumweltbedingungen derzeit nicht möglich ist. Die hier angesprochenen Zusammenhänge können nur als Hypothesen gelten.

Literatur

Ballerstedt, E., Glatzer, W.: Soziologischer Almanach. Frankfurt 1979
Bargel, T., Fauser, R., Mundt, J.W.: Soziale und räumliche Bedingungen der Sozialisation von Kindern in verschiedenen Soziotopen. In: *H. Walter* (Hrsg.), Region und Sozialisation, Bd. II. Stuttgart 1981
Bargel, T., Fauser, R., Mundt, J.W.: Lokale Umwelten und familiale Sozialisation: Konzeptualisierung und Befunde. In: *L. Vaskovics* (Hrsg.), 1982
Barker, R.G.: Ecological Psychology: Concepts and Methods for Studying the Environment of Human Behavior. Stanford 1968
Bartke, U.: Familiengerechtes Wohnen als Sozialisationsfaktor. In: *Biermann, G.*, Familie und Kind in der Gesellschaft unserer Zeit. München 1975
Baumann, R., Zinn, H.: Kindgerechte Wohnungen für Familien. Bern 1973
Beckmann, M., Krohns, H.-C., Schneewind, K.A.: Ökologische Belastungsfaktoren, Persönlichkeitsvariablen und Erziehungsstil als Determinanten sozialer Scheu bei Kindern. In: *L.A. Vaskovics* (Hrsg.), 1982
Berg-Laase, G., Berning, M., Graf, U., Jacob, J.: Verkehr und Wohnumfeld im Alltag von Kindern. Pfaffenweiler 1985
Bronfenbrenner, U.: Ökologische Sozialisationsforschung. Stuttgart 1976
Bronfenbrenner, U.: The Social Role of the Child in Ecological Perspective. ZfS 7 (1978)
Bronfenbrenner, U.: Die Ökologie menschlicher Entwicklung. Stuttgart 1981
Bundesminister für Jugend, Familie und Gesundheit: Zweiter Familienbericht. Bonn 1975
Bundesminister für Jugend, Familie und Gesundheit: Familie und Wohnen. Bonn 1976
Bundesminister für Raumordnung, Bauwesen und Städtebau: Wohnumfeld und Wohnquartier aus der Sicht des Stadtbewohners. Bonn 1982
Bundesminister für Raumordnung, Bauwesen und Städtebau: Zusammenhang von gebauter Umwelt und sozialem Verhalten im Wohn- und Wohnumweltbereich. Bonn 1978
Chombart de Lauwe, M.-J.: Psychopathologie sociale de l'enfant inadapté. Paris 1967
Cohen, J.: Zitiert in: Bundesminister für Raumordnung, Bauwesen und Städtebau: Bau- und Wohnforschung, 1983
Deilmann, H., Bickenbach, G., Pfeiffer, H.: Wohnbereiche, Wohnquartiere: Stadt, Vorort, Umland. Stuttgart 1977
Douglas, J.W.B.: The Home and the School, 7. Aufl. London 1969
Eirmbter, W.H.: Bildungsaspirationen und sozialökologischer Kontext. In: *L.A. Vaskovics* (Hrsg.), 1982
Engelbert, A.: Kinderalltag und Familienumwelt. Frankfurt 1986
Fauser, R., Bargel, T., Mundt, J.W.: Kindergärten und Umwelterfahrungen, Urteile und Forderungen von Eltern in verschiedenen Gemeinden und Stadtvierteln. Konstanz 1979
Flade, A.: Theorien und Erkenntnisse über bauliche Faktoren und Kriminalität. In: Institut Wohnen und Umwelt, Wohnungspolitik am Ende? Opladen 1981
Glatzer, W.: Ziele, Standards und soziale Indikatoren für die Wohnungsversorgung. In: *W. Zapf*, Lebensbedingungen in der BRD. Frankfurt—New York 1978

Glatzer, W.: Wohnungsversorgung im Wohlfahrtsstaat. Objektive und subjektive Indikatoren zur Wohlfahrtsentwicklung in der Bundesrepublik Deutschland. Frankfurt—New York 1980
Glueck, S., Glueck, E.: Unraveling Juvenile Delinquency. New York 1950
Glueck, S., Glueck, E.: Family, Environment and Delinquency. London 1961
Heine, J.: Familiale Umwelt und kindliches Verhalten. Konstanz 1981
Herlth, A., Strohmeier, K.P.: Sozialpolitik und der Alltag von Kindern. In: *L.A. Vaskovics* (Hrsg.), 1982
Herlyn, I.: Sozialökologische Sozialisationsforschung. Versuch einer Zwischenbilanz. In: KZf.SS. 37, 5 (1985)
Herlyn, U. (Hrsg.): Großstadtstrukturen und ungleiche Lebensbedingungen in der BRD. Frankfurt—New York 1980
Herlyn, I., Herlyn, U.: Wohnverhältnisse in der BRD. Frankfurt—New York 1983
Hübner-Funk, S., Müller, H.-U., Gaiser, W.: Sozialisation und Umwelt: Berufliche Orientierungen und Gesellungsformen von Hauptschülern im sozialökologischen Kontext (DJI-Forschungsbericht). München 1983
Ittelson, W.H., Prohansky, H.M., Rivlin, L.G., Winkel, G.H.: Einführung in die Umweltpsychologie. Stuttgart 1977
Kaufmann, F.-X., Herlth, A., Strohmeier, K.-P.: Sozialpolitik und familiale Sozialisation. Stuttgart 1980
Kube, E.: Städtebau, Wohnhausarchitektur und Kriminalität. Heidelberg 1982
Lang, S.: Lebensbedingungen und Lebensqualität von Kindern. Frankfurt—New York 1985
Littmann, E., Kasilke, E.: Zur Diagnostik elterlichen Erziehungsverhaltens. In: Probleme und Ergebnisse der Psychologie, Beih. 2. Berlin 1970
Meyer-Ehlers, G.: Wohnung und Familie. Stuttgart 1968
Mollenhauer, K.: Sozialisation und Schulerfolg. In: *H. Roth* (Hrsg.), Begabung und Lernen. Stuttgart 1970, 5. Aufl.
Mundt, J.W.: Vorschulkinder und ihre Umwelt. Weinheim—Basel 1980
Noelle-Neumann, E., Piel, E.: Jahrbuch der Demoskopie 1978—83. Allensbach und Bonn 1983
Pinkert, E.: Schulversagen und Verhaltensstörungen in der Leistungsgesellschaft. Neuwied—Berlin 1972
Porteous, J.: Environment and Behavior. Menlo Park 1977
Rerrich, M.: Veränderte Elternschaft. In: Soziale Welt 34 (1983)
Ries, H.A.: Fünf Forderungen zur Konzeptualisierung familialer Umwelt aus der Sicht ökologischer Sozialisationsforschung. In: *L.A. Vaskovics* (Hrsg.), 1982
Rodax, K., Spitz, M.: Soziale Umwelt und Schulerfolg. Weinheim 1982
Ruede-Wissmann, W.: Wohnungsbedingte Generationskonflikte. Stuttgart 1983
Schmücker, H.: Das Rationalverhalten im Hinblick auf das Wohnen. In: *R. v. Schweitzer, H. Pross* (Hrsg.), Die Familienhaushalte im wirtschaftlichen und sozialen Wandel. Göttingen 1976
Schneewind, K., Beckmann, M., Engfer, A.: Eltern und Kinder. Stuttgart 1983
Schneider, N.F.: Familienbildung in der Bundesrepublik Deutschland. Methodische Aufbereitung und Basisdaten über ausgewählte Themenkomplexe. Unveröffentl. Forschungsbericht der Sozialwissenschaftlichen For-

schungsstelle der Universität Bamberg, Bamberg 1987 (erscheint in: Materialien zur Bevölkerungswissenschaft, hrsg. vom Bundesinstitut für Bevölkerungsforschung)

Schweitzer, R.v.: Die Haushalte nach Zahl und Struktur sowie Bevölkerungsverteilung und die haustechnische Ausstattung der Wohnungen in den Regionen. In: *R. v. Schweitzer, H. Pross* (Hrsg.), Die Familienhaushalte im wirtschaftlichen und sozialen Wandel. Göttingen 1976

Schwickerath, D.: Beziehung zwischen Wohnumgebung und Persönlichkeitsmerkmalen bei Kindern. Bonn 1983

Schütte, H.: Von der autoritätsbezogenen Wohnungsnutzung zum emanzipatorischen Wohnen. Berlin 1976

Statistisches Bundesamt: Fachserie E: 1% Wohnungsstichprobe 1965: H. 1—3. 1% Wohnungsstichprobe 1972: H. 1—7. 1% Wohnungsstichprobe 1978: H. 1—7

Statistisches Bundesamt: Wohnverhältnisse und Wohnungsmieten 73. In: Wirtschaft und Statistik 10 (1974)

Statistisches Bundesamt: Die Wohnsituation der Familien. In: Wirtschaft und Statistik 1 (1975)

Statistisches Bundesamt: Bautätigkeit und Wohnungen. In: Wirtschaft und Statistik 12 (1983)

Strohmeier, K.P., Herlth, A.: Sozialräumliche Bedingungen familialer Sozialisation. In: *H. Walter* (Hrsg.), Region und Sozialisation, Bd. 2. Stuttgart 1981

Vaskovics, L.: Segregierte Armut. Randgruppenbildung durch Wohnen in städtischen Notunterkünften. Frankfurt—New York 1976

Vaskovics, L.A., Weins, W.: Stand der Forschung über Obdachlose und Hilfen für Obdachlose. Stuttgart 1979

Vaskovics, L.A.: Umweltbedingungen familialer Sozialisation. Beiträge zur sozialökologischen Sozialforschung. Stuttgart 1982

Vaskovics, L., Watzinger, D.: Wohnumweltbedingungen der Sozialisation bei Unterschichtfamilien. In: *L.A. Vaskovics* (Hrsg.), 1982

Vaskovics, L.A.: Sozialökologische Einflußfaktoren familialer Sozialisation. In: *L.A. Vaskovics* (Hrsg.), 1982

Warhaftig, M.: Die Behinderung der Emanzipation der Frau durch die Wohnung und die Möglichkeit zur Überwindung. Köln 1982

Wallis, C.P., Malinphant, R.: Delinquent Areas in the Country of London: Ecological Factors. In: *J.B. Mays* (Hrsg.), Juvenile Delinquency, the Family and the Social Group. Harlow 1972

Weeber, R.: Eine neue Wohnumwelt. Stuttgart 1971

Wingen, M.: Wohnbedingungen und Funktionstüchtigkeit der Familie. In: Soziale Welt 27 (1976)

Wissenschaftlicher Beirat für Familienfragen beim BMJFG: Familie und Wohnen. Stuttgart 1975

Zinn, H.: Kinder und Jugendliche unter beengten Wohn- und Wohnumweltbedingungen. In: Institut für Wohnen und Umwelt (Hrsg.), Wohnungspolitik am Ende? Opladen 1981

Kontinuität und Wandel in der Bedeutung, in der Struktur und Stabilität von Ehe und Familie in der Bundesrepublik Deutschland

Rosemarie Nave-Herz

1 Einführung

Die familienstatistischen Trendverläufe seit den 60er Jahren (vor allem die Abnahme der Eheschließungsziffern, die Reduktion der Geburtenzahl, der Anstieg der Ehescheidungsquoten) sind Anlaß für viele Autoren, die Gegenwartssituation und die Zukunftschancen von Ehe und Familie als „düster" zu beschreiben. In essayistischer, aber auch in wissenschaftlicher Literatur wird auf einen Bedeutungsverlust von Ehe und Familie in den letzten Jahren hingewiesen, der „Tod der Familie" (*Cooper* 1972) prophezeit, vom „Patient Familie" (*Richter* 1972) gesprochen und die Forderung nach „Rettet die Familie" gestellt.

Im folgenden Artikel soll — entgegen diesen Behauptungen — die These zu belegen versucht werden, daß Ehe und Familie in jüngster Zeit keinen Bedeutungsverlust, sondern einen Bedeutungswandel erfahren haben, daß ferner sich die zeitgeschichtlichen Veränderungen eher auf die Ehe und weniger stark auf die Familie beziehen und daß zwischen diesen beiden Institutionen gerade in bezug auf zeitgeschichtliche Wandlungsprozesse zu unterscheiden ist.

Es können im Rahmen eines umfangmäßig begrenzten Artikels selbstverständlich nicht alle Aspekte von Kontinuität und Wandel in der Struktur und Stabilität von Ehe und Familie seit Bestehen der Bundesrepublik Deutschland behandelt werden. Ihre Auswahl ergab sich einerseits auf Grund der vorhandenen Materiallage, zum anderen aber dadurch, daß im folgenden Beitrag auch an gängige „Thesen" angeknüpft und diese überprüft werden sollen. So werden die Behauptungen über die moderne Motivationskrise zur Ehe- und Familiengründung, über die zugenommene partnerschaftliche innerfamiliale Arbeitsteilung, über die gestiegene Instabilität von Ehe und Familie u.a.m. aufgegriffen, die entsprechenden familienstatistischen Trendverläufe dargestellt und die aus ihnen abgeleiteten Interpretationen kritisch beleuchtet.

Gleichzeitig werden hierbei die verschiedensten abgelaufenen familialen Veränderungsprozesse während der vergangenen 40 Jahre in ihren interdependenten Beziehungen zu anderen gesellschaftlichen Wandlungsprozessen aufgezeigt. Die folgende Gliederung ist system- und strukturanalytisch orientiert. Das folgende Kapitel, das Veränderungen in der Systembildung und den Bedeutungswandel von Ehe und Familie aus der Sicht der Ehepartner beschreibt, geht explizit auch auf Wandlungen in den Systemzielen ein. Die Zielveränderungen bewirkten schließlich auch die Abnahme der Kinderzahl und damit die Wandlungen des Systemelements „Größe", was wiederum Veränderungen im Ablauf der Familienzyklen zur Folge hatte. Auf diese Wandlungsprozesse wird in Kapitel 3 eingegangen. Ob mit der Veränderung der Größe auch Wandlungen in den Interaktionsbeziehungen einhergegangen sind, wird in Kapitel 4 untersucht, wobei hier nur auf zwei Problembereiche eingegangen werden kann (auf die eheliche Autoritätsstruktur und die innerfamiliale Arbeitsteilung), einerseits wegen der vorhandenen Datenlage, andererseits weil einige Dimensionen familialer Beziehungen in anderen Beiträgen dieses Bandes explizit behandelt werden, so z. B. der Wandel in der Eltern-Kind-Beziehung, die Gründe und die Bedeutung der Erwerbstätigkeit von Müttern oder die Frage nach Veränderungen in den familialen Netzwerken. Verweise sollen die notwendige Transparenz zwischen den folgenden Ausführungen und jenen relevanten Beiträgen gewährleisten. Als letztes wird gefragt (Kap. 4), ob aus den Veränderungen in den familialen Interaktionsbeziehungen ein erhöhtes Ehescheidungsrisiko für die Gegenwart ableitbar ist.

Der aufgezeigte Zusammenhang zwischen den einzelnen Kapiteln wird im folgenden nicht immer wiederholt, sondern jedes Kapitel (bzw. jeder Problembereich) wird für sich abgeschlossen präsentiert, zumeist ausgehend von den statistischen Trendverläufen seit 1950. Erst im Schlußkapitel sollen die wichtigsten „Fäden" noch einmal kurz aufgegriffen und zusammengeknüpft werden.

2 Kontinuität und Veränderungen im Prozeß der Ehe- und Familiengründung

2.1 Die statistischen Veränderungen der Eheschließungszahlen von 1950 bis zur Gegenwart

Von 1950 bis 1961/62 ist die Heiratsneigung in der Bundesrepublik stetig gestiegen, doch seitdem nimmt sie bis heute kontinuierlich ab (vgl. Tab. 1 im Anhang). Kurzfristige Schwankungen in den absoluten Eheschließungsziffern — z.B. der quantitative Anstieg 1986 — sind überwiegend auf demographische Faktoren, nämlich auf Veränderungen im Altersaufbau der Bevölkerung, zurückzuführen (vgl. BIB-Mitteilungen 1987, 9). Der statistisch abnehmende Trend der Eheschließungsneigung wird noch offensichtlicher, wenn man die

Tabelle 1

Erstheiraten pro 100 Männer der Geburtsjahrgänge

	1946-1950	1951-1955	1956-1960
15-24 J.	48	43	31
15-29 J.	69	66	55

Erstheiraten pro 100 Frauen der Geburtsjahrgänge

	1946-1950	1951-1955	1956-1960
15-24 J.	76	69	58
15-29 J.	85	81	73

Quelle: *F. Höpflinger* 1987, S. 57

Heiratsziffern Lediger oder verschiedene Geburtskohorten miteinander vergleicht.

Der Rückgang der Eheschließungsziffern fällt zeitlich zusammen mit einem weiteren statistischen Trend, nämlich mit dem Anstieg des durchschnittlichen Erstheiratsalters (vgl. Tab. 1 im Anhang). Nach Altersgruppen differenziert, zeigt sich, daß die Eheschließungen im Alter von 15 bis 19 Jahren sowohl bei den Frauen (1970 = 58; 1983/ 84 = 17) als auch bei den Männern (1970 = 8; 1983/84 = 3) abgenommen und die Heiratsziffern Lediger ab dem 27. Lebensjahr bei Männern und Frauen leicht zugenommen haben (WiSta 1982, 38; *Höpflinger* 1987, 54).

Der Anstieg des Heiratsalters kann nicht mit dem Hinweis auf die Verlängerung der Schul- und Ausbildungszeiten erklärt werden, da auch unter den im Beruf stehenden jüngeren Männern und Frauen die Quote der Verheirateten zurückgegangen ist (*Schwarz* 1980, 26). Ferner betont *F. Höpflinger* auf Grund seiner detaillierten statistischen Analyse, daß im allgemeinen die klassischen sozialen Variablen (soziale Herkunft, Ausbildung, vollständige Familie u. a.) nur zu einem geringen Teil das Heiratsalter bestimmen würden und daß die verursachenden Bedingungen für seine Verschiebung bisher nicht eindeutig angebbar sind (*Höpflinger* 1987, 63). Aus dem leichten statistischen Anstieg „später" Eheschließungen kann auch nicht die Möglichkeit abgelesen werden, daß die Abnahme der Eheschließungen durch Verlegung des Heiratsalters auf spätere Jahre letztlich wieder ausgeglichen sein wird. Dazu ist die „Nachholquote" zu gering (*Höhn* und *Otto* 1985, 450).

Zuweilen wird die Abnahme der Eheschließungsquoten auch mit dem quantitativen Unterschied zwischen den Geschlechtern, also mit dem zugenommenen „Männerüberschuß" in den jüngeren Altersgruppen, begründet. Zwar kann ein Defizit an heiratsfähigen Frauen zu einem sog. „marriage squeeze" (*Schoen* 1983) führen, d. h. zu einer verstärkten Konkurrenz auf dem Heirats- bzw. Partnermarkt, der aber insofern nicht automatisch die Abnahme der Eheschließungszahlen zur Folge zu haben braucht, weil erhöhte Scheidungsquoten, ein geographisch und ethnisch offener Heiratsmarkt (vgl. *Nauck* in diesem Band) u. a. m. das Ungleichgewicht im Geschlechterverhältnis kompensieren können.

Eine sinkende Heiratsneigung ist auch aus der Zahl an Wiederverheiratungen der letzten Jahre ablesbar. Noch vor 20 Jahren konnte man davon ausgehen, daß fast 80% der Geschiedenen wieder heiraten würden; inzwischen ist dieser Prozentsatz auf 64% gesunken (*Höhn* und *Otto* 1985, 453).

Die Abnahme der Eheschließungszahlen sollte jedoch nicht überinterpretiert werden. Denn kohortenspezifische Berechnungen zeigen auch, daß von den 1896 bis 1900 geborenen Frauen nur 86%, aber von den 1931—35 geborenen 94% bis zu ihrem 50. Lebensjahr — zumindest einmal — geheiratet haben. Hochrechnungen für die Geburtsjahrgänge bis 1945 belegen nur eine Reduktion von 1% (*Höpflinger* 1987, 70).

Der im Zeitablauf abgenommenen Heiratsneigung Lediger und der nachgelassenen Wiederverheiratungsbereitschaft Geschiedener steht aber die enorme quantitative Verbreitung eines neuen Partnersystems gegenüber, für das es sowohl in der Literatur als auch in der Alltagssprache bisher noch keine einheitliche Terminologie gibt: Ehen ohne Trauschein, papierlose Ehen, nicht-eheliche Lebensgemeinschaften, unverheiratet Zusammenlebende, nicht-legalisierte Haushaltspaargemeinschaften usw. (vgl. *Tyrell* 1985, 99 f.).

Die Angaben über ihre quantitative Verbreitung schwanken: es wird von einer Zunahme zwischen 1972 und 1982 um 277% gesprochen und davon, daß nunmehr bereits zwischen 1 und 2,5 Millionen Menschen in der Bundesrepublik Deutschland in dieser Partnerform leben (BMJFG 1985, 12, 169). Gleichgültig wie groß ihre Zahl nun de facto ist, es handelt sich hierbei um eine deutliche Ausprägung einer neuen Lebensform, die nicht nur für bestimmte Schichten oder Bildungsabschlüsse kennzeichnend ist (BMJFG 1985, 8, 171).

In der Literatur werden ihr unterschiedliche Sinndefinitionen zugeschrieben: sie wird als eine neue Form der Verlobung bezeichnet, von anderen als eine alternative Lebensform zur Ehe betrachtet, als Probe-Ehe interpretiert oder der Ehe gleichgesetzt. Im folgenden soll deshalb auf ihre gesellschaftliche Funktion und Bedeutung ausführlich eingegangen werden, um einerseits zu prüfen, ob ihre Entstehung im Zusammenhang mit der statistischen Abnahme der Eheschließungszahlen steht, andererseits um der Frage nachzugehen, ob die Ausprägung dieses neuen Partnersystems als Ausdruck eines Bedeutungswandels von Ehe und Familie sich interpretieren läßt.

2.2 Die nicht-eheliche Lebensgemeinschaft und die Ehe: zwei konkurrierende Daseinsformen?

Um die in der Überschrift aufgestellte Frage beantworten zu können, ist es notwendig, auf die gesamtgesellschaftlichen Bedingungen einzugehen, die Ehe- und Familiengründungen vor Entstehung dieses neuen Partnersystems mitbedingten und auf jene Veränderungsprozesse, die die Verbreitung von nicht-ehelichen Lebensgemeinschaften ermöglichten. Zu diesem Zwecke soll kurz an die Zeit nach dem Zweiten Weltkrieg angeknüpft werden, wobei aber die damalige gesellschaftliche Situation nur im Hinblick auf unsere Fragestellung stichwortartig skizziert werden kann.

Die deutsche Nachkriegszeit war nicht nur gekennzeichnet durch die Zerstörung von Produktionsstätten und der Infrastruktur, durch eine katastrophale Ernährungslage, tendenzielle Tausch- und Naturalienwirtschaft, einen enormen disproportionalen demographischen Bevölkerungsaufbau, regionale Wanderungsbewegungen, sondern auch durch die Zerstörung von Wohnraum, der Wohnraumbewirtschaftung und durch eine besondere Wertschätzung des Familienlebens (übrigens nicht nur in Deutschland, sondern in allen vom Krieg betroffenen Staaten; vgl. *Friedan* 1966; European Coordination Centre 1982/83). Letzteres war vermutlich auf die lange Trennung zwischen Familienangehörigen, auf die vielen Not- und Angstsituationen durch Kriegshandlungen u.a.m. zurückzuführen. Man sehnte sich nach Lebenswerten, die einzulösen der Familie zugesprochen wurde (vgl. *Meyer* und *Schulze* 1985, 9). Die so hohe Aufwertung der Familie hatte im übrigen automatisch die Abwertung des Alternativstatus „Unverheiratet-Sein" zur Folge (vgl. *Nave-Herz* 1986, 76 ff.). Empirische Untersuchungen haben zudem festgestellt, daß der Familienverband während der Nachkriegszeit sich de facto bewährt hatte, wie die Studien von *H. Schelsky* (1950/51), *G. Baumert* (1954), *G. Wurzbacher* (1951) belegen.

Aber nicht nur die hohe normative Akzeptanz von Ehe und Familie beeinflußte die Ehegründungsbereitschaft in jener Zeit, sondern auch die wohnungsmäßige Situation (vgl. *L. Vaskovics* in diesem Band) und die rechtliche Lage. So war bis in die 70er Jahre hinein die Eheschließung mit Ressourcen verbunden, z.B. mit der Zuteilung von Wohnraum, der Möglichkeit einer dauerhaften sexuellen Partnerbeziehung u.a.m. Sie war eine ökonomische Notwendigkeit und moralische Pflicht, eine Vorbedingung zur kontinuierlichen Erfüllung bestimmter elementarer Bedürfnisse. Deshalb ist es nicht verwunderlich, daß — wie z.B. eine Erhebung von Familienbiographien zeigte (*Nave-Herz* 1984, 119 ff.) — Ehepartner, die 1950 geheiratet haben, als Anlaß ihrer Eheschließlung vor allem die Schwangerschaft, die Zuweisung von Wohnraum, berufliche und materielle Erwägungen, den Wunsch nach einem Partner zum Zwecke des gemeinsamen Aufbaus, nach einer dauerhaften Sexualbeziehung nannten.

Im Zuge der Re-Organisation des Arbeitsmarktes und der Produktion und dem stetigen — wenn auch durch Krisen unterbrochenen — wirtschaftlichen Wachstum verbesserte sich vor allem auch das Realeinkommen, der Lebensstandard und die Wohnungssituation für alle, wenn auch in unterschiedlichem Maße (*Schäfers* 1976; *Noll* 1977). Vor allem aber die seit Ende der 60er Jahre geführte öffentliche Diskussion über den Widerspruch zwischen Anspruch und Realität in den verschiedensten Lebensbereichen im Rahmen der Studenten- und der Neuen Frauenbewegung ist nicht ohne Einfluß auf das familiale System geblieben. Sie hat vor allem auch zu einem Infragestellen der Geschlechtsrollenzuschreibung geführt. Ferner haben die Schülerinnen an den weiterführenden Schulen und die Studentinnen in den letzten Jahrzehnten quantitativ zugenommen, und so ist die Zahl von beruflich qualifizierten Frauen heute so hoch wie nie zuvor in der Geschichte der Bundesrepublik. Damit haben die Frauen immer mehr an ökonomischer Selbständigkeit gewonnen. Ferner wurde der Kuppelei-Paragraph (1973) abgeschafft, ein Ausdruck und zugleich eine Unterstützung dieser zeitgeschichtlichen Wandlungsprozesse.

Die gesamtgesellschaftlichen Veränderungen hatten zur Folge, daß die emotionellen sexuellen Beziehungen heute keiner öffentlich bekundeten Legitimation mehr durch eine Eheschließung bedürfen und daß die materiellen und wohnungsmäßigen Bedingungen ein Zusammenleben, ohne verheiratet zu sein, ermöglichen. Damit bietet heute der eheliche Status kaum mehr „Gewinn", die Ehe hat an zwingender Notwendigkeit zur Erfüllung bestimmter elementarer Bedürfnisse eingebüßt.

Dieser Prozeß spiegelt sich in den Äußerungen von Partnern, die in einer nicht-ehelichen Lebensgemeinschaft wohnen, wider, wenn die Hälfte von ihnen betont, daß eine Heirat halt „nicht nötig" ist (BMJFG 1985, 36).

Damit hat die Ehe ihren Monopolanspruch, nämlich das einzige soziale System mit Spezialisierung auf „emotionale Bedürfnislagen" (*Luhmann* 1982) zu sein, seit ca. 10 Jahren verloren. Nunmehr erfüllt auch die nicht-eheliche Lebensgemeinschaft diese Funktion. Auch sie wird eingegangen auf Grund einer emotionalen Beziehung; im übrigen legen hier ebenso die Partner besonderen Wert auf sexuelle Treue, und nur geringfügig stärker wird der Wunsch nach der eigenen Unabhängigkeit artikuliert, wie die Repräsentativerhebung vom BMFJG (1985, 15) zeigt.

H. Tyrell hat in diesem Zusammenhang von einer „Entkoppelung des Zusammenhangs von Ehe und Zusammenleben" gesprochen, der im bürgerlichen Kontext ein starkes normatives Fundament hatte, und von einem fehlenden Sinn- und Verweisungszusammenhang zwischen romantischer Liebe und Eheschließung. Für das bürgerliche Eheideal galt: „Daß man nicht plausibel lieben und die Heirat verweigern, nicht plausibel heiraten, aber das Zusammenleben verweigern kann usw. Hier ‚fordert' sinnhaft das eine das andere, und wenn einer, der A gesagt hat, nicht auch B sagt, entwertet er zwangsläufig A, stellt er alles in Frage" (1985, 117/118). Die romantische Liebe hat also diese „emotionale Stoßrichtung auf die Ehe hin" auf Grund externer gesamtgesellschaftlicher Veränderungsprozesse und durch die damit geschaffene Möglichkeit des Zusammenlebens, ohne verheiratet zu sein, mehr und mehr verloren.

Eine legalisierte Festlegung auf einen Partner erfolgt nunmehr zunehmend erst im Hinblick auf das Kind. Denn die informelle Partnerbeziehung wird häufig in die legalisierte Form überführt, sobald ein Kind erwartet oder gewünscht wird. Also im Hinblick auf das Kind wird heute überwiegend die Ehe mit ihrem gegenseitigen Verpflichtungscharakter gewählt. Mit anderen Worten: die Herausbildung eines neuen Partnersystems hat zu einer „kindorientierten Ehegründung" in den letzten Jahren geführt (*Nave-Herz* 1984a, 60; 1984b, 119 f.; vgl. auch BMJFG 1985, 14; *Bejin* 1984, 197; *Tölke* 1985, 7; *Murstein* 1986, 145; *Kabbath-Taddei* et al. 1986, 91).

Makroperspektivisch können wir zusammenfassen: auf Grund gesamtgesellschaftlicher Veränderungsprozesse gibt es heute zwei — öffentlich mehr oder weniger anerkannte — Subsysteme, denen beide die gleiche spezialisierte Leistung zugeschrieben wird: die Spezialisierung auf emotionale Bedürfnislagen. Sie unterscheiden sich aber — so wurde gesagt — zumeist im Gründungsanlaß, da überwiegend nur die emotionale kindorientierte Partnerschaft zur Eheschließung führt. Daraus können wir ferner folgern: daß der Prozeß — der Trend — der funktionalen Spezialisierung der Ehe also weiter fortgeschritten zu sein scheint und daß Ehe und Familie zu einer bewußten und erklärten Sozialisationsinstanz für Kinder wurden.

Gegen die These der „kindorientierten Ehegründung" könnte jedoch eingewandt werden, daß sie kein zeitgeschichtlich neuartiges gesellschaftliches Phänomen beschreibt. So wurde in der Bundesrepublik Deutschland — wie bereits erwähnt — auch schon nach dem Kriege die Ehegründung überwiegend durch die Schwangerschaft ausgelöst (*Nave-Herz* 1984b, 121; *König* 1974, 318 ff.). Doch: In jener Zeit bestimmten zusätzlich eine Vielzahl von rationalen Gründen den Eheentschluß. Seit Ende der 70er Jahre aber führt überwiegend nur noch allein die Schwangerschaft oder der Kinderwunsch zur

Entscheidung der Eheschließung (*Nave-Herz* 1984b, 123; ebenso *Pohl* 1985).

Gegen diese These könnte ferner eingewandt werden, daß — historisch gesehen — zur Ehe immer — wie selbstverständlich — Kinder gehörten. Die Ehe hatte immer einen instrumentellen Charakter; sie wurde eingegangen — je nach Schichtzugehörigkeit —, um über Kinder Vermögen, Namen, Rechte usw. weiterzuleiten, die eigene Versorgung zu garantieren u. a. m. Der vorher skizzierte Verweisungszusammenhang „Ehe, dann Kinder" galt also, und diese Einschränkung ist wichtig, für die vorindustrielle Zeit ebenso. Doch: je mehr das bürgerliche Eheideal und die romantische Liebe zum einzig legitimen Heiratsgrund sich ideell durchsetzten, um so stärker wurde der Anspruch, den instrumentellen Charakter der Ehe einzutauschen gegen das Ideal von Partnerschaft, gegenseitiger emotionaler Beziehung usw. Im bürgerlichen Eheideal wurde also dem Ehesystem ein stärkerer Eigenwert gegenüber dem Familiensystem zugesprochen; und die Entscheidung zur Eheschließung sollte eine bewußte Entscheidung für den — durch eine affektiv-emotionelle Beziehung ausgezeichneten — Partner sein, woraus dann Kinder folgten. Heute ist die Eheschließung — wie bereits betont — überwiegend eine bewußte Entscheidung zum Kind (*Nave-Herz* 1984; BMJFG 1985). Die Entkoppelung von romantischer Liebe und Ehe — wie *H. Tyrell* sie beschrieben hat — macht also nicht nur den instrumentellen Charakter der Ehe wieder offensichtlicher, sondern scheint auch eine Abkehr vom bürgerlichen Eheideal anzudeuten.

Pointiert zusammengefaßt könnte man den Veränderungsprozeß während der vergangenen 40 Jahre also folgendermaßen beschreiben: Nach dem Krieg bis ca. Mitte/Ende der 70er Jahre wurde die Motivation zur Eheschließung durch eine emotionale Partnerbeziehung und häufig zusätzlich durch systemexterne Bedingungen (Rechtssystem, Wohnungssituation usw.) ausgelöst. Die Motivation zum Kind läßt dagegen heute vielfach die Motivation zur Ehegründung entstehen und bedingt die Überführung einer zuvor gegründeten nicht-ehelichen Lebensgemeinschaft in eine Ehe als bewußtes Subsystem von Familie. Damit hat sich ferner für immer mehr Personen der Phasenablaufprozeß bis zur Ehegründung inhaltlich und zeitlich verändert, da zwischen die Phase des „Miteinandergehens" und der Eheschließung das voreheliche Zusammenleben getreten ist (vgl. *Nave-Herz* 1984, 51; *Scheller* 1985).

Zur Beantwortung der Frage, warum in bezug auf das Kind eine Lebensform bewußt mit der Absicht auf Dauer und gegenseitigem Verpflichtungscharakter, also die Ehe, gewählt wird, reichen Vermutungen nicht aus, sondern empirische Untersuchungen müßten diesem Sachverhalt nachgehen.

Die vorherigen Ausführungen könnten den Eindruck vermitteln, daß nicht-eheliche Lebensgemeinschaften nur als „Vorstufen" zur "eigentlichen" Ehe, wie es z. B. in der Studie des BMJFG (1985) und bei *J. Schumacher* und *R. Vollmer* (1982) zu lesen ist, oder als "Probe-Ehen" zu definieren wären. Von allen her gesehen aber, die zusammenleben, ohne verheiratet zu sein, muß jedoch betont werden, daß — nach ihrer Heiratsabsicht befragt — die Antworten so deutlich diese Interpretation nicht zulassen, sondern ihre quantitative Verteilung zeigt, daß es unter den nicht-ehelichen Lebensgemeinschaften in dieser Hinsicht unterschiedliche Gruppierungen gibt. Denn nur 33% beabsichtigen, ihren gegenwärtigen Partner u. U. zu heiraten, 38% sind sich hierüber noch unklar, und 28% lehnen eine Heirat mit ihm ab, nicht aber unbedingt allgemein (BMJFG 1985, 30—32; vgl. hierzu auch *Trost* 1984; *Schwarz* 1980; *Meyer* und *Schulze* 1983).

Demnach muß unterstrichen werden, daß nicht-eheliche Lebensgemeinschaften eine Veränderung zur Ehe zwar erfahren können, aber nicht müssen. Es gibt insgesamt unter ihnen drei verschiedene Gruppen: 1. Die Mehrzahl der nicht-ehelichen Lebensgemeinschaften stellt eine neue Form informellen Zusammenlebens (überwiegend sogar eine neue jugendliche Gemeinschaftsform) dar; 2. andere sind als eine neu entstandene Systemform im Phasenablaufprozeß bis zur Ehe- und Familiengründung zu bezeichnen; 3. seltener werden sie als eine Alternativform zur Ehe begründet, und zwar von Anfang an und mit der Absicht, in dieser Lebensform für immer zu leben. Damit wird deutlich, daß Übergänge im Zeitablauf zwischen den genannten Gruppierungen möglich sind und auch stattfinden.

Im folgenden muß nunmehr noch kurz nachgewiesen werden, daß nicht-eheliche Lebensgemeinschaften weder als eine neue Form der Verlobung gelten, noch der Ehe oder der Probe-Ehe gleichgesetzt werden können, wie einige Autoren behaupten (vgl. Abschn. 2.1). Für die Verlobung wie für die Probe-Ehe gilt der Verweisungszusammenhang: wenn Verlobung, dann Ehe; und die Auflösung des Eheversprechens ist zwar möglich, kann aber gesellschaftlich negative Sanktionen nach sich ziehen (früher waren u. U. sogar rechtliche Folgen möglich). Dagegen weist die nicht-eheliche Lebensgemeinschaft über sich selbst nicht hinaus und wird zumeist auch nicht mit der Absicht eingegangen, eine Dauerbeziehung zu begründen. Hinzu kommt, daß Verlobungen zu einem bestimmten Zeitpunkt öffentlich abgegebene Absichtserklärungen sind, an die bestimmte Riten (Feier, Ringtausch u. a. m.) geknüpft sind. Dagegen nimmt nach der — bereits zitierten — Repräsentativerhebung das Zusammenleben, ohne verheiratet zu sein, häufig eine unmerkliche Entwicklung, indem z. B. zunächst ein paar persönliche Gegenstände in der Wohnung des Partners deponiert werden, man sich dann vornehmlich nur noch in einer Wohnung aufhält, bis man schließlich die andere aufgibt. Einen markierten Zeitpunkt gibt es jedoch zumeist nicht (BMJFG 1985, 89).

Die Autoren, die die nicht-ehelichen Lebensgemeinschaften der Ehe gleichsetzen, verweisen in diesem Zusammenhang auf andere Kulturen oder auf unsere eigene Geschichte (z. B. *König* 1985a, 33).
So hat es de facto bei uns in den Armutsschichten während des Mittelalters und des Frühkapitalismus schon immer Formen des Zusammenlebens, ohne verheiratet zu sein, gegeben (*Schäuble* 1984; *König* 1985b). Vor allem aber — was für unsere zeitgeschichtliche Analyse von Bedeutung ist — vermieden nach dem Zweiten Weltkrieg bewußt manche zusammenwohnende Paare die staatliche Registrierung. Für ihre Lebensform wurde damals sogar eine spezielle Bezeichnung geprägt: „Onkel-Ehe". Doch hierbei hat es sich immer — im Vergleich zu heute — nur um eine begrenzte Zahl von Personen gehandelt, die aus bestimmten Gründen nicht heirateten, z. B. infolge von Heiratsverboten oder auf Grund ihrer ökonomischen Lage. Diese Paare — im Gegensatz zu den heutigen (vgl. *Nave-Herz* 1984b, 116) — definierten außerdem ihre Lebensform als Ehe, was im übrigen auch gerade für die „Onkel-Ehen" nach dem Zweiten Weltkrieg galt.
Die Ehe unterscheidet sich außerdem von der nicht-ehelichen Lebensgemeinschaft durch den Öffentlichkeitscharakter der Systembildung. Denn nur die formale Eheschließung wird auch heute hochzeremoniell begangen, und zwar in unveränderter Form während der vergangenen 40 Jahre (vgl. *Nave-Herz* 1984b, 153 ff.). Dagegen fehlt bei der Begründung einer nicht-ehelichen Lebensgemeinschaft jedes Zeremoniell. Das Zeremoniell der Hochzeit aber symbolisiert den Übergang; es ist ein „Initiationsritus", „der sowohl Abbau herkömmlicher Ordnung als auch Anfang einer neuen impliziert" (*König* 1985a, 33). Durch diese besonderen Riten werden ferner sämtliche Rollenänderungen und neuen Rollenübernahmen (z. B. die der Schwiegermutter/des Schwiegervaters, des Schwagers/der Schwägerin) klar und eindeutig neu definiert und der Öffentlichkeit gegenüber angezeigt.
Das fehlende Zeremoniell bei der Bildung einer nicht-ehelichen Lebensgemeinschaft zieht häufig Unsicherheit nach sich, da hierdurch die Beziehung der Mitglieder dieses neuen Systems zu den Mitgliedern anderer Systeme — auch zu den Herkunftsfamilien — bisher nicht sozial reguliert wird. Ablesbar werden diese — zumindest heute noch — fehlenden Rollendefinitionen und die damit verbundenen Unsicherheiten in den Selbst- und Fremdkategorisierungen durch die unterschiedlichen Titulierungen des Partners; gebräuchlich sind: Freund/-in, Bekannte/-r, Lebensgefährte/-in, Partner/-in usw. Hierdurch wird außerdem der — jedenfalls bisher noch gegebene — geringere Institutionalisierungsgrad dieses neuen Partnersystems gegenüber der Ehe sichtbar.
Wenn am Ende des vorigen Kapitels die Frage gestellt wurde, ob die — auf statistischer Ebene festgestellte — geringere Eheschlie-

ßungsneigung im Zeitablauf mitverursacht wurde durch die quantitative Ausbreitung der nicht-ehelichen Lebensgemeinschaften, so kann nunmehr abschließend festgehalten werden, daß zweifellos die weitere gesellschaftliche Differenzierung in zwei Sozialsysteme mit z.T. gleicher spezialisierter Leistung in starkem Maße diesen statistischen Sachverhalt bedingte.

Im folgenden soll nunmehr geprüft werden, ob die geringere Eheschließungsneigung und die Ausprägung des neuen Systems der nicht-ehelichen Lebensgemeinschaften einhergeht mit einer Abnahme der Familiengründungsbereitschaft.

2.3 Die Kontinuität in der Familiengründungsbereitschaft

Aus dem statistischen Rückgang der Geburtenquote schließen viele Autoren, daß „Kinder-Haben in einem breiter gewordenen Ansatz konkurrierender Sinngehalte des Lebens und alternativer Lebensentwürfe relativ an Bedeutung eingebüßt hat" (*M. Wingen* 1982, 116), und daß ferner „Kinder in Konkurrenz zu anderen Lebenszielen für eine immer größer werdende Zahl von Personen vergleichsweise unattraktiv erscheinen" (*Schumacher* und *Vollmer* 1982, 295).

De facto haben wir z.Z. die niedrigste Fertilitätsrate der Welt, nämlich 1,29 (vgl. Tab. 1 im Anhang; hierauf wird im nächsten Kapitel ausführlicher eingegangen). Aber der Geburtenrückgang in der Bundesrepublik kann nicht als Indikator für die Ablehnung von Familie und damit von Kindern allgemein gelten, sondern für die Favorisierung einer bestimmten Familiengröße.

Die niedrige Geburtenrate heute ergibt sich nämlich überwiegend aus der Abnahme der Mehr-Kinder-Familien. Dagegen könnte eingewandt werden, daß die Zahl kinderloser Ehepaare seit 1950 (bzw. genauer: seit 1899) ständig gestiegen ist: von 100 Ehepaaren blieben 1899 9% kinderlos, 1950 = 13% und 1985 = 18% (vgl. Deutscher Bundestag 1985, 4).

Ihre Zunahme wird in der Literatur überwiegend auf den Anstieg von medizinisch und psychisch-somatisch bedingter Kinderlosigkeit (*Stauber* 1979) sowie auf ein bewußtes Aufschieben der Erfüllung des Kinderwunsches zurückgeführt. Letzteres kann dann zwar zu ungewollter Kinderlosigkeit führen, wie eine neuere Studie zeigt (*Nave-Herz* 1987). Nicht alle kinderlosen Ehepaare lehnen also das Kinder-Haben für sich ab. Wie viele von ihnen als „verhinderte Familien" gelten können, wird auch durch die Berichte über Beratungszentren für kinderlose Ehepaare, über Adoptionsvermittlungsstellen und durch die Diskussion über die neue Reproduktionsmedizin deutlich (*Stauber* 1979; *Hoffmann-Riehm* 1984).

Unter den Jugendlichen ist ebenso eine zeitgeschichtliche Kontinuität in der Familiengründungsbereitschaft gegeben. Auch bei ihnen hat der Kinderwunsch auf der subjektiven Ebene der Lebensplanung seinen Stellenwert im Zeitvergleich kaum eingebüßt. Zwar belegen jugendsoziologische Erhebungen, daß eine gewisse Skepsis der Ehe gegenüber zugenommen hat, der Wunsch nach späteren Kindern wird aber weiterhin stark bejaht (Shell-Studie 1982; Brigitte-Studie 1982; *Schumacher* 1982).

Diese Differenzierung in der Einstellung zur Ehe und zur Familie wird auch in anderen Erhebungen deutlich. So zeigt *Schmidtchen*, daß im Zeitablauf der Bevölkerungsanteil zugenommen hat, der sich von der Einrichtung der Ehe distanziert (von 1963—1978 um 28%), und zwar vor allem die Frauen und unter ihnen überproportional die mit längerem Bildungsweg (1984, 23).

Nicht groß dagegen ist der abnehmende Anteil derjenigen, die sich über die Familie skeptisch äußern. Die große Mehrzahl der Bevölkerung über fast einen Generationszeitraum von 26 Jahren hält jedoch an der Vorstellung fest, daß der Mensch eine Familie braucht und allein keineswegs ebenso glücklich sein kann. Das gilt auch gerade für junge Menschen (*Schmidtchen* 1984, 24).

Tabelle 2   Glück in der Familie?

Frage: „Eine ganz andere Frage – glauben Sie, daß man eine Familie braucht, um wirklich glücklich zu sein – oder glauben Sie, man kann alleine genauso glücklich werden?"

	Bevölkerung insgesamt		Frauen		Männer	
	1953	1979	1953	1979	1953	1979
Braucht Familie	78	72	77	73	80	72
allein genauso glücklich	14	17	16	17	11	16
allein glücklicher	1	1	1	×	1	2
unentschieden, keine Antwort	7	10	6	10	8	10
	100	100	100	100	100	100

Quelle: *G. Schmidtchen,* 1984, 2

Diese Ambivalenz in der Einstellung zu Ehe und Familie zeigt letztlich wiederum deutlich, wie wichtig die Differenzierung in empirischen Erhebungen zwischen Ehe und Familie ist und daß die Familie für den einzelnen keineswegs an Bedeutung verloren hat. Eine hohe Akzeptanz der Familie wird vermutlich aber auch die Familiengründungsbereitschaft unterstützen. So ist es nicht verwunderlich, daß — makroperspektivisch — unsere Gesellschaft weiterhin durch eine relative universelle Elternschaft gekennzeichnet ist (*Höpflinger* 1987, 258). Im übrigen schließen sich die in der Bundesrepublik gegebene positive Einstellung zur Familiengründung, die universelle Elternschaft und die kontinuierliche Reduktion der Geburtenzahl in den letzten Jahrzehnten keineswegs aus, wie im folgenden gezeigt werden wird.

3 Veränderungen in der Familiengröße und in den Familienzyklen

Mit dem Jahr 1964, also vor Beginn der ersten wirtschaftlichen Rezession in der Bundesrepublik und vor den innenpolitischen Auseinandersetzungen, den Studentenunruhen, und vor Entstehen der Neuen Frauenbewegung setzt der in der Öffentlichkeit stark diskutierte Geburtenrückgang ein, der Folge eines veränderten generativen Verhaltens ist. Die Geburten, bezogen auf 1000 Einwohner, betrugen 1965 17,7, 1980 nur noch 10,1, nunmehr (= 1984) 9,5 (*Höhn* und *Otto* 1985, 459).

Zuweilen wird für die Geburtenreduktion die gesetzliche Veränderung des Schwangerschaftsabbruchs (1979) verantwortlich gemacht, was insofern unzutreffend ist, da der Geburtenrückgang früher einsetzte und Abtreibungen immer — trotz des Paragraphen 218 — im In- und Ausland vollzogen wurden (vgl. BT-Drucksache 1980; *Höhn* und *Otto* 1985, 470). Der Geburtenrückgang ist vielmehr — wie bereits in Abschn. 2.3 erwähnt — überwiegend auf die Abnahme der Mehr-Kinder-Familien zurückzuführen.

Tabelle 3 Ehen aus den Jahren 1900 bis 1977 nach der Zahl der lebendgeborenen Kinder

Eheschließungs-jahr	1 Kind	von 100 Ehen haben		4 u. m.	Kinder insgesamt
		2	3 Kinder		
1946–1950	26	30	17	14	207
1951–1955	25	31	17	14	205
1958–1962	22	36	19	10	200
1963–1967	27	41	14	5	171
1968–1972[1]	28	40	11	4	160
1973–1977[1]	27	38	12	5	160

[1] Kinder nach April 1982 geschätzt.
Quelle: BT-Drucksache 10 (1983) S. 132

Auch als ideale Kinderzahl wird heute häufiger die Zwei-Kinder-Familie angegeben als noch 1950.

Tabelle 4 Ideale Kinderzahl (in %)

	0	1	2	3	4+	
1950	8	10	50	21	11	= 100%
1979	9	11	59	17	4	= 100%

Quelle: *Höpflinger* 1987, S. 158

Über die Gründe des Rückgangs der Kinderzahl in den Familien und der damit gestiegenen Dominanz der Kleinfamilie sind sehr viele Untersuchungen durchgeführt worden, auf die hier nicht im einzelnen, sondern nur zusammenfassend eingegangen werden kann:

Die ersten diesbezüglichen empirischen Untersuchungen in der Bundesrepublik haben auf die Diskrepanz zwischen Kinderwunsch und Kinderzahl hingewiesen, und die Geburtenreduktion mit der subjektiv empfundenen höheren ökonomischen und psychologischen Belastung der Eltern nach dem ersten und der noch stärkeren nach dem zweiten Kind erklärt (*Jürgens* 1976 und 1978). Man sprach von dem sog. Erst-Kind-Schock (vgl. hierzu auch *Schneewind* 1983, 162 ff.; Familie und Arbeitswelt 1984, 98 ff.). Internationale Erhebungen sind vor allem im Rahmen der Value-of-Children-Forschung durchgeführt worden. Sie zeigen, daß die Kinderzahl pro Familie mit dem Funktionswandel von Kindern zusammenfällt, der wiederum mit dem Grad der technischen Entwicklung eines Landes korreliert. Je höher der Industrialisierungsgrad eines Landes nämlich ist, desto eher werden immaterielle Werte und nicht utilitaristische mit dem Kinderwunsch verbunden. Dagegen geht die Theorie der „new home economics" insbesondere den sog. „opportunity costs" von Kindern nach, um den Geburtenrückgang in den Wohlstandsgesellschaften zu erklären. Hier wird der zunehmenden Frauen-Erwerbstätigkeit eine bestimmende Größe zugewiesen, indem ihre Vertreter behaupten, daß ein Ansteigen der Frauenlöhne — relativ zu den Löhnen der Männer — die relativen Kosten einer durch die Geburt von Kindern erzwungenen Berufstätigkeit vergrößert (*Becker* 1960; *Ermisch* 1980). Tatsächlich haben sich bei uns im Zeitablauf die geschlechtsspezifischen Lohnunterschiede und die Geburtenziffern gleichzeitig verringert. Doch derartige monokausale Erklärungen können den vielfältigen Entscheidungsprozeß — der, wie *Urdze* et al. (1981) gezeigt haben, so rational nicht immer abläuft — nicht ausreichend erklären. Die Bevölkerungswissenschaftler sind sich heute darüber einig, daß es sich bei den Determinanten des Geburtenrückgangs um ein multifaktorielles Bedingungsgeflecht handelt. Ausbildungs- und Berufsniveau, das Alter der Mutter, Art der

Partnerbeziehung, Erfahrungen mit Kindern, Einstellungen zu ihnen, die materielle Situation und viele andere Faktoren bestimmen als unabhängige oder als intervenierende Variablen letztlich die Familiengröße (*Höpfinger* 1987, 123 ff.). Verstärkend könnte heute zudem der Umstand wirken, daß den vorhandenen Kindern ein — historisch gesehen — ungewöhnlich hohes Maß an Zuwendung seitens der Eltern entgegengebracht wird (vgl. hierzu auch *Lüscher* und *Stein* 1985 sowie *Y. Schütze* in diesem Band), was nur bei einer geringen Kinderzahl pro Familie überhaupt leistbar ist.

Die langfristigen Auswirkungen durch die veränderten Sozialisationsbedingungen infolge des Geburtenrückgangs und des damit verbundenen Anstiegs der Ein- bis Zwei-Kinder-Familien sind heute noch nicht ablesbar und nur zu vermuten. Jedenfalls wachsen immer mehr Kinder als Einzelkinder und immer weniger in der mittleren Stellung der Geschwisterreihe in der Bundesrepublik auf. Geschwister-Subsysteme innerhalb der Kernfamilie werden damit ebenfalls seltener. Psychologen (z. B. *Toman* 1965; *Fover* und *Still* 1979) haben aber die Bedeutung der Geschwisterkonstellationen für die Sozialisation des einzelnen beschrieben. Ferner besitzen die kommenden Generationen weniger Seiten-Verwandte (Onkel, Tanten). Dagegen nimmt durch die gestiegene Lebenserwartung die Zahl der Vier-Generationen-Familien zu, wenn auch nicht zusammen wohnend. Die vertikale Verlängerung der Verwandtenzahl kompensiert jedoch die horizontale Verringerung nur zum Teil. Diese Veränderung zieht ferner einen Wandel in der Generationsbelastung nach sich, da nunmehr die Großeltern, vornehmlich die Großmutter — heute häufig selbst noch erwerbstätig (vgl. *I. Sommerkorn* in diesem Band) — für die Versorgung ihrer Mutter und gleichzeitig bei Betreuungsengpässen im Hinblick auf ihre Enkel „einspringen" muß.

Die beiden zuletzt genannten zeitgeschichtlichen Veränderungen, die Reduzierung der Kinderzahl pro Familie und die gestiegene Lebenserwartung, haben ferner zu Wandlungen in den Familienzyklen geführt, wie das Schaubild auf Seite 76 verdeutlicht.

Das Schaubild zeigt folgende gravierende familiale Veränderungen seit 1950:

- Durch die Vorverlegung des Heiratsalters (trotz des geringen Anstiegs seit 1975; vgl. Tab. 1 im Anhang) und der Erhöhung der Lebenserwartung hat sich insgesamt die Phase des ehelichen Zusammenlebens verlängert; mit anderen Worten: noch nie in der Geschichte lebten derart viele Menschen eine so lange Zeit ihres Lebens mit demselben Ehepartner zusammen wie heute trotz der sinkenden Eheschließungsneigung (vgl. S. 62) und des erhöhten Scheidungsrisikos (vgl. S. 83).
- Den längsten Zeitabschnitt im Familienzyklusmodell bildet heute die nachelterliche Phase.

Veränderungen der Familienphasen seit 1949/1950
- Schematische Darstellung -

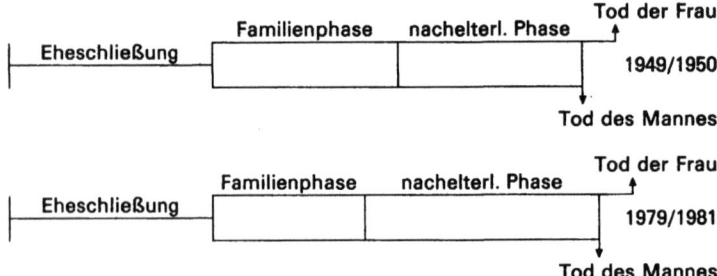

Quelle: Ausschnitthafte Wiedergabe des Schaubildes in: *M. Wingen*, Wandlungen im Prozeß der Ehe- und Familienbildung. Stuttgart 1985, S. 7 (hektographiertes Manuskript)

- Durch die Schrumpfung der Familienphase infolge der gesunkenen Kinderzahl pro Ehe füllt diese nur noch ca. 1/4 des gesamten Lebens einer Frau aus. Eine normative Festschreibung der Frauen auf ihre Mutter-Rolle würde bedeuten, daß sie 1/4 ihres Lebens in der Erwartung auf das „eigentliche Leben" (= Familienphase) und ca. 2/4 ihres Lebens im Bewußtsein, daß das „eigentliche Leben" vorbei wäre, verbringen würden.

Von einigen Autoren wird das Familienzyklusmodell zur Beschreibung der gegenwärtigen familialen Realität jedoch abgelehnt, und zwar deshalb, weil es zu einseitig an der traditionellen Kernfamilie orientiert sei und die vorhandene Pluralität von Familienformen verdecke.

De facto weisen Statistiken bei uns einen Anstieg der Ein-Eltern-Familien nach. Ihr Anteil an allen Familien betrug 1970 = 9%, 1982 = 12%. Davon sind 84% Mutter-Familien (= mit alleinerziehenden Müttern) und 16% Vater-Familien (= mit alleinerziehenden Vätern). Die Zahl der Eltern-Familien (= vollständige Familien) ist entsprechend gesunken, und ihr Anteil an allen Familien beträgt heute 88% (= 1982; 91% = 1970). Wieviele Familien hierunter „ergänzte" Familien durch Wiederverheiratung sind, ist statistisch nicht nachweisbar. Psychologen betonen jedenfalls, daß in den Beratungszentren die Probleme infolge Stiefelternschaft oder durch Stiefgeschwisterbeziehungen zugenommen hätten (vgl. *Krähenbühl* et al. 1986). Wie aber das generative Verhalten der Mehrzahl der Wiederverheirateten zeigt, wird durch die „Ergänzung" selten die Abfolge der Familienzyklen durchbrochen.

Für unseren Zeitraum (1950 bis heute) muß ferner betont werden, daß Ein-Eltern-Familien gerade in der Nachkriegszeit sehr verbreitet waren. Leider weisen die Statistiken ihre damalige Zahl nicht aus, da viele dieser Familien im statistischen Sinne als vollständige galten, nämlich wenn der Vater durch Kriegsgefangenschaft abwesend oder vermißt war (vgl. hierzu auch *Thurnwald* 1984; *Meyer* und *Schulze* 1985).

Ein geschichtlich neuer Tatbestand dagegen ist die Zunahme der unvollständigen Familien mit unbesetzter Mutter-Rolle, nicht durch Verwitwung, sondern durch Trennung oder Scheidung. Diese Vater-Familien sind Ausdruck eines sich anbahnenden Geschlechtsrollenwandels (vgl. hierzu ausführlicher *Napp-Peters* 1985, 18).

Im folgenden Kapitel soll nunmehr auf die innerfamilialen Machtstrukturen eingegangen werden, da man vermuten könnte, daß diese auch von der Größe des Familiensystems beeinflußt werden könnten, vor allem aber durch den bereits angesprochenen und seit Ende der 60er Jahre eingesetzten Wandel in der Geschlechtstypisierung.

4 Wandel und Kontinuität in den innerfamilialen Machtbeziehungen

Der Vielzahl von Veröffentlichungen, die sich theoretisch mit dem Phänomen der ehelichen und familialen Machtverhältnisse auseinandersetzen, steht eine geringe Zahl von empirischen Untersuchungen gegenüber, jedenfalls im Hinblick auf die Bundesrepublik. Noch kärglicher ist die Materiallage zur Beantwortung der Frage, ob sich die Machtstrukturen in Ehe und Familie seit Ende des Zweiten Weltkrieges bis heute verändert haben. Auf Grund dieser Datenlage kann weder auf verschiedenen Ebenen, Dimensionen und Formen der Machtausübung, noch auf verschiedene Arten von Macht oder auf den prozessualen Verlauf eingegangen werden. Vergleichsdaten waren nur zu zwei Machtbereichen zu finden: einige wenige zur ehelichen Autoritätsstruktur, dagegen mehrere Untersuchungen zur innerfamilialen Arbeitsteilung.

Unter „Macht" wird im übrigen hier in Anlehnung an *Max Weber* die Chance verstanden, innerhalb der ehelichen bzw. familialen Beziehung den eigenen Willen — u. U. auch gegen Widerstand — durchzusetzen; unter „Autoritätsstruktur" wird das eheliche Über- und Unterordnungsverhältnis bzw. die Frage der Gleichrangigkeit der Partner thematisiert.

4.1 Wandel und Kontinuität in den ehelichen Autoritätsstrukturen

Wurzbacher fand 1951 bei ca. 73% aller Familien seines Samples überwiegend partnerschaftliche Gattenbeziehungen, *Lupri* 1959/60 bei ca. 63%; und die Erhebung von *Eckert* und *Hahn* — durchgeführt Ende der 70er Jahre — ergab ähnliches, nämlich, daß das traditionelle Bild des letztlich entscheidenden Ehemannes für fast 60% der befragten Ehepartner nicht gilt (*Hahn* 1982, 110; vgl. auch *Neidhardt* 1975, 52 ff.).

Fragt man nicht nach der allgemeinen Entscheidungsmacht in der Ehe, sondern untersucht, wie die faktischen Entscheidungen in konkreten Bereichen getroffen werden, so lassen auch diese starke partnerschaftliche Ehebeziehungen erkennen. So zeigt eine Repräsentativerhebung, daß in allen hier angesprochenen Bereichen die Entscheidungen überwiegend gemeinsam getroffen werden. Am ehesten wird der Entschluß zur Aufnahme oder zum Wechsel der Berufstätigkeit vom jeweils Betroffenen allein gefällt.

Tabelle 5 Geschlechtsspezifische Entscheidungsstrukturen der Familie

	1 Mann	2 gemeinsam	3 Frau	(n)
1 Wechsel der Arbeitsstelle des Mannes	48,6	49,7	1,7	1341
2 Auswahl des Fernsehprogramms	21,3	68,2	10,6	1527
3 Freizeit-Gestaltung an Wochenenden	11,1	80,4	8,5	1566
4 Schul- und Berufswahl der Kinder	7,4	84,8	7,7	1236
5 Bestimmung des Urlaubs	6,1	87,8	6,1	1635
6 Taschengeld der Kinder	8,7	71,0	20,3	1329
7 Verwendung des Einkommens	9,0	70,0	21,0	1955
8 Aufnahme oder Wechsel der Berufstätigkeit der Frau	8,9	59,9	31,2	1171

Quelle: aus *Nave-Herz/Nauck* 1978, S. 40

Veränderungen in den vergangenen 10 Jahren scheinen kaum gegeben zu sein, da auch eine jüngere Untersuchung betont, daß die Entscheidungen „in weit überwiegendem Maße ... partnerschaftlich getroffen werden" (BMJFG 1985, 67).

In der — bereits erwähnten — Untersuchung von *Eckert* und *Hahn* wird weiterhin vor allem im Hinblick auf Schichtdifferenzen sichtbar, daß „in den Unterschichten der Wunsch nach einem Mann, der die letzten Entscheidungen fällt, erheblich ausgeprägter (ist) als in den Oberschichten und der mittleren und oberen Schichten. Geht man nicht von Personen, sondern von Ehepaaren aus, so zeigt sich, daß der Anteil der Ehepaare, die übereinstimmend einen Ehemann wünschen, der die letzte Entscheidung trifft, kontinuierlich steigt, wenn man von der Oberschicht zur Unterschicht geht (von 12,7% auf 49,4%). Freilich ist andererseits gerade in der Oberschicht der Zwiespalt von Männern und Frauen in diesem Punkte besonders hoch. Möglicherweise deutet dieser Zwiespalt den aus der Literatur bekannten Tatbestand an, daß gerade in den Oberschichten zwar die faktische Macht des Mannes in der Familie sehr groß ist, aber gleichzeitig hohe Egalitäts- und Harmonienormen bestehen: Eben weil der Mann über die wichtigsten Ressourcen verfügt, soll er seine Macht nicht zeigen, sie jedenfalls nicht ausspielen. Er hat es gewissermaßen nicht nötig, autoritär aufzutreten. Er kann das Ideal der ‚Ritterlichkeit‘ befolgen" (*Hahn* 1982, 111).

Daß noch immer eine allgemeine Überlegenheit des Mannes in der Ehe akzeptiert oder gewünscht wird, geht aus mehreren anderen Untersuchungen hervor. So stimmten in einer Erhebung von *Pfeil* (1975) 77% der befragten Studentinnen dem Statement zu, daß eine Frau zu ihrem Mann aufsehen können sollte. *Pfeil* betont: „Die Vorstellung, der Mann solle überlegen sein, ist nach wie vor vorhanden" (1975, 338). Gleiches geht aus der Untersuchung von *Pross* über „Die Männer — Eine repräsentative Untersuchung über die Selbstbilder von Männern und ihre Bilder von der Frau" hervor. Die Befragten betonten ihre „allgemeine Überlegenheit", die sie zwar nicht berechtigte, „Befehle zu erteilen und in der Manier des absoluten Fürsten über Frauen und Kinder zu herrschen", aber sie bedeutet nach ihrer Ansicht sogar eine „Herrschaftspflicht" (*Pross* 1978, 155). Auch in ihrer Hausfrauen-Untersuchung kommt *Pross* — bei allen schichtspezifischen Unterschieden — in bezug auf das eheliche Autoritätsverhältnis zu dem Schluß, daß „in der Bundesrepublik hinsichtlich des Geschlechterverhältnisses nach wie vor konservative Normen dominieren" (1975, 166).

Gegen diese empirischen Erhebungen lassen sich eine Vielzahl von Einwänden erheben. So reduzieren viele von ihnen Autorität auf eine allgemeine Entscheidungsmacht, interpretieren die Komplexität von Machtstrukturen zu linear bzw. ein-, statt mehrdimensional, zum Teil benutzen sie wertende Frageformulierungen, differenzieren nicht zwischen Macht und Machtnutzung oder zwischen Familienzyklen u.a.m.

Trotz dieser Einwände scheinen sie dennoch auf gewisse normative Ambivalenzen hinzuweisen: So wird zwar auf der Wertorientierungsebene gleiche allgemeine Entscheidungsmacht zwischen den Geschlechtern von vielen Befragten gefordert, aber gleichzeitig hält man vielfach an der „legitimen Autorität des Mannes" und — seitens der Frauen — an dem Prinzip des „Aufsehen-Könnens" zum Manne fest. Mit anderen Worten: Gleichberechtigung in der Ehe wird betont, aber auch die Autorität des Mannes gefordert. Symbolischen Ausdruck findet diese internalisierte Akzeptanz der männlichen Autorität noch immer im bestehenden Altersabstand (gleichbleibend in den vergangenen 40 Jahren beträgt er durchschnittlich 3 Jahre) und in der unterschiedlichen Körpergröße zwischen den Ehepartnern, die nur als Relikte aus einer alten patriarchalischen Familienstruktur interpretierbar sind.

Das Zusammenfallen der Forderung nach gleichberechtigten Ehebeziehungen mit dem Wunsch nach männlicher Autorität stellte übrigens auch schon *Wurzbacher* 1951 in vielen Ehen fest. Über mehr als einem Drittel der Ehen mit dem Leitbild der Gleichrangigkeit schrieb er: „Bei einer vorwiegenden Anerkennung der grundsätzlichen Gleichrangigkeit beider Partner besteht (dennoch) ein personales Übergewicht des Mannes" (1969, 116).

Zusammenfassend wird man davon ausgehen müssen, daß das patriarchalische Leitbild faktisch noch immer verbreitet ist und seine Anerkennung weniger abgenommen hat, als allgemein angenommen wird, jedenfalls kann von seinem völligen Abbau nicht die Rede sein trotz des gestiegenen Bildungsniveaus der Frauen, ihrer zugenommenen Erwerbstätigkeit (vgl. *I. Sommerkorn* in diesem Band), der Neuen Frauenbewegung und anderer gesellschaftlicher Veränderungen. Ob gleiches für die innerfamiliale Arbeitsteilung, die ja ebenfalls Ausdruck bestimmter Machtverhältnisse ist, gilt, soll nunmehr geprüft werden.

4.2 Wandel und Kontinuität in der innerfamilialen Arbeitsteilung

In populärwissenschaftlichen Abhandlungen wird — in den letzten Jahren vermehrt — über die „neuen Väter" berichtet, die sich durch ihre Übernahme von Familientätigkeiten, durch ihre Mitverantwortung, überhaupt durch ihren Arbeitseinsatz im Familienbereich auszeichnen würden. Repräsentative Erhebungen (z. B. *Burkhardt* und *Meulemann* 1976, *Pross* 1978) und auch die qualitativen Untersuchungen (z. B. *Wahl* et al. 1980, *Urdze* und *Rerrich* 1981) können jedoch diese Behauptung in dem Maße nicht unterstützen.

Sie belegen zwar einerseits sehr wohl eine stärkere Partizipation der Väter am Sozialisationsprozeß ihrer Kinder. So zeigen mehrere Erhebungen, wie stark sich die „werdenden" Väter in der Bundesrepublik in ihrem Verhalten verändert haben. Sie begleiten im Vergleich zu den Vätern früherer Eheschließungsjahrgänge fast alle ihre

Frauen zu den Vorsorgeuntersuchungen, Vorbereitungskursen usw. und sind bei der Geburt häufig anwesend. Schwangerschaft und Geburt scheinen für beide Ehepartner heute zu einer bewußten, gemeinsam gewollt-erlebten Erfahrung geworden zu sein (vgl. *Lüdicke* und *Leimböck* 1979; *Fthenakis* 1985; *Ryffel-Gericke* 1983; *Nave-Herz* 1984). Auch nach der Geburt beteiligen sich die Väter heute stärker an der Sozialisation ihrer Kinder (*Schütze* 1982; *Nave-Herz* 1984; vgl. auch *Y. Schütze* in diesem Band).

Andererseits bleibt aber selbst bei diesen Tätigkeiten eine geschlechtsspezifische Aufteilung bestehen. So stellen *Urdze* und *Rerrich* fest: „Überwiegend wird berichtet, daß sich die Väter in der Kindererziehung stark engagieren und sich intensiv, gern und regelmäßig um die Kinder kümmern, sofern sie dafür Zeit finden. Betrachtet man dieses Kümmern allerdings genauer, so stellt sich heraus, daß es sich hierbei in den meisten Fällen um gemeinsame Spiele, Spaziergänge, abends zu Bett bringen und dgl. handelt. Es scheint gleichsam eine Hierarchie der Arbeiten und Beschäftigungen mit dem Kind zu existieren: je ‚unangenehmer' die einzelnen Verrichtungen sind, desto stärker nimmt das Engagement der Väter in der Beschäftigung mit den Kindern ab. Nachts aufstehen oder Wickeln beispielsweise bleibt — bis auf wenige Ausnahmen — Arbeit der Mütter" (1981, 79).

Werden nicht nur die Sozialisationsaufgaben, sondern sämtliche Familientätigkeiten in die Analyse miteinbezogen, bleibt die alte innerfamiliale, geschlechtsspezifische Arbeitsteilung unangetastet: die Essenszubereitung, das Aufsuchen des Lehrers, selbst das Briefeschreiben an Verwandte und Bekannte sind überwiegend Tätigkeiten der Mütter, dagegen die Behördengänge und die kleineren Hausreparaturen, das Autowaschen fast ausschließlich die der Väter. Ferner ist die Hausaufgabenbetreuung Sache der Mütter; der Vater kontrolliert sie (*Nave-Herz* und *Nauck* 1978; *Pross* 1978; Dritter Familienbericht 1979; *Wahl* et al. 1980; *Krüger* 1984). *H. Pross* (1978) resümiert auf Grund ihrer Repräsentativbefragung von Männern im Alter von 20 bis 50 Jahren: „In den Ehen fast aller Befragten gibt es eine klare Arbeitsteilung: die Frau kümmert sich um den Haushalt, der Mann packt — gelegentlich — und bloß ausnahmsweise — häufig — zu. Ob die Frau berufstätig ist oder nicht, der Haushalt ist ihr Ressort" (1978, 94; ebenso *Wahl* et al. 1980, 130; *Burkhardt* und *Meulemann* 1976, 51; *Glatzer* und *Herget* 1984, 125; *Krüsselburg* et al. 1986, 84 ff.; *Glatzer* 1986, 6). Gleiches gilt im übrigen für viele europäische Staaten, denn in einer Vergleichsstudie von 14 europäischen Staaten zeigte sich überall die gleiche traditionelle Arbeitsteilung, gleichgültig wie stark die Frauen beruflich belastet sind und welche Berufspositionen sie innehaben (*Nave-Herz* 1987). *B. Nauck* zeigte zudem auf Grund des pfad-analytischen Verfahrens, daß die Übernahme von hauswirtschaftlichen Tätigkeiten nicht von der beruflichen Belastung der Frau, sondern der Männer abhängt; denn stark beruflich belastete Frauen werden nicht eher von ihren Ehemännern entlastet (*Nauck* 1985). Ferner ist mit der stärkeren Beteiligung der Väter an den Sozialisationsaufgaben häufig ein noch stärkerer Rückzug von den hauswirtschaftlichen verbunden, mit anderen Worten: Nach der Geburt von Kindern und der damit verbundenen Zunahme von hauswirtschaftlichen Tätigkeiten nimmt die Mithilfe des Ehemannes vielfach ab (*Krüger* 1984; *Ryffel-Gericke* 1983).

Wenn also auch die traditionelle Arbeitsteilung weiterhin gilt, so muß dennoch betont werden, daß im zeitgeschichtlichen Vergleich das traditionelle Rollenverständnis sich aufzulösen beginnen hat, was dadurch sichtbar wird, daß sich — wie gezeigt — heute Männer überhaupt an Aufgaben beteiligen, die früher allein den Frauen überantwortet blieben, und indem die Betroffenen — gerade jüngere Ehepaare — ihre traditionelle Arbeitsteilung und die in dieser Hinsicht unausgeglichene Leistungsbilanz zwischen den Partnern meinen, rechtfertigen zu müssen, und hierzu persönliche Gründe heranziehen, wie wir in unserer Untersuchung feststellen konnten (vgl. *Krüger* 1984).

Hieraus wird aber ferner deutlich, daß sich die traditionellen geschlechtsspezifischen Rollenerwartungen aufzulösen beginnen und daß ferner der zeitgeschichtliche Wandel auf der normativen Ebene schon weiter fortgeschritten zu sein scheint als auf der faktischen.

Verändert hat sich auch die Mithilfe der Kinder und Jugendlichen im Haushalt. Gerade nach dem Kriege mußten die Kinder vielfältige Arbeiten — sogar häufig in frühem Alter selbständig — übernehmen (vgl. *Thurnwald* 1949, *Preuß-Lausitz* et al. 1983). Dagegen zeigen mehrere neuere Erhebungen, daß heute — sofern Kinder überhaupt helfen — dies sehr selten und nur gelegentlich geschieht — bei Mädchen eher als bei Jungen — und daß sogar das eigene Zimmer nur noch von 53% der Jugendlichen selbst in Ordnung gehalten wird, von 40% der Jungen und 70% der Mädchen (Shell-Studie 1981; *Pross* 1975; Brigitte-Studie 1982).

Makroperspektivisch bedeutet dieser zeitgeschichtliche Wandel eine Verschiebung von hauswirtschaftlichen Tätigkeiten vom Familien- zum Ehesubsystem und damit zu einer Mehrbelastung der Mütter, vor allem der erwerbstätigen, denn auch sie werden nicht stärker durch ihre Kinder entlastet. Da außerdem für sie die hauswirtschaftliche Leistungsbilanz zwischen ihnen und ihren Ehepartnern am unausgeglichensten ist, hat mit der im Zeitablauf gestiegenen Zahl von erwerbstätigen Müttern auch die Zahl der stark belasteten Frauen zugenommen. Hieraus mag sich auch die angestiegene Zahl unzufriedener Frauen, vor allem der erwerbstätigen, mit der in ihrer Ehe praktizierten Arbeitsteilung erklären (vgl. hierzu *Berger* und *Mohr* 1986, 42).

Überblickt man zusammenfassend die aufgezeigten Veränderungen in den ehelichen Machtbeziehungen, werden die unterschiedliche Beschleunigung in den Veränderungen von verschiedenen Machtdimensionen offenbar und gleichzeitig auch die Kontinuitäten: Die Forderung nach gleichrangigen Partnerbeziehungen ist geblieben, in den Entscheidungsmachtverhältnissen hat sich ebenfalls wenig verändert, das patriarchalische Leitbild hat in bezug auf die Ehe zwar abgenommen, aber es scheint dennoch auch noch heute verbreiteter zu sein als häufig angenommen wird. Gleiches gilt für die innerfamiliale Arbeitsteilung: die praktizierte entspricht nicht dem partnerschaftlichen Ideal, das sich in breiterem Umfang durchgesetzt hat. Am belastesten mit Hausarbeit sind die erwerbstätigen Mütter, die mit der innerfamilialen Arbeitsteilung auch am wenigsten zufrieden sind. Auf die Gründe der gestiegenen Erwerbstätigkeit von Müttern geht *I. Sommerkorn* in ihrem Beitrag (vgl. S. 115ff.) ausführlich ein; sie zeigt, daß diese u.a. ebenfalls auf Veränderungen von Wertorientierungen seitens der Frauen zurückzuführen sind.

Die beschriebene Ungleichzeitigkeit der Veränderungsverläufe, sowohl auf normativer als auch auf faktischer Ebene, könnte aber zu einer Zunahme an Spannungen und Konflikten im Ehe- und Familiensystem führen, wodurch das Auflösungsrisiko sich erhöht haben kann. Manche Autoren betonen zudem, daß sich dieses „Auflösungsrisiko" deshalb noch vergrößert hat, weil außerdem der Verbindlichkeitscharakter der Ehe und Familie allgemein abgenommen hätte. In der Literatur wird in diesem Zusammenhang zuweilen von einem De-Institutionalisierungsprozeß von Ehe und Familie gesprochen (*Tyrell* 1985). Im folgenden soll deshalb ausführlich diesem möglichen zeitgeschichtlichen Wandlungsprozeß, nämlich der Frage nach der zugenommenen Instabilität der ehelichen und familialen Beziehungen, nachgegangen werden. Hierbei wird wiederum zunächst an den vorliegenden Statistiken angeknüpft und dann mögliche verursachende Bedingungen für die Entwicklung dieser statistischen Trendverläufe einzeln dargelegt und diskutiert.

5 Die These über die Abnahme des Verpflichtungs- und Verbindlichkeitscharakters von Ehe und Familie

Die gestiegenen Scheidungsquoten während der letzten zwei Jahrzehnte scheinen die o.a. These zu bestätigen. So war zwar nach 1945 die Zahl der Ehescheidungen infolge des Krieges, der Vertreibung, Kriegsgefangenschaft, Kriegstrauungen usw. ebenfalls hoch, sie ist dann aber ab 1950 bis Anfang der 60er Jahre gefallen, um dann wieder kontinuierlich zu steigen (der kurze Rückgang in den Jahren 1977/78 ist allein auf die Einführung des neuen Ehescheidungsgesetzes zurückzuführen; vgl. Tab. 1 im Anhang). Heute endet jede vierte Ehe durch Scheidung (*Höhn* und *Otto* 1985, 453).

Leider wissen wir sehr wenig über die vielfältigen Faktoren, die eine Ehescheidung schließlich bewirken. Es gibt zwar für die Bundesrepublik Deutschland einige deskriptive Studien (*Duss von Wert, Fuchs* 1980; *Heilig* 1985; *Höhn* und *Otto* 1985; *Künzel* 1975), die zwischen verschiedenen sozialen Merkmalen (z. B. Heiratsalter, Ehedauer, Kinderzahl, sozio-ökonomischem Status, Bildungsniveau) und Scheidungsrisiko einfache statistische Korrelationen nachgewiesen haben, aber sie können weder die „Ursachen" noch den Anstieg der Ehescheidungen erklären.

Diese kontinuierliche statistische Zunahme der Ehescheidungsquote seit über 20 Jahren, die auf eine zugenommene Instabilität der Ehen verweist, scheint aber im Widerspruch zu den Ergebnissen soziologischer Untersuchungen zu stehen. So belegen mehrere empirische Erhebungen den hohen Spitzenwert in der Rangliste, den die Familie im Vergleich zu anderen Lebensbereichen (Beruf, Kirche, Freunde usw.) bei allen Bevölkerungsgruppen einnimmt, gleichgültig um welchen Berufs- und Bildungsstand es sich handelt (etwas abgeschwächter bei den unter 30jährigen). Sie zeigen weiterhin, daß diese Wertpräferenz sogar in den letzten 20 bis 30 Jahren noch gestiegen ist. Ferner ist aus vielen empirischen Erhebungen ein hoher Zufriedenheitsgrad mit der Ehe und dem Familienleben zu entnehmen. Noch positiver als die Frauen bewerten die Männer die Ehe (vgl. hierzu *Pross* 1978, 62; *Bargel* 1979, 156; *Wahl* et al. 1980, 34 ff.; Institut für Demoskopie Allensbach 1981, 82; *Schumacher* und *Vollmer* 1982, 395 ff.; *Glatzer* und *Herget* 1984, 130; dagegen: *Berger* und *Mohr* 1986, 37 ff.).

Auf die kritischen Einwände gegen derartige Erhebungen und auf die methodischen Probleme des Vergleichs von Zeitreihendaten aus unterschiedlichen Untersuchungen kann hier nicht eingegangen werden. Auch die generelle Frage, ob durch Umfragen überhaupt Präferenzrangfolgen und subjektive Zufriedenheitsdaten gewonnen werden können, muß hier undiskutiert bleiben. Erwähnt sei aber, daß zwar einerseits die methodischen Vorbehalte gegen derartige Erhebungen durchaus ihre Berechtigung haben, daß sie aber andererseits dennoch die zumeist diffuse subjektive Befindlichkeit „im Groben" widerzuspiegeln vermögen. Dieser Hinweis soll vor allem vor einer Überinterpretation der erwähnten und der folgenden Fakten warnen.

Die — skizzierte — gestiegene persönliche Wichtigkeit der Familie gegenüber anderen Lebensbereichen scheint mit einer familialen Konflikterhöhung verbunden zu sein; denn 1963 berichteten in einer Repräsentativerhebung nur 52% der befragten verheirateten Frauen und 38% der verheirateten Männer, daß es Krisen in ihrer Ehe gegeben hätte; 1976 dagegen stieg der Anteil auf 58% bei den Frauen und auf 43% bei den Männern (*Schumacher* und *Vollmer* 1982, 306 ff.). Aus diesen Daten ist jedoch nicht zu ersehen, ob mit den Erhebungen de facto die Zunahme an Konflikten gemessen wurde oder die Bereitschaft, Konflikte zuzugeben. Interessant sind weiterhin die geschlechtsspezifisch unterschiedlichen Antwortquoten, die sich im Zeitvergleich kaum verändert haben (um 1% zugunsten der Frauen) und die auf eine höhere Sensibilität der Frauen in bezug auf soziale Konflikte verweisen, vermutlich bedingt durch die geschlechtsspezifische Sozialisation. Auch andere Untersuchungen belegen die größeren Probleme, die Frauen mit ihrer Ehe zu haben scheinen: so ist der Anteil von Frauen, die sehr zufrieden mit ihrer Ehe sind, etwas geringer als der der Männer (36% zu 45%; Institut für Demoskopie Allensbach 1981, 82; ebenso *Glatzer* und *Herget* 1984, 130). Laut einer Longitudinalstudie des Bundesinstituts für Bevölkerungsforschung (*Schulz* et al. 1980, 65) dachten ferner 30% der befragten Frauen, aber nur 26% der Männer, schon einmal an Scheidung, und nur 50% der Frauen würden denselben Partner wieder heiraten, aber 80% der Männer. Leider konnte zu diesem Fragenkomplex keine ältere Vergleichsstudie gefunden werden.

Die zunächst widersprüchlich erscheinende Datenlage, nämlich die gestiegenen Scheidungsquoten, der hohe und noch gestiegene Spitzenplatz, den der Lebensbereich „Familie" in der Wertpräferenz bei Frauen und Männern innehat und die erhöhte eheliche Konfliktwahrnehmung der Ehepartner, sind letztlich verständlich und stützen die bekannte These, die besagt, daß die Instabilität der Ehe gerade wegen ihrer hohen subjektiven Bedeutung für den einzelnen zugenommen und dadurch die Belastbarkeit für unharmonische Partnerbeziehungen abgenommen hätte. Der statistische Anstieg von Ehescheidungen könnte somit als ein Indikator dafür gelten, daß heute unharmonische Beziehungen und zerrüttete Ehen eher als in früheren Jahren aufgelöst werden. Diese Tendenz scheint sich in den letzten Jahren noch verstärkt zu haben.

Vermuten könnte man ferner, daß das Scheidungsrisiko sich auch durch die weiter fortgeschrittene funktionale Spezialisierung von Ehe und Familie (vgl. S. 67) erhöht hat. Denn wenn 1950 und 1970 an den Eheentschluß noch eine Vielzahl von Wünschen und Hoffnungen geknüpft wurde, aber 1980 überwiegend nur noch der Kinderwunsch, bedeutet das, daß nunmehr die Kindorientierung der jüngeren Ehepaare in keinem — oder nur geringem — Verbund mit weiteren Zielen steht (*Nave-Herz* 1984, 125 ff.). Interdependente Austauschbeziehungen zwischen verschiedenen Systemzielen sind also kaum mehr möglich. Ferner könnte hierdurch bereits die Abfolge von Familienzyklen — vor allem die nachelterliche Phase — zum Problem für die Partner werden. Empirische Untersuchungen müßten die Annahme der höheren Instabilität der Ehe infolge der weiter fortgeschrittenen funktionalen Spezialisierung jedoch erst belegen.

Einen anderen Aspekt im Hinblick auf die These der zugenommenen Instabilität von Ehe und Familie betont *W. Siebel*. Er weist darauf hin, daß „Ehe und Familie in ihrer Sinnvermittlungsfunktion auf eine Instrumentenrolle zur individuellen Bedürfnisbefriedigung eingeengt" wurden (1984, 29). Auch *W. Schulz* schreibt: „Von Familie im alten, traditionellen Sinn mit dem Verpflichtungscharakter einer Institution ist daher immer weniger zu sehen. Vom Standpunkt des scheidenden Individuums ‚paßt' die Institution für die Befriedigung eigener Ansprüche oder sie —‚paßt nicht'—, dann empfindet man sie auch nicht mehr als verbindlich" (1983, 418). Man könnte also mit *Siebel* und *Schulz* ferner vermuten, daß individuelle und kollektive Bedürfnisverschiebungen seit Kriegsende bis heute zu einer Reduktion des Verpflichtungs- und Verbindlichkeitscharakters von Ehe und Familie geführt haben; deshalb soll auf diesen zeitgeschichtlichen Wandel kurz eingegangen werden.

Die Literatur, die Bedürfnisse zu klassifizieren, zu hierarchisieren usw. versucht und jene, die diesen Versuchen widerspricht, ist in den letzten Jahren immens angewachsen, hierauf soll nicht näher eingegangen werden. Wichtig ist in unserem Zusammenhang ist, daß Bedürfnisse auch auf Wertorientierungen beruhen, die als Maßstab gelten können, das Handeln zu lenken und Entscheidungen über Handlungsweisen zu ermöglichen. Oder kurz mit *Helmut Klages* formuliert: „‚Werte' sind im folgenden schlicht das, was ‚in den Menschen' als Wertungs-, Bevorzugungs- und Motivationspotential vorhanden ist, während ‚Bedürfnisse', die auf der Ebene des Handelns ‚aktualisierte' Werte sind" (*Klages* 1984, 12). Zu fragen wäre also, welche Wertorientierungen hinter der heutigen kindorientierten Ehegründung stehen und ob dadurch der Verbindlichkeits- und Verpflichtungscharakter seit der Nachkriegszeit abgenommen haben kann.

Klages hat in seinem Buch „Wertorientierungen im Wandel" (1984) eine Verschiebung von Pflicht- und Akzeptanzwerten zu Selbstentfaltungswerten aufgezeigt. Im Gegensatz zu *Inglehardt* (1979) geht er von keiner eindimensionalen Polarisierung aus, sondern betont, „daß die ‚Pole' des Wertwandels auf unterschiedlichen und voneinander unabhängigen ‚Dimensionen' liegen und daß die ihnen zuzuordnenden Werte grundsätzlich in den verschiedensten Konstellationen in Erscheinung treten können, ohne daß sich von einem unausweichlichen Zwang zur gegenseitigen Substitution sprechen ließe" (*Klages* 1984, 23).

Viele empirische Daten sprechen nun dafür, daß dem bewußten Kinderwunsch vieler junger Paare und der kindorientierten Ehegründung Selbstentfaltungs-Wertorientierungen zugrunde liegen (vgl. hierzu auch *Y. Schütze* in diesem Band). Erinnert sei nur an die vielen diesbezüglichen empirischen Befunde im Rahmen der Value-of-Children-Forschung (*Arnold* und *Fawcett* 1974; *Hoffman* und *Manis* 1982). Auch die in den letzten Jahren gestiegene Zahl von Vätern, die an Geburtsvorbereitungskursen und an der Geburt selbst teilnehmen, weist in diese Richtung. Mit ihrer Partizipation wird nämlich ein aktiveres eigenes Erlebnis der Geburt erhofft, und soll die Geburt als Möglichkeit der Persönlichkeitsbereicherung erfahren werden (*Nave-Herz* 1984). Die Diskussion über die neue Mütterlichkeit innerhalb der Neuen Frauenbewegung spiegelt ebenso diese Wertorientierungsverschiebungen wider (*Nave-Herz* 1987).

Dagegen scheinen Ehepaare, die 1950 geheiratet haben, mit ihrer Eheschließung ausgeprägte Pflicht- und Akzeptanzwerte verbunden zu haben, wie schon ihre Wünsche und Hoffnungen bei Ehebeginn aus der bereits zitierten Untersuchung über Familienbiographien verschiedener Eheschließungskohorten zeigen. Sie definieren in den narrativen Interviews den Anfang und das Ziel ihrer Ehe in starkem Maße als einen Zweck- und Solidaritätsverband; Geborgenheit, und das Bewußtsein, einen Partner zu haben und mit ihm etwas „zu schaffen", sind Forderungen an die Ehe, vermutlich Reaktionsformen auf abgelaufene gesamtgesellschaftliche Prozesse wie Krieg, Vertreibung usw. (*Nave-Herz* 1984). Diesen Sachverhalt belegen auch die empirischen Untersuchungen aus jener Zeit (*Wurzbacher* 1951; *Baumert* 1954). Ein ähnliches Ergebnis weist eine Replikationsstudie des Allensbacher Instituts aus. Auf die Frage „Was vor allem macht heutzutage nach Ihrer Meinung eine Ehe haltbar?" nahmen jene Antworten von 1964/65 gegenüber 1977 deutlich ab, die Pflicht- und Akzeptanz-Wertorientierungen als „Fundament der Ehe" unterstrichen. Auch gegen die Unlösbarkeit einer Ehe sprechen sich immer weniger Befragte aus: 1953 = 33%, 1979 = 9% (Institut für Demoskopie Allensbach 1981, Tab. 6, s. S. 88).

In der Tat scheint also der Verpflichtungs- und Verbindlichkeitscharakter der Ehe im Zeitablauf abgenommen zu haben. Es muß aber betont werden, daß sich diese Aussage und alle zuletzt erwähnten Befunde nur auf das Ehe-, nicht auf das Familiensystem beziehen. Denn in bezug auf das Problem der Instabilität muß wiederum zwischen Ehe und Familie unterschieden werden.

Die Absicht der Ehescheidung ist nämlich nur eine „Vertragskündigung" an den Ehepartner. Von wenigen Ausnahmen abgesehen, bleibt die Familie, wenn auch unvollständig, bestehen, zumeist sogar in derselben Umwelt. *H. Tyrell* hat diesen Tatbestand prägnant formuliert: „‚Gekündigt' wird nur dem Ehepartner, mit dem das Zusammenleben nicht länger erträglich ist, gekündigt wird nicht den Kindern" (1983, 365). Wenn *Tyrell* im weiteren dann doch betont, daß nach Intention und Recht zwar nur die Ehe, faktisch aber die Familie geschieden wird, so hätte man sich in diesem Zusammenhang eine Problematisierung des Familienbegriffes gewünscht. Selbst in der Alltagssprache hat sich die Bezeichnung „Ein-Eltern-

Tabelle 6 Fundament der Ehe
Wortlaut der Frage: „Was vor allem macht heutzutage nach Ihrer Meinung eine Ehe haltbar?" (Antwortmöglichkeiten frei).

	1964/65* %	1977 %
Ehegerechte Verhaltensbereitschaften (z. B. Pflichtgefühl, Toleranz, Nachsicht)	52	8
Kinder	21	9
Gemeinsamkeit, Einigkeit, Zusammenhalten	14	18
Finanzielle Sicherheit	13	9
Zuneigung (Liebe, leibliches und seelisches Verständnis, Treue, Vertrauen, Kameradschaft)	9	16
Interessenübereinstimmung	4	2
Religion, Weltanschauung	4	1
Gewöhnung, Gemütlichkeit	3	3
Richtige Partnerwahl (längere Verlobung, gegenseitige gute Kenntnis)	1	1
Die Gesellschaft, Umwelt	–	5
Kompliziertes Scheidungsverfahren	–	1
Gleichberechtigung	–	3
Keine Widerstandsfähigkeit der Ehe	–	15
Sonstiges	8	1
Keine Angabe	12	19
	141	111

* Ehe und Familie, EMNID-Institut 1965, Befragung von 1500 Elternteilen, die mindestens ein Kind im Alter von 12 bis unter 15 Jahren in ihrem Haushalt haben.

Quelle: *H. Klages;* Wertorientierungen im Wandel – Rückblick, Gegenwartsanalyse, Prognosen. Frankfurt/M. 1983, S. 120

Familie" immer stärker durchgesetzt, um zu betonen, daß die Familie durch einen Rollenausfall (genauer: durch eine reduzierte Rollenerfüllung seitens eines Rollenträgers) nicht „zerfällt", sondern in veränderter Form weiter existiert. Denn das Ehesystem kann sich in unserer Gesellschaft auflösen, das Eltern-Kind-System nicht. Es kann allein seine Form verändern; vor allem — wie bereits erwähnt — durch die reduzierten Kontaktmöglichkeiten mit dem aus der Haushaltsgemeinschaft ausscheidenden Elternteil.

Die Zunahme der Ehescheidungen hat also nicht — wie häufig zu lesen ist — zur Auflösung, zu einem Infragestellen der Familie, sondern zu einer Pluralität von Familienformen geführt.

6 Ausblick

Gesamtgesellschaftliche materielle sowie immaterielle Veränderungen haben — wie gezeigt wurde — zu einer Differenzierung von zwei sozialen Systemen mit ähnlich spezialisierter Leistung geführt, wodurch die Ehe und Familie jedoch keinen Bedeutungsverlust, wohl aber einen Bedeutungswandel erfahren haben; sie haben ferner bewirkt, daß der Verbindlichkeits- und Verpflichtungscharakter der Ehe (nicht der Familie) immer stärker abgenommen hat und daß die Gegenwart durch eine Pluralität von Familienformen gekennzeichnet ist; diese unterscheiden sich durch die verschiedensten Merkmale voneinander. Existierte das auf normativer Ebene gültige Familienmodell (wie es etwa *T. Parsons* beschrieben hat) in dieser „reinen" Ausprägung schon bei Gründung der Bundesrepublik Deutschland nicht ausschließlich, so ist es heute in der Realität noch weniger denn je vorfindbar. Dieses Modell geht nämlich von spezifischen familialen Interaktionsbeziehungen und von einer eindeutigen internen und externen Aufgabentrennung und Rollendifferenzierung zwischen den Eheleuten aus. Gerade aber diese Eindeutigkeit ist heute weniger als je zuvor gegeben.

Dieser Prozeß hat zu den verschiedensten intra- und interfamilialen Diskrepanzen — wie gezeigt wurde — geführt: So wurde z. B. trotz des gesellschaftlich akzeptierten Anspruchs an die Ehe, eine zweckfreie Institution zu sein, in den letzten Jahren — wie ausführlich beschrieben wurde — ihr instrumenteller Charakter durch die kindorientierte Ehegründung wieder offensichtlicher. Ferner haben die Unterschiede in der Familiengröße abgenommen und hat sich, was die Kinderzahl anbetrifft, ein „uniformerer Typ" herausgebildet. Dagegen hat aber im Hinblick auf die „Rollenbesetzung" die Vielfältigkeit zugenommen. Noch sind zwar die bundesrepublikanischen Familien weit überwiegend Eltern-Familien, die Zahl der Mutter- und Vater-Familien ist aber angestiegen. Wenn es also in der Realität auch eine Pluralität von Familienformen in bezug auf die Rollenbesetzung gibt, so ist damit nicht ausgeschlossen, daß auf der normativen Ebene das Ideal der Eltern-Familie weiterhin gilt und alle übrigen Formen (auch die kinderlose Ehe) überwiegend als „verhinderte" vollständige Familien bezeichnet werden müssen. Der noch immer hohen gesellschaftlichen Akzeptanz der Familie und ihr Spitzenplatz im Vergleich zu anderen Lebensbereichen in der persönlichen Wertpräferenz von Verheirateten steht ihre distanziertere Einstellung zur Ehe und eine abgenommene eheliche Zufriedenheit (vor allem bei Frauen) gegenüber. Wenn einerseits die Instabilität der Ehe — nicht der Familie — de facto gestiegen ist, das Ehescheidungsrisiko sich also erhöht hat und jede vierte Ehe wieder aufgelöst wird, haben andererseits noch nie so viele Menschen in einer zeitlich so langen monogamen Ehe gelebt wie heute. Weiterhin wird zum einen Gleichrangigkeit der Partner in der Ehe postuliert und werden überwiegend Entscheidungen partnerschaftlich getroffen, zum anderen wird aber gleichzeitig eine allgemeine Überlegenheit des Mannes akzeptiert, z. T. sogar gewünscht. In der Realität besteht ferner eine eindeutige innerfamiliale geschlechtsspezifische Arbeitsteilung zwar weiterhin, aber die allgemeinen Geschlechtsrollen-Erwartungen beginnen sich aufzulösen; doch dieser zeitgeschichtliche Wandel scheint auf der normativen Ebene schon weiter fortgeschritten zu sein als auf der faktischen.

Diese aufgeführten Beispiele (alle Ergebnisse können hier nicht noch einmal wiederholt werden) zeigen, daß die Veränderungen in den einzelnen Dimensionen familialen Lebens in unterschiedlicher Geschwindigkeit und Intensität erfolgte, daß viele sich eher auf die Ehe als auf die Familie beziehen und daß zwischen diesen beiden Institutionen gerade in bezug auf zeitgeschichtliche Wandlungsprozesse zu unterscheiden ist.

Ferner geht aus den aufgezeigten Beispielen und überhaupt aus allen berichteten Wandlungsprozessen hervor, daß zwar gesamtgesellschaftliche Veränderungen zu innerfamilialem Wandel führten, aber diese Transferwirkungen nicht im Sinne eines „Reiz-Reaktions-Schemas" zu interpretieren sind (wie im Rahmen der schichtenspezifischen Sozialisationsthese familiales Leben gedeutet wurde), sondern daß durch die hohe Komplexität des Familiensystems gesamtgesellschaftliche Wirkungen sehr unterschiedliche innerfamiliale Verarbeitungen erfahren, was zur gestiegenen gegenwärtigen Variation von Familienformen geführt hat. Forschungsmäßig müßte in Zukunft stärker diesen beschriebenen Unterschiedlichkeiten nachgegangen werden, sowohl in bezug auf die verschiedenen Dimensionen familialen Wandels, auf die Pluralität von Familienformen, als auch im Hinblick auf die unterschiedlichen Veränderungen einerseits der Ehe und andererseits der Familie.

Literatur

Adorno, T.W., Frenkel-Brunswick, E. et al.: The Authoritarian Personality. New York 1950

Arnold, F., Fawcett, J.T.: The Value of Children — a Cross-national Study. Hawaii 1974

Bargel, T.: Überlegungen und Materialien zu Wertdisparitäten und Wertwandel in der Bundesrepublik. In: *H. Klages, P. Kmieciak* (Hrsg.), Wertwandel und gesellschaftlicher Wandel. Frankfurt 1979

Baumert, G.: Deutsche Familien nach dem Kriege. Darmstadt 1954

Becker, G.S.: A Theory of Marriage. In: *T.W. Schultz* (Hrsg.), Economics of the Family. London 1974, S. 299—344

Bejin, A.: Ehen ohne Trauschein. In: Die Maske des Begehrens und die Metamorphosen der Sinnlichkeit. Frankfurt 1984, S. 197—208

Berger, R., Mohr, H.M.: Lebensqualität in der Bundesrepublik Deutschland 1978—1984. In: Soz. Welt 1 (1986) S. 25—47

BiB-Mitteilungen: Informationen aus dem Bundesinstitut für Bevölkerungsforschung vom 12.3.1987

BMJFG (Hrsg.): Nicht-eheliche Lebensgemeinschaften in der Bundesrepublik Deutschland. Stuttgart 1985

Brigitte-Redaktion (Hrsg.): Mädchen '82. Hamburg 1982

Burgess, E.W., Locke, H.J., Thomes, M.M.: The Family — From Institution to Companionships. New York 1945

Burkhardt, W., Meulemann, H.: Die Rolle des Mannes und ihr Einfluß auf die Wahlmöglichkeiten der Frau. In: Schriftenreihe des BMJFG, Bd. 41. Bonn-Bad Godesberg 1976

Cooper, D.: Tod der Familie. Hamburg 1972

Deppe, W.: Drei Generationen Arbeiterleben. Eine sozio-biographische Darstellung. Frankfurt 1982

Deutscher Bundestag, 8. Wahlperiode, Drucksache 8/4437

Duss von Werdt, J., Fuchs, H.: Scheidung in der Schweiz. Stuttgart 1980

Eid, V., Vaskovics, L.: Wandel der Familie — Zukunft der Familie. Mainz 1982

Ermisch, J.: Time Costs, Aspirations and the Effect of Economic Growth on German Fertility. In: Oxford Bulletin of Economics and Statistics 2 (1980) S. 125—143

European Coordination Centre for Research and Documentation in Social Sciences: Changes in Family Patterns since World War II. National Reports, Wien 1982/83

Familie und Arbeitswelt, Gutachten des wissenschaftlichen Beirats für Familienfragen beim BMJFG, Bd. 143 der Schriftenreihe des BMJFG. Stuttgart 1984

Flecken, M.: Arbeiterkinder im 19. Jahrhundert. Weinheim 1981

Fover, L.K., Still, H.: Erstes, zweites, drittes Kind. Hamburg 1982

Friedan, B.: Der Weiblichkeitswahn oder die Mystifizierung der Frau. Hamburg 1966

Fthenakis, W.E.: Väter, 2 Bde. München 1985

Glatzer, W., Herget, H.: Ehe, Familie und Haushalt. In: Lebensqualität in der Bundesrepublik — Objektive Lebensbedingungen und subjektives Wohlbefinden. Frankfurt 1984, S. 124—140

Glatzer, W.: Haushaltsproduktion und Netzwerkhilfe. In: Report, Sfb 3, 11 (1986) S. 1—6

Hahn, A.: Die Definition von Geschlechtsrollen. In: *V. Eid, L. Vaskovics* (Hrsg.), Wandel der Familie — Zukunft der Familie. Eltville/Rhein 1982, S. 94—112

Heilig, G.: Die Heiratsneigung lediger Frauen in der Bundesrepublik Deutschland: 1950—1985. Z. Bevölkerungswiss. 4 (1985) S. 519—547

Hoffman, L.W., Manis, J.D.: The Value of Children to Parents. In: *J.T. Fawcett* (Hrsg.), Psychological Perspectives on Population. New York 1973, S. 19—76

Hoffman, L.W., Manis, J.D.: The Value of Children in the United States. In: *F. Ivan Nye* (Hrsg.), Family Relationships — Rewards and Costs. London 1982, S. 143—170

Hoffmann-Riem, Ch.: Das adoptierte Kind. Familienleben mit doppelter Elternschaft. München 1984
Höhn, C., Otto, J.: Bericht über die demographische Lage in der Bundesrepublik Deutschland und über die Weltbevölkerungstrends. Z. Bevölkerungswiss. 4 (1985) S. 445—519
Hondrich, K.O.: Menschliche Bedürfnisse und soziale Steuerung. Hamburg 1975
Höpflinger, F.: Wandel der Familienbildung in Westeuropa. Frankfurt 1987
Horkheimer, M. (Hrsg.): Studien über Autorität und Familie. Paris 1936
Ihara, T., Warner, R.: Ehen ohne Trauschein — Ein Rechtsratgeber. Hamburg 1982
Inglehardt, I.: Wertwandel in den westlichen Gesellschaften: Politische Konsequenzen von materialistischen und postmaterialistischen Prioritäten. In: *H. Klages, P. Kmieciak* (Hrsg.), Wertwandel und gesellschaftlicher Wandel. Frankfurt 1979, S. 279—316
Institut für Demoskopie Allensbach: Eine Generation später. Bundesrepublik Deutschland 1953—1979. Allensbach 1981
Jaide, W.: Wertewandel? Grundfragen zur Diskussion. Opladen 1983
Johansen, E.M.: Betrogene Kinder — Eine Sozialgeschichte der Kindheit. Frankfurt 1978
Jürgens, H.W., Pohl, K.: Kinderzahl — Wunsch und Wirklichkeit. Stuttgart 1975
Kabath-Taddei, Röhl, J., Witte, E.H.: Unterschiede zwischen verheirateten und unverheirateten Paaren. Gruppendynamik 1 (1986) S. 83—94
Klages, H.: Wertorientierungen im Wandel — Rückblick, Gegenwartsanalyse, Prognose. Frankfurt 1984
König, R.: Materialien zur Soziologie der Familie. Köln 1946
König, R.: Soziologie der Familie. In: *René König* (Hrsg.), Handbuch zur empirischen Sozialforschung, Bd. 7 (Familie, Alter), 2. Aufl. Stuttgart 1976
König, R.: Einführung — Hochzeit als Ausgangspunkt zur Darstellung der Rolle der Frau im interkulturellen Vergleich. In: *G. Vögler, K. v. Welche* (Hrsg.), Die Braut — geliebt, verkauft, gekauft, geraubt. Köln 1985a, S. 26—36
König, R.: Wandelnde Aspekte in der Problematik der sozialen Klassen und Minoritäten. In: *S. Hradil* (Hrsg.), Zeitschrift für Karl Martin Bolte. München 1985b
König, R.: Familie und Autorität — Der deutsche Vater im Jahr 1955. In: Materialien zur Soziologie der Familie. Köln 1974, S. 214—230
Krähenbühl, V., Jellouschek, H., Kohaus-Jellouschek, M., Weber, R.: Stieffamilien. Stuttgart 1986
Krüger, D.: Trends und Tendenzen in der häuslichen Arbeitsteilung unter rollentheoretischer Perspektive. In: *R. Nave-Herz* (Hrsg.), Familiäre Veränderungen seit 1950 — eine empirische Studie. Oldenburg 1984, S. 176—203
Krüger, D.: Trends und Tendenzen in der häuslichen Arbeitsteilung unter rollentheoretischer Perspektive. Hauswirtschaftl. Bildung 1 (1986) S. 3—12
Krüsselberg, H.-G., Auge, M., Hilzenbecher, M.: Verhaltenshypothesen und Familienzeitbudgets — Die Ansatzpunkte der ‚Neuen Haushaltsökonomie' für Familienpolitik. Bd. 182 der Schriftenreihe des BMJFG. Stuttgart 1986
Künzel, R.: Scheidungsrecht und Scheidungshäufigkeit im internationalen Vergleich — Materialien zur Rechtssoziologie, hrsg. im Auftrag des Arbeitskreises für Rechtssoziologie. Hannover 1975
Kurzrock, R. (Hrsg.): Die Institution der Ehe. Berlin 1979

Luhmann, N.: Liebe als Passion — Zur Codierung von Intimität. Frankfurt 1982
Lüdicke, K., Leimböck, A.: Der Vater und die Geburt. Erfahrungen aus der Praxis ambulanter Entbindungen. Kindheit 1 (1979) S. 281—287
Lüscher, K., Stein, A.: Die Lebenssituation junger Familien — die Sichtweise der Eltern. Konstanz 1985
Lüscher, K., Fisch, R., Papie, Th.: Die Lebenssituation junger Familien im Urteil der Eltern. Soz. Welt (1983) S. 450—470
Lupri, E.: Gesellschaftliche Differenzierung und familiale Autorität. In: *G. Lüschen, E. Lupri* (Hrsg.), Soziologie der Familie. Sonderheft der KZfSS, Nr. 14 (1970) S. 323—352
Mause, L. de (Hrsg.): Hört ihr die Kinder weinen. Frankfurt 1977
Meyer, S., Schulze, E.: Nichteheliche Lebensgemeinschaften — Alternativen zur Ehe? In: KZfSS (1983) S. 735—754
Meyer, S., Schulze, E.: Von Liebe sprach damals keiner — Familienalltag in der Nachkriegszeit. München 1985
Murstein, B.J.: Path to Marriage. London 1986
Napp-Peters, A.: Adoption — das alleinstehende Kind und seine Familie. Neuwied 1978
Napp-Peters, A.: Ein Elternteil-Familie. Weinheim 1985
Nauck, B.: Ressourcen, Aufgabenallokation und familiäre Spannungen im Familienzyklus — Eine multivariate Analyse des Einflusses der Erwerbstätigkeit auf die Familienstruktur und die Belastung von Vätern und Müttern. Abschlußbericht, Teil II. Oldenburg 1985
Nave-Herz, R.: Familiale Veränderungen in der Bundesrepublik Deutschland seit 1950. ZSE 1 (1984) S. 45—63
Nave-Herz, R.: Familiäre Veränderungen seit 1950 — eine empirische Studie. Abschlußbericht, Teil I. Oldenburg 1984b
Nave-Herz, R.: Die Bedeutung des Vaters für den Sozialisationsprozeß seiner Kinder — eine Literaturexpertise. In: IfG-Materialien zur Frauenforschung, Bd. 3. Hannover 1985, S. 45—75
Nave-Herz, R.: Frauen und Familie nach 1945. In: *G. Kraiker* (Hrsg.), 1945 — Die Stunde Null? Oldenburg 1986, S. 73—86
Nave-Herz, R.: Die Geschichte der Frauenbewegung in Deutschland, 3. Aufl. Düsseldorf 1987
Nave-Herz, R.: Tension between working hours and family life. (Erscheint 1987)
Neidhardt, F.: Die Familie in Deutschland. Opladen 1975
Noll, H.: Soziale Indikatoren für Arbeitsmarkt und Beschäftigungsbedingungen. In: *W. Zapf* (Hrsg.), Lebensbedingungen in der Bundesrepublik. Frankfurt 1977
Perrers, M. (Hrsg.): Krise der Kleinfamilie? Bern 1979
Pfeil, E.: „Männliche" und „weibliche" Rollen-Dynamik und unausgetragene Konflikte. ZfS (1975) S. 380—402
Pohl, K.: Wende oder Einstellungswandel? Heiratsabsichten und Kinderwunsch 18- bis 28jähriger deutscher Frauen 1978—1983. Z. Bevölkerungswiss. 11 (1985) S. 89—110
Preuß-Lausitz, U. et al.: Kriegskinder, Konsumkinder, Krisenkinder, Sozialisationsgeschichte seit 1945. Weinheim 1983
Pross, H.: Die Wirklichkeit der Hausfrau. Hamburg 1975
Pross, H.: Die Männer. Hamburg 1978

Rerrich, M.S.: Veränderte Elternschaft. Soz. Welt (1983) S. 420—449
Richter, H.-E.: Patient Familie. Hamburg 1972
Ryffel-Geriche, C.: Männer in Familie und Beruf, eine empirische Untersuchung zur Situation Schweizer Ehemänner. Diessenhofen 1983
Schäfers, B.: Sozialstruktur und Wandel der Bundesrepublik Deutschland. Stuttgart 1976
Schäuble, G.: Theorien, Definitionen und Beurteilung von Armut. Berlin 1984
Scheller, G.: Erklärungsversuche des Wandels im Heirats- und Familiengründungsalter seit 1950. Z. Bevölkerungswiss. 4 (1985) S. 549—576
Schelsky, H.: Wandlungen der deutschen Familie in der Gegenwart. Stuttgart 1954
Schmid, J.: Bevölkerungsveränderungen in der Bundesrepublik Deutschland. Stuttgart 1984
Schmidtchen, G.: Die Situation der Frau. Berlin 1984
Schneewind, K.A.: Konsequenzen der Elternschaft. Psychol. Erz. Unterricht (1983) S. 161—172
Schoen, R.: Measuring the Tightness of a marriage Squeeze. Demography 1 (1983) S. 61—78
Schulz, W.: Von der Institution „Familie" zu den Teilbeziehungen zwischen Mann, Frau und Kind. Soz. Welt (1983) S. 401—419
Schulze, H.J.: Autonomiepotentiale familialer Sozialisation. Stuttgart 1985
Schumacher, J., Vollmer, R.: Differenzierungs- und Entdifferenzierungsprozesse im Familiensystem. In: *K.O. Hondrich* (Hrsg.), Soziale Differenzierung. Frankfurt 1982, S. 210—352
Schütze, Y.: Von der Mutter-Kind-Dyade zum familialen System. Z. Pädagogik (1982) S. 203—219
Schwarz, K.: Informationen und Informationslücken zur neueren Entwicklung von Ehe und Familie in der Bundesrepublik Deutschland. In: *S. Rupp* (Hrsg.), Eheschließung und Familienbildung heute. Wiesbaden 1980, S. 24—38
Shell-Jugendstudie 1982: Jugend '81 — Lebensentwürfe, Alltagskulturen, Zukunftsbilder, 2. Aufl. Opladen 1982
Siebel, W.: Herrschaft und Liebe — Zur Soziologie der Familie. Berlin 1984
Stauber, M.: Psychosomatik der sterilen Ehe. Berlin 1979
Thurnwald, R.: Gegenwartsprobleme Berliner Familien. Berlin 1948
Toman, W.: Family Constellation. New York 1961 (dtsch.: 1965)
Tölke, A.: Zentrale Lebensereignisse von Frauen. In: *H.-G. Brose* (Hrsg.), Berufsbiographien im Wandel. Opladen 1985
Trost, J.: Unmarried Cohabitation in Sweden. In: *R.G. Genovese* (Hrsg.), Families and Change. Amherst 1984, S. 304—309
Tyrell, H.: Probleme einer Theorie der gesellschaftlichen Ausdifferenzierung der privatisierten modernen Kernfamilie. ZfS (1976) S. 393—417
Urdze, A., Rerrich, M.: Frauenalltag und Kinderwunsch. Frankfurt 1981
Wahl, K., Tüllmann, G., Honig, M.-S., Gravenhorst, L.: Familien sind anders! — Wie sie sich selbst sehen. Anstöße für eine neue Familienpolitik. Hamburg 1980
Wingen, M.: Auf dem Weg in die kinderlose Gesellschaft? In: Wandel der Familie — Zukunft der Familie. Mainz 1982, S. 112—135

Zur Veränderung im Eltern-Kind-Verhältnis seit der Nachkriegszeit

Yvonne Schütze

1 Einführende Bemerkungen: Nachkriegssoziologie und Gegenwartsanalyse

Das übliche und bewährte Verfahren, einen Wandel im Eltern-Kind-Verhältnis während der letzten 40 Jahre festzustellen, besteht darin, zu verschiedenen Zeitpunkten erhobene Erziehungseinstellungen und Aussagen von Eltern und Kindern miteinander zu vergleichen (Jugendwerk der Deutschen Shell 1985; *Allerbeck/Hoag* 1985). Ich möchte in meinem Beitrag weniger auf diesen gut dokumentierten Wandel in den Erziehungshaltungen eingehen, als versuchen, aus einer Gegenüberstellung der familiensoziologischen Untersuchungen der Nachkriegszeit und denen der Gegenwart etwas über Veränderungen der Funktion und Bedeutung des Kindes in der Familie herauszufinden. Im ersten Abschnitt werde ich daher die für meine Fragestellung wesentlichsten Ergebnisse der Nachkriegsuntersuchungen vorstellen. Im zweiten Abschnitt werde ich auf das Problem der Vergleichbarkeit damaliger mit zeitgenössischen Untersuchungen eingehen. Der Bedeutungswandel theoretischer Konzepte erschwert einerseits diesen Vergleich, verweist aber andererseits auch auf eine veränderte Realität. Im dritten Abschnitt schließlich werde ich Vermutungen über eine — seit der Nachkriegszeit — veränderte Stellung des Kindes in der Familie aufstellen. Folgende Einschränkungen sind allerdings angebracht: Ebenso wie für die Untersuchungen der Nachkriegszeit gilt auch für meine Gegenwartsanalyse, daß es sich jeweils lediglich um Beschreibungen eines Typus handelt. Der Typus, den ich beschreiben werde, wird vermutlich eher in der Mittelschicht zu finden sein, damit ist jedoch nicht gesagt, daß er mittelschichtspezifisch ist. Weiterhin trifft meine Typisierung strukturell eher auf Einkindfamilien zu, womit wiederum nicht gesagt ist, daß es sich um Charakterisierungen von Familien mit nur einem Kind handelt. Und selbstverständlich wird es darüber hinaus auch Eltern-Kind-Beziehungen geben, die noch nicht oder schon nicht mehr dem dargestellten Typus entsprechen.

1.1 Das Eltern-Kind-Verhältnis der Nachkriegszeit aus der Sicht damaliger familiensoziologischer Untersuchungen

Im Zentrum der familiensoziologischen Untersuchungen der Nachkriegszeit stand die Frage, ob und inwiefern die Kriegs- und Nachkriegsereignisse den Familienzusammenhalt gefährdeten. *Helmut Schelsky*, der zweifellos mit „Wandlungen der Deutschen Familie in der Gegenwart" (1953) die umfassendste Strukturanalyse der deutschen Nachkriegsfamilie erstellte, konstatierte, daß trotz einer massiven Bedrohung der Familienstabilität unter der Wirkung von Vertreibung, Deklassierung, jahrelanger Abwesenheit der Männer usw. die Familie nicht nur nicht zerbrach, sondern mit einer Verstärkung des Zusammenhalts reagierte. Die in den Interviews seiner Untersuchung immer wiederkehrende Aussage „nur noch für die Familie leben" zu wollen, kennzeichnet die allgemeine Bewußtseinslage derjenigen, für die „in einer Welt des Verlustes die Familie den Wert des einzigen und aus eigener Kraft geretteten und gewonnenen sozialen Gutes trägt" (*Schelsky* 1960[4], 96). Auf Grund der großen materiellen Notlage treten die gefühlsbetonten Elemente des Familienlebens in den Hintergrund. Statt dessen steigen die Anforderungen der Solidargemeinschaft Familie an die Leistungsbereitschaft und Opferwilligkeit der einzelnen Familienmitglieder. Die Solidaritätsfunktion erhält den Vorrang, im Vergleich zur Vorkriegszeit findet eine „Entinnerlichung" der Familie statt (*Schelsky* 1960[4], 225 f.).

Auf dem Hintergrund dieser Darstellung der Familiensituation ist auch das Eltern-Kind-Verhältnis zu sehen, das stets nur einen und nicht den wichtigsten Gegenstand in den damaligen Untersuchungen darstellt. *Schelsky* z. B. streift das Thema nur am Rande. Die Untersuchungen, die sich intensiver mit dem Eltern-Kind-Verhältnis beschäftigen und auf die ich mich im folgenden beziehe, sind: *Wurzbacher:* „Leitbilder gegenwärtigen deutschen Familienlebens" (1952; diese Arbeit stammt aus dem gleichen Datenmaterial wie *Schelskys* „Wandlungen der deutschen Familie in der Gegenwart"); *Wurzbacher:* „Das Dorf im Spannungsfeld industrieller Entwicklung" (1954); *Baumert:* „Jugend der Nachkriegszeit" (1952); *Baumert:* „Deutsche Familien nach dem Kriege" (1954) und *Thurnwald:* „Gegenwartsprobleme Berliner Familien" (1948). (Für die Methodenprobleme der Nachkriegsuntersuchungen vgl. *I. Sommerkorn* in diesem Band).

Relativ einmütig kommen die damaligen Familienforscher zu dem Ergebnis, daß die patriarchalische Familienstruktur sich aufzulösen beginnt und ein „Übergang von der Elternbestimmtheit der Kinder zur Kindbezogenheit der Eltern" stattfindet (*Wurzbacher* 1961[2], 84 f.). Ähnlich, wenn auch weniger optimistisch, argumentiert *Baumert*. Als ein Indiz für die Beendigung des traditionellen Unterordnungsverhältnisses wertet *Baumert* z. B. die Reaktionen der Eltern auf die

Frage nach körperlicher Bestrafung. In seiner Untersuchung hatten 55% der Befragten angegeben, daß sie körperliche Bestrafung ganz allgemein oder wenigstens in Ausnahmefällen für richtig und erforderlich hielten. Allerdings — so konstatiert *Baumert* — erfolgt körperliche Bestrafung eher aus Hilflosigkeit und im Affekt, die Sinnfälligkeit und Nützlichkeit solcher Aktionen würden aber mehr und mehr angezweifelt (*Baumert* 1954).

Wurzbacher beschreibt drei Strukturtypen des Eltern-Kind-Verhältnisses, die ihrerseits wieder in Untergruppen eingeteilt werden.

Die *erste* Gruppe ist charakterisiert durch *„Ausübung starker elterlicher Verfügungsgewalt über das Kind"*.

In der ersten Untergruppe, in die nur eine von 134 Familien fällt, „wird die Stellung des Kindes vorwiegend bestimmt durch die Auffassung der Eltern, daß Kinder zusätzliche Erwerbskräfte bedeuten und daher so früh wie möglich zu dem Unterhalt der Familie beitragen sollen".

In der zweiten Untergruppe „werden die nun einmal vorhandenen Kinder von einem Elternteil oder beiden mehr als belastende denn als bereichernde Bindung empfunden". Es herrscht Gleichgültigkeit gegenüber Erziehung und beruflicher Ausbildung. Die elterliche Verfügungsgewalt wird willkürlich ausgeübt. Zu dieser Gruppe zählen 6 von 134 Familien.

In der dritten Untergruppe „wird die Stellung des Kindes stark bestimmt durch die sozialen Prestigebedürfnisse beider Eltern oder des ausschlaggebenden Elternteils, die im Kind ein Instrument zur Erhaltung und Erringung sozialen Prestiges sehen". Zu dieser Gruppe gehören 3 von 134 Familien.

Die *zweite* Gruppe firmiert unter dem Titel *„Zentrale Stellung des Kindes"*. Von der ersten Untergruppe heißt es: „Die Eltern übertragen die eigenen Aufstiegs- oder Wiederaufstiegshoffnungen auf das Kind und tun für dessen Erziehung und Ausbildung alles nur mögliche, meist unter stärkster Beschränkung eigener Bedürfnisse im Sinne der Anschauung: Alles für das Kind. Es soll es einmal besser haben und mehr werden als wir." Hierzu gehören 42 von 134 Familien. Die zweite Untergruppe ist gekennzeichnet durch das Fehlen oder eine besondere Schwäche der Gattenbeziehung. Infolgedessen „erhält das Kind ein besonderes soziales Gewicht". Zu dieser Gruppe rechnet *Wurzbacher* 27 von 134 Familien.

Die *dritte* Gruppe schließlich ist charakterisiert durch *„Eigenständigkeit des Kindes"*.

Hierzu heißt es, daß im Gegensatz zur zentralen Stellung, die das Kind in der zuvor aufgeführten zweiten Gruppe einnimmt, bei den Familien der dritten Gruppe „ein deutlicher Eigenwert der Gattenbeziehung neben der Eltern-Kind-Beziehung erkennbar ist. Zugleich steht auch die Erziehung des Kindes weniger unter dem Einfluß eines sozialen Ehrgeizes der Eltern. Die vorwiegende Einstellung ist

Achtung des Eigenwertes und der Freiheit zu eigenbestimmter Entwicklung und Lebensgestaltung des Kindes". 55 von 134 Familien gehören zu dieser Gruppe (*Wurzbacher* 1958³, 161 f.).

Wenn wir einmal von der zahlenmäßig sehr kleinen ersten Gruppe absehen, die durch starke elterliche Verfügungsgewalt gekennzeichnet ist, so differenziert *Wurzbacher* die untersuchten Familien im wesentlichen nach zwei Kriterien: das Kind hat entweder die zentrale Stellung in der Familie oder die Familie ist um Eigenständigkeit des Kindes bemüht. Wenn *Baumert* und *Wurzbacher* auch nicht darin übereinstimmen, inwieweit liberale Erziehungshaltungen sich bereits durchgesetzt haben, so gibt doch *Wurzbachers* Resümee, das er aus seiner Studie von 1954 zieht, die allgemeine damalige Einschränkung der Eltern-Kind-Beziehung recht gut wieder: „Unter den von den Befragten geäußerten Erziehungsgrundsätzen für Sohn und Tochter fällt auf — für beide Geschlechter übereinstimmend —, wie sehr der Hinweis auf die Notwendigkeit einer Erziehung zur Folgsamkeit — früher der beherrschende Erziehungsgrundsatz — in den Hintergrund tritt gegenüber anderen, in mancher Hinsicht geradezu entgegengesetzten Prinzipien. (Folgsamkeit oder Gehorsam werden nur in 7,1% der spontanen Äußerungen über die Erziehung der Tochter und in 7,7% der Stellungnahmen zur Erziehung des Sohnes erwähnt.) Strenge wird daher als Erziehungsmethode weit seltener gefordert als Nachgiebigkeit, als die Forderung eines verstehenden Bemühens um das Kind, als die Absicht, Kamerad, Freund, Vorbild sein zu wollen" (*Wurzbacher* 1954, 91).

1.2 Die Eltern-Kind-Beziehung der 50er Jahre aus der Perspektive gegenwärtiger Forschung

Die genannten Ergebnisse familiensoziologischer Forschungen aus den 50er Jahren legen auf den ersten Blick den Schluß nahe, daß einschneidende Veränderungen gar nicht stattgefunden haben, sondern daß die damals einsetzenden, liberalen Erziehungsmethoden sich nur kontinuierlich weiterentwickelt und mehr Akzeptanz in allen Bevölkerungskreisen gefunden haben. Eigenständigkeit des Kindes galt z. B. bereits damals schon als wichtiges Erziehungsziel und hat innerhalb der folgenden beiden Jahrzehnte mehr und mehr an Popularität gewonnen (Jugendwerk der Deutschen Shell 1985; *Allerbeck/Hoag* 1985). Andererseits aber gilt aus der Perspektive der 80er Jahre die Nachkriegszeit als „restaurativ", die Familie als autoritär-patriarchalisch (Jugendwerk der Deutschen Shell 1985).

„Auch die Familien stellten sich rasch wieder als patriarchalische Kleinfamilien her, nachdem die Väter, soweit sie den Krieg überlebt hatten, zurückgekehrt waren und der extreme materielle Mangel nach der Währungsreform überwunden war" (Arbeitsgruppe Wandel der Sozialisationsbedingungen seit dem Zweiten Weltkrieg 1983, 21 f.).

Um dieser Diskrepanz in der damaligen und der heutigen Einschätzung der Nachkriegsfamilie auf die Spur zu kommen, empfiehlt sich ein Vergleich zwischen dem, was man damals und was man heute unter zentralen Begriffen wie z. B. Selbständigkeitserziehung verstand, bzw. versteht. Dazu ein Beispiel: Die Erforschung schichtspezifischen Erziehungsverhaltens kam zwar erst Ende der 60er Jahre im Zuge der Bildungsreform „in Mode", gleichwohl aber hatte *Baumert* sich diesem Thema bereits in den 50er Jahren gewidmet. *Baumert* stellte damals zugunsten der Mittelschichteltern fest, daß sie ihre Kinder schon frühzeitig zu „selbständigem Handel und eigener Verantwortung" erziehen. Diese Erziehung setzt ein mit dem Sauberkeitstraining. „In Familien der Mittel- und Oberschicht wird diese Erziehung im Laufe des zweiten Lebensjahres abgeschlossen. Wenn ein Kind nach diesem Alter in die Windeln näßt, vermuten die Eltern eine Erkrankung oder beginnen das Kind für seine ‚Unart' zu bestrafen." Die Arbeiterfamilien beginnen mit der Reinlichkeitserziehung erst im dritten Lebensjahr, woraus *Baumert* schließt, daß sie das Kind „länger unselbständig und abhängig" halten (*Baumert* 1952, 84 f.). D. h. als ein Kriterium für die Erziehung zu Selbständigkeit und Eigenverantwortlichkeit galt die frühe Reinlichkeitserziehung. Als Ende der 60er Jahre, während der antiautoritären Bewegung in der Bundesrepublik erstmals psychoanalytische Konzepte Eingang in das Bewußtsein der Öffentlichkeit, der Eltern und Elternratgeber gefunden hatten (*Schütze* 1986), verkehrt sich der Maßstab für Selbständigkeitserziehung insofern, als frühe Reinlichkeitserziehung oder gar Bestrafen des Einnässens als Maßnahme gelten, die die Selbständigkeitsentwicklung und Autonomie des Kindes beeinflussen, wenn nicht verhindern. „Wenn eine zu frühe oder zu strenge Sauberkeitserziehung das Kind daran hindert, seine Schließmuskeln und sonstigen Funktionen nach eigenem Willen allmählich beherrschen zu lernen, gerät es in einen Zustand doppelter Rebellion und doppelter Niederlage ..." (*Erikson* 1966, 78).

Bemerkenswert ist nun aber, daß nicht die Mittelschichtfamilie ins Kreuzfeuer der Kritik geriet, sondern die Unterschichtfamilie, die doch, wenn man *Baumert* Glauben schenken darf, erst spät mit dem Sauberkeitstraining begann. Von der Unterschichtfamilie hieß es nämlich während der Zeit schichtspezifischer Sozialisationsforschung in den frühen 70er Jahren, daß sie das Kind einem zu früh einsetzenden oralen und analen Training unterwürfe, während die Mittelschichtfamilie durch Gewährenlassen die Autonomie des Kindes fördere (*Caesar* 1972). Die für die Bundesrepublik empirisch nie überprüfte Behauptung, die Unterschichtfamilie begänne zu früh und zu rigide mit dem Sauberkeitstraining, wurde zwar nur aus anglo-amerikanischen Untersuchungen abgeleitet, prägte aber gleichwohl die damalige Einschätzung des Unterschicht-Erziehungsverhaltens. In den 80er Jahren ergibt sich aus der Untersuchung *Regina Becker-Schmidt*s und *Gudrun Axeli-Knapp*s eine Korrektur dieses Bildes. Die Autorinnen stellen fest, daß nach ihrem Maßstab Arbeiterfrauen zwar „früh" mit der Reinlichkeitserziehung beginnen — nach dem zweiten Lebensjahr war die Hälfte der Kinder sauber, also später als die *Baumert*schen Mittelschichtkinder —, daß sie aber „ohne Drill" ans Werk gehen. Von 60 Frauen waren es nach *Becker-Schmidt*s Ergebnissen nur 9, die Reinlichkeitserziehung „zu früh" und mit „rigiden Mitteln" betrieben (*Becker-Schmidt, Axeli-Knapp* 1985, 40 f.).

Dieser Bedeutungswandel dessen, was man unter Erziehung zur Selbständigkeit versteht, erschwert einerseits die Vergleichbarkeit damaliger mit heutigen Untersuchungen, wirft aber andererseits auch ein Licht auf vermutbare Änderungen des Eltern-Kind-Verhältnisses. In diesem Sinne interpretiere ich auch eine zweite Differenz zwischen damaligen und heutigen Untersuchungen. Die Nachkriegsforscher machen, wenn vom Eltern-Kind-Verhältnis die Rede ist, keine expliziten Unterschiede zwischen kleinen und größeren Kindern. Aus den einzelnen Fragekomplexen geht aber hervor, daß vorwiegend Kinder gemeint sind, die mindestens im schulpflichtigen Alter sind. Das Interesse der Forscher zielt in erster Linie darauf ab, herauszufinden, wie und ob Eltern Einfluß auf die Zukunft des Kindes nehmen und welche Mittel sie anwenden, dem Kind einen möglichst guten Platz in der Statushierarchie der Gesellschaft zu verschaffen. Die frühe Eltern-Kind-Beziehung wird relativ wenig thematisiert, und wenn, scheint sie im Prinzip kein Problem darzustellen. Dies geht z. B. aus *Thurnwald*s Untersuchung „Gegenwartsprobleme Berliner Familien" (1948) hervor. Dort heißt es: „In der Regel haben die Mütter keine erheblichen Schwierigkeiten mit den Kindern bis zu 8 oder 9 Jahren. Hier besteht fast immer die natürlich-vertrauensvolle Beziehung zur Mutter... Häufiger werden die Störungen bei älteren Kindern" (*Thurnwald* 1948, 98 f.). D.h., die Qualität der frühen Mutter-Kind-Beziehung wird grundsätzlich als „natürlich-vertrauensvoll" gesetzt. Die Schwierigkeiten mit älteren Kindern erwachsen aus der Ungeordnetheit der Verhältnisse und den daraus resultierenden Gefahren, die in erster Linie in „Respektlosigkeit, Ungehorsam, Herumstrolchen, Fortlaufen, gelegentlichem Betteln, Lügen, Stehlen, Fälschen von Unterschriften (für Schulversäumnisse), Wildheit und Unbändigkeit" gesehen werden (*Thurnwald* 1948, 99 f.).

Im Zuge wirtschaftlichen Wohlstandes und kulturellen Wandels während der frühen 70er Jahre, als ein Bruch mit traditionellen Erziehungskonzepten erfolgte, verlagert sich das Interesse von Forschern (und Eltern?) mehr und mehr auf die psychologische Qualität der frühen Mutter-Kind-Beziehung. Die „natürlich-vertrauensvolle"

Mutter-Kind-Beziehung gilt nicht mehr als gegeben, sondern gerade sie wird als *die* entscheidende Variable für das physische und psychische Gedeihen des Kindes problematisiert (*Bowlby* 1972; *Winnicott* 1969, 1976). D. h., während für die Familienforscher der 50er Jahre die gute Eltern-Kind-Beziehung sich daran bemißt, was Eltern für die formale Erziehung und Ausbildung ihrer Kinder zu tun bereit sind, gilt in der Folge die emotionale Qualität der frühen Mutter-Kind-Beziehung als Ausgangsbasis für alle spätere Entwicklung einschließlich zukünftiger schulischer Leistungen. Der Trend zur Emotionalisierung des Eltern-Kind-Verhältnisses, der sich auch in den 80er Jahren hält, erfährt allerdings in jüngster Zeit eine Modifikation in zwei Punkten: Das Eltern-Kind-Verhältnis wird erstens nicht mehr dominant als Mutter-Kind-Verhältnis definiert, sondern der Vater gewinnt als Bezugsperson zunehmend an Bedeutung. Und zweitens wird auch das sonstige soziale Netzwerk des Kindes, z. B. in Gestalt von Geschwistern, Freunden, Großeltern, Nachbarn usw., zur relevanten Einflußgröße erklärt (*Lewis* 1979, 1984).

Freilich sagen die hier nur exemplarisch angedeuteten Veränderungen in der theoretischen Konzeption der Sozialisations- und Familienforschung noch wenig aus über das, was sich in der Realität der Eltern-Kind-Beziehung verändert hat. Andererseits aber wandelt sich das Forschungsinteresse nicht im luftleeren Raum, sondern es bedarf zumindest der Anzeichen einer veränderten Wirklichkeit, die dann häufig von der Wissenschaft aufgenommen und in normative Erziehungskonzepte transformiert werden.

2 Vermutungen über Veränderungen des Eltern-Kind-Verhältnisses seit der Nachkriegszeit

Ob und inwiefern sich das Eltern-Kind-Verhältnis seit der Nachkriegszeit in der Realität verändert hat, werde ich unter Rekurs auf das Stabilitätsgesetz zu analysieren versuchen, das *Schelsky* 1953 für die moderne Familie formulierte: „Die Stabilität oder Elastizität der Familie in der industriellen Gesellschaft ist um so höher,
1. je größer die Reste an institutionellen Funktionen sind, die ihr der durch die Industrialisierung und das Wachsen der öffentlichen Leistungen und Ansprüche verursachte Funktionsabbau gelassen hat und
2. je intensiver diese Restfunktion vom Persönlichkeitsbereich der Familie her verinnerlicht worden ist" (*Schelsky* 1960[4], 24).

Die Nachkriegsfamilie hatte insofern einen Funktionszuwachs erfahren, als sämtliche Familienmitglieder mit „zupacken" mußten, um den Erhalt der Familie und einen möglichen Wiederaufstieg zu sichern. So interpretiert z. B. *Schelsky* die Erwerbstätigkeit der Frauen als funktionales Erfordernis und nicht als Ausdruck emanzipatorischer Bestrebungen (vgl. *I. Sommerkorn* in diesem Band). Aber nicht nur die Erwachsenen waren gefordert, sondern auch die Kinder leisteten, soweit dies in ihren Kräften stand, ihren Beitrag. Der Wunsch, der Mutter zu helfen, nimmt laut *Thurnwald* nicht selten eine recht zeitgemäße Form an, so etwa, wenn Kinder die Schule schwänzen und heimlich in die Ruinen laufen, um dort Holz zu suchen, damit die Mutter abends nach der Arbeit gleich heizen kann" (*Thurnwald* 1948, 98). Auf der Ebene elterlicher Einstellungen hatte das Kind zwar auch in der Nachkriegszeit nicht mehr, wie etwa in bäuerlichen und proletarischen Familien des 19. und frühen 20. Jahrhunderts, die Funktion eines „mithelfenden Familienangehörigen", gleichwohl aber halfen Kinder selbstverständlich im Haushalt, beim Geschwisterhüten u. ä. (Jugendwerk der Deutschen Shell 1985, Bd. III; *Schütze, Geulen* 1983). Wie aus den Untersuchungen *Wurzbachers* (und *Baumerts*) ja hervorging, hatte das Kind weit häufiger aber die Funktion, die sozialen Aufstiegs- oder Wiederaufstiegsaspirationen der Eltern zu verwirklichen und erhielt über diesen Mechanismus die zentrale Stellung in der Familie.

In der Familie der späten 70er und 80er Jahre dagegen geht es nicht um sozialen Wiederaufstieg, sondern um die Bewahrung des einmal Erreichten. War in der Nachkriegszeit trotz hoher Arbeitslosigkeit die Hoffnung nicht unberechtigt, den Aufstieg über Leistung zu schaffen, so stellt sich in der Gegenwart bei gleich hoher und stagnierender Arbeitslosenzahl die Situation völlig anders dar. Eltern können heute nicht mehr davon ausgehen, daß die Kinder auch mit noch so guten Leistungszertifikaten es in der Statushierarchie weiter bringen als sie selbst. Die elterlichen Bemühungen sind dementsprechend auch weniger darauf ausgerichtet, den eigenen sozialen Ehrgeiz zu befriedigen, als vielmehr das Kind in den Stand zu setzen, sich im allgemeinen Wettbewerb um Ausbildungs- und Studienplätze zu behaupten. D. h., schon auf Grund der sozial-strukturellen Situation drängt sich die Vermutung auf, daß der *Wurzbacher*sche Typus „Zentrale Stellung des Kindes" auf Grund elterlicher Aufstiegsaspirationen zugunsten des Typus „Eigenständigkeit des Kindes" in den Hintergrund tritt.

Wie stark sich die Erziehungsleitbilder seit den 50er Jahren in Richtung Selbständigkeit und freier Wille bewegt haben, geht z. B. aus der Shell-Studie 1985 hervor. Während 1951 28% der Befragten „Selbständigkeit und freier Wille" als Erziehungsziel nannten, waren es 1983 49% (Jugendwerk der Deutschen Shell 1985, 208, Bd. III).

Die Tendenz, die Eigenständigkeit des Kindes zu fördern, wird aber durch eine zweite überlagert, der gemäß das Kind aus anderen Gründen als bei *Wurzbacher* die zentrale Stellung in der Familie einnimmt: In einer Gesellschaft, in der über sozial-staatliche Mechanismen beinahe sämtliche Lebensrisiken aufgefangen werden, in der dank einer besseren Berufsausbildung der Frauen und einer veränderten Gesetzgebung Ehen nicht mehr durch ökonomische Erwägungen geschlossen oder zusammengehalten und in der Bildungs- und Ausbildungsfunktionen mehr und mehr durch außerfamiliale Institutionen übernommen werden, wird in *Schelsky*s Worten die Restfunktion der Familie — nämlich die Sozialisationsaufgabe, die sich auf die Persönlichkeitsformierung des Kindes bezieht, zu *der* verinnerlichten Funktion überhaupt. Hinzu tritt ein zweites Moment, dessen historische Entwicklung hier nur angedeutet werden kann: Die gegen Ende des 18. Jahrhunderts sich mit der Trennung von Haushalts- und Erwerbssphäre entwickelnde bürgerliche Familie hatte nicht nur die Funktion, „Keimzelle des Staates" und Produzent einer neuen Generation zu sein, sondern sie hatte auch die Funktion, ein Bollwerk gegen die Versachlichungsprozesse kapitalistischen Wirtschaftens und bürokratischer Verwaltung zu sein (*Adorno* 1956). In dieser Konstruktion war es in erster Linie die Frau, die auf Grund ihres Geschlechtscharakters das Versprechen der bürgerlichen Familie auf Gefühlsverbundenheit und Intimität einzulösen hatte. In dem Maße aber, wie die Frau in das öffentliche Leben und die außerhäusliche Erwerbsarbeit integriert wird, kann das emotionale Binnenklima der Familie nicht mehr wie in der bürgerlichen Familie primär vom „Wesen" der Frau abhängig gemacht werden.

„Indem die Frau die früher ausschließlicher den seelischen Untergrund für die Verhaltensweisen in den Intimbeziehungen der kleinen familiären Gruppe finden konnte, immer mehr in die industrielle und bürokratische Öffentlichkeit hineingerissen wird, gerät auch sie in verstärktem Maße in die Spannungen zwischen primären und abstrakten Sozialbeziehungen, die das Leben des Mannes in der modernen Gesellschaft schon lange bestimmen und die Wurzeln der modernen sozialen und seelischen Unsicherheit und Krise bilden" (*Schelsky* 1960[4], 345).

Man muß diesen Tatbestand nicht wie *Schelsky* beklagen, um seinen Realitätsgehalt und die daraus folgenden Konsequenzen zu erkennen: Wenn die Frau nicht mehr primär die emotionalen Funktionen in der Familie erfüllt, muß eine Umverteilung dieser Funktionen erfolgen: als Kandidat für die Übernahme der emotionalen Funktion empfiehlt sich das Kind. Das Kind, vor allem das kleine Kind, ist das einzige Familienmitglied, das nicht von den Strukturen einer Gesellschaft betroffen ist, „welche auf Rationalität, die ausschließliche Herrschaft des Prinzips der Berechenbarkeit aller Beziehungen hinaus will" (*Adorno* 1956, 126). In der Beziehung zum Kind können Bedürfnisse nach wechselseitiger Zärtlichkeit, Wärme und Spontaneität realisiert werden, wie dies auch in der ehelichen Beziehung nicht möglich zu sein scheint. Wie anders könnte man sich die vielen Berichte über die emotionale Befriedigung, die ein Kind gewährt, erklären (*Beck-Gernsheim* 1986; *Sichtermann* 1982; *Reim* 1984), und wie anders den auffälligen Mangel an Darstellungen befriedigender

Liebes- und Ehebeziehungen (*Raddatz* 1979; zur veränderten Motivation, eine Ehe einzugehen, vgl. *Nave-Herz* in diesem Band).

Wie *Münz* formuliert, wird Kindern ein „Wert" zugeschrieben, der „primär mit Lebenserfüllung, mit Sinnstiftung, mit persönlichen Glückserwartungen, auch mit der symbolischen Verlängerung der eigenen Existenz" verbunden wird (*Münz* 1983, 241; vgl. hierzu auch Jugendwerk der Deutschen Shell 1985, Bd. III). *Beck* spricht in einer neueren Publikation von der „Vergöttlichung der Kinder" (*Beck* 1986, 177).

In einer psychologischen Untersuchung zum Geburtenrückgang, in der 43 Frauen, die bereits zwei Kinder hatten, danach befragt wurden, welche Beweggründe sie hatten, überhaupt ein Kind zu bekommen, zeigte sich, daß überwiegend auf die Freude, die Kinder machen, und ihr sinnstiftendes Potential verwiesen wurde (*Rosenstiel* 1980).

Tabelle 1 Gründe für eigene Kinder und Kinderwunsch

Erstnennung bzw. wichtigster Grund	Kinderwunsch ja	nein
Freude an Kindern	9	7
Sinn fürs Leben	5	0
Gehören zur Ehe	2	11
Ohne Kinder langweilig	0	3
Wollten eigentlich keine	0	2
Keine Antwort	2	2

Quelle: *Rosenstiel* 1980, S. 176

Das Kind, als wesentliche Quelle elterlichen Glücks, ist durch diese Funktion aber auch sehr belastet und bedeutet gleichzeitig gerade deshalb auch eine starke Belastung für die Eltern. Die durch die Öffentlichkeit und nicht zuletzt die Wissenschaft propagierte Idee, daß das Kind für sein emotionales und kognitives Gedeihen ständiger Zuwendung, Anregung und kindgerechter Umgangsformen bedarf, wirkt als verstärkendes Moment, sich intensiver denn je mit den Kindern, vor allem den jüngeren, zu beschäftigen. Diese Konstellation zeitigt im Vergleich zur Nachkriegszeit — so meine These — folgende Konsequenzen.
1. Der Handlungsspielraum der Eltern wird in bezug auf nicht-kindbezogene Aktivitäten eingeschränkt.
2. Der Eigenwert der Ehebeziehung sinkt gegenüber dem Eigenwert des Kindes.
3. Die auf der Einstellungsebene angestrebte Eigenständigkeit des Kindes wird durch das gleichzeitige Bestreben, das Kind an sich zu binden, konterkariert.

2.1 Die Einschränkung nicht-kindbezogener Handlungsspielräume

Daß die Geburt eines Kindes heute mehr Verzicht auf nicht-kindbezogene Aktivitäten bedeutet als 1950, geht aus den Ergebnissen von *Nave-Herz* (1984) hervor.

Tabelle 2 Veränderungen nach der Geburt des ersten Kindes (in %)

	1950	1970	1980
Weniger Ausgehen als Paar	57	77	83
Stärkere individuelle Umwelt-Partizipation	21	25	33
Freundesverlust	23	26	35
Intensiverer Kontakt zu den Eltern der Frau	25	39	33
Intensiverer Kontakt zu den Eltern des Mannes	25	24	32
Veränderungen im Tagesrhythmus	54	71	78
Gestiegene Mithilfe des Mannes	23	54	59
Aufgaben der Erwerbstätigkeit	45	64	53
Mehr Häuslichkeit der Frau	78	84	85
Mehr Häuslichkeit des Mannes	48	53	65

MehrfachN.
Quelle: *Nave-Herz* 1984, S. 148

Daß diese Veränderungen der Außenkontakte nicht gewünscht, sondern eher als Verzicht empfunden werden, geht aus folgenden Ergebnissen hervor:

Tabelle 3 Kontaktwünsche (in %)

	1950	1970	1980	
Freizeit lieber nur mit Partner zu Hause verbringen	47,0	35,3	26,3	
Freizeit lieber auch mit anderen Personen verbringen	12,1	20,9	21,3	
Beides	40,9	43,6	52,5	
(N = 256)	(66)	(110)	(80)	(r = 0.16)
Abendliches Ausgehen allein ohne Partner (N = 104)	24,2	42,2	47,2	(r = 0.18)

Quelle: *Nave-Herz* 1984, S. 150

In dieser Situation kann die außerhäusliche Erwerbstätigkeit der Frau als Entlastung und nicht als Belastung wirksam werden, da eine auch noch so eingeschränkte Erwerbstätigkeit einen nicht-kindbezogenen Handlungsbereich sichert. Gerade um des Kindes willen verzichten aber viele junge Mütter auf Erwerbstätigkeit.

Die erwerbstätigen Mütter dagegen sind zwar der sattsam bekannten Doppelbelastung ausgesetzt, aber durch Verzicht auf Berufstätigkeit wird das Problem des nicht-kindbezogenen Handlungsbereichs nicht gelöst. Die Mehrheit der Mütter aus unserem Projekt „Frühkindliche Sozialisation in der Familie" (Max-Planck-Institut für Bildungsforschung), in dem wir zwei Jahre lang kontinuierlich 16 Familien beobachteten, die zu Untersuchungsbeginn ihr zweites Kind erwarteten, empfanden es als bedrückend, dominant auf den Umgang mit Kindern reduziert zu sein (*Schütze* 1982). Eine sehr kindzentrierte Mutter z. B. erklärte, daß sie ihren Beruf als Grundschullehrerin nicht wieder aufnehmen wollte, weil dies ja bedeutete, daß sie sich wiederum primär mit Kindern zu beschäftigen hätte. Frau D. zog statt dessen ein Zweitstudium vor.

In einer Untersuchung, in der 26 erwerbstätige und nicht-erwerbstätige Mütter mit kleinen Kindern zu ihrer Situation befragt wurden, zeigte sich, daß unabhängig von der Berufstätigkeit alle Frauen ein Bedürfnis nach mehr Kontakten äußerten. Gleichzeitig aber hatten diese Frauen es zumindest für diese Lebensphase aufgegeben, „eigenständige Bedürfnisse unabhängig von denen des Kindes zu artikulieren" (*Krüger, Rabe-Kleberg* 1984, 160 f.).

Die verstärkte Beschäftigung mit dem Kind wird aber auch durch eine veränderte Umwelt geradezu erzwungen. In den 50er Jahren spielten die Kinder auf der Straße. Dies war einerseits nötig, weil die beengten Wohnverhältnisse es nicht zuließen, daß Kinder sich dort mit ihren Freunden tummelten. Dies war aber andererseits auch möglich, weil angesichts einer geringen Verkehrsdichte Kinder sich relativ gefahrlos in ihren Wohnvierteln herumtreiben konnten (*Rerrich* 1983; vgl. *Vaskovics* in diesem Band). Heute ist es viel zu gefährlich, Kinder unbeaufsichtigt auf die Straße zu lassen. Statt dessen werden sie von ihren Müttern (oder Vätern) zu den öffentlichen Spielplätzen begleitet oder mit dem Auto zu Freunden gebracht und wieder abgeholt. Sowohl der Aufenthalt auf dem Spielplatz als die Chauffeursdienste dürften den Eltern kaum Muße für nicht-kindbezogene Aktivitäten lassen.

2.2 Die Minderung des Eigenwertes der Paarbeziehung

Wie oben ausgeführt, scheint sich also ein neuer Strukturtypus herauszubilden, in dem sich zwei bei *Wurzbacher* getrennte Dimensionen miteinander verbinden: nämlich das Kind nimmt die zentrale Stellung ein, wobei gleichzeitig seine Eigenständigkeit gefördert werden soll. Wenden wir uns nun dem zweiten Charakteristikum des *Wurzbacher*schen Typus „Eigenständigkeit des Kindes" zu, dem Eigenwert der Gattenbeziehung neben der Eltern-Kind-Beziehung, so deutet vieles darauf hin, daß dieser Eigenwert auf Grund objektiver Umstände eine Einschränkung erfährt.

Idealtypisch sieht dies folgendermaßen aus: Sind beide Eltern berufstätig, widmet man sich in der verfügbaren freien Zeit dem Kind. In einer Studie zum Betreuungsaufwand und der Erziehungsleistung für kleine Kinder des Instituts für Entwicklungsplanung und Strukturforschung wurden 619 Familien, die zum Zeitpunkt der Erhebung (1980) mindestens ein Kind unter drei Jahren hatten, untersucht. 59,5% der Familien hatten ein Kind, 33,0% zwei Kinder, 6,1% drei Kinder und 1,4% vier und mehr Kinder.

Die Familien führten während 7 Tagen ein Zeitbuch, in das genau eingetragen wurde, wer sich mit dem Kind (den Kindern) beschäftigte, wie lange dies geschah und mit welchen Aktivitäten der Ablauf des Tages (24 Std.) angefüllt war. Es zeigte sich, daß die Kinder der betrachteten Altersgruppe (Kinder unter drei Jahren) fast während des gesamten Tages (92,9% der 24 Std.) betreut wurden. „Ein Erwachsener war somit fast immer zugegen und fühlte sich für das Kind verantwortlich — wenngleich auch nicht immer gemeinsam mit dem Kind etwas getan wurde, sondern die Betreuungsperson einfach ‚zweckfrei' nahe war. 42,1% der betreuten Zeit (ca. 10 der 24 Std.) erlebten die Kinder ihre Betreuungsperson als direkten Interaktionspartner" (*Kuhnt, Speil* 1986, 23).

Die Hauptbetreuungsperson ist in allen Familien nach wie vor die Mutter, und dies gilt sowohl für die erwerbstätigen als für die familientätigen Mütter. Erstere gleichen den Ausfall an Betreuungszeit unter der Woche am Wochenende aus. Was die allesamt vollzeiterwerbstätigen Väter betrifft, so ändert sich ihr Zeitaufwand für die Kinder in Abhängigkeit vom mütterlichen Erwerbsverhalten. „Bei Vollzeiterwerbstätigkeit beider Elternteile zeigt sich eine eher partnerschaftliche Teilung der Erziehungs- und Betreuungsaufgaben im Gegensatz zu Familien, in denen nur der Mann vollzeiterwerbstätig ist und die Mutter traditionsrollengemäß ganz überwiegend die Betreuung des Kindes übernimmt" (*Kuhnt, Speil* 1986, 79).

Dies bedeutet für die erwerbstätigen Ehepaare, daß für die Kommunikation des Ehepaares wenig Spielraum bleibt. Wird ein Ehepartner abgestellt, sich mit dem Kind zu beschäftigen, kann der andere während dieser Zeit Außenkontakte u. ä. pflegen (vgl. Tab. 3). Auf diese Weise wird zwar das Bedürfnis nach nicht-kindbezogenen Aktivitäten vielleicht befriedigt, aber das, was vor der Geburt des Kindes doch auch ein Motiv für die Partnerschaft war, nämlich der Wunsch nach Gemeinsamkeit, gerät ins Hintertreffen.

Ist nur ein Elternteil berufstätig — in der Regel der Mann —, sieht die Situation nicht wesentlich anders aus: Da die Frau den ganzen Tag mit den Kindern verbringt, möchte sie am Abend einerseits etwas anderes tun als sich mit den Kindern zu beschäftigen, andererseits aber laufen die abendlichen Gespräche mit dem Mann mehr oder weniger doch darauf hinaus, daß sie berichtet, was mit den Kindern war. Aus der Untersuchung von *Kuhnt* und *Speil* geht hervor, daß „Kinder mit einer familientätigen Mutter ihren Vater im Vergleich zu den Kindern mit einer erwerbstätigen Mutter relativ selten erlebten" (*Kuhnt, Speil* 1986, 83). Dies würde bedeuten, daß die Väter ihre freie Zeit eher mit nicht-kindbezogenen Aktivitäten verbringen, aber nicht mit einer gemeinsamen Aktivität mit der Ehefrau, denn die betreut ja die Kinder. Nun ist allerdings die Behauptung, daß nur die Männer erwerbstätiger Frauen sich an der Betreuung der Kinder partnerschaftlich beteiligen, nicht unumstritten. Aus anderen Untersuchungen geht hervor, daß Väter sehr wohl gesteigerte Aktivitäten mit den Kindern entfalten, sich aber relativ abstinent gegenüber Haushaltsarbeiten zeigen, und dies wiederum eher dann, wenn die Frau nicht erwerbstätig ist (*Bertram, Borrmann-Müller* 1986; *Nave-Herz* 1984). Die sogenannten neuen Väter mögen zahlenmäßig noch nicht sehr ins Gewicht fallen, gleichwohl gibt es Anzeichen für eine langsam sich vollziehende Änderung der Vaterrolle (*Schulte-Döinghaus* 1982; *Gerspach, Hafeneger* 1982; *Konjetzky, Westphalen* 1983; *Rerrich* 1983). Von den 16 Vätern unseres Projektes „Frühkindliche Sozialisation in der Familie" war es z. B. nur ein Vater, der sich nicht an der Versorgung und Betreuung der Kinder beteiligte (*Schütze, Kreppner* 1982). Der Wunsch der Väter, sich am Abend noch mit den Kindern zu beschäftigen, führt aber — wie auch in unserem Projekt beobachtet — manchmal zu Konflikten: Die Mutter will, daß die Kinder „endlich" ins Bett gehen, der Vater plädiert für längeres Aufbleiben. D. h. unabhängig davon, ob beide Eltern oder nur ein Elternteil berufstätig ist, führt die intensive innerliche und zeitliche Beschäftigung mit dem Kind zu einer Einschränkung der Paarbeziehung. In den qualitativen Interviews aus der Untersuchung von *Krüger, Rabe-Kleberg* heißt es dazu:

„ ... die Partnerschaft verändert? Ja, eigentlich nur insofern, daß man also nicht mehr ganz soviel Zeit füreinander hat und sich das jetzt alles etwas mehr auf das Kind überträgt. (...) Und eine Veränderung hat es natürlich dadurch gegeben, daß man in seinem Freiraum eingeschränkt wird durch ein Kind, d. h. man ist nicht mehr so flexibel, man nimmt eher viel Rücksicht auf das Kind, verzichtet z. B. auf eventuelles Ausgehen, das fällt dann in der ersten Zeit ein bißchen mager aus als vielleicht die Zeit vorher, weil man eben glaubt, vieles dem Kind nicht zumuten zu können, und das ist auch in der Tat so, daß wir das also genauso gemacht haben ..."
„Oh doch, unsere Beziehung hat sich schon verändert, es ist nur schwierig, das auszudrücken. Also ganz einfach ausgedrückt, kann man natürlich sagen, daß da jetzt halt ein Kind ist und daß sich da zwar nicht alles drum dreht, um Gottes willen, nein, aber eben doch sehr vieles und daß es z. B. ganz, ganz viele Gesprächsthemen gibt über das Kind, die vorher eben nicht waren. Dadurch kann man dann eben — glaube ich — auch viele Sachen verschleiern

und verdecken, die man nicht mehr so anspricht, weil eben das Kind da ist. Vorher konnte man die nicht so einfach verdecken und hat sie vielleicht eher angesprochen" (*Krüger, Rabe-Kleberg* 1984, 91).

In Zusammenhang mit dem vermehrten Engagement des Vaters steht häufig ein weiterer Konflikt: Während die Mütter auf der Einstellungsebene die aktive Beteiligung des Vaters an der Kinderpflege und Erziehung zwar wünschen und vor allem im Hinblick auf das Kind sehr positiv bewerten, deutet sich auf der Verhaltensebene ein gewisses Konkurrenzverhältnis an. Da die Mutter sich häufig als die einzig wirklich kompetente Person empfindet, die weiß, wie man auf die Bedürfnisse des Kindes einzugehen hat, läßt sie es auch nicht zu, daß der Vater Eigenverantwortung übernimmt. Eine solche Tendenz zeigte sich sowohl in unserem Projekt „Frühkindliche Sozialisation in der Familie" als auch in der Untersuchung von *Krüger, Rabe-Kleberg*. „Es gibt in den Familien immer wieder Situationen und Entscheidungen, welche die Mutter als ‚letzte Instanz' auf diesem Gebiet ausweisen und eine gleiche Arbeitsteilung, in der Mann und Frau tendenziell austauschbar sind, verhindern" (*Krüger, Rabe-Kleberg* 1984, 80). Und auch in der Untersuchung von *Kuhnt* und *Speil* wird als ein Grund für mangelnde Betätigung der Väter bei der Kinderbetreuung „mangelndes Zutrauen (der Mutter) in die Eignung des Vaters" genannt (*Kuhnt, Speil* 1986, 82). Sowohl das Problem der nicht-kindbezogenen Aktivitäten als auch das der Einschränkung ehelicher Interaktionen und Kommunikation wird freilich entschärft, wenn das Kind Geschwister hat. Die das Ehesystem entlastende Funktion einer Geschwistergruppe wird aber frühestens dann wirksam, wenn das jüngere Kind (mit etwa 2 Jahren) über genügend Sprach- und Interaktionskompetenzen verfügt, um dem älteren ein Spielpartner zu sein (*Schütze* 1986a).

2.3 Zur Situation des Kindes in der kindzentrierten Familie

Wie aus verschiedenen Untersuchungen hervorgeht, sind schon die Vorbereitungen auf das Kind während der Schwangerschaft und der Geburtsvorgang selbst auf der Ebene des Gefühlslebens nicht mehr wie früher primär Sache der Frau, sondern werden zu einem gemeinsamen intensiven Erlebnis der Ehegatten (vgl. *Nave-Herz* in diesem Band; *K. Grossmann, K.E. Grossmann* 1980; *Fthenakis* 1985).

Nave-Herz folgert aus ihren Ergebnissen, daß heute „während des Übergangs von einer Paarbeziehung zur Gruppenbildung durch das gemeinsame Erlebnis von Schwangerschaft und Geburt eine Systemdifferenzierung vermieden wird" (*Nave-Herz* 1984, 132f.).

Die „traditionelle" Differenzierung in ein Ehesubsystem und ein Mutter-Kind-Subsystem enthielt insofern ein Konfliktpotential, als der Vater aus der Mutter-Kind-Dyade ausgeschlossen war und seine Funktion primär in der Rolle des Ernährers und Beschützers von Mutter und Kind bestand. Beispielhaft hierfür *Bowlby:*

„Sie (die Väter, *Y.S.*) sorgen nicht nur für ihre Frauen, damit diese sich unbegrenzt um den Säugling oder das Kleinkind kümmern können; sondern indem sie ihnen Liebe und Zuwendung geben, stärken sie die Mütter gefühlsmäßig und helfen ihnen, jene harmonische und innerlich zufriedene Stimmung zu bewahren, die für das Gedeihen des Kindes lebensnotwendig ist. Während im folgenden ständig auf die Mutter-Kind-Beziehung verwiesen wird, haben wir über die Vater-Kind-Beziehung nur wenig zu sagen" (*Bowlby* 1972, 13).

Um diese Randständigkeit des Vaters nicht auf Dauer zu stellen und damit die Ehebeziehung zu gefährden, war es ein funktionales Erfordernis, daß die Mutter das Kind aus der Symbiose entließ und es zur Selbständigkeit erzog. Findet aber die Systemdifferenzierung nicht statt und bildet sich stattdessen schon während der Schwangerschaft eine Eltern-Kind-Symbiose, entfällt der Grund, diese Symbiose aufzulösen. Mit anderen Worten: An die Stelle der klassischen ödipalen Situation — der Vater als Konkurrent um die Gunst der Mutter — könnte theoretisch ein Konkurrenzverhältnis der Eltern um die Gunst des Kindes treten.

Vergleichen wir diese Konstellation noch einmal mit dem Strukturtypus „Eigenständigkeit des Kindes" aus der *Wurzbacher*-Untersuchung. *Wurzbacher* hatte als „wichtigste Bedingung für das eigenständige Aufwachsen des Kindes in der Familie die Betonung der Eigenständigkeit der Gattenbeziehungen gegenüber der Beziehung der Eltern zu dem Kind" erkannt. Dies stellte sich in Familien dieses Typs folgendermaßen dar: „Einer einmal eintretenden Trennung vom Kind sieht man mit Ruhe entgegen. Man wird sich auch ohne das Kind immer Neues zu sagen, Gemeinsames zu erleben haben. Das Kind wird bewußt zur Selbständigkeit geführt" (*Wurzbacher* 1958[3], 199). In der kindzentrierten Familie dagegen, in der tendenziell wenig Spielraum für die „Eigenständigkeit der Gattenbeziehung" bleibt, stellt sich ein strukturelles Problem: Einerseits besteht der Sinn des Lebens und der der Ehebeziehung in der starken emotionalen Bindung an das Kind. Und der mit jeder Entwicklungsphase des Kindes zwangsweise einsetzenden Lockerung dieser Bindung wird man kaum „mit Ruhe" entgegensehen. Andererseits aber sind die Eltern gerade, um der individuellen Entfaltung des Kindes, um seiner Zukunft im allgemeinen Wettbewerb willen, darum bemüht, seine Selbständigkeit und seinen freien Willen zu fördern. Und gerade die weit verbreitete Einstellung, daß das Kind zu fördern sei, ebenso in seiner Selbständigkeit wie in seiner kognitiven und sozioemotionalen Entwicklung, bewirkt tendentiell das Gegenteil: Kinder können sich kaum noch allein beschäftigen, da sie seit ihrer Säuglingszeit daran gewöhnt sind, daß ständig jemand zur Verfügung steht, der sich ihnen widmet. Die einander entgegengesetzten Tendenzen — enge Bindung einerseits, Selbständigkeit andererseits — werfen für das Kind während seiner frühen Jahre noch kein gravierendes Problem auf: Und dies einmal, weil das kleine Kind noch in einem natürlichen Abhängigkeitsverhältnis zu den Eltern steht und seine Selbständigkeit noch auf einen eng begrenzten, von den Eltern definierten Handlungsbereich eingeschränkt ist. Zum anderen treten aber auch die Ansprüche außerfamilialer Instanzen an das Kind noch nicht so deutlich hervor. Der Schuleintritt wird zum Problem: Eltern sind heute in kaum zu überbietender Weise um „kindgerechtes" und „kindzentriertes" Verhalten bemüht. Gleichzeitig drängen sie aber auch aus Sorge um die Zukunft des Kindes auf gute schulische Leistungen. Dies erfordert vielfach Handlungsmuster, die mit ständiger Zuwendung und kindgerechtem Verhalten nicht vereinbar sind. Die Dauerklage über den „Schulstreß" sagt vielleicht mehr über das Eltern-Kind-Verhältnis als über die Schule. Im Gegensatz zu den Eltern der Nachkriegszeit, die zwar auch gute Leistungen forderten, die Kinder mit ihren Schulnöten aber weitgehend sich selbst überließen, fühlen sich die heutigen Eltern dazu verpflichtet, sich aktiv bei der Bewältigung des Lernstoffes zu beteiligen. Und aus dieser Beteiligung, die sich z. B. in der Hilfe bei Hausaufgaben äußert, erwächst im Normalfall weder für die Eltern noch für die Kinder emotionale Befriedigung. Wie schwer Eltern sich durch die — auch von der Schule geforderte — Hilfe bei den Hausaufgaben belastet fühlen, demonstriert folgendes Beispiel: Eine Lehrerin schlug auf einem Elternabend als disziplinarische Maßnahme Strafarbeiten vor. Die Eltern lehnten dies einmütig mit der Begründung ab, daß dies ja eine Strafe für sie, die Eltern, sei. Während der Adoleszenzphase wiederholt sich das Problem — enge Bindung/Selbständigkeit — in noch verschärfter Form, wenn nämlich nicht nur Selbständigkeit im Handlungsbereich, sondern ebenso die emotionale Ablösung von den Eltern auf dem Programm stehen. Wie die bereits erwähnten Ergebnisse der Shell-Studie ja zeigten, wird der Selbständigkeit des Kindes ein hoher Wert zugemessen. Gleichzeitig aber kommen die Autoren zu folgendem Schluß: „Zunehmend treten nämlich die Beziehungsprobleme der Eltern mit den Kindern in den Vordergrund. Sie sind es, die um die Liebe der Kinder kämpfen (müssen); sie benötigen Jugendliche als Ersatzpartner; sie können sich von den älter werdenden Kindern nicht lösen" (Jugendwerk der Deutschen Shell 1985, 252, Bd. III). Hieran läßt sich eine noch offene Frage anschließen: Könnte diese Unfähigkeit der Eltern, sich von den Kindern zu lösen, nicht auch dadurch bedingt sein, daß sich die Ehebeziehung in der Elternrolle gleichsam aufgelöst hat und man sich als Ehepaar nicht mehr viel zu sagen hat? Und umgekehrt ließe sich fragen, könnte es aber nicht auch sein, daß, wenn die Kinder das Elternhaus erst verlassen haben, die Ehe eine neue Beziehungsqualität erlangt (bzw. erlangen könnte)?

3 Zusammenfassung

Kehren wir noch einmal zur Ausgangsfrage nach den Veränderungen der Eltern-Kind-Beziehung seit der Nachkriegszeit zurück. Auf der Ebene von Erziehungseinstellungen und -praktiken haben sich liberalisierte Umgangsmuster kontinuierlich weiterentwickelt. Dies fängt an bei der Reinlichkeitserziehung, setzt sich fort bei der Ablehnung der Prügelstrafe als Erziehungsmittel und endet bei einer toleranten Haltung gegenüber Verhaltensweisen, die während der 50er Jahre Konfliktpunkte zwischen Eltern und Kindern bildeten (*Becker-Schmidt, Axeli-Knapp* 1985; Jugendwerk der Deutschen Shell 1985; *Allerbeck, Hoag* 1985; *Dietrich* 1985).

Diese liberalisierten Erziehungsmuster besagen aber relativ wenig über die Bedeutung des Kindes in der Familie, und diese ist es, die sich m. E. seit den 50er Jahren entscheidend verändert hat. In der Nachkriegszeit sind es im wesentlichen zwei Leitbilder, die die Stellung des Kindes in der Familie bestimmen.
1. Das Kind hat die Funktion, die Aufstiegsaspirationen der Eltern zu verwirklichen und nimmt von daher die zentrale Stellung in der Familie ein.
2. Betonung der Eigenständigkeit des Kindes bei gleichzeitiger Betonung des Eigenwertes der Paarbeziehung. Das Kind nimmt nicht die zentrale Stellung in der Familie ein.

Seit den frühen 70er Jahren zeichnet sich dagegen folgendes Leitbild ab: Das Kind nimmt auf Grund seiner Funktion, emotionale Bedürfnisbefriedigung zu gewähren, Freude zu machen, Lebenssinn zu stiften, die zentrale Stellung in der Familie ein, und die Ehebeziehung scheint gegenüber der Eltern-Kind-Beziehung an Eigenwert zu verlieren. Diese Konstellation könnte aber strukturell dem gleichzeitig herrschenden Leitbild, die Eigenständigkeit des Kindes zu fördern, entgegenwirken.

Literatur

Adorno, T.: Familie. In: *T. Adorno* (Hrsg.), Soziologische Exkurse. Frankfurt/ M. 1956, S. 116—132
Allerbeck, K., Hoag, W.: Jugend ohne Zukunft? München 1985

Arbeitsgruppe: Wandel der Sozialisationsbedingungen seit dem Zweiten Weltkrieg. Was wir unter Sozialisationsgeschichte verstehen. In: *U. Preuss-Lausitz* (Hrsg.), Kriegskinder, Konsumkinder, Krisenkinder. Zur Sozialisationsgeschichte seit dem Zweiten Weltkrieg. Weinheim 1983, S. 11—25
Baumert, G.: Jugend der Nachkriegszeit. Darmstadt 1952
Baumert, G.: Deutsche Familien nach dem Kriege. Darmstadt 1954
Beck, U.: Risikogesellschaft. Auf dem Weg in eine andere Moderne. Frankfurt/M. 1986
Beck-Gernsheim, E.: Mutterwerden Heute — Ein Biographiewechsel. Unveröffentl. Manuskript. München 1986
Becker-Schmidt, R., Axeli-Knapp, G.: Arbeiterkinder gestern — Arbeiterkinder heute. Bonn 1985
Bertram, H., Borrmann-Müller, R.: Zum Strukturwandel weiblicher Erwerbstätigkeit und dessen Auswirkungen auf Frau und Familie. Unveröffentl. Manuskript. München 1986
Bowlby, J.: Mutterliebe und kindliche Entwicklung. München 1972
Caesar, B.: Autorität in der Familie. Reinbek 1972
Dietrich, G.: Erziehungsvorstellungen von Eltern. Göttingen 1985
Erikson, E.H.: Identität und Lebenszyklus. Frankfurt/M. 1966
Fthenakis, W.: Väter, Bd. 2. München 1985
Gerspach, M., Hafeneger, B.: Das Väterbuch. Hamburg 1982
Grossmann, K., Grossmann, K.E.: Bericht über den derzeitigen Stand der Auswertearbeiten des Projektes „Verhaltensontogenie beim menschlichen Neugeborenen". Unveröffentl. Manuskript. Regensburg 1980
Jugendwerk der Deutschen Shell (Hrsg.): Jugendliche und Erwachsene 85. Opladen 1985
Konjetzky, K., Westfalen, J. v.: Stillende Väter. München 1983
Krüger, H., Rabe-Kleberg, U. (Hrsg.): Kinderzeiten. Bremen 1984
Kuhnt, M., Speil, W.: Zeit von Kindern — Zeit für Kinder. Ein empirischer Beitrag zur Dokumentation des Betreuungsaufwandes und der Erziehungsleistung für kleine Kinder. Hannover 1986
Langkau, J., Langkau-Herrmann, M.: Bundesrepublik Deutschland. In: *A.M. Yohalem* (Hrsg.), Die Rückkehr von Frauen in den Beruf. Maßnahmen und Entwicklung in fünf Ländern. Bonn 1982, S. 24—63
Lewis, M., Feiring, C.: The child's social network: Social object, social functions and their relationship. In: *M. Lewis, L.A. Rosenblum* (Hrsg.), The Child and its Family. New York 1979, S. 9—27
Lewis, M., Feiring, C., Kotsonis, M.: The social network of the young child. In: *M. Lewis* (Hrsg.), Beyond the Dyad. New York 1984, S. 129—160
Münz, R.: Kinder als Last, Kinder aus Lust? In: *J. Matthes* (Hrsg.), Krise der Arbeitsgesellschaft? Verhandlungen des 21. Deutschen Soziologentages, Bamberg 1982. Frankfurt/M. 1983, S. 228—248
Nave-Herz, R.: Familiäre Veränderungen seit 1950 — eine empirische Studie — Abschlußbericht Teil I. Oldenburg 1984
Preuss-Lausitz, U. (Hrsg.): Kriegskinder, Konsumkinder, Krisenkinder. Zur Sozialisationsgeschichte seit dem Zweiten Weltkrieg. Weinheim 1983
Raddatz, F.J.: Kontaktsperre. In: *J. Habermas* (Hrsg.), Stichworte zur „Geistigen Situation der Zeit", Bd. II: Politik und Kultur. Frankfurt/M. 1979, S. 554—578
Reim, D. (Hrsg.): Frauen berichten vom Kinderkriegen. München 1984

Rerrich, M.S.: Veränderte Elternschaft. Entwicklungen in der familialen Arbeit mit Kindern seit 1950. Soziale Welt XXXIV (1983) 420—449

Rosenstiel, L. v.: Psychologische Untersuchungen zum Geburtenrückgang in der Bundesrepublik Deutschland. In: *R. Olechowski* (Hrsg.), Geburtenrückgang besorgniserregend oder begrüßenswert? Wien—Freiburg—Basel 1980, S. 167

Schelsky, H.: Wandlungen der Deutschen Familie in der Gegenwart, 4. Aufl. (1. Aufl. 1953). Stuttgart 1960

Schütze, Y.: Zur Situation erwerbstätiger und nicht erwerbstätiger Frauen mit kleinen Kindern. Z. Sozialisationsforsch. Erziehungssoz. 2 (1982) 229—241

Schütze, Y.: Die gute Mutter. Zur Geschichte des normativen Musters „Mutterliebe". Schriftenreihe des Instituts Frau und Gesellschaft, Hannover 1986

Schütze, Y.: Der Verlauf der Geschwisterbeziehung während der ersten beiden Jahre. In: Praxis der Kinderpsychol. u. Kinderpsychiatr. 4 (1986a) 130—136

Schütze, Y., Geulen, D.: Die „Nachkriegskinder" und die „Konsumkinder". In: *U. Preuss-Lausitz* (Hrsg.), Kriegskinder, Konsumkinder, Krisenkinder. Zur Sozialisationsgeschichte seit dem Zweiten Weltkrieg. Weinheim 1983, S. 29—52

Schütze, Y., Kreppner, K.: Der Vater in der Familie. Kind und Umwelt 38 (1982) 20—33

Schulte-Döinghaus, U.: Das Vergnügen, ein zärtlicher Vater zu sein. Zürich 1982

Sichtermann, B.: Vorsicht, Kind. Eine Arbeitsplatzbeschreibung für Mütter, Väter und andere. Berlin 1982

Thurnwald, H.: Gegenwartsprobleme Berliner Familien. Berlin 1948

Winnicott, D.W.: The Child, the Family, and the Outside World. Harmondsworth 1969

Winnicott, D.W.: Von der Kinderheilkunde zur Psychoanalyse. München 1976

Wurzbacher, G.: Leitbilder gegenwärtigen deutschen Familienlebens, 3. Aufl. (1. Aufl. 1952). Stuttgart 1958

Wurzbacher, G.: Das Dorf im Spannungsfeld industrieller Entwicklung, 2. Aufl. (1. Aufl. 1954). Stuttgart 1961

Die erwerbstätige Mutter in der Bundesrepublik: Einstellungs- und Problemveränderungen

Ingrid N. Sommerkorn

1 Einleitung

Es ist eine weithin verbreitete Ansicht, Veränderungen in der Rolle „der" Frau gehörten zu den bedeutsamsten Aspekten von sozialem Wandel in modernen Gesellschaften. Vorliegender Artikel thematisiert allerdings nicht Aspekte der Situation von Frauen im allgemeinen, sondern von berufstätigen Müttern. Der rote Faden dieses Artikels ist in der Darstellung der Bedeutung und des Bedeutungswandels im Bewußtsein der betroffenen Mütter, soweit es sich auf Grund empirischer Materialien festmachen läßt, zu sehen. Dazu werden die einschlägigen sozialwissenschaftlichen Untersuchungen, die in den letzten vier Jahrzehnten in der Bundesrepublik entstanden sind, chronologisch einer Sekundäranalyse unterzogen, wobei schwerpunktmäßig die Auswertungen auf die frühen Studien der 50er Jahre gerichtet sind. Für die heutige Zeit scheint es mir wichtig, sich das soziale Klima, in dem Mütter damals die „Doppelrolle" ausübten, wieder zu vergegenwärtigen.

Da das Bewußtsein von berufstätigen Müttern nicht unabhängig ist vom Zeitgeist, d.h. von Vorstellungen und Normen sozialer Akzeptanz bzw. sozialer Mißbilligung, sollen neben den meinungsbildenden wissenschaftlichen auch einige außerwissenschaftliche Publikationen mit herangezogen werden, um eine Vorstellung davon zu vermitteln, mit welchen Zuschreibungen und Zumutungen die Frauen in unserer Gesellschaft, die in zwei für den weiblichen Lebenszusammenhang nicht kongruenten Erfahrungsbereichen leben und arbeiten, sich herumplagen müssen. Wenn auch nur relativ wenige Frauen wissenschaftliche Berichte direkt lesen, haben Ergebnisse aus der Forschung durch ihre Verbreitung in Massenmedien indirekt Auswirkungen auf die Alltagsorientierung von Frauen und Männern.

Es ist unmöglich, die gesamte Fülle des ungleichgewichtigen wissenschaftlichen Materials sowie die fragmentierten, in den verschiedensten Publikationsorganen zerstreut auftauchenden Titel und Traktate zum Thema „Berufstätige Mütter" zu berücksichtigen. Wegen der Unerschöpflichkeit der Thematik kann aus pragmatischen Gründen in den folgenden Ausführungen auch nicht die besondere Problemlage[1] der alleinstehenden Mütter mit einbezogen werden.

Ihr grundsätzliches Dilemma, zwei widersprüchliche Lebensbereiche miteinander vereinbaren zu müssen, deckt sich zwar mit dem der berufstätigen Mutter aus vollständigen Familien, ihre Probleme sind jedoch *noch* vielschichtiger.

Weiterhin ist es im Rahmen dieses Artikels nicht möglich, auf die Komplexität des Phänomens „Müttererwerbstätigkeit" als zugleich abhängige und unabhängige Variable einzugehen. Gesellschaftliche und ökonomische Bestimmungsgrößen mütterlicher Erwerbsarbeit werden an anderer Stelle in diesem Band behandelt (vgl. *Süßmuth*).

2 Statistische Eckdaten als Bezugsrahmen[2]

In den amtlichen Statistiken des Statistischen Bundesamtes wird die soziale Tatsache der Müttererwerbstätigkeit weder kontinuierlich fortlaufend noch anhand vergleichbarer Kategorien behandelt. Erst 1973 werden im Statistischen Jahrbuch für die Zeit ab 1971 Mikrozensus-Daten zur Müttererwerbstätigkeit nach einheitlichen Kriterien veröffentlicht. Mit Rücksicht auf das Urteil des Bundesverfassungsgerichtes, das die für 1983 vorgesehene Volkszählung untersagte, wurde 1983 und 1984 auch kein Mikrozensus durchgeführt; das geschah auf geänderter gesetzlicher Grundlage erst wieder 1985 und 1986. Diese Mikrozensus-Daten liegen jedoch noch nicht vor. Die Daten im Statistischen Jahrbuch, die auf Grund der erhobenen Kategorien miteinander vergleichbar sind, beziehen sich auf die Zeit von 1971 bis 1982.

Zwar erscheint bereits 1951 in „Wirtschaft und Statistik" ein Artikel zur Erwerbsbeteiligung von Frauen, jedoch wird in ihm nicht nach Familienstand und/oder Kinderzahl differenziert. Über das Ausmaß der Erwerbstätigkeit von Müttern mit Kindern unter 15 Jahren wird in dieser Zeitschrift zum ersten Mal 1954 anhand von Daten aus der Volkszählung von 1950 berichtet, während im statistischen Jahrbuch diese Thematik erst 1967 zum Gegenstand einer Veröffentlichung wird. Soweit zur Quellenlage, nun zu einigen Entwicklungstrends:

Die Erwerbsbeteiligung von Frauen allgemein zeigt eine relative historische Kontinuität. In der Hundertjahresperiode von 1882, als zum ersten Mal amtliche Berufsdaten erhoben wurden, bis 1982, dem Jahr mit den letzten zur Verfügung stehenden Zahlen, veränderte sich die Erwerbsquote der Frauen, d.h. der Anteil derjenigen, die innerhalb der Gruppe der Frauen in erwerbs*fähigem* Alter auch erwerbs*tätig* sind, von knapp 2/5 bis zu über die Hälfte (53%) heute. Für die Bundesrepublik gilt seit ungefähr 1960, daß etwa jede zweite Frau im Alter zwischen 15 und 60 Jahren dem Arbeitsmarkt zur Verfügung steht. Frauenerwerbstätigkeit ist also schon lange zu einem gesellschaftlichen Strukturmerkmal geworden.

Eine nähere Differenzierung der Zahlen zeigt, daß die Zunahme der weiblichen Erwerbsbeteiligung nicht auf die alleinstehenden, sondern auf die verheirateten Frauen zurückzuführen ist. Hier haben sich große Wandlungen vollzogen: Der Anteil der verheirateten Frauen, die erwerbstätig sind, hat sich in den letzten rd. hundert Jahren von knapp 1/10 auf knapp 1/2 gesteigert. Und in der Geschichte der Bundesrepublik hat sich dieser Anteil von 1950 bis 1980 beinahe verdoppelt: War 1950 nur ein gutes Viertel aller verheirateten Frauen erwerbstätig, so war es im Jahre 1980 fast die Hälfte. Dies ist ein neues Phänomen.

Bisher war noch nicht die Rede von der uns hier interessierenden Gruppe von Frauen, nämlich den erwerbstätigen Müttern, die Kinder zu betreuen haben. Hier gibt es Zahlen erst seit 1950: Seit dem Zweiten Weltkrieg hat in der Bundesrepublik, wie in anderen industrialisierten Ländern auch, die Erwerbstätigkeit von Müttern stetig zugenommen; sie hat sich in den drei Jahrzehnten von 1950 bis 1980 fast verdoppelt: War 1950 erst jede vierte Mutter mit Kindern unter 15 Jahren erwerbstätig, so war es 1961 jede dritte. In den 60er Jahren verharrte ihre Erwerbsquote bei gut einem Drittel, aber seit etwa Mitte der 70er Jahre erhöhte sich ihr Anteil auf rund 40% (1982: 42,6%; vgl. Tab. 2 im Anhang).

Die Müttererwerbsquote muß allerdings nach der Anzahl der Kinder unter 15 Jahren differenziert werden: Während in dem Zeitraum von 1950 bis 1982 bei den verheirateten Müttern mit nur einem Kind mehr als eine Verdoppelung stattfand (von 22,5% auf 46,2%) und bei Müttern mit zwei Kindern auch noch ein fast doppelter Anstieg zu verzeichnen war (von 21,8% auf 36,7%), war demgegenüber der Zuwachs bei drei Kindern relativ gering, nämlich von rd. 26% auf 30%.

Hinsichtlich der Situation von Müttern mit Kindern im Vorschulalter gibt es Statistiken erst seit 1961: Für diese Kleinkind-Mütter hat die Erwerbsquote auch nur in relativ geringem Umfang zugenommen, nämlich in den 20 Jahren von 1961 bis 1982 von ca. 30% auf knapp 35%.

Um es zusammenzufassen: Außerhäusliche Berufstätigkeit von Müttern ist ein neues soziales Phänomen seit Beginn der Bundesrepublik. Unter den von *Pfeil* (1961, 155, 93) Mitte der 50er Jahre untersuchten erwerbstätigen Müttern hatten etwa 9 von 10 während ihrer eigenen Kindheit keine erwerbstätige Mutter als Vorbild gehabt. Sie erlebten deshalb Mütterarbeit als etwas Neues. Als 1961 weibliche Lehrlinge befragt wurden, deren Durchschnittsalter 17 Jahre betrug, hatte bereits jede Dritte von ihnen eine erwerbstätige Mutter (*Friese* 1967, 102 f.).

3 Verschiedene Entwicklungsphasen der Erwerbstätigkeit von Müttern in der Bundesrepublik

3.1 Müttererwerbstätigkeit — ein soziales Faktum, das als eigenständiges Thema in der sozialwissenschaftlichen Forschung ausgeblendet wird

Wenn man der Annahme folgt, daß die Themen der Soziologie der Nachkriegszeit ein Seismograph für die anstehenden sozialen Problemlagen bzw. für die Wahrnehmung sozialer Wirklichkeit waren, so hätte es eine „Soziologie der Frau" geben müssen. Denn Überleben und Daseinsvorsorge der Familien wurde schwerpunktmäßig durch die Arbeit von Frauen und Müttern gesichert. In Retrospektivuntersuchungen über diese unmittelbare Nachkriegszeit wird deshalb auch von einem „erzwungenen Matriarchat" gesprochen (*Nyssen, Metz-Göckel* 1985, 317; vgl. auch *Meyer, Schulze* 1984, 1985; *Nave-Herz* 1985).

Die Erwerbstätigkeit von Müttern stellte eine gesellschaftliche Realität dar und wurde in der Öffentlichkeit negativ bewertend diskutiert (vgl. *Pfeil* 1961, 38 ff.). Dennoch war weder die soziale Situation von Frauen allgemein noch die der erwerbstätigen Mütter speziell ein eigenständiges Forschungsthema der Soziologie in jener Zeit. Die berufstätige Mutter mußte — um einen Ausdruck *Dahrendorf*s (1961, 10) aus einem anderen Zusammenhang zu benutzen — als „ärgerliche Tatsache der Gesellschaft" gelten, da Stellung und Status von Frauen allein von ihrer familialen und nicht von ihrer beruflichen Rolle her definiert und geprägt wurden. Sofern die Berufstätigkeit von Frauen und Müttern in der Soziologie eine Berücksichtigung fand, geschah dies denn auch im Rahmen von familiensoziologischen Untersuchungen.

3.2 Die Darstellung der Erwerbstätigkeit von Frauen in den familiensoziologischen Untersuchungen der Nachkriegszeit

Die erste familiensoziologische Erhebung nach dem Kriege, die von Februar 1946 bis zum Sommer 1947 von *Hilde Thurnwald* (1948) durchgeführt wurde und in der ca. 500 Berliner Familien befragt und beobachtet wurden, von denen 42 keine Kinder hatten, vermittelt einen anschaulichen Einblick in die entbehrungsreichen Lebensverhältnisse der Nachkriegszeit und des kalten Winters 1946/47. Es wird deutlich, daß der Kampf ums Dasein und um das Überleben von Frauen geleistet wird.

Angesichts der objektiven Schwierigkeiten der Existenzsicherung und der allgemeinen Aufwendigkeit der Reproduktionsarbeit in den Nachkriegsjahren ist es nicht verwunderlich, daß die ohnehin überlasteten Frauen eine aus ökonomischen Gründen notwendige Erwerbsarbeit als „Nötigung" betrachteten und „es vorziehen, durch Schwarzhandel leichter und ergiebiger Geld oder Naturalien zu erwerben als durch regelmäßige Lohnarbeit" (*Thurnwald* 1948, 32; vgl. auch 18, 27). Zwar kommen die Frauen hier als die wesentlichen „Familienernährer" stärker zur Geltung als die Väter, jedoch werden nicht explizit die Einstellungen der Mütter zu ihrer Berufsarbeit erfragt.

Die Konzentration der Berliner Frauen auf Reproduktionsarbeit scheint allgemein für das damalige westliche Nachkriegsdeutschland gegolten zu haben. Eine statistische Untersuchung der „Entwicklung der deutschen Frauenarbeit von 1946 bis 1951" (*Weichmann* o.J., wahrscheinlich 1951), die auf dem Zahlenmaterial der ersten Berufszählung von Oktober 1946 u. a. amtlichen Statistiken beruht (die Ergebnisse der Berufszählung von September 1950 standen seinerzeit noch nicht zur Verfügung), zeigt, daß Frauenarbeit bis zur Währungsreform „leicht rückläufig" war (*Weichmann* o.J., 12; vgl. auch *Sachs* 1983, 106) und daß Frauen „erst mit der 1948 einsetzenden Währungssicherheit und Warenfülle ... in wachsendem Umfang wieder auf den Arbeitsmarkt" strömten (*Weichmann* o.J., 13, 14). Allerdings ist zu bedenken, daß mit dieser raschen Zunahme der Zahl erwerbstätiger Frauen ein ebenso großes Ansteigen der Zahl von arbeitslosen Frauen einhergeht. In der kurzen Zeitspanne von Juni 1948 bis Jahresende 1950 betrug die Zunahme der Zahl weiblicher Erwerbspersonen mehr als eine 3/4 Million (*Weichmann* o.J., 14 f.).

Diese große Zahl von arbeitssuchenden Frauen findet neben all den ungünstigen Arbeitsbedingungen und sonstigen Belastungen durch die Wirtschaftslage noch einen erbitterten Feind in der öffentlichen Meinung. Er heißt „Gegner des Doppelverdienertums" (*Weichmann* o.J., 27). Der Kampf gegen das sogenannte Doppelverdienertum richtet sich in seiner Anklage ausschließlich gegen die mitverdienende Ehefrau, über deren Verbreitungsgrad in der unmittelbaren Nachkriegszeit es jedoch keine Zahlen gibt (*Weichmann* o.J., 28). Angesichts der wirtschaftlichen Notlagen und der Notwendigkeit, zur Daseinsvorsorge ihrer Familien beizutragen, wird der Anteil der verheirateten unter den erwerbstätigen Frauen auf mindestens 40% geschätzt (*Weichmann* o.J., 29).

Gleichzeitig wird die soziale Festschreibung der Frauenrolle auf den Lebensbereich Familie so mächtig, daß von Mutter als Beruf gesprochen wird. Selbst in Abhandlungen, in denen relativ ideologiefrei und leidenschaftslos über die historische Entwicklung der Frauenerwerbsarbeit berichtet wird und in denen eine Anerkennung der „beiden Berufsarten" — nämlich „Vollzeitmutter" einerseits und berufstätige Mutter andererseits — „als Hauptberufe der Frau" gefordert wird, wird dennoch im selben Atemzug eine Ungleichgewichtigkeit beider Berufsbereiche behauptet.

„Der ‚natürliche' Beruf der Frau — Hausfrau, Gattin, Mutter — läßt sich in gewisser Hinsicht nicht mit den Erwerbsberufen vergleichen. Er ist eben für die Frau die Erfüllung ihres ureigensten Seins, er bietet ihr die Möglichkeit, Körper und Seele so einzusetzen, wie es ihrer natürlichen Veranlagung — biologisch und auch seelisch-geistig gesehen — am besten entspricht. Die Erwerbsarbeit, im besonderen der außerhäusliche Beruf, kann zwar auch den Fähigkeiten der Frau in ausgezeichneter Weise angepaßt sein, aber wenn die Frau sich der Berufsarbeit ganz hingibt, so kann es doch vorkommen, daß — besonders in biologischer, aber auch in seelisch-geistiger Hinsicht — Grundanlagen und Kräfte nicht oder nicht voll zur Entfaltung gelangen. Wir sehen also, daß die beiden großen Berufsgruppen hinsichtlich der Anpassung an die natürliche Veranlagung der Frau im allgemeinen nicht von gleichem Wert sind" (*Moers* 1948, 31 f.).

Die Erwerbsarbeit von Frauen — entweder als Versorgerinnen ihrer Familien oder als mitverdienende Familienangehörige — ist also in jener Zeit ein sozialer Tatbestand. Dieser wird aber in der öffentlichen Meinung — und wahrscheinlich auch im Selbstverständnis der betroffenen Frauen — als existentiell notwendige Funktionsausübung im Sinne eines „familienbezogenen Instrumentalismus" (vgl. *Eckart* et al. 1979) interpretiert. Als Mittel zur eigenen Emanzipation bleibt die Erwerbstätigkeit von Müttern unerwähnt. Das zeigt sich auch bzw. insbesondere in den zu soziologischen Klassikern der Nachkriegszeit gewordenen familiensoziologischen Studien von *Schelsky* (1953) und *Wurzbacher* (1951). Beide Publikationen basieren auf denselben Monographien, die auf Grund von Beobachtungen und Befragungen von knapp 170 nicht-repräsentativ ausgewählten Familien zwischen Mitte 1949 und Mitte 1950 schwerpunktmäßig im norddeutschen Raum erstellt wurden.

In diesen soziographischen Fallstudien wird eindrücklich dargestellt, daß sich durch die Kriegs- und Nachkriegswirren auf Grund der historisch neuen, zusätzlichen Verantwortungsübernahme von Frauen im außerfamilialen Bereich ein Wandlungsprozeß in Richtung auf größere Selbständigkeit von Frauen und Müttern entwickelt hat, mit dem parallel eine Reduzierung patriarchalischer Familienstrukturen einhergeht. Der Autoritätsgewinn der Frau impliziert also einen Autoritätsverlust des Mannes in der Familie. Die Folgen dieser Autoritätsverschiebung sind eine Tendenz zur Entwicklung von Familienbeziehungen, für die das soziale Leitbild der Gleichrangigkeit beider Partner handlungsleitend ist (vgl. *Schelsky* 1955, 290 ff.; *Wurzbacher* 1951, 87—155).

Der festgestellte Verselbständigungsprozeß der Frauen wird als ein „durch die Not erzwungener Emanzipationserfolg" dargestellt (*Schelsky* 1955, 312). Der Preis, den die Frauen zahlen müssen für ihr Leben in der „Spannung zwischen primären und abstrakten Sozialbeziehungen" (*Schelsky* 1955, 309; vgl. auch 345 f.), ist physische und psychische Überbelastung. Diesen Preis kann die Ehefrau, die „entgegen ihren Lebenswünschen aus der Familie in die industrielle Arbeitswelt gedrängt wird", nur erbringen, „indem sie ihre Berufstätigkeit als Leistung und Pflicht gegenüber der Familie versteht, (nur dann) vermag die verheiratete Frau ... ihre außerfamiliäre Berufsarbeit zu bejahen" (*Schelsky* 1955, 312; vgl. auch 314, 337 ff.).

Es ist wichtig, sich zu vergegenwärtigen, daß diese Aussagen über die Einstellungen von Müttern zu ihrer Erwerbstätigkeit nicht auf direkten Befragungen der betroffenen Mütter selber beruhen, sondern Interpretationen darstellen. Sie decken sich jedoch mit den gesellschaftlichen Leitbildern und Zuschreibungen, die für die Nachkriegszeit meinungsbildend und überwiegend verhaltensorientierend waren.

Auch in der dritten wichtigen familiensoziologischen Untersuchung der Nachkriegszeit (*Baumert* 1954), in der um 1950 im Darmstädter Raum 470 Stadt- und 518 Landfamilien mit zumindest einem Kind beobachtet und befragt wurden, kamen die Mütter selbst nicht direkt zu Wort. Auf eine geschlechtsspezifische Analyse der Aussagen wurde mit der Begründung verzichtet, daß die Einstellungen der Mütter und Väter über die Familiensituation „oder über die innerfamilialen Verhältnisse in der Regel nur sehr unwesentlich voneinander" abwichen (*Baumert* 1954, 152).

Wenn also auch in dieser Erhebung keine direkten Informationen über die Ansichten der erwerbstätigen Mütter selbst vorliegen, so wird doch über die Bestimmung der Verwendung des Familieneinkommens deutlich, daß Berufstätigkeit zumindest ansatzweise ein Instrument der Emanzipation darstellt: „Stets hat ... die Frau, die durch Erwerbstätigkeit eigenes Einkommen erwirkt, eine ungleich stärkere Position in der Familie als die nicht-berufstätige Frau, und zwar läßt sich dieser Unterschied gleichermaßen in allen sozial-ökonomischen Gruppen feststellen" (*Baumert* 1954, 150; vgl. 140, 164).

Die Kehrseite dieser „Tendenz zur Gleichrangigkeit" war — und hier machen die verschiedenen Familiensoziologen dieselbe Beobachtung — eine Schwächung der traditionellen Autorität des Vaters. Hierin sieht *Baumert* (1954, 150) den emotionalen Widerstand gegen Gleichberechtigung und Berufstätigkeit von Frauen. Als einer der wenigen Familiensoziologen der Nachkriegszeit sprach er schon damals davon, daß „die von mancher Seite immer vernehmlicher vorgetragene Forderung, daß ‚an den christlichen Grundlagen der durch den Vater ausgeübten Familienautorität nicht gerüttelt werden dürfe', ... nur eine der Erscheinungen (ist), in denen sich die gegenwärtigen restaurativen Tendenzen in bezug auf die Struktur der Familie manifestieren" (*Baumert* 1954, 135).

Das heißt nun nicht, daß *Baumert* in seiner Untersuchung bereits ein Vorherrschen von symmetrischen Autoritätsstrukturen zwischen den Ehepartnern vorfand. Im Gegenteil: „So zahlreich auch einzelne Merkmale solcher innerfamilialer Strukturen sich zeigen mögen, so stoßen wir nur in wenigen Fällen auf eine tatsächliche, fest ausgebildete Gleichrangigkeit" (*Baumert* 1954, 137).

Baumert (1954, 119) ist sich allerdings der methodischen Schwierigkeiten bewußt, hinter die Familienfassade zu schauen. Gerade weil im Intimbereich Familie an traditionellen Konventionen und anerkannten patriarchalischen Autoritätsstrukturen nur schwer zu rütteln ist, ist es im Sinne eines „cultural lag" eine plausible Annahme, daß die soziale Tatsache eines mehr gleichrangigen Verhältnisses zwischen den Ehepartnern von den Betroffenen nicht wahrgenommen werden kann. An der Aufrechterhaltung der traditionellen geschlechtsspezifischen Beziehungsstrukturen wirken allerdings nicht nur die männlichen „Machthaber", sondern auch die „Unterdrückten" selber mit. Das zeigen beispielsweise die normativen Vorstellungen darüber, daß Männer ihren Frauen bei der Hausarbeit helfen sollen: Unter den von *Baumert* (1954, 152) Befragten sind die Frauen konservativer als ihre Ehemänner: 86% der Frauen waren der Meinung, der Mann solle nicht mithelfen, es sei nicht seine Aufgabe; im Vergleich dazu verneinten hingegen nur 41% der Männer dieses Ansehen.

„Partnerschaft" ist also noch kein gesellschaftlich durchgängig anerkanntes Leitbild, und so können — nach dem Motto: es kann nicht sein, was nicht sein darf — auch die durch Krieg und Nachkriegszeit bedingten Erfahrungen von Selbständigkeit seitens der Frauen von ihnen selber subjektiv nicht als das wahrgenommen werden, was sie objektiv waren, nämlich eine Schrumpfung der „Basis der traditionellen Einordnung (der Frauen) in die patriarchalisch orientierte Familie" (*Adorno* im Vorwort zu *Baumert* 1954, VII).

3.3 Gründe, warum Mütter erwerbstätig sind: Das Selbstverständnis der erwerbstätigen Mütter im Spannungsfeld zwischen Familie und Beruf in der zweiten Hälfte der 50er Jahre

Meinungsbildende sozialwissenschaftliche Untersuchungen, in denen der Anspruch erhoben wird, empirisch-soziologisch die Zeitumstände zu diagnostizieren — so das Selbstverständnis *Schelskys* (1975, XII) — behaupteten, wie dargelegt, daß Mütter in jener Zeit Berufstätigkeit nicht freiwillig, sondern aus existentiellen Gründen, also als Dienst an der Familie, ausübten. Welches Bewußtsein hatten nun aber die betroffenen Mütter selbst, die im Spannungsfeld zwischen Familie und Beruf standen?

Erst ab Mitte der 50er Jahre lag es „in der Luft", dieses verbreitete „Eindrucksurteil" über die Beweggründe mütterlicher Erwerbstätigkeit empirisch näher zu erkunden (*Pfeil* 1961, IX).

Es wurden zu dieser Thematik in etwa zeitgleichen Abständen mehrere Erhebungen durchgeführt, deren Ergebnisse sich jedoch angesichts der Unterschiedlichkeit der untersuchten Populationen und der Methoden der Datengewinnung kaum aufeinander beziehen lassen. Ihr jeweiliger Aussagewert ist u. a. auch dadurch eingeschränkt, weil — mit Ausnahme von *Pfeil* (1961, 435 ff.) — weder die Schwierigkeit der Erforschung von komplexen Motivationsstrukturen, wie es die Beweggründe für Müttererwerbstätigkeit nun einmal sind, noch eine mögliche Veränderung der Erwerbsmotivation im Laufe des Lebens und der Arbeitskarriere als methodisches Problem behandelt wurden.

Wichtig ist ferner zu erwähnen, daß es zwar eine empirisch-methodische Weiterentwicklung darstellt, die erwerbstätigen Mütter selber zu Wort kommen zu lassen, daß aber weiterhin die — bewußte oder unbewußte — normative Ausrichtung dieser Erhebungen am Leitbild der nicht-erwerbstätigen Familienmutter orientiert ist. Das wird schon durch die Konzentration auf die Frage nach den Beweggründen, die eine Mutter veranlassen zu arbeiten, deutlich, wodurch diesem sozial-historischen Faktum eine geringe Selbstverständlichkeit zugestanden wird. *Myrdal* und *Klein* (1971³, 147 ff.) hingegen fragen in ihrer sehr populär gewordenen Untersuchung über die „Doppelrolle der Frau in Familie und Beruf" bereits 1956, warum denn eigentlich nicht die Frage umgekehrt gestellt wird: Warum gehen Mütter, wenn sie sich nicht gerade in der Phase der „aktiven Mutterschaft" befinden, eigentlich keiner Erwerbsarbeit nach?

Die empirischen Erhebungen vermitteln ferner den Eindruck, als ob es für Mütter in erster Linie nur einen Beweggrund für ihre Berufstätigkeit gäbe, und das ist die ökonomische Notwendigkeit. Dieser, in jener Zeit öffentlich legitime, weil zwingende Grund bedeutet jedoch nur eine Motivation auf Zeit: Wenn die familiäre Notlage behoben ist, kann die Mutter aufhören zu arbeiten. Und so ist es nicht weiter verwunderlich, wenn die empirischen Befunde zu dem Ergebnis kommen, daß die befragten Mütter ihr eigenes Selbstverständnis an den damals herrschenden Leitbildern ausrichten, nach denen eine Mutter mit (kleinen) Kindern höchstens in Notsituationen erwerbstätig sein darf:

Hätten die Mütter die Freiheit der Wahl, so würde die überwiegende Mehrzahl von ihnen ihre Doppelrolle wieder aufgeben (bei

Hinze 1960, 248, 80%; bei *Pfeil* 1961, 213, 74%; dagegen *Herrmann* 1957, 109 f. und 122 f., ca. 50%).

Im folgenden sollen die Ergebnisse dieser genannten empirischen Untersuchungen im einzelnen kritisch beleuchtet werden. So wurde 1951 eine Erhebung an rd. 1000 erwerbstätigen Frauen, von denen knapp 300 erwerbstätige Mütter waren, zum Thema „Warum sind Frauen erwerbstätig?" durchgeführt (*Maxson* 1952, zit. bei *Herrmann* 1957, 22 f.). Diese Untersuchung ist im übrigen so gut wie unbekannt geblieben.

Die befragten Frauen konnten die Gründe für ihre außerhäusliche Berufstätigkeit in drei vorgegebene Antwortkategorien verorten.

Knapp 60% der verheirateten Frauen wählten die Antwortkategorie „für den eigenen und den Lebensunterhalt der Angehörigen" und knapp 36% „aus besonderen Gründen". Hieraus folgert *Herrmann* (1957, 23), daß die verheirateten Frauen ihre Berufsarbeit „durchaus nicht als ‚normal' ansehen". Da *Herrmann* die Antworten am Ende dieser Befragung noch als „sehr summarisch" empfindet, hat sie selber „mit den verschiedenartigsten Kreisen von Frauen darüber diskutiert", um die Hintergründe zu erforschen, die verheiratete Frauen zur Erwerbstätigkeit veranlassen. Die Ergebnisse dieser Diskussion, über deren empirische Basis keine weiteren Angaben gemacht werden, werden dann in drei Aussagen-Typen zusammengefaßt (vgl. *Herrmann* 1957, 23—29):
- Erwerbstätigkeit ist finanziell bedingt (z. B. durch Verwitwung, Scheidung, Erwerbslosigkeit des Ehepartners oder infolge einer notwendigen Ergänzung des Familieneinkommens).
- Erwerbstätigkeit resultiert aus seelisch bedingten, individuellen Motiven (z. B. aus Freude an der Arbeit, aus der Hoffnung auf Anerkennung durch den Ehemann, aus Wunsch nach größerer finanzieller Entscheidungsunabhängigkeit).
- Erwerbstätigkeit basiert auf gegenwartsbedingten, sozialen Begründungen (z. B. auf Verlangen nach einem höheren Lebensstandard, nach einer „modernen Heimgestaltung".)

Diese Typisierungen besaßen in der damaligen Zeit zwar normative Plausibilität, jedoch die Sicht der betroffenen Frauen spiegeln diese groben Kategorien kaum wider, wenn auch die Überschrift dieses Kapitels bei *Herrmann* (1957, 22) heißt: „Welche Gründe geben die verheirateten Frauen selbst für ihre Erwerbstätigkeit an?"

Ferner hat *Herrmann* ca. 800 verheiratete, verwitwete und geschiedene Frauen im Winter 1954/55 in 16 bayerischen Betrieben — überwiegend Arbeiterinnen — schriftlich nach allen von ihnen empfundenen Vor- und Nachteilen ihrer außerhäuslichen Erwerbstätigkeit befragt. Als Vorteil ihrer lang andauernden Erwerbstätigkeit nannten viele der verheirateten Frauen (nämlich 567 von 649) ihre besseren Lebensbedingungen (*Herrmann* 1957, 11 f.). An Nachteilen wurde am häufigsten die körperliche Überanstrengung betont (395

von 610 Antworten) und hier wiederum die Arbeitsüberlastung im Haushalt, ferner die Störung oder Beeinträchtigung des Familienlebens, worunter insbesondere eine Vernachlässigung der Kinder angenommen wurde (384 von 610; *Herrmann* 1957, 11 f.).
Die normative Perspektive jener Zeit wird zwar auch aus dieser Untersuchung deutlich, z. B. wenn die Autorin schreibt: „Im Zweifelsfall aber ist und bleibt die Aufgabe der Frau an erster Stelle die Familie" (*Herrmann* 1957, 18), aber gleichzeitig wird den Müttern ein Leben in zwei Welten zugebilligt:

„Soweit durch die Erwerbstätigkeit die Familie nicht vernachlässigt wird — und bei weitem nicht jede Erwerbstätigkeit der Frau gefährdet Ehe und Familie —, braucht die verheiratete Frau sich nicht auf ihr Wirken in der Ehe zu beschränken, sondern sie darf auch ihre sonstigen Fähigkeiten frei zur Entfaltung bringen" (*Herrmann* 1957, 18).

Diese Argumente von Einerseits-Andererseits in der Lebenssituation von erwerbstätigen Müttern diskutiert *Herrmann* (1957) jedoch nicht weiter; sie werden erst später, so z. B. bereits ansatzweise von *Hinze* (1960), vor allem aber dann im Zeichen einer feministischen Wissenschaftsorientierung (s. u. Abschn. 3.5) intensiver thematisiert.

Ähnlich wie bei *Herrmann* haben auch *Hofmann* und *Kersten* (1958, 5) ein Interesse daran, die berufstätigen Mütter, die „unbegreiflicherweise" bisher noch kaum zu Wort gekommen sind, endlich einmal selbst über ihre „Doppelberufstätigkeit" zu befragen. Zu diesem Zweck wurden 1956/57 in Süddeutschland Fragebögen an rd. 4500 verheiratete Frauen verschickt (kein repräsentatives Sample), von denen etwa 1000 beantwortet zurückkamen. Die Auswertung der Fragebögen ist jedoch einseitig am traditionellen Leitbild der patriarchalischen Familie orientiert, deren „Angelpunkt, um den sich das Familienleben, die Kindererziehung und die häusliche Gemütlichkeit dreht ... grundsätzlich ... die Frau ist" (*Hofmann, Kersten* 1958, 148; vgl. auch 138 und passim). Das „Wesen der Frau" wird durch „Mütterlichkeit" definiert (98), und so wird bedauernd die Tatsache festgestellt, daß eine „bedeutende Minderheit" von verheirateten Frauen „den Beruf einfach höher einschätzt als die Häuslichkeit und die stille Arbeit innerhalb der Familie" (45; vgl. auch 44). Nach Ansicht der Autoren übersehen solche Frauen, „daß es für jede Frau ursprüngliche Verpflichtungen gibt, denen sie sich nicht ohne Schaden entziehen kann" (45), d. h. „Schaden" sowohl für ihre eigene seelisch-leibliche Gesundheit als auch für das Familienklima (vgl. anschaulich: 138 f.). So sind denn diese berufsorientierten Frauen, „die aus eigennützigen Motiven die familiären Aufgaben zugunsten des beruflichen Erfolgs vernachlässigen" (190), besonderen Legitimationszwängen ausgesetzt. Als gerechtfertigt gilt mütterliche Erwerbstätigkeit nur, wenn es die wirtschaftliche Situation der Familie erfordert. Jedoch Frauen, die „für ihre Lieben" die doppelte Arbeitsbelastung in Beruf und Familie auf sich nehmen, schuldet man „Hochachtung und Dank" (*Hofmann, Kersten* 1958, 190).

In den folgenden Studien wird eine derartige Interpretation von empirischen Daten nicht mehr so einseitig praktiziert. Nunmehr wird immer stärker der ambivalente Charakter mütterlicher Erwerbstätigkeit für die Betroffenen selbst erkannt, so z. B. in der Mütter-Studie von *Hinze* (1960) oder von *Pfeil* (1961; vgl. auch *Riedrich* 1967, 155 f.). *Hinze* hat im Rahmen einer nicht-repräsentativen Erhebung vom Herbst 1955 bis zum Spätsommer 1956 in Westberlin 1000 erwerbstätige Mütter, die etwa je zur Hälfte in vollständigen (N = 555) und in unvollständigen Familien (N = 445) lebten, über ihre Lebensumstände befragt. Das Neue an dieser Untersuchung ist vor allem, daß die Interpretation der Lage dieser Mütter und ihrer Familien nicht anhand von Vorstellungen über „das Wesen der Frau" erfolgt, sondern aus dem Blickwinkel der gesellschaftlichen Situation der Frauen selber (vgl. diesbezüglich die Kritik an *Schelsky: Hinze* 1960, 244 ff.). Und so wird als Auswertungsraster für die mütterliche Erwerbstätigkeit der Doppelaspekt „Ertrag" einerseits und „Opfer" andererseits gewählt (*Hinze* 1960, 27 ff., 242 ff.). Auch wenn in dieser frühen Mütter-Studie dieses theoretische Konzept noch nicht weiter ausgearbeitet wurde, so wird hier bereits deutlich, daß die Dichotomisierung in Familien- oder Berufsorientierung keine adäquate Darstellung des Lebenszusammenhangs von Frauen ist:

„Die berufstätige Frau, die durch Heirat oder infolge der Geburt eines Kindes vor die Wahl gestellt wird, um der Familie willen ihre Berufsarbeit aufzugeben, kann in einen inneren Konflikt geraten, der seine Wurzeln nicht im Materiellen hat, sondern mit der *Doppelgleisigkeit der Lebensplanung* zusammenhängt, zu der sich das junge Mädchen unserer Zeit oft mit Widerstreben, oft auch mit innerer Bereitschaft entschließt" (*Hinze* 1960, 244; Hervorhebung im Original).

Mit anderen Worten: „Die Haltung vieler Frauen zu Familie und Beruf (ist) zwiespältig; sowohl im Leben der Mutter und Hausfrau wie auch der berufstätigen Frau ohne Familie bleibt ein größerer oder geringerer Rest, der in ihrer Lebensbilanz nicht aufgeht. Dieser Zwiespalt wird individuell erlebt und muß persönlich überwunden werden (*Hinze* 1960, 247).

Dieser Zwiespalt ist das Resultat aus der gesellschaftlich-normativen Zuschreibung der Familienrolle als der einzigen Lebenswirklichkeit von und für Frauen bei gleichzeitiger subjektiver Bezogenheit auf den Beruf. *Hinze* (1960, 46 f.) erkennt diese Ambivalenz bereits Mitte der fünfziger Jahre:

„Viele der Mütter sagten aus, daß sie Freude an ihrer Arbeit und das Bedürfnis nach wirtschaftlicher Unabhängigkeit hätten, doch veranlaßte wohl das Gewicht der mütterlichen und hausfraulichen Pflichten auch in solchen Fällen die Mütter manchmal dazu, die Bedeutung ihrer Arbeit für die Familie sich selbst und anderen gegenüber über den Wert zu stellen, den sie ihr für die Entfaltung ihrer Persönlichkeit und hinsichtlich für sie selbst gegebener wirtschaftlicher Vorteile im Innern zuerkannten" (*Hinze* 1960, 46 f.).

Angesichts der Macht der in den fünfziger Jahren vorherrschenden traditionellen Weiblichkeitsideologie einerseits und angesichts der objektiv schwierigen Arbeits- und Lebensbedingungen andererseits ist es nicht verwunderlich, daß in allen Gruppen der befragten Mütter jeweils etwa zwei Drittel der Meinung sind, sie könnten der doppelten Beanspruchung in ihren zwei „Pflichtenkreisen" nicht befriedigend entsprechen; nur rd. 35% hielten ihre Belastung in Beruf und Haushalt für miteinander vereinbar (*Hinze* 1960, 254 f.). Das ist noch ein erstaunlich hoher Anteil, wenn man sich das Ausmaß der Arbeit, die die erwerbstätigen Mütter in jenen Jahren in den zwei Lebensbereichen zu leisten hatten, in Erinnerung ruft. Als Stichworte aus dem umfangreichen Material der Berliner Enquête seien hier aufgezählt: 48 Stunden als reguläre Wochenarbeitszeit (210); lange Anmarschwege zur Arbeit bei starkem Berufsverkehr (208 f.); vier von fünf der befragten Mütter waren wöchentlich mehr als 50 Stunden unterwegs!; familienunfreundliche Arbeitszeiten; körperlich anstrengende und gesundheitlich belastende Arbeitsbedingungen (213 ff.); kaum Entspannungs- und Regenerierungsmöglichkeiten: An den Wochenenden wurden verstärkt Hausarbeiten nachgeholt (233); ein gesetzlicher Urlaubsanspruch bestand nur aus 12 Arbeitstagen (234).

Angesichts eines solchen gesundheitlichen und seelischen Raubbaus, den die Erwerbsarbeit den Müttern abverlangte, ist es verständlich, wenn vier von fünf der mit einem Ehemann zusammenlebenden Frauen sagen, sie würden die Arbeit „um der Familie willen aufgeben", wenn sie es könnten (*Hinze* 1960, 248).

Von allen Frauen waren es 70%, die die Erwerbsarbeit neben den Familienpflichten als belastend empfanden, aber immerhin 30% ließen eine positive Einstellung zur Berufsarbeit erkennen (*Hinze* 1960, 249).

Diese Befunde interpretiert die Verfasserin nicht, wie *Schelsky* u. a. es taten, als Dominanz der Familienorientierung im Bewußtsein von Frauen, sondern als Ambivalenz hinsichtlich objektiver Schwierigkeiten und Widersprüche. So lautet bezeichnenderweise eine Überschrift bei *Hinze* (1960, 247): „Die befragten Mütter würden den Beruf aufgeben — nicht aufgeben".

Eine solche ambivalente Grundeinstellung zum Phänomen Müttererwerbstätigkeit kommt auch zum Vorschein in der umfangreichsten bundesdeutschen empirischen Untersuchung, die bisher zum Thema „Berufstätigkeit von Müttern" durchgeführt wurde, nämlich in der Studie von *E. Pfeil* (1961), die sich mit Recht als „Westdeutsche Müttererhebung" (*Pfeil* 1963) bezeichnen kann und die in den dreißig Jahren seit ihrer Existenz keine ihr entsprechende Nachfolgestudie gefunden hat.

Im Winter 1956/1957 interviewten *Pfeil* (1961) und ihre Mitarbeiter knapp 900 repräsentativ ausgewählte verheiratete Mütter aus vollständigen Familien mit mindestens einem Kind unter 15 Jahren, die in acht Städten verschiedener Größe in der Bundesrepublik lebten. In dieser Erhebung kamen die berufstätigen Mütter ebenfalls selber zu Wort.

Pfeil (1961) unterscheidet sowohl zwischen Stabilität und Veränderungen in der beruflichen Motivationsstruktur im Laufe der Erwerbskarriere als auch zwischen Haupt- und Nebenmotiven. Dabei haben die sogenannten Notmotive einen zwar zwingenden, jedoch nur temporären Charakter: entweder weil die nachkriegsbedingten Notstände überwunden sind und/oder weil die ursprünglichen Notmotive im Laufe der Berufstätigkeit durch andere ersetzt werden — dazu gehört auf Grund der gewonnenen Selbständigkeit der Wunsch nach Unabhängigkeit, was „überdurchschnittlich oft" genannt wurde (*Pfeil* 1961, 78—82).

Ansonsten waren psychologische Motive, wie der Wunsch nach Unabhängigkeit und die „Liebe zum Beruf", als ursprünglicher Beweggrund für die Berufstätigkeit von Müttern recht selten: Nur etwa jede neunte Befragte gab eine psychologische Begründung als Anfangsmotivation an, jedoch tat dies fast jede zweite Frau aus den höheren Sozialschichten (*Pfeil* 1961, 117 ff.).

Selbst eine solche gewissenhafte, empirisch forschende Sozialwissenschaftlerin wie *E. Pfeil* (1961; 1968) ist dem Zeitgeist verhaftet. Das wird u. a. deutlich an der Aufstellung von fünf Gruppen von typischen Verhaltens- und Einstellungsweisen und Bewußtseinslagen der befragten berufstätigen Mütter sowie der *Pfeil*schen Kommentierung dieser Typen: *Pfeil* (1961, 251 ff.) fand unter „ihren" Müttern einmal die familienverbundenen und zum anderen die berufsverbundenen Mütter sowie einen Zwischentypus von Müttern, für die eine Unausgewogenheit von Berufsrolle und Hausmutterrolle bestand. Die Gruppe der familiengebundenen Mütter wurde untergliedert in einen „Hausmuttertyp extremer Ausprägung", der sich voll mit der häuslichen Rolle identifizierte, und in einen „modifizierten Hausmuttertyp". Die Gruppe der berufsverbundenen Mütter teilte sich in den „familien-entfremdeten Berufsfrauentypus", bei dem eine Identifikation mit der Berufsrolle und eine Nachrangigkeit der häuslichen Rolle bestand, und in den „familien-zugewandten Berufsfrauentypus", hier waren Berufs- und Hausmutterrolle gleichrangig.

Die familiengebundenen Mütter waren als Verhaltenstypus in der Gesamtheit der Befragten zahlenmäßig am meisten verbreitet, jedoch zeigte sich ein klares Zurücktreten zugunsten der berufsorientierten Mütter in den gehobenen Schichten. Diese Mütter hatten es nicht leicht, von ihrer Umwelt sozial akzeptiert zu werden, was bereits die Diktion der Forschungsberichterstattung verrät:

„Alle diese Frauen arbeiten ausgesprochen gerne, sie sind häufig von brennendem Ehrgeiz erfüllt ... Immer geht es diesen Frauen sehr stark um ihre eigene Person, um personale Erfüllung ..., selbst wenn es auf Kosten der Familie geht ... Nicht durch ihre Kinder weisen diese Berufsfrauen sich aus, nicht als Mutter erwerben sie ihre soziale Würde, sondern aus eigener Provenienz ..." (*Pfeil* 1961, 260).

Bis in die heutige Zeit hinein wird vorwiegend nur den besser qualifizierten Frauen ein echtes Berufsinteresse und ein positiver Bezug zu ihrer Tätigkeit zugestanden, und umgekehrt werden Fabrikarbeiterinnen persönlichkeitsbildende Erfahrungen abgesprochen (vgl. z. B. Dritter Familienbericht 1979, 23). Jedoch auch *Pfeil* (1961, 199) machte bereits die empirische Beobachtung, daß viele Frauen, auch Arbeiterinnen und Angestellte, ihren Beruf „interessant, abwechslungsreich und vielseitig" finden. Insgesamt erlebten 29% der Frauen aus den niedrigen Sozialschichten — Textilarbeiterinnen, Verkäuferinnen, Bürokräfte — in ihrer Arbeit „Verantwortung und Selbständigkeit als Befriedigung". Der Forschungsansatz der damaligen Zeit war jedoch noch dichotom, denn diese berufserfüllten Mütter wurden „daraufhin geprüft, ob die betreffenden Befragten zu den Frauen gehörten, die sich vom häuslichen Dasein abwandten: Es ist nicht der Fall". Dies wurde, wie es scheint, mit Erstaunen festgestellt.

Auch an anderer Stelle zeigen die Befunde von *Pfeil*, daß der weibliche Lebenszusammenhang von Frauen komplex ist und zwei Lebenswelten, wenn auch in widersprüchlicher Verwobenheit, beinhaltet. Zumindest die erwerbstätigen Mütter des „Zwischentyps" durchlebten zum Teil schmerzhaft den gesellschaftlichen Wandel: „Man möchte eine moderne Frau sein, weiß aber noch nicht so recht wie. Die alten Wertmaßstände wollen nicht mehr passen, neue fehlen ...; sie schwanken zwischen Aufhören-Wollen und Nicht-lassenkönnen." Oder, wie eine betroffene Mutter es ausdrückt: „Man möchte beides und beides kann man nicht" (*Pfeil* 1961, 269).

Auch andere empirische Befunde zeigen ebenfalls, daß in den 50er und beginnenden 60er Jahren für erwerbstätige Mütter eine Begründung ihrer Berufstätigkeit im Sinne von Selbstbestätigung und/oder Selbstverwirklichung ohne öffentliche Diskriminierung kaum möglich war (vgl. diesbezüglich *Kätsch* 1965, 42, 46), daß aber die höherqualifizierten Frauen eine Vorreiterfunktion einnahmen, denen man — wie bereits erwähnt — solche egoistischen, familienfremden Einstellungen eher nachsah, einmal, weil ihnen eine positive Verbindung zu ihrer Arbeit zugestanden wurde, und zum anderen, weil ihnen eine adäquate Versorgung ihrer Kinder finanziell und organisatorisch eher möglich war.

Schüchterne Ansätze zu einer Doppelorientierung als Teil der weiblichen Lebensplanung sind also in den 50er Jahren trotz des Vorherrschens des gesellschaftlichen Leitbildes der familienbezogenen Hausfrau und Mutter als „weibliche Normalbiographie" (*Levy* 1977) bereits vorhanden und auch empirisch entdeckt worden. Allerdings gibt es für diese Zwischentöne in der sozialwissenschaftlichen Forschung in jener Zeit noch kein theoretisches Konzept. So wurde bis zum Aufkommen der feministischen Wissenschaft diese widersprüchliche Realität im weiblichen Lebenszusammenhang im öffentlichen und auch im sozialwissenschaftlichen Diskurs als „das soziale Dilemma der Frau" selbst interpretiert (*Schelsky* 1955, 335). Zwar lassen die empirischen Befunde von damals und heute eine ähnliche Realität erkennen, jedoch die Einstellung zu eben jener Realität hat sich in der Öffentlichkeit und in der sozialwissenschaftlichen Forschungskonzeption inzwischen gewandelt.

3.4 Umorientierungsprozesse in den 60er und 70er Jahren: Der erweiterte Bedeutungsgehalt von Müttererwerbstätigkeit

In dem hier zu behandelnden Zeitraum werden nur relativ wenige empirische Erhebungen durchgeführt, die explizit mütterliche Erwerbstätigkeit zum Thema hatten. Der relative Mangel an empirischen Studien in dieser Zeitperiode bedeutet jedoch nicht, daß mütterliche Erwerbsarbeit kein Thema war. Im Gegenteil: die Fülle von Traktaten und Artikeln in wissenschaftlichen Zeitschriften der verschiedensten Disziplinen sowie in öffentlichen Zeitungen ist Legion. Deutlich wird an dieser Vielzahl von Veröffentlichungen, daß Anfang bis Mitte der 60er Jahre das traditionelle Familienbild und damit die Ablehnung mütterlicher Erwerbstätigkeit — trotz (oder vielleicht gerade wegen) des Anstiegs ihrer Erwerbsquote — mit großer Emotionalität verteidigt wird.

Vor allem von seiten der Kinderärzte und Psychiater (stellvertretend für andere seien hier genannt: *Hellbrügge, Pechstein, Mewes* sowie diverse entsprechende Artikel in der Zeitschrift „Der Kinderarzt" in dieser Zeitperiode) wird öffentlicher Protest gegen mütterliche Erwerbstätigkeit erhoben; die Kinder erwerbstätiger Mütter werden als „Waisenkinder der Technik" (*Hellbrügge* 1960) bezeichnet oder kurz mit dem Wort „Schlüsselkinder" tituliert. Das den Zeitgeist widerspiegelnde Schlüsselwort des „Schlüsselkindes", das insbesondere in den 50er Jahren, aber auch noch bis in die 60er Jahre hinein, das Symbol für moralische Entrüstung und Verurteilung der konsumorientierten, egoistischen, ihre Kinder vernachlässigenden Mutter war, ist ein gutes bzw. schlechtes Beispiel dafür, wie unzulässige Verallgemeinerungen aus empirischen Befunden gezogen wurden. Schon ihre tatsächliche Anzahl war gar nicht so groß wie allgemein angenommen (vgl. *Schubnell* 1964, 452 ff.).[3]

Zudem wurden in diesem schuldzuweisenden Diskurs die Ergebnisse der Hospitalismusforschung von *Spitz* (1965, deutsch 1967) verkürzt und vergröbert als Belege herangezogen und damit mütterliche Erwerbstätigkeit mit Mutterlosigkeit gleichgesetzt. Auch das auf psychoanalytischen Ideen basierende Konzept der „maternal deprivation" von *Bowlby* (1951, 1953, deutsche Übersetzung 1972) galt als übertragbar für die Situation von Kindern erwerbstätiger Mütter. Insbesondere berufen sich auch die Gegner der mütterlichen Erwerbstätigkeit auf eine Untersuchung von *Speck* (1956), die den Anspruch erhob, „zur wissenschaftlichen Klärung" eines „soziologisch-pädagogischen Gegenwartsproblems", das die Kinder erwerbstätiger Mütter nun einmal seien, beizutragen. Jedoch weder die methodischen Mängel, die bereits in der Anlage der Studie zu verzeichnen sind (es ist hier nicht der Ort, im einzelnen näher auf die Verzerrungen einzugehen), noch die Auswertung des erhobenen Materials, bei der sich der Autor nur selten an die Befunde hält, sondern an seine Normalitätsvorstellungen von Familie, erlauben die Einlösung eines solchen Anspruchs.

Jedoch selbst *Speck* (1956) stellt mögliche positive Auswirkungen von mütterlicher Berufstätigkeit fest; aber er kann sie angesichts seines normativen Rasters nicht als solche wahrnehmen. Eigenschaften wie Selbständigkeit und Verantwortungsbewußtsein, die bei Kindern erwerbstätiger Mütter in der Untersuchung festgestellt wurden, werden als mögliche „Gefahren" für die „kindliche Offenheit und unbekümmerte Frische" dokumentiert (*Speck* 1956, 59 f.). Kinder erwerbstätiger Mütter sind bei ihm „grundsätzlich in die Kategorie der Kinder aus gestörten Familien einzureihen" (1956, 126 f., 131; für eine detaillierte Darstellung dieser Konzepte und ihrer Rezeption in der breiteren Öffentlichkeit vgl. *Schütze* 1986, 90 ff.).

Da nach den Annahmen der Tiefenpsychologie die prophezeiten negativen Folgeerscheinungen von mütterlicher Erwerbsarbeit erst viel später sichtbar werden, sitzt die berufstätige Mutter auf einem Pulverfaß, von dem sie zwar nicht weiß, wann es zündet, für dessen Explosion sie aber auf alle Fälle von der Umwelt — wie auch von sich selbst — mitverantwortlich gemacht wird. Das ist „das Mutter-Dilemma" (*Oubaid* 1987).

Der äußerst starke Druck der öffentlichen Meinung gegen mütterliche Erwerbstätigkeit ist übrigens in jener Zeit nicht nur auf die Bundesrepublik beschränkt. Eine Unesco-Untersuchung in verschiedenen Ländern brachte denn auch Anfang der 60er Jahre übereinstimmend folgendes normatives Diktum:

"Single women *must* work; married women without children or grown-up children *may* work; married women with small children *must not* work" (International Social Science Journal 1962, 22).

Diese historische Hypothek des kulturellen Imperativs — „die Mutter gehört zu ihren Kindern" — führte dazu, daß 1964 noch die meisten der von *Pfeil* (1968, 63) befragten, damals 23jährigen Frauen ihren Lebensentwurf als Alternative von Familie *oder* Beruf ansahen, wobei dem Beruf Nachrangigkeit zukam. Doppelorientierung war also noch nicht Teil der weiblichen Lebensperspektive; das gilt selbst für die qualifiziertesten Frauen, die Abiturientinnen und Studentinnen (*Schmidt-Relenberg* 1965; *Sommerkorn* 1969; *Reitz* 1974). Noch gebot ihnen „keine Norm ... mehr zu tun, als die Ausstattung und Basis des Familienlebens mit zu erarbeiten" (*Pfeil* 1968, 99; vgl. auch *Pross* 1973, 106).

Die Widersprüche in der gesellschaftlichen Situation der Frauen und speziell der erwerbstätigen Mütter wurden in der zweiten Hälfte der 60er Jahre immer stärker: das traditionelle Leitbild zeigte zwar noch eine emotional fest verankerte Zählebigkeit, aber gleichzeitig regte sich der Widerspruch gegen die Verabsolutierung der gesellschaftlich-kulturellen Norm, Frauen als „naturgegebene Wesen" zu interpretierten (vgl. *Nave-Herz* 1972). Außerdem wurde die Diskrepanz von konservativen Rollenvorschriften und der wirtschaftlichen Notwendigkeit, Frauen als Arbeitskräfte zu gewinnen, deutlich. Zusätzlich begann in den 60er Jahren auch die sog. Bildungsexpansion, in denen der Bildungs- und Ausbildungsstand von Frauen in allen Sozialschichten anstieg, ihre Berufsneigung sich erhöhte und Frauen sich in der Öffentlichkeit mehr Gehör schafften, um ihre Forderungen nach kollektiven Versorgungsformen und institutionellen Entlastungen bei der Erziehungs- und Familienarbeit durchzusetzen: das, was bisher als privates Dilemma der Frau galt, sollte nunmehr vergesellschaftet werden.

Dieses Bewußtsein, sich in einer gesellschaftlichen Umbruchsituation zu befinden, und die Schwierigkeiten der Bewältigung der Doppelrollensituation im weiblichen Lebenszusammenhang waren der Anlaß, den Deutschen Fürsorgetag 1963 unter das Motto „Die Mutter in der heutigen Gesellschaft" zu stellen und insbesondere die Belastungen der erwerbstätigen Mütter zu thematisieren (*Muthesius* [Hrsg.] 1964). Die Verhandlungen dieses Fürsorgetages zeigen die Ratlosigkeit und auch die Widersprüchlichkeit im Umgang mit den „falschen alten" bei gleichzeitigem Vorhandensein von „neuen falschen Leitbildern" (*Muthesius* [Hrsg.] 1964, 333; passim). Auch wenn deutlich wird, daß im Zeitalter der Vollbeschäftigung Arbeitskräfte gebraucht werden, so kann man dennoch aus den Diskussionen auf diesem Fürsorgetag überwiegend noch eine Ablehnung der mütterlichen Erwerbsarbeit ablesen, zuweilen aber auch die hilflose Suche nach Kompromissen, die es einer Mutter ermöglichen, die Erwerbstätigkeit mit dem Muttersein zu verbinden. Vorschläge, wie Teilzeitarbeit, Heimarbeit, Drei-Phasen-Modell usw., werden erörtert.

Betrachtet man den offiziellen „Bericht der Bundesregierung über die Situation der Frauen in Beruf, Familie und Gesellschaft" (1966) als Indiz für das allgemeine Sozialklima in jener Zeit, so zeigt sich auch hier, daß die Einstellung zur berufstätigen Frau — und gar zur berufstätigen Mutter — ablehnend ist, aber die Ambivalenz zunimmt. Obwohl durch den Titel an erster Stelle Informationen über Frauen im Beruf angekündigt werden, wird dann im Text zunächst die Situation in Familie und Haushalt behandelt. Diese Reihenfolge versinnbildlicht damit wieder eine Rücknahme des Titels und zeigt den Frauen ihren „gemäßen Platz" in der bundesrepublikanischen Gesellschaft. Selbst dort, wo positiv konstatiert wird, daß die soziale Rolle der Frau nicht mehr durch Vorstellungen „vom Wesen der Frau" bestimmt, sondern als etwas historisch Gewordenes anerkannt wird, bleiben die neueren „Ansätze für ein anderes Leitbild der Frau" gleichzeitig dem traditionellen, familienorientierten Selbstverständnis verhaftet:

„Es ist die Vorstellung von der Frau, die je nach ihren Fähigkeiten einen Lebensplan aufstellt und sich dabei sowohl auf ihre Aufgaben in Ehe, Familie und Gesellschaft als auch für einen Erwerbsberuf vorbereitet. Diese Frau übt dann aber in den einzelnen Lebensphasen nur nach Maßgabe ihrer Verpflichtungen über Familie und Haushalt eine Erwerbstätigkeit aus und geht auch ein Engagement gegenüber der Gesellschaft nur ein, wenn die familiären Anforderungen es zulassen" (Frauenbericht 1966, 9 f.).

Um es zusammenzufassen: Eine Sekundäranalyse vorhandener empirischer Materialien (einschließlich der Analyse von Schullesebüchern) zeigt, daß auch noch Ende der 60er Jahre tradierte, familienorientierte Frauenstereotypen zu den herrschenden Vorstellungen von der Rolle der Frau und Mutter gehörten (vgl. *Sommerkorn, Nave-Herz* 1970), daß aber gleichzeitig die Zahl der erwerbstätigen Mütter kontinuierlich stieg. Dennoch ist die Grundeinstellung allgemein offener geworden, und zwar bei beiden Geschlechtern, doch gehen in der Emanzipation die jungen Frauen den Männern voran; und innerhalb der Gruppe der Frauen sind es wiederum die besser Ausgebildeten und die mit höherem Sozialstatus (*Pfeil* 1966, 1974; vgl. auch *Schmidtchen* 1984, 13 ff.).

Diese Umorientierung, die sich anhand der vorhandenen empirischen Studien beobachten läßt, zeigt nunmehr auch erstmalig eine quantitative Verschiebung in den Angaben, warum Mütter erwerbstätig sind: zwar sind die ökonomischen, familienorientierten Gründe nach wie vor vorherrschend, aber die psychologischen nehmen zu. Es verstärkt sich auch eine grundsätzliche Bejahung von mütterlicher Erwerbstätigkeit (*Pfeil* 1974, 181). Nun können bislang negativ sanktionierte personale Beweggründe, wie Interesse am Beruf, Unabhängigkeit, Kontakte zu anderen Menschen, ja auch Langeweile des Hausfrauendaseins, offener zugegeben werden. Im Vergleich zu 1964 haben die Frauen und Mütter es inzwischen weniger nötig, ihr Bedürfnis nach Berufsarbeit „hinter ökonomischen Scheingründen oder Auch-Gründen zu tarnen" (*Pfeil* 1968, 90). Außer Pfeil war auch anderen Autoren die Dominanz der materiellen Motivierung als eigentlicher Beweggrund seinerzeit schon suspekt; der Erklärungswert dieses Motivs liegt wohl eher im Bereich der sozialen Akzeptanz und der gesellschaftlichen Erwünschtheit (vgl. *Lehr* 1969, 60 ff.).

Der skizzierte Wandlungsprozeß in der Berufsorientierung erwerbstätiger Mütter (*Pfeil* 1961, 1968, 1974) setzte sich in den 70er Jahren als gesellschaftliche Entwicklung fort und wurde 1975 auch bereits empirisch festgestellt (*Bertram, Bayer* 1984).

Ende der 60er Jahre erscheinen nunmehr die ersten Sekundäranalysen, die kritisch der Frage nach der Bedeutung der mütterlichen Erwerbstätigkeit im Hinblick auf die Sozialisation ihrer Kinder nachgehen. In der deutschen wissenschaftlichen Diskussion hat als erste und des öfteren *U. Lehr* (1969, 1973, 1974, 1975, 1979; vgl. auch *Koliades* 1975) den Stand vor allem der angelsächsischen Forschungsergebnisse zusammengefaßt und auf methodische Mängel sowie auf die beschränkte Aussagekraft der vorhandenen empirischen Erhebungen hingewiesen. Schon 1970 hat sie ein diesbezügliches Gutachten für das Bundesfamilienministerium angefertigt, das allerdings erst 1973 veröffentlicht wurde. Als übergreifendes Ergebnis ihrer Analysen stellt *Lehr* heraus: Die Entwicklung von Kindern ist abhängig von einem Bündel von Faktoren, die eingebettet sind in die gesamte kindliche Lebensumwelt; die Tatsache der mütterlichen Erwerbsarbeit *allein* bewirkt keinen Unterschied in der kindlichen Sozialisation. Dieses Ergebnis aus den 70er Jahren hat auch heute noch Gültigkeit, wie Auswertungen von internationalen Forschungsarbeiten der letzten 50 Jahre zu diesem Thema zeigen (vgl. *Scarr* 1987).

Trotz dieser Aufklärungsschriften flammte in der Bundesrepublik Anfang/Mitte der 70er Jahre noch einmal eine heftige Debatte über den Einfluß der mütterlichen Erwerbstätigkeit auf den Sozialisationsprozeß der Kinder auf, und zwar anläßlich der Einführung des Modellversuchs „Tagesmutter" zur Betreuung von kleinen Kindern berufstätiger Mütter. In der Zeitschrift „Kinderarzt" lassen sich die mit großer Vehemenz und Emotionalität geführten Kontroversen über das Für und Wider dieses Kinderbetreuungsmodells nachlesen (vgl. insbesondere die Jahrgänge 1974 bis 1976; ebenso Z. für Pädagogik 1974). Die Fronten verliefen zwischen Kinderärzten und Psychiatern einerseits, die von „Trennungs-Müttern" und von „Trennungs-Kindern" sprachen, und Pädagogen und Soziologen andererseits. Mit welchen Argumenten der Wandel in der Umorientierung der Mütter im Hinblick auf ihre Erwerbstätigkeit rückgängig gemacht werden sollte, wird an einem offenen Brief mehrerer führender deutscher Kinderärzte an die damalige Familienministerin *Katharine Focke* deutlich:

„Wir Kinderärzte warnen dringend vor solchen gefährlichen Experimenten an Säuglingen und Kleinkindern. Die vorgesehenen Mittel sollten statt dessen zum systematischen Abbau der außerhäuslichen Erwerbstätigkeit von Müttern mit Kindern unter drei Jahren eingesetzt werden" (Kinderarzt 1974, 206).

Vielleicht hat diese Kontroverse, die über den Elfenbeinturm der Wissenschaft hinausging und auch von öffentlichen Tageszeitungen aufgegriffen wurde, quasi als „List der Geschichte" zu einer größeren Akzeptanz von Müttererwerbstätigkeit beigetragen: Wurden berufstätige Mütter bisher diffamiert, erscheinen nun im Übergang zu den 80er Jahren Ratgeber nach dem Motto: „Die Doppelrolle meistern — gegen Vorurteile und Selbstzweifel" (*Müller-Kaldenberg* 1981; vgl. auch *Wagnerova* 1976).

3.5 Die Gegenwart der 80er Jahre: Wider die falsche Dichotomisierung im Lebenszusammenhang von Frauen

Die Auswertung der empirisch-sozialwissenschaftlichen Literatur zum Phänomen mütterlicher Erwerbsarbeit hat gezeigt, daß bis in die 50er Jahre hinein die Mitarbeit von Müttern weithin eine existentiell notwendige Funktionsausübung für ihre Familie war. Zu Beginn der Wiederaufbauphase konnten Frauen sich nur schlecht den Luxus leisten, Berufstätigkeit als ein Instrument der eigenen Emanzipation, als Möglichkeit der eigenen Persönlichkeitsentwicklung, der Selbstfindung oder gar der Selbstverwirklichung, wie es heute genannt wird, anzusehen. Als sie dann im Laufe der Haushaltskonsolidierung und ihrer längerfristigen Berufserfahrungen das in ihrer Berufstätigkeit enthaltene Potential von Selbständigkeit und Unabhängigkeit erkannten, gebot es der normative Zeitgeist der 60er und auch noch der 70er Jahre, diese Berufsverbundenheit nicht als „Anspruch auf ein Stück ‚eigenes Leben'" zu deklarieren, sondern als

„Dasein für andere", um eine Formulierung von *Beck-Gernsheim* (1985) aufzugreifen. Sie mußten ihre Arbeit also weiterhin als Dienst an der Familie interpretieren. Das öffentliche Schreckensbild der egoistischen, ihre Kinder vernachlässigenden, konsum- und berufsorientierten ehrgeizigen erwerbstätigen Mutter ist zwar brüchig geworden, wirkt aber als emotionale Zwickmühle weiter, indem es Frauen in ihrem Bestreben, eine gute Mutter sein zu wollen, verunsichert.

Es war und ist ein schwieriger historischer Lernprozeß für Frauen, die Diskrepanz zwischen ihrer beruflich-sozialen Realität und den Wertvorstellungen über eine ihnen „wesensgemäße" Lebenswirklichkeit als Familienmutter, die sie auch als ihre eigenen verinnerlicht haben, zunächst einmal zu erkennen und dann ggf. auch die eigenen Wünsche ohne Rücksicht auf andere, evtl. sogar auf Kosten anderer, durchzusetzen. Wie u. a. die Untersuchungen von *Pfeil* (1961, 1968) gezeigt haben, hat sich mit der tatsächlichen Erwerbsbeteiligung von Müttern über lange Zeiten hin keine Änderung ihrer negativen Grundeinstellung gegenüber dieser Tatsache entwickelt. Das ist erst geschehen im Zusammenhang mit den sozialen Bewegungen der Studenten und der Frauen, die in vielen gesellschaftlichen Bereichen zu größerer Offenheit geführt haben. Erst dann konnten die Ambivalenzen und Widersprüchlichkeiten, die Erwerbsarbeit für das Leben von Müttern in ihren beiden aufeinander bezogenen Lebensbereichen Familie und Beruf beinhaltet, konzeptuell und somit auch empirisch ans Licht gebracht werden. Die früheren Mütteruntersuchungen hatten teilweise bereits Hinweise gegeben auf die Doppeldeutigkeit des Bedeutungsgehaltes von Berufsarbeit, nämlich zugleich Bürde und Befriedigung, Belastung und Entlastung für die Mütter zu sein (vgl. insbesondere *Hinze* 1960; *Pfeil* 1961, 1968; *Pross* 1973). Insofern läßt sich von Momenten von Kontinuität sprechen, auch wenn sich dies auf der Forschungsebene nicht als Kontinuität darstellt. Erst in der Perspektivenwechsel im Forschungsansatz, der im Übergang zu den 80er Jahren durch die sozialwissenschaftliche Frauenforschung begann, läßt inhaltliche *Kontinuitäts*aspekte sichtbar werden bei gleichzeitiger Feststellung eines *Wandels* hin zu einer größeren Berufsorientierung von Müttern aller Sozialschichten.

Die kritische Sichtung der sozialwissenschaftlichen Studien zum Bereich „Mutter und Beruf" zeigt, daß bis in die 70er Jahre hinein der wissenschaftliche und auch der öffentliche Diskurs über die Lebenswirklichkeit der Frauen von einer quantitativen Kumulation von Arbeitsanforderungen in zwei Lebensbereichen ausgeht — eben der Doppelrolle in Familie und Beruf. Um der Doppelbelastung entgegenzuwirken, sind zu verschiedenen historischen und politischen Phasen verschiedene Lösungsmodelle diskutiert und praktiziert worden, die tendenziell entweder auf eine zeitliche Trennung der beiden Rollen hinzielen oder auf eine Reduzierung bzw. gar Abspaltung des

Berufsbereiches, der bis in die jüngere Gegenwart hinein für Frauen sowieso nur einen nachrangigen Stellenwert besaß. Erst der feministische Forschungsansatz zeigt, daß eine solche Trennung der interinstitutionellen Bereiche Familie und Beruf dem doppelten Lebenszusammenhang von Frauen nicht gerecht werden kann. Wegbereitend für einen solchen Perspektivenwandel waren Untersuchungen, die im Rahmen des DFG-Schwerpunktprogramms „Integration der Frau in die Berufswelt" (vgl. *Becker-Schmidt* et al. 1980—1984; *Eckart* et al. 1979; *Weltz* et al. 1979) entstanden sind.[4]

Es ist das Verdienst dieser Projekte, das objektive und das subjektive Dilemma des Doppelrollenkonfliktes aufgewiesen zu haben. Der Lebenszusammenhang von Frauen ist deshalb so komplex, weil sich ihr Lebensmuster an beiden Erfahrungsbereichen orientiert und weil zusätzlich zur quantitativen Kumulation von Aufgaben als objektive Schwierigkeit der Doppelrollenexistenz auch noch die „subjektive Verwiesenheit" (*Becker-Schmidt* 1980, 719) von Frauen auf Familie und Beruf hinzukommt. Trotz und wegen der für industrielle Gesellschaften typischen Trennung beider Erfahrungsbereiche sind sie doch gleichzeitig aufeinander bezogen. Aus ihrem Wechselwirkungsverhältnis ergibt sich die Problematik für den Lebenszusammenhang von Frauen, denn weder Arbeitswelt noch Familie nehmen Rücksicht auf diese Interdependenz: Der Beruf erfordert den Einsatz der ganzen Person, die sich zuhause regeneriert. Diese Möglichkeit ist der Frau verwehrt, da sie angesichts fortbestehender geschlechtsspezifischer Arbeitsteilung auch heutzutage noch überwiegend für den häuslichen Bereich verantwortlich ist. Beides zu vereinbaren, ist zuviel, aber nur auf einen Bereich verwiesen zu sein, ist zuwenig. „Das Bedürfnis nach Familie *und* Beruf ist ... die subjektive Seite der objektiven Interdependenz der beiden Lebensbereiche" (*Becker-Schmidt* 1980, 718); auch Frauen haben nämlich ein Bedürfnis nach sozialer Anerkennung und nach gesellschaftlicher Integration. Erfahrungen von Selbstbewertung und Selbstbestätigung werden gemacht im Umgang und im Vergleich mit anderen. Maßstäbe für solche Vergleichs- und Bewertungserfahrungen können sich in der von Erwachsenen-Kommunikationsstrukturen isolierten Mutter- und Hausfrauenrolle hingegen nicht entwickeln. Zusätzlich zu den Widersprüchlichkeiten und Belastungen, die sich *zwischen* den beiden konkurrierenden Erfahrungsbereichen ergeben, kommen noch Widersprüchlichkeiten jeweils *innerhalb* eines Bereichs. So bestehen in der Familie beispielsweise einerseits persönliche Abhängigkeitsverhältnisse, andererseits auch Anhänglichkeitsbeziehungen. Die Erfahrungen am Arbeitsplatz sind sowohl abstrakt, fremdbestimmt und verschleißend, wie sie auch die Chance von Selbstwerterfahrung bieten.

Es sind diese doppelten Dimensionen von Widersprüchlichkeiten mit ihren jeweiligen verschiedenen Zumutungen und Umstellungserfordernissen, die ein Hin- und Hergerissensein, psychische Belastungen und Ambivalenzen zum Charakteristikum der Lebenswirklichkeit von Frauen und Müttern haben werden lassen. Frauen können nicht gewinnen; es gilt: „Überforderung durch Doppelbelastung — Unterforderung durch Segregation" (*Becker-Schmidt* 1981).

Abschließend ist festzustellen: Die Auswertung der empirisch-sozialwissenschaftlichen Literatur zum Phänomen mütterlicher Erwerbsarbeit läßt insbesondere einen Wandel sichtbar werden im Bedeutungsgehalt, den Mütter dieser sozialen Tatsache zumessen. So hat sich zum einen die Realität selber geändert, wie die steigende Erwerbsbeteiligung von Müttern mit Kindern in verschiedenen Altersgruppen zeigt, zum anderen haben sich vornehmlich Änderungen auf der Bewußtseinsebene hinsichtlich der Einstellung zur Mütterarbeit vollzogen. Das „Verlangen nach Normalisierung" (*Pfeil* 1961, 167) im weiblichen Lebenszusammenhang hat eine Bedeutung, die im Vergleich zur Zeit von vor 30 Jahren viel größere Handlungsspielräume läßt. Beinhaltete die Vorstellung von „Normalität" damals eine erhoffte Konsolidierung der gesellschaftlichen Zustände, die eine Rückbesinnung auf die wesensgemäßen Aufgaben von Frauen und Müttern, nämlich eine Rückkehr in die Familie, ermöglichen sollten (vgl. auch *Weichmann* o.J., 13), so umfaßt heute die soziale Interpretation des „Normalen" für die Lebenssituation von Frauen die doppelte Orientierung an Beruf *und* Familie.

Zwar waren bereits 1957 fast drei von vier (72%) der von *Pfeil* seinerzeit befragten berufstätigen Mütter der Meinung, daß Mütterarbeit „allgemein üblich werden wird" (*Pfeil* 1961, 163), doch fand diese prognostizierte gesellschaftliche Entwicklung durchaus nicht die Zustimmung der betroffenen Mütter: Nur 3% bejahten sie vorbehaltlos, insgesamt hatten ca. 1/5 der Befragten eine positive Einstellung, fast 3/4 waren ablehnend, die restlichen bekundeten eine „einerseits-andererseits"-Einstellung (*Pfeil* 1961, 168).

Die Vorstellungen der Mehrheit der Mütter hatten damals prophetischen Charakter. Sie selber mußten sich noch mit „Strategien der ‚Normalisierung' als ob" herumplagen, während die Mütter heute es mit „Normalisierungsstrategien ‚eigener Art'" zu tun haben. Das von *Hoffmann-Riem* (1984) entwickelte Konzept von zwei verschiedenen Normalisierungsstrategien, mit denen sie im Bereich von Adoptionsfamilien Wandlungsprozesse im Vergleich zur „Normalfamilie" aufgezeigt hat, ist gut geeignet auch zur Beschreibung von Änderungen in der Problemlage Müttererwerbstätigkeit. Zu den Strategien der „Normalisierung" ‚als ob'" der berufstätigen Mütter früher gehörte es beispielsweise, Mütterarbeit prinzipiell abzulehnen, ihre eigene Erwerbsarbeit jedoch mit der zeitlich begrenzten Ausnahme der finanziellen Notwendigkeit für die Familie zu legitimieren (*Pfeil* 1961, 153, 169).

Heute hingegen, da beides erlaubt, gewollt und auch gefordert ist, werden im Umgang mit der „widersprüchlichen Komplementarität" von Familie und Beruf (*Weltz* et al. 1979, 13) „Normalisierungsstrategien ‚eigener Art'" (*Hoffmann-Riem* 1984) angewandt. Heute ist Doppelorientierung als integraler Bestandteil des Lebensentwurfs von Frauen zu einer weithin akzeptierten kulturellen Selbstverständlichkeit geworden — und zwar nicht nur im Bewußtsein der betroffenen Frauen und Mütter aller Sozialschichten, sondern inzwischen auch verbreitet in öffentlichen und privatwirtschaftlichen Institutionen (vgl. Familie und Arbeitswelt 1984). Ferner existiert heutzutage Doppelorientierung als Teil der Lebensgestaltung nicht nur bei hochqualifizierten Frauen, denen eine besondere Berufsverbundenheit schon immer zugestanden worden ist, sondern auch bei Frauen, denen man traditionellerweise nie einen positiven Bezug zu ihrer Arbeit konzediert hat, nämlich bei Fabrikarbeiterinnen (*Becker-Schmidt* et al. 1981—1984) und bei Frauen, in deren Lebensphase Schwierigkeiten der Vereinbarkeit von Familien- und Berufsaufgaben objektiv besonders offenkundig sind, nämlich bei Müttern von Kleinstkindern (*Bertram, Bayer* 1984; Bundesministerium für Arbeit und Sozialordnung [Hrsg.] 1986; *Krüger* et al. 1987).

Anmerkungen

[1] Der Ausdruck „Problemlage" ist hier in analoger Weise zum Fünften Jugendbericht in Abgrenzung zum Begriff des „Problems" bewußt gewählt worden: Problemlage bezieht sich auf gesellschaftliche Konstellationen und Bedingungszusammenhänge, die es aufzudecken gilt. Aus den Problemlagen heraus, wie etwa dem Spannungsverhältnis zwischen gesellschaftlich vermittelten Normierungen, Orientierungen und Bedürfnissen und den Schwierigkeiten ihrer Realisierung, ergeben sich für die Betroffenen erst die „Probleme" (*Hornstein et al.* 1979, 24).

[2] Diesem Abschnitt liegen folgende Quellen zugrunde: Die verschiedenen Jahrgänge des Statistischen Jahrbuchs von Jg. 1, 1952 bis Jg. 34, 1984; diverse Artikel aus Wirtschaft und Statistik; Statistisches Bundesamt (Hrsg.) 1983; *Schubnell* 1963; *Willms* 1983, 35; *Rode* 1986, 44 ff.
Ich danke *Domenica Rode* für ihre Hilfe beim Zusammenstellen einschlägiger Statistiken.
Für eine detailliertere statistische Aufbereitung verschiedener Aspekte der Lebensbedingungen von erwerbstätigen Müttern mit heranwachsenden Kindern für ein Bundesland vgl. die Ergebnisse der Mikrozensus-Zusatzerhebung 1982: Statistisches Landesamt Baden-Württemberg (Hrsg.) 1985.

[3] Gehandelt wurde in der Öffentlichkeit eine Zahl von 3 Mio. unbetreuten „Schlüsselkindern". Eine sorgfältige statistische Erhebung zeigte, daß 1962 von den Kindern unter 10 Jahren, deren Mütter ganz- oder halbtags arbei-

teten, 50 000 „mindestens zeitweise der Betreuung entbehrten" (*Schubnell* 1964, 453).

[4] Für eine ausführliche Referierung anderer feministischer Untersuchungen zum (neuen) „Bewußtsein von Frauen zwischen Erwerbs- und Familienarbeit" vgl. *Milz* (1984).

Literatur

Baumert, G. unter Mitwirkung von *Hünninger, E.:* Deutsche Familien nach dem Kriege. Darmstadt 1954
Becker-Schmidt, R.: Widersprüchliche Realität und Ambivalenz: Arbeitserfahrungen von Frauen in Fabrik und Familie. Kölner Z. Soz. Sozialpsychol. (1980) S. 705—725
Becker-Schmidt, R.: Überforderung durch Doppelbelastung — Unterforderung durch Segregation. In: *U. Schneider* (Hrsg.), Was macht Frauen krank? Frankfurt—New York 1981, S. 33—725
Becker-Schmidt, R., Knapp, G.-A., Rumpf, M.: Frauenarbeit in der Fabrik — Betriebliche Sozialisation als Lernprozeß? Über die subjektive Bedeutung der Fabrikarbeit im Kontrast zur Hausarbeit. In: Gesellschaft. Beiträge zur Marxschen Theorie 14. Frankfurt 1981a, S. 52—74
Becker-Schmidt, R., Knapp, G.-A., Rumpf, M.: Familienarbeit im proletarischen Lebenszusammenhang: Was es heißt, Hausfrau zu sein. In: Beiträge zur Marxschen Theorie 14. Frankfurt 1981b, S. 75—96
Becker-Schmidt, R., Brandes-Erlhoff, U., Karrer, M.: Nicht wir haben die Minuten, die Minuten haben uns: Zeitprobleme und Zeiterfahrungen von Arbeitermüttern in Fabrik und Familie. Bonn 1982
Becker-Schmidt, R., Brandes-Erlhoff, U., Rumpf, R., Schmidt, B.: Arbeitsleben — Lebensarbeit. Konflikte und Erfahrungen von Fabrikarbeiterinnen. Bonn 1983
Becker-Schmidt, R., Knapp, G.-A., Schmidt, B.: Eines ist zu wenig — beides ist zuviel: Erfahrungen von Arbeiterfrauen zwischen Familie und Fabrik. Bonn 1984
Beck-Gernsheim, E.: Vom „Dasein für andere" zum Anspruch auf ein Stück „eigenes Leben". Soziale Welt (1983) S. 307—340
Bericht der Bundesregierung über die Situation der Frauen in Beruf, Familie und Gesellschaft. Drucksache V/909. Bonn 1966
Bertram, H.: Berufsorientierung erwerbstätiger Mütter. Z. Sozialisationsforsch. Erziehungssoziol. (1983) S. 29—40
Bertram, H., Bayer, H.: Berufsorientierung erwerbstätiger Mütter: Zum Struktur- und Einstellungswandel mütterlicher Berufstätigkeit. München 1984
Bowlby, J.: Child Care and the Growth of Love. Harmondsworth 1953 (deutsche Übersetzung: Mutterliebe und kindliche Entwicklung. München 1972)
Bundesministerium für Arbeit und Sozialordnung (Hrsg.): Erwerbstätigkeit und Mutterschaft. Möglichkeiten und Probleme von Berufsunterbrechung und Berufsrückkehr bei Müttern mit Kindern unter drei Jahren. Bonn 1986

Dahrendorf, R.: Homo Sociologicus. Köln—Opladen 1961
Eckart, Chr., Jaerich, U.G., Kramer, H.: Frauenarbeit in Familie und Fabrik. Frankfurt 1979
Erler, G., Jaeckel, M., Sass, J.: Mütter zwischen Beruf und Familie. München 1983
Familie und Arbeitswelt. Gutachten des Wissenschaftlichen Beirats für Familienfragen beim Bundesministerium für Jugend, Familie und Gesundheit. Schriftenreihe des Bundesministeriums für Jugend, Familie und Gesundheit. Stuttgart 1984
Feld, W.: Befragungen erwerbstätiger Frauen. Jahrb. für Nationalökonomie und Statistik (1960) S. 416—434
Friese, H.: Beruf und Familie im Urteil weiblicher Lehrlinge. Eine empirische Untersuchung zur Mädchenbildung. Hannover—Berlin 1967
Hellbrügge, Th.: Waisenkinder der Technik. In: *R. Demoll* (Hrsg.), Menschheit im Schatten. München—Eßlingen 1960
Herrmann, A.H.: Die außerhäusliche Erwerbstätigkeit verheirateter Frauen. Stuttgart 1957
Hinze, E. unter Mitarbeit von *Knospe, Chr.:* Lage und Leistung erwerbstätiger Mütter: Ergebnisse einer Untersuchung in Westberlin. Berlin—Köln 1960
Hoffmann-Riem, Chr.: Das adoptierte Kind. Familienleben mit doppelter Elternschaft. München 1984
Hofmann, A.Chr., Kersten, D.: Frauen zwischen Familie und Fabrik. Die Doppelbelastung der Frau durch Haushalt und Beruf. München 1958
Hornstein, W., Bäuerle, W., Greese, D., Lempp, R., Mollenhauer, P., Prott, J., Sommerkorn, I. N.: Situation und Perspektiven der Jugend: Problemlagen und gesellschaftliche Maßnahmen. Fünfter Jugendbericht der Bundesregierung. Weinheim—Basel 1982
International Social Science Journal (UNESCO): Images of Women in Society, Jg. 14, 1 (1962)
Kätsch, E.M.: Langfristige Bestimmungsgründe für die Erwerbstätigkeit verheirateter Frauen. Köln—Opladen 1965
Koliadis, E.: Mütterliche Erwerbstätigkeit und kindliche Sozialisation. Weinheim—Basel 1975
Krüger, H., Born, C., Einemann, B., Heintze, S., Saiti, H.: Privatsache Kind — Privatsache Beruf. Zur Lebenssituation von Frauen mit kleinen Kindern in unserer Gesellschaft. Opladen 1987
Lehr, U.: Die Frau im Beruf. Eine psychologische Analyse der weiblichen Berufswahl. Frankfurt 1969
Lehr, U.: Die Bedeutung der Familie im Sozialisationsprozeß. In: Schriftenreihe des Bundesministers für Jugend, Familie und Gesundheit. Stuttgart 1973
Lehr, U.: Die Rolle der Mutter in der Sozialisation des Kindes. Darmstadt 1974
Lehr, U.: Die mütterliche Berufstätigkeit und mögliche Auswirkungen auf das Kind. In: *F. Neidhardt* (Hrsg.), Frühkindliche Sozialisation. Stuttgart 1975, S. 230—267
Lehr, U.: Ist Frauenarbeit schädlich? Im Spannungsfeld von Familie und Beruf. Zürich—Osnabrück 1979
Levy, R.: Der Lebenslauf als Statusbiographie. Die weibliche Normalbiographie in makrosoziologischer Perspektive. Stuttgart 1977
Mayntz, R.: Die moderne Familie. Stuttgart 1955

Maxson, R.F.: The Woman Worker in Germany. United High Commissioner for Germany, Officer of Labor Affairs, in Zusammenarbeit mit dem DGB. Bad Godesberg 1952

Meyer, S., Schulze, E.: Wie wir das alles geschafft haben. Alleinstehende Frauen berichten über ihr Leben nach 1945. München 1984

Meyer, S., Schulze, E.: Von Liebe sprach damals keiner. Familienalltag in der Nachkriegszeit. München 1985

Milz, H.: Zum Bewußtsein von Frauen zwischen Erwerbs- und Familienarbeit. In: Karriere oder Kochtopf? Jb. der Hochschule für Wirtschaft und Politik. Hamburg 1984, S. 161—179

Moers, M.: Frauenerwerbsarbeit und ihre Wirkungen auf die Frau. Recklinghausen 1948

Müller-Kaldenberg, R.: Mütter mit Beruf. Die Doppelrolle meistern gegen Vorurteile und Selbstzweifel. Reinbek 1981

Muthesius, H. (Hrsg.): Die Mutter in der heutigen Gesellschaft. Gesamtbericht über den 63. Deutschen Fürsorgetag 1963 in München. Köln—Berlin 1964

Myrdal, A., Klein, V.: Die Doppelrolle der Frau in Familie und Beruf. Köln 1971 (Deutsche Übersetzung zuerst 1960, engl. Originalausgabe 1956)

Nave-Herz, R.: Das Dilemma der Frau in unserer Gesellschaft. Der Anachronismus in den Rollenerwartungen. Neuwied 1972

Nave-Herz, R.: Frauen und Familie nach 1945. In: *G. Kraitzer* (Hrsg.), 1945 — Die Stunde Null? Symposium im Rahmen der Ossietzky-Tage 85 an der Universität Oldenburg. Oldenburg 1986, S. 73—86

Nyssen, E., Metz-Göckel, S.: „Ja, die waren ganz einfach tüchtig" — Was Frauen aus der Geschichte lernen können. In: *A.-E. Freyer, A. Kuhn* (Hrsg.), Frauen in der Geschichte, V. Düsseldorf 1984, S. 312—347

Oubaid, M.: Das Mutter-Dilemma. Warum Mütter sich schuldig fühlen. Psychologie Heute (1987) S. 20—26

Pfeil, E.: Die Berufstätigkeit von Müttern. Eine empirisch-soziologische Erhebung an 900 Müttern aus vollständigen Familien. Tübingen 1961

Pfeil, E.: Das Bild der Frau in der empirisch-soziologischen Forschung der letzten Jahre. Soz. Welt (1963) S. 134—152

Pfeil, E.: Mütterarbeit gestern und heute. In: *H. Muthesius* (Hrsg.), Die Mutter in der heutigen Gesellschaft. Köln 1964, S. 123—139

Pfeil, E.: Die Frau in Beruf, Familie und Haushalt. In: *F. Oeter* (Hrsg.), Familie und Gesellschaft. Tübingen 1966, S. 141—175

Pfeil, E. et al.: Die 23jährigen. Eine Generationsuntersuchung am Geburtenjahrgang 1941. Tübingen 1968

Pfeil, E.: Die Einstellung der heute 23jährigen zur Erwerbstätigkeit der verheirateten Frau und Mutter. Hauswirtsch. Wissensch. (1974) S. 178—186

Pfeil, E.: „Männliche" und „weibliche" Rolle — Dynamik und ausgetragene Konflikte. ZfS (1975) S. 380—402

Pross, H.: Gleichberechtigung im Beruf? Eine Untersuchung mit 7000 Arbeitnehmerinnen in der EWG. Frankfurt 1973

Reitz, G.: Die Rolle der Frau und die Lebensplanung der Mädchen. Analyse und Untersuchungen. München 1974

Riedrich, L.: Sozialpädagogische Probleme der Frauenarbeit in der Industrie. Soz. Arbeit (1967) S. 150—167

Rode, D.: Der Zusammenhang von Bildungsbeteiligung und Lebensperspektiven bei Frauen in der Bundesrepublik Deutschland. Universität Hamburg: Unveröffentl. Diplomarbeit in Soziologie, 1986
Sachs, A.: Aspekte der beruflichen und sozialen Situation von Frauen in den Jahren 1945 bis 1948. Frauenforschung (1983) S. 103—109
Scarr, S.: Mutter arbeitet. Psychologie Heute (1987) 28
Schelsky, H.: Wandlungen der deutschen Familie in der Gegenwart. Darstellung und Deutung einer empirisch-soziologischen Tatbestandsaufnahme, 3. erw. Aufl. Stuttgart 1955 (1. Aufl. Dortmund 1953)
Schelsky, H.: Die skeptische Generation. Eine Soziologie der deutschen Jugend, 1. Aufl. Düsseldorf 1957, erw. Taschenbuchausg. 1975
Schmidtchen, G.: Die Situation der Frau. Trendbeobachtungen über Rollen- und Bewußtseinsänderungen der Frauen in der Bundesrepublik Deutschland. Berlin 1984
Schmidt-Relenberg, N.: Die Berufstätigkeit der Frau und die Familie in den Leitbildern von Abiturientinnen. Soz. Welt (1965) S. 133—150
Schubnell, H.: Die Erwerbstätigkeit von Frauen und Müttern und die Betreuung ihrer Kinder. Wirtschaft und Statistik 8 (1964) S. 444—456
Schütze, Y.: Die gute Mutter: Zur Geschichte des normativen Musters „Mutterliebe". Bielefeld 1986
Sommerkorn, I.N.: Studien- und Berufsaussichten von Abiturientinnen. Neue Sammlung (1969), S. 65—80
Sommerkorn, I.N., Nave-Herz, R.: Women in Top Jobs in the Federal Republic of Germany. Women's Careers, London (1970) S. 11—57
Speck, O.: Kinder erwerbstätiger Mütter. Ein soziologisch-pädagogisches Gegenwartsproblem. Stuttgart 1956
Spitz, R.: Vom Säugling zum Kleinkind. Stuttgart 1967 (englische Originalausgabe 1965)
Statistisches Bundesamt (Hrsg.): Frauen in Familie, Beruf und Gesellschaft. Stuttgart 1975, 1983
Statistisches Jahrbuch der Bundesrepublik Deutschland, 1. Jg. 1952 bis 32. Jg. 1984
Statistisches Landesamt Baden-Württemberg (Hrsg.): Die Erwerbstätigkeit von Müttern und die Betreuung ihrer Kinder in Baden-Württemberg. Ergebnisse einer Mikrozensus-Zusatzerhebung vom April 1982. In: Materialien und Berichte der Familienwissenschaftlichen Forschungsstelle, H. 13. Stuttgart 1985
Thurnwald, H.: Gegenwartsprobleme Berliner Familien. Eine soziologische Untersuchung an 498 Familien. Berlin 1948
Ulshoefer, H.: Mütter im Beruf. Die Situation erwerbstätiger Mütter in neun Industrieländern. Annotierte Bibliographie Berlin 1969
Wagnerova, A.K.: Mutter, Kind, Beruf. Erfahrungsberichte, Überlegungen, Ratschläge zur Lösung eines vitalen Konflikts. Reinbek 1976
Weichmann, E.: Die Frau in der Wirtschaft. Entwicklung der deutschen Frauenarbeit von 1946 bis 1951. Eine statistische Übersicht. Hamburg—Wiesbaden o.J.
Weltz, F., Diezinger, A., Lullies, V., Marquardt, R.: Junge Frauen zwischen Beruf und Familie. Frankfurt—New York 1979
Willms, A.: Grundzüge der Entwicklung der Frauenarbeit von 1880 bis 1980. In: *W. Müller, G. Handl* (Hrsg.), Strukturwandel der Frauenarbeit 1890—1980. Frankfurt 1983, S. 25—54

Wirtschaft und Statistik (WiSta):
- *K. Horstmann:* Die Frau in Haushalt und Beruf. 1954, S. 326—330
- Die erwerbstätigen Ehefrauen nach der sozialen Stellung ihrer Männer, dem Alter, der Ehedauer, der Zahl ihrer Kinder und der Größe der Haushalte. 1956, S. 458—463
- *K. Horstmann:* Die berufstätigen Mütter und ihre wirtschaftliche Lage. 1962, S. 581—585
- *H. Schubnell:* Die Erwerbstätigkeit von Frauen und Müttern und die Betreuung ihrer Kinder. 1964, S. 444—456
- *J. Adams, H. Gendriesch:* Familienstruktur und Erwerbstätigkeit. 1965, S. 703—709
- Einfluß der Ehedauer auf die Erwerbstätigkeit verheirateter Frauen. 1967, S. 362
- Junge Mütter. 1968, S. 346
- Zum Verlauf des Erwerbslebens von Frauen. 1968, S. 498
- Aufnahme und Unterbrechung der Erwerbsbeteiligung der Frauen. 1969, S. 20—24
- Die Erwerbstätigkeit der Mütter und die Betreuung ihrer Kinder. 1971, S. 86—88
- Die Betreuung der Kinder erwerbstätiger und nichterwerbstätiger Mütter. 1971, S. 161—165
- Frauen mit Teilzeitarbeit. 1971, S. 416—418
- Die Entwicklung der Erwerbstätigkeit der Frauen und ihre Einflußfaktoren. 1973, S. 149
- Die Erwerbstätigkeit von Müttern mit jüngeren Kindern. 1975, S. 459—464
- Unterbrechung und Wiederaufnahme der Erwerbstätigkeit von Frauen. 1976, S. 236—239
- *K. Schwarz:* Erwerbstätigkeit verheirateter Frauen. 1978, S. 571—576
- Teilzeitbeschäftigte Frauen. 1978, S. 473—480

Wurzbacher, G.: Leitbilder gegenwärtigen deutschen Familienlebens. Stuttgart 1951

Zeitschrift für Pädagogik: Diskussion um das Projekt „Tagesmutter", H. 3 und 6 (1974)

Familial-verwandtschaftliche Netzwerke

Günther Lüschen

Wenn der Wandel der Familie diskutiert und analysiert wird, dann wird deren Beziehung zur Verwandtschaft oft als nicht existent, zumindest aber als praktisch funktionslos angenommen. Die These der in dieser Hinsicht „isolierten Kleinfamilie" (*Parsons*) ist in der deutschen Familiensoziologie weiterhin ein unwidersprochenes Stück Analyse (*Tyrell* 1979). Zudem paßt es schlecht in das vermeintlich moderne Konzept des Wohlfahrtsstaates, wenn man für den Staatsbürger außer der öffentlichen und solidarischen sozialen Absicherung noch auf ein Stück Subsidiarität aus dem Kontext der erweiterten Familie rechnen kann. So unterstützen auch die damit zusammenhängenden Ideologien den Glauben, daß die Verwandtschaft zumindest überflüssig sei. Den Rückgriff auf ein Stück Stammfamilie in der materiellen Versorgung im und nach dem Kriege hatte man offenbar vergessen, übersieht ebenso die in einigen Untersuchungen damals registrierten verwandtschaftlichen Kontakte (*Wurzbacher* 1958) und hält trotz einiger Befunde über Verwandtschaftsbeziehungen u. a. in der Großstadt (*Lüschen* et al. 1970; *Pfeil, Ganzert* 1973; *Leitner* 1977; *Nave-Herz* 1984; *Vaskovics* 1982) Verwandtschaft für weder besonders wichtig noch für einen interessanten Gegenstand der Analyse. Beiden Schlußfolgerungen wird in diesem Beitrag widersprochen: Verwandtschaft ist nicht nur weiterhin wichtig, sie ist zudem im Bereich der Familiensoziologie und Soziologie überhaupt einer der interessantesten Gegenstände für die Analyse. Während im Vergleich zu einem idealtypischen Bild der vorindustriellen Familie nicht darüber zu rechten ist, daß die Verwandtschaft sich sowohl verändert als auch viele ihrer instrumentellen Funktionen verloren hat, so soll an dieser Stelle zu bedenken gegeben werden, daß hinter allem Wandel eine erhebliche Stetigkeit im Verwandtschaftssystem besteht, die u. a. durch das Ausmaß ihrer Abhängigkeit von familial-verwandtschaftlichen Sachbezügen herrührt.

Die moderne Verwandtschaft sollte auch in der Soziologie den Stellenwert einnehmen, den sie in der Anthropologie international seit langem und auch in Deutschland für die moderne Verwandtschaft hat (*Tews, Schwägler* 1973; *Ganzer* 1979; *Müller* 1984). Für die englische Mittelschichtfamilie hatten *Firth* et al. festgestellt, daß Verwandtschaft eine hohe Bedeutung habe und diese im übrigen durch einen „flow of social behavior rather than a structural set of positions" bestimmt sei (1970). Auch die hier implizierte Frage nach der Strukturiertheit moderner Verwandtschaft soll im Verlauf dieses Beitrags verfolgt werden. Dabei sollen nach einigen theoretischen und sachbezogenen Erörterungen erste Daten aus einer zeitlich und interkulturell vergleichenden Untersuchung vorgelegt werden.

1 Das Problem verlorener Bedeutsamkeit für die Verwandtschaft in führenden Paradigmen der Familienanalyse und die Notwendigkeit für ein sachbezogenes Paradigma

In der strukturell-funktionalen Analyse der Familie wurde diese in ihrem Beitrag für die Gesellschaft allgemein und in ihrem Bezug zu je einzelnen Institutionen bzw. funktionalen Subsystemen (z. B. *Bell, Vogel* 1960) gesehen oder Fragen um Familie und gesellschaftliche Differenzierung (*Durkheim* 1921; *Tyrell* 1979) diskutiert. Blieb dabei schon die innere Struktur der Kleinfamilie eigentümlich blaß und erforderte selbst bei *Parsons* psychologisierende Hilfskonstruktionen, so war unter solchem Blickwinkel für die Verwandtschaft praktisch kein Platz. Immerhin sprach *Durkheim* noch von ihrem Zurücksinken in eine „sekundäre Zone". Unter solchen Umständen war es bei Soziologen des Paradigmas der interaktionistischen Analyse verhältnismäßig leicht, die Thesen von der isolierten Kleinfamilie durch entsprechende Befunde über Verwandtschaftsbesuche oder auch Hilfeleistungen zu widerlegen (*Sussman, Burchinal* 1962; *Young, Willmott* 1962; *Lüschen et al.* 1972). Nur erbrachte auch das Paradigma des Interaktionismus wenig Aufschlüsse für die Verwandtschaftsanalyse und wurde vielleicht auch deshalb von *Parsons* und seinen Anhängern ignoriert. Typische Themen waren eher Scheidung, Autorität, Sozialisierung in der Kleinfamilie. Zudem betonte dieses Paradigma einseitig Interaktion, positive Beziehungen oder stellte die Bedeutung von Freunden als Quasi-Verwandte in den Vordergrund. Gespannte Beziehungen, Konflikte mit Verwandten sind aber auch Beziehungen und nicht wie Freundschaften der Grund für ihr oft augenblickliches Ende. Auch die zunächst so hoffnungsvolle Netzwerkanalyse, die erste Anregungen bei *Elizabeth Bott* (1971) sogar der Familie verdankt, erbrachte in jüngster Zeit keine bemerkenswerten Aufschlüsse mehr, weil für deren empirische Grundansätze Verwandtschaftssysteme offenbar zu komplex sind und man den Anregungen von *Whitten* und *Wolfe* (1964) für die Analyse von Strukturmerkmalen statt limitierten Mengenansätzen nicht gefolgt ist. Die von *Koschorke* (1972) vorgelegten Strukturmodelle der deutschen Familie, die einen auch für Verwandtschaftsanalyse möglichen Ansatz diskutierten, sind empirisch in ihrer Bedeutung noch nicht belegt worden.

Unter solchen Bedingungen verlorener Bedeutsamkeit für die Verwandtschaft auf Grund des methodologischen Ansatzes oder spezifischen Paradigmas ist es erforderlich, ein neues Paradigma in den

Vordergrund zu stellen, das zwar auch für die Kleinfamilie, mehr noch für das Verwandtschaftssystem den Sachbezug betont und dabei die unverrückbaren und nicht nur materiellen Gegebenheiten dieser Struktur (*Schmalenbach* 1922) analysiert. Zu diesen Sachbezügen gehören:

1. Der Umstand, daß Familien Besitzsysteme sind, die durch Heirat mit anderen verknüpft sind.
2. Rechtssysteme, die für Verwandtschaft Konsequenzen haben und solche Dinge wie Prinzipien der Exogamie oder Eheverbote, der Unterhaltspflicht, der Adoption und eines bisweilen komplizierten Erbrechtes regeln.
3. Fragen der Lokalität, da auch heute noch viele Verwandte in räumlicher Nähe in oft derselben Gemeinde wohnen oder als weiterer Sachbezug durch moderne Kommunikationssysteme leicht miteinander verbunden sind.
4. Verwandtschaftskulturen, deren Rituale, Symbole und Zeichen bisweilen deutlich, oft auch nur implizit, ausgeprägt sind und an den Rändern in Kulturen der jeweiligen Gemeinde übergehen.
5. Zu solchen Sachgegebenheiten gehören schließlich Fixpunkte der Familienstruktur, die wenigstens z. T. Konsequenzen für Verwandtschaft haben wie:
a) die biologisch-soziale Hilflosigkeit des Kindes, das erst nach längerer Betreuung in die Selbständigkeit entlassen werden kann;
b) die Abstammung in bilateralen Verwandtschaftssystemen;
c) die Folge wichtiger Ereignisse von Geburt über Heirat bis zum Tod, die durchweg auch von Verwandten und nicht nur von den unmittelbar beteiligten Kleinfamilien verfolgt werden sollte und zu verpflichtenden Ritualen führen. Auch Krankheit sollte hier angeführt werden.

Zu den Sachbezügen gehören schließlich ökologische Bedingungen in einem erweiterten Sinne, sozio-ökonomische Kontexte, die wie die modernen Kommunikations- und Transportmittel neue Bedingungen für eine Reaktivierung von Verwandtschaft ermöglichen können. In welchem Maße diese Sachstrukturen Folgen für Verwandtschaftssysteme haben, muß durch entsprechende Analysen erst im einzelnen untersucht werden. Das hier vorgeschlagene Paradigma für die familial-verwandtschaftliche Analyse wird aber auf jeden Fall nicht die mögliche Bedeutsamkeit der Verwandtschaft wie im strukturell-funktionalen und interaktionistischen Paradigma übersehen und verfehlen.

Dieser Ansatz ist auch nicht ohne Vorläufer. So haben *Lévi-Strauss* (1969) und *Farber* (1971, 1981) Familien als Besitzsysteme verstanden, bei *König* (1974a) findet sich ein in der Bedeutung über Besitz hinausweisender Begriff der „property" als konstitutiv für Familie und Verwandtschaft. *Claessens, Menne* (1970) beziehen sich ausdrücklich auf das „sachbezogene System" in der bürgerlichen Familie, das auch in der Familie als Organisation erkennbar ist.

2 Der demographische Sachbezug in Familie und Verwandtschaft

Als Sachbezug besonders auffällig und empirisch trotz des Fehlens einiger spezifischer Analysen für Verwandtschaft gut begründbar sind demographische Gegebenheiten. Sie machen ganz besonders Bedingungen und Veränderungen des Familien- und Verwandtschaftssystems deutlich. Wer keine Verwandte hat, kann auch keine verwandtschaftlichen Kontakte haben, diese aber ggf. durch Quasi-Verwandte ersetzen. Was hier angesprochen wird, ist offenbar, wie C. *Mühlfeld* (1976, 138) anmerkte, so trivial, daß man darüber getrost zur Tagesordnung übergehen könnte. Und doch sind die gegebenen Strukturen und ihr Wandel so wichtig und interessant, daß man sich wundern muß, daß hier nicht schon lange Analysen angesetzt worden sind (*Menken* 1985). Die im fortgeschrittenen Alter vielberufene Beziehung zwischen Mutter und Tochter ist eben nicht nur das Ergebnis positiver Sympathiebeziehungen sowie wirtschaftlicher Gegebenheiten in der Männergesellschaft, sondern zu einem erheblichen Teil darauf zurückzuführen, daß zu dem Zeitpunkt, wo solche Beziehungen offenbar so wichtig sind, die Väter solcher Töchter oft schon verstorben sind. Die stärksten Veränderungen gerade in demographischer Hinsicht für die familial-verwandtschaftlichen Netzwerke stehen uns aber erst noch bevor.

Verwandtschaftssysteme sind durch den altersmäßigen Umschlag der einzelnen Generation, die allgemeine Lebenserwartung und die Zahl der Kinder sowie natürlich deren späterer Heirat mit eigener Kinderzeugung bestimmt. Den letzteren Hinweis können wir unter Betrachtung der bisherigen Verhältnisse als nicht besonders wichtig vernachlässigen. Er wird freilich in Zukunft ebenso größere Bedeutung für Verwandtschaftssysteme annehmen wie die Folgen gesteigerter Scheidungszahlen und der Wiederverheiratung. Außerdem sollte hier im Hinblick auf die familial-verwandtschaftlichen Netzwerke darauf aufmerksam gemacht werden, daß der Einfluß von Scheidungen auf solche Netzwerke nicht mit den Scheidungsraten gleichgesetzt werden kann. Nur 53,5% der geschiedenen Ehen betrafen 1983 Familien mit minderjährigen Kindern*. Die höchsten Scheidungsraten sind bis zum 4.–6. Ehejahr zu verzeichnen und

---

* Anmerkung: Wenn nicht anders angemerkt, sind die hier und an anderer Stelle erwähnten deutschen demographischen Zahlen den Statistischen Jahrbüchern des damaligen Deutschen Reiches von 1900 und 1930 sowie denen der Bundesrepublik Deutschland von 1956, 1970, 1980 und 1985 entnommen.

nehmen danach ab. Bis zum 10. Ehejahr ereignen sich die Hälfte aller Scheidungen. Familien- und Verwandtschaftssysteme sind also weniger betroffen als man zunächst meinen könnte; zudem haben sie Gelegenheit, sich solchen Gegebenheiten anzupassen, wenn viele Eheschließungen relativ kurze Episoden bleiben. Man sollte auch nicht übersehen, daß Scheidung und Wiederheirat tatsächlich vor allem aus gegenwärtigen normativen Gründen prekär sind, aber auch als zusätzliche potentielle Ressourcen für erweiterte familiale Netzwerke angesehen und verstanden werden können. Im Hinblick auf die grundlegenden demographischen Veränderungen hat *Menken* (1985) u. a. darauf hingewiesen, daß über einen Zeitraum von nur 40 Jahren zwischen 1940 und 1980 in den USA die Prozentsätze von 50jährigen Frauen mit lebenden Müttern von 35 auf 67% gestiegen sind. Solche Veränderung ist in ihrem Einfluß auf das Verwandtschaftssystem nicht hoch genug anzusetzen.

Der altersmäßige Umschlag hat sich seit der Jahrhundertwende insofern verändert, als die geborenen Kinder auf einen engeren geplanten Raum zusammengedrängt sind, während das Heiratsalter bisher Lediger über längere Zeiträume gar abnahm und also für den generationalen Umschlag ein gewisser Nettogewinn intergenerationaler Verwandter zu erwarten war (vgl. auch *Nave-Herz* 1984). An dieser Stelle sind aber durch ökonomische Verhältnisse, durch beruflich bedingten Aufschub oder auch normative Veränderungen, Kinder zu haben, einige neue, nicht immer einheitliche Entwicklungen festzustellen. Die allgemein höhere Lebenserwartung seit der Jahrhundertwende hat auf den ersten Blick einen enormen intergenerationalen Zuwachs zu verzeichnen, denn eine von 1900 bis 1980 in Deutschland erhöhte Lebenserwartung von 25,3 Jahren bei Männern und 28,5 bei Frauen würde ja die Hinzufügung praktisch einer vollen Generation jedenfalls bei Frauen mit ihrem niedrigeren Heiratsalter bedeuten. Dabei ist aber die einstmals hohe Säuglings- und Kindersterblichkeit zu berücksichtigen, so daß man besser die unterschiedliche Lebenserwartung der Personen im zeugungsfähigen Alter vergleicht. 30jährige haben seit 1900 bis 1980 noch ein Plus von 8 Jahren bei Männern und von 11,5 bei Frauen zu verzeichnen gehabt und seit 1925 immerhin noch um 4 bzw. 8,5 Jahre zugenommen. Es ergibt sich also für Verwandtschaftssysteme intergenerational eine deutliche Ausdehnung. Populär gesprochen, es hat noch nie so viele Großeltern und Urgroßeltern gegeben wie jetzt. Dabei sind die Zahlen für die Lebenserwartung weiterhin leicht ansteigend mit geringfügig besseren Aspekten für die Frauen. Urgroßmütter wird es also eine ganze Reihe geben. Der intergenerationalen Ausdehnung steht nun offenbar eine verwandtschaftlich-kollaterale Verengung gegenüber. Dazu kann zunächst festgestellt werden, daß die größten Verengungen erst noch bevorstehen. Es gibt bei den heute im Grundschulalter stehenden Kindern viele ohne Geschwister. Der Normalfall ist zudem eher ein Geschwister als mehr. Konsequenterweise wird es in der nächsten Generation sehr viel weniger Onkel und Tanten, Vettern und Cousinen geben. Schon jetzt hat die Zahl der Vettern und Cousinen bei Kindern im Schulalter gegenüber der letzten Generation abgenommen.

Trotzdem sind die hier vorliegenden Entwicklungen namentlich im Hinblick auf die Geburtenzahlen bis 1972 etwas weniger deutlich, als sie noch vor wenigen Jahren nach den pro 1000 Bevölkerung ausgewiesenen Geburtenziffern erscheinen mochten (*Schwarz* 1974, 1979). Maßgebend über reale Geburtenzahlen und Bevölkerungszuwachs sind nämlich zum Schluß die überhaupt pro Eheschließungsjahr geborenen Kinder. Dabei sehen die Zahlen dann bis in die Ehejahre der frühen 70er Jahre nicht so dramatisch aus wie die Entwicklungen einer deutlichen Senkung von Kinderzahlen seit diesem Zeitpunkt. Man sollte auch gleich anfügen, daß eine gewisse „Korrektur" der Geburtenzahlen pro Eheschließungsjahrgang in den Jahrzehnten seit dem ersten Weltkrieg jeweils nach den Kriegen in Deutschland eingetreten ist. So können die Rückgänge der Geburtenrate von 35,6 für 1900 über 20,7 (1925), 16,2 (1950) bis 10,1 (1980) nur als bedingt brauchbarer Indikator für die potentiellen Veränderungen unserer Familien- und Verwandtschaftssysteme benutzt werden. Daß hier übrigens innerhalb bestimmter Schichten bzw. Berufsgruppen sehr bemerkenswerte Veränderungen vorliegen, soll wenigstens angemerkt werden.

Eine sehr interessante Entwicklung mit verwandtschaftsspezifischen Konsequenzen ergibt sich durch die steigende Zahl von Frauen ohne Kinder, deren Verwandtschaftsbezüge und Bedürfnisse kaum schwächer als die anderer Verwandtschaftsmitglieder sein müssen. Es wäre zu vermuten, daß sich diese Frauen u. a. intergenerational auf die ältere Generation, d. h. ihre Mütter ausrichten. Derartige Konstellationen spielen bisher in Analysen familialer oder verwandtschaftlicher Netzwerke praktisch keine Rolle.

Insgesamt ist die potentielle Veränderung des Verwandtschaftssystems seit der Jahrhundertwende als *intergenerationale Verlagerung* zu bezeichnen, die sehr wichtige Konstellationen eröffnet. So sollte man zumal angesichts des oft vorzeitigen Ausscheidens Älterer aus dem Berufsleben ein verstärktes Engagement der älteren Generation in der Verwandtschaftskultur mit möglichen Verstärkungen indirekter Kontrollen erwarten. Im Vordergrund der Analyse aus gerontologischer Sicht steht aber eher die Frage der Abhängigkeit der Alten von der jüngeren Generation, Probleme ihrer Versorgung und sozialen Integration. *Rosenmayr* (1978) stellt eine „Intimität auf Abstand" zwischen älterer und jüngerer Generation nach europäischen Untersuchungen fest. Auch *Lopata* (1978) ermittelte für Chicago keine so starke Interdependenz von Witwen mit ihrem Verwandtschaftssystem. Dagegen sind die Ergebnisse von *Litwak* (1983) aus New York und Florida zur Hilfeleistung für ältere Verwandte als in ihrem Ausmaß fast sensationell zu bezeichnen und die bisher schlüssigste Widerlegung der These von der isolierten Nuklear-Familie oder dem Nichtfunktionieren von Verwandtschaft.

3 Ergebnisse einer Untersuchung in zwei Großstädten

Die These der isolierten Kleinfamilie kann inzwischen als strukturell und sogar funktional ziemlich eindeutig widerlegt angesehen werden, obwohl *Parsons* selbst nach Vorlage bestehender verwandtschaftlicher Interaktionsmuster an der Gültigkeit seiner Hypothese festhielt. Die bloße Feststellung von Verwandtschaftskontakten sagt aber trotz ihrer relativen Häufigkeit noch wenig über die Dichte familial-verwandtschaftlicher Netzwerke aus. Deshalb ist auch die hier zu referierende Untersuchung über Interaktion der Kernfamilie mit Verwandten nur als erster Ansatz zu einer weiterführenden Analyse gedacht[1]. Der Versuch, hier eine erstmals 1969 durchgeführte Studie nach etwa einer halben Generationsspanne (14 Jahre) zu wiederholen, stellt den Versuch dar, mit demselben Instrument Familien in gleicher Situation zu erfassen und daraus vorläufige Hinweise über sozialen Wandel in familial-verwandtschaftlichen Netzwerken zu erhalten. Der Ansatz, dabei u.a. die Bedeutung familienspezifischer Rituale zu verfolgen, war ein Versuch, Familien- und Verwandtschaftsstruktur zu untersuchen und gleichzeitig die Hypothese zu überprüfen, daß Familiensysteme in ihrem Bemühen auf Anpassung an neue gesellschaftliche Konstellationen Mechanismen entwickeln, die ihr Überdauern sichern.

Diese explorative Studie war Teil einer international vergleichenden Untersuchung, die 1983 in den Großstädten Bremen, Köln, Dublin und Helsinki Familien mit Kindern im Grundschulalter in der Weise erfaßte, daß sie in einer gezielten Zufallsstichprobe etwa gleiche Anteile von unterer Unterschicht, oberer Unterschicht, unterer und oberer Mittelschicht (einschließlich Oberschicht) erfassen sollte. Die Untersuchung erfaßte 1983 in Bremen 115 und in Köln 108 Familien bei Ausfallraten von 22,8% bzw. 23,4%.

3.1 Zahl, Lage, Bewertung, Ausdehnung der Verwandtschaft

Eine Indexzahl lebender Verwandten, die die Zahl von Eltern und Geschwistern, Onkeln und Tanten sowie Vettern und Cousinen erfaßt, ergibt die in Tab. 1 erkennbaren Werte.

Im einzelnen deuten diese Zahlen über diesen Zeitraum von 14 Jahren kaum Veränderungen an und belegen die strukturelle Gleichartigkeit der 1969 und 1983 befragten Familien. Die von uns konsta-

Tabelle 1 Indexzahl lebender bilateraler Verwandter 1969 und 1983 in Bremer und Kölner Familien

	Bremen	Köln
1969	30	32,6
1983	30,8	31,1

tierte und zu erwartende intergenerationale Verlagerung der Verwandtschaft ist hier nicht zu erkennen, da die Indexzahl Großeltern der befragten Ehepaare nicht berücksichtigt und sich der Report der vorhandenen Vettern und Cousinen auf Geburtenjahrgänge um 1950 im Vergleich von ca. 1940 bezog und sich deshalb sogar eine 1983 etwas erhöhte Zahl ergab.

Hinsichtlich der Lokalität dieser Verwandten weisen die Ergebnisse eine effektive Konzentration auf die jeweilige Stadt und nächste Umgebung nach, ohne daß hier eine irgendwie bemerkenswerte Zahl von Verwandten im eigenen Haushalt (3,5% der Eltern des Mannes, 2,6% der Eltern der Frau in Bremen, gegenüber 1,9% bzw. 0,9% in Köln) zu erkennen ist. Aber 69,9% der Eltern des Mannes, 61,3% der Eltern der Frau in Bremen sowie 77,3%, bzw. 67,3% in Köln leben im selben Ort innerhalb einer Stunde Anreise. Bei den Geschwistern ist die Verteilung räumlicher Nähe ähnlich, wenn auch etwas weniger deutlich. In Bremen leben für Ehemänner die ältesten Brüder zu 54,8%, die ältesten Schwestern zu 50,8%, die der Ehefrau zu 49,3% bzw. 62,9% innerhalb einer Stunde Weg. In Köln sind die Zahlen ähnlich (Ehemänner 66% bzw. 57,6%, Ehefrau 67,6% bzw. 60,1%).

Die subjektive Wertschätzung der Verwandten wurde über eine Frage erfaßt, welche Verwandten innerhalb von 3 Kategorien für einen wichtig seien (Tab. 2).

Diese Ergebnisse lassen zunächst erkennen, daß der subjektive Schwerpunkt familialer Netzwerke im Bereich der im 1. und 2. Grad mit den Befragten Verwandten liegt. Eltern und Geschwister mit ihren Familien werden überwiegend als „wichtig" eingeschätzt. Nur auf die eigene Ursprungsfamilie im Sinne der isolierten Kernfamilie sind dagegen ein knappes Drittel ausgerichtet. Die Unterschiede zwischen Ehemann und Ehefrau sind dabei als nicht besonders erheblich und methodisch wenig aufschlußreich anzusehen, da das gemeinsam durchgeführte Interview in einer gegenseitigen Kontrolle in den Antworten resultierte. Bemerkenswert bleibt dagegen ein Anstieg der Nennungen für „entfernte" Verwandte über den Zeitraum von 14 Jahren. Dieses Ergebnis deutet also tendenziell eher eine Stärkung als Schwächung verwandtschaftlicher Beziehungen an.

Tabelle 2 Verwandte, die von Ehemann (M) und Ehefrau (F) für wichtig gehalten werden (1969 und 1983)

in %	Bremen				Köln			
	1969		1983		1969		1983	
	M	F	M	F	M	F	M	F
Entfernte Verwandte (Onkel, Tante, Vettern, Cousinen u. d. Familie = 2., 3., 4. Grad)*	15	13	16	29	11	7	13	24
Enge Verwandte (Eltern, Geschwister u. d. Familie = 1.+2. Grad)	47	53	40	42	52	61	51	53
nur Mitglieder der eigenen Familie (1. Grad)	35	33	32	27	33	28	22	20
keine Antwort/abwesend	3	1	12	3	4	5	14	3
n = 100	158	158	115	115	123	123	108	108

* Die Grade der Verwandtschaft beruhen auf der Zählung nach dem frz. Zivilcode

Eine weitere Frage bezog sich auf die Ausdehnung des Verwandtschaftssystems, wobei gefragt wurde, welches derjenige entfernteste Verwandte auf seiten des Ehemannes und der Ehefrau sei, mit dem man sich noch verwandt fühle. Die in Tab. 3 zu findenden Ergeb-

Tabelle 3 Der *entfernteste* Verwandte auf Seiten des Ehemannes und der Ehefrau

in %	Bremen		Köln	
	M	F	M	F
1. Grad	2	2	5	7
2. Grad	17	17	15	17
3. Grad	26	32	39	42
4. Grad	26	29	14	21
5. Grad	4	6	7	6
6. Grad und mehr	–	1	1	–
keine Antwort/abwesend	25	12	22	9
n = 100	115		108	
Durchschnittsgrad	3,17	3,18	3,19	3,09

nisse benutzen dabei eine Zählweise nach Graden, die nach dem aus der römischen Tradition hervorgehenden französischen Zivilcode vorgeht und die Zahl der Grade über die Anzahl der verbundenen Nuklear-Familien zählt.

Der erhöhte Ausfall für k.A. bzw. unklassifizierbar ist bei Ehemännern darauf zurückzuführen, daß sie z. T. nicht anwesend waren, daß Familien im Einzelfall mit Frauen als Haushaltsvorstand unvollständig waren und daß schließlich die Schwierigkeit der Erfassung zu einer etwas erhöhten Rate von „weiß nicht/k.A." führten. Die Unterschiede zwischen Verwandten auf seiten des Ehemannes und der Ehefrau sind wiederum unerheblich.

Bei Nichtberücksichtigung der Ausfälle ergeben sich durchschnittliche Grade von etwas über 3, wobei die geringe Abweichung zwischen den beiden Städten und zwischen Verwandtschaftsausdehnung des Ehemannes und der Ehefrau überraschen mögen. Der entfernteste Verwandte ist also im Durchschnitt etwas weiter als ein Vetter, eine Cousine, ein Großonkel. Nur in wenigen Fällen werden Vettern und Cousinen 2. Grades noch als verwandt angesehen.

3.2 Erbrechtliche Probleme als Indikatoren für Sachbezogenheit und Typen des Verwandtschaftssystems

Die zuvor in unserer Begriffs- und Paradigmakritik betonte Bedeutung des Sachbezugs von Familien- und Verwandtschaftssystemen wurde zunächst in einer einfachen Frage, für wie wichtig man überhaupt Frage der Vererbung von Besitz hielte, angesprochen.

Diese Ergebnisse kann man auf vielfältige Weise interpretieren. Auf jeden Fall halten mehr als die Hälfte der Kölner und mehr als zwei Drittel der Bremer Familien die Vererbung von Besitz für wichtig. Und bei denen, die derzeit „nicht so wichtig" angeben, wird die Wichtigkeit im Erbfall oft offenbar werden. In den Interviews wurde

Tabelle 4 Bedeutung der Vererbung von Familienbesitz

in %	Bremen	Köln
sehr wichtig	35,7	23,1
ziemlich wichtig	33,9	29,6
nicht so wichtig	20,9	32,4
gar nicht wichtig	7,8	14,8
Ehemann und Ehefrau widersprüchlich	,9	–
weiß nicht/keine Antwort	,9	–
n = 100	115	108

dazu des öfteren kommentiert, wie z. B. „das haben wir gerade neulich beim Tod von x" feststellen müssen.
Aufschlußreich nach Tab. 5 für das Bewußtsein der gesetzlichen Erbfolge sind dann die Ergebnisse auf die Frage, wer denn in der Familie im Todesfall eines Elternteils erben würde. Die Mehrheit antwortet richtigerweise „Ehegatte und Kinder", aber eine große Zahl der Ehegatten gibt mit Ehefrau oder Kinder „allein" falsche Antworten. Kommentare an dieser Stelle des Interviews lassen zudem vermuten, daß der Gesetzgeber nicht ganz im Einklang mit den Vorstellungen in den befragten Familien ist, denn die oft gehörte Vorstellung, daß namentlich die überlebende Ehefrau Alleinerbin oder auch der Mehrheit des Besitzes sein solle, ist natürlich gesetzlich nicht vorgesehen. Sie erhält ein Viertel oder die Hälfte des vom Ehepartner zu vererbenden Besitzes. Die erbrechtliche Realität ist im übrigen in der Bundesrepublik dadurch gekennzeichnet, daß der Erblasser testamentarische Vorkehrungen trifft und die Anwendung des Erbrechts ohne Testament fast die Ausnahme ist.

Muster der Vererbung von Besitz haben *Farber* (1981) dazu angeregt, die damit zusammenhängenden Vorstellungen als Indikatoren für kognitive Verwandtschaftssysteme zu benutzen. Dabei wird fiktiv angesprochen, daß im Erbfall kein Testament vorhanden sei und nun gesetzlich geregelt werden muß, wer an der Erbmasse beteiligt wird. Dazu soll der Befragte im einzelnen angeben, wie er im Konfliktfall zwischen verschiedenen Verwandten entscheiden würde. Unter der Annahme, daß der nähere Verwandte mehr erben soll, werden 10 solcher Paare (z. B. Onkel, Tanten gegenüber Großeltern; Vettern und Cousinen gegenüber Nichten und Neffen) vorgegeben, die dann nach *Farber*s Code-Plan die Zuordnung zu fünf verschiedenen Verwandtschaftssystemen erlauben.

In aller Kürze kann festgehalten werden, daß das in Deutschland und Israel geltende System auf der Basis von Parentelen (*Hübner*

Tabelle 5 Wer sind die Erben in einer Familie?

in %	Bremen	Köln
Ehegatte	5,2	9,3
Kinder	37,4	29,8
Ehegatte + Kinder	54,8	54,6
eigene Kinder (ältere)	1,7	1,8
Ehegatte + eigene Kinder	–	,9
Kinder + andere Verwandte	–	,9
weiß nicht/keine Antwort	,9	2,8
n = 100	115	108

1969) und einer klaren Zuordnung von absteigenden und aufsteigenden Generationen eine exakte Zuordnung erlaubt, die von Ego ausgehend den Kindern einen 1. Grad und den Vettern/Cousinen einen 8. Grad zumißt. Dagegen ist das Kanonische Modell viel gröber und unterscheidet von Ego aus bis zu Vettern/Cousinen, Großeltern, Tanten/Onkeln, Nichten/Neffen und Enkeln nur 2 Grade, wobei die Genannten alle in gleicher Entfernung zu Ego stehen — und im Erbfall also gleich zu bedenken sind. *Farber* führt dann mit dem Zivil-Code-Modell und dem genetischen Modell zwei weitere an, von denen das genetische Modell (vgl. *Schneider* 1980) nach allen bisherigen Erfahrungen unerheblich ist und das Zivil-Code-Modell zwischen dem Kanonischen und Parentelischen in der Rigidität liegt.

Nach diesen vier Modellen, die von *Farber* in der ersten Periode seiner Untersuchungen entwickelt worden waren (1977), ergeben sich relativ viele Residuen, die *Farber* schließlich zu der Entwicklung eines von ihm als SAM (Standard American Model) bezeichneten System führten (1981). Dieses Modell ist ähnlich rigoros und exakt wie das Modell der Parentelischen Ordnung und hat nach *Farbers* Meinung seinen Ursprung in der Reformation. Obwohl es ähnlich ausgeprägt ist wie das der Parentelischen Ordnung, begünstigt es aber im Gegensatz zu diesem eher die aufsteigende als absteigende Generation. Nach der Zusammensetzung der unter dieses Modell fallenden Personen und Strukturen handelt es sich dabei nach *Farbers* Ergebnissen um ein modernes Modell, das Protestanten, Aufsteiger, Professionelle, Familienorientierte, Innovative und solche mit erhöhtem Einkommen und fortgeschrittener Bildung enthält. Da es selbstverständlich nicht auf Amerika beschränkt ist, wäre eine andere als die bisherige Bezeichnung erforderlich. *Postindustrielles Modell* wäre eine vorläufige Lösung.

Das Ergebnis unserer Untersuchung über Verwandtschaftsmodelle in Bremen und Köln geht aus Tab. 6 hervor und führt zum

Tabelle 6 Verteilung der Verwandtschaftsmodelle in Bremen, Köln und Arizona

in %	Bremen	Köln	Phoenix
Parentelische Ordnung	40,9	42,6	16,0
Postindustriell (SAM)	20,9	27,8	43,5
Zivil-Code	8,7	4,6	15,3
Genetisch	-	-	7,7
Kanonisch	27,0	17,6	10,5
unklassifizierbar	2,6	7,4	7,0
n = 100	115	108	723

Vergleich die Ergebnisse der Untersuchungen von *Farber* aus Phoenix, Ariz. (1981) an.

Das Überwiegen des Modells Parentelische Ordnung in den deutschen Stichproben bestätigt offenbar die diesem Modell zugrunde liegende Theorie. Daß vergleichsweise das Kanonische Modell in den untersuchten deutschen Familien häufiger zu finden ist und das postindustrielle und auch zivilrechtliche weniger, erfordert weitere Interpretationen und läßt ggf. auf eine weniger progressive Orientierung in deutschen Familien schließen. Daß Familien im protestantischen Bremen sich gegenüber dem katholischen Köln eher umgekehrt, als für das postindustrielle und kanonische Modell zu erwarten ist, verhalten, bedarf ebenfalls weiterer Analysen und ggf. Untersuchungen. Selbstverständlich ist auch an dieser Stelle nochmal auf die begrenzten Aussagen relativ kleiner, wenn auch theoretisch gezielter Stichproben von Familien aus nur zwei deutschen Großstädten zu verweisen.

Die Anwendung des Modellansatzes auf verhaltensspezifische Fragen steht für das vorliegende Material noch aus. Im Hinblick auf die Rigidität des Modellansatzes ergibt sich bei Ausfall des genetischen Modells eine Abstufung von Parentelischer Ordnung (1) bis Kanonischem Modell (4), die für die weiter folgende Interaktionsanalyse am Beispiel einer Regression für Verwandtenbesuche eingeführt werden soll.

3.3 Hilfeleistungen unter Verwandten

Die Frage nach Hilfeleistungen ist immer wieder als Argument dafür angeführt worden, daß die in modernen Familien erkennbaren Leistungen vor allem über die Mutter-Tochter-Beziehung immer noch

Tabelle 7 Hilfeleistungen bei Krankheit von Verwandten des Ehemannes und der Ehefrau in Bremen und Köln

in %	Bremen				Köln			
Ehemann	Ehefrau				Ehefrau			
	Eltern	andere	keine	Sa.	Eltern	andere	keine	Sa.
Eltern	17,6	5,6	18,5	41,7	16,2	1,0	11,1	28,3
nur and. Verw.	3,7	8,4	3,7	14,8	4,0	9,1	4,0	17,2
keine	18,5	7,4	17,6	43,5	21,2	10,1	23,2	54,5
Sa.	39,8	21,4	39,8	100	41,4	20,2	38,4	100
n =				108				99
(k. A.				7				9)

akut sind und trotz des öffentlichen Wohlfahrtssystems Bedeutung haben (vgl. *Young, Willmott* 1962). Für die vorliegende Analyse wurde nach Hilfeleistungen von Verwandten im Falle von Krankheit und bei finanziellen Schwierigkeiten gefragt, um daraus auf die Existenz eines Verwandtschaftssystems schließen zu können — und zwar im Hinblick auf das tatsächlich effektiv bestehende System. Zunächst sollte darauf verwiesen werden, daß 42,1% in Bremen und 39,8% in Köln einzelne Freunde, Bekannte und Kollegen anführen. In der Hauptsache sind es aber Verwandte, auf die im Falle von Krankheit gerechnet wird. Nur 17,6% in Bremen und 23,2% in Köln haben keine Verwandte, die Hilfe leisten. In der Hauptsache sind es die Eltern, bisweilen zusammen mit anderen Verwandten, die Hilfe leisten. Zudem ist es nicht ungewöhnlich (17,6% und 16,2%), daß in den beiden Großstädten Eltern von beiden Seiten zur Verfügung stehen. Von Verwandten isoliert (s. Tab. 7) sind in Bremen im Falle von Krankheit 17,6% und in Köln 23,2%, die dann durchweg auf andere Personen oder auch Organisationen (Betrieb) zurückgreifen können.

Die Situation der Unterstützung durch Verwandte ist merklich anders bei finanziellen Schwierigkeiten (s. Tab. 8). Immerhin können dann 45,8% in Bremen und 44,7% in Köln nicht auf Verwandte rechnen oder haben auch nicht solche Absichten, weil sie bei finanziellen Schwierigkeiten lieber mit ihren Banken arbeiten. 15,9% in Bremen und 13,9% in Köln haben im übrigen Freunde, die sie ansprechen können.

In der Hauptsache, und zwar in 2/3 aller Familien in beiden Städten, wird auf Banken oder in Einzelfällen auf Betrieb und Gewerkschaft verwiesen. Trotzdem sollte auch hier festgestellt werden, daß mehr als die Hälfte der Familien finanzielle Unterstützung von Ver-

Tabelle 8 Hilfeleistungen bei finanziellen Schwierigkeiten von Verwandten des Ehemannes und der Ehefrau in Bremen und Köln

in %	Bremen				Köln			
Ehemann	Ehefrau				Ehefrau			
	Eltern	andere	keine	Sa.	Eltern	andere	keine	Sa.
Eltern	22,5	3,7	8,4	34,6	19,4	1,0	10,7	31,3
nur and. Verw.	3,7	,9	2,8	7,4	1,9	-	5,8	7,7
keine	8,4	3,7	45,8	57,9	16,5	-	44,7	61,2
Sa.	34,6	8,3	57,0	100	37,9	1,0	61,2	100
n =				107				103
(k. A.				8				5)

wandten erwartet — und zwar auch hier des öfteren gleich von mehreren Seiten. Auch dieses Ergebnis ist bemerkenswert: Finanzielle Hilfe wird etwas mehr als Hilfe im Krankheitsfall von seiten beider Elternpaare erwartet. Überraschen sollte auch insgesamt, daß sowohl die Verwandtschaft des Ehemannes als auch die der Ehefrau bei Verwandtenhilfe verfügbar ist. In Köln zeigt sich allerdings die nach vielen Diskussionen und anderen Ergebnissen (*Young, Willmott* 1962) erwartete stärkere Orientierung auf die Familie der Ehefrau; aber sie ist sicherlich vergleichsweise schwächer, als man sie erwartet hat. In Bremen sind dagegen die Verwandtenhilfen bei einem unerheblichen Überhang für Eltern des Ehemannes im Krankheitsfall ausgeglichen und deuten auf ein auch an dieser Stelle eindeutig bilaterales System hin.

3.4 Freunde als Quasi-Verwandte

Das System familialer Netzwerke sollte schließlich auch im Hinblick auf intime Freundschaft erfaßt werden. Eine Frage nach Freunden und deren Familien, die „fast wie Verwandte" angesehen würden, ergibt eine z. T. erhebliche Streuung, aber immerhin 48,7% in Bremen und 45,4% in Köln, die gar keine solch intimen Freundschaften aufweisen. 8,8% in Bremen, 11,2% in Köln nennen dagegen 10 oder mehr Freunde, während der Häufigkeitswert in beiden Städten 2 beträgt. Die Intimität solcher Freundschaft wurde durch die Frage verfolgt, wieviele Freunde Pate bei den eigenen Kindern seien bzw. bei wievielen Nicht-Verwandten man selbst Pate sei.

Die Ausdehnung familialer Netzwerke im Hinblick auf enge Freundschaften bewegt sich also zwischen einem guten Viertel, wenn man von Patenschaften ausgeht, und etwa 50%, wenn man die subjektive Bewertung intimer Freundschaften zugrunde legt.

Die Frage der Überlappung oder Disjunktion zwischen Verwandten und Freunden in den familialen Netzwerken wurde, wie aus Tab. 10 ersichtlich ist, über die Zahl der genannten Freunde und das Ausmaß von Kontakten mit Verwandten überprüft. Wöchentliche Ver-

Tabelle 9 Patenschaften von Freunden bei eigenen Kindern und eigene Patenschaften bei Freundeskindern

in %	Bremen	Köln
Freunde als Paten	18,6	22,6
Selbst Pate bei Freundeskindern	27,8	32,4
n = 100	115	108

wandtenbesuche wurden dabei für den verwandtschaftlichen Besuchsindex mit 3 multipliziert, die übrigen mehr oder minder regelmäßigen Besuche von wenigstens einige Male jährlich wurden einfach gezählt. Dieser verwandtschaftliche Besuchsindex soll auch für die folgenden Besuchsanalysen beibehalten werden. Bei Freunden wurde nur nach deren Bewertung als „fast wie Verwandte" gefragt und nicht nach der Besuchshäufigkeit. Die Werte sind deshalb nicht direkt vergleichbar, sondern vor allem in ihrer Korrelation von Interesse.

Tab. 10 zeigt sowohl für Bremen wie für Köln bei diesem Familien eine Massierung von Freundschafts- und Verwandtschaftskontakten im mittleren und oberen Bereich. Erkennbare Netzwerke ergeben zunächst, daß es von Verwandten und Freunden isolierte Familien praktisch nicht gibt; nur zwei Bremer Familien haben weder enge verwandtschaftsähnliche Freundschaften noch Besuche von Verwandten. Insgesamt ist aus den Kreuztabellen von Besuchen und von subjektiver Einschätzung der Verwandtschaft mit dem Vorhandensein von intimen Freundschaften zu entnehmen, daß jene auf weitere Verwandtschaftsbeziehungen ausgerichteten Familien (und zwar besonders die Frauen) ebenso eher enge Freundschaften haben. Auch die Durchschnittswerte in Köln und Bremen verweisen auf ganz ähnliche Strukturen und auf ein durchschnittlich ähnliches Gewicht für Freundschaften in beiden Städten. Die Beziehungen sind nicht völlig geradlinig. Die meisten Freunde haben jene Familien, die eine erhöhte Zahl von Verwandtenbesuchen (von 10 bis 19) aufweisen, während jene über 20 Verwandtenbesuche vor allem in Köln in ihren Freundschaften niedriger liegen.

Schließlich sollte angemerkt werden, daß in beiden Städten fast die Hälfte keine Freunde angeben, die „fast wie Verwandte" betrachtet werden. Das familiale Netzwerk dieser Großstadtfamilien

Tabelle 10 Verwandtenbesuche und Zahl der „fast wie Familie" betrachteten Freunde

Besuchszahl	durchschnittliche Zahl der Freunde			
	Bremen		Köln	
		n =		n =
0	0	2	12	2
1–4	4,8	25	3,2	14
5–9	4,4	28	4,2	28
10–19	5,3	38	5,2	39
20 +	4,6	22	3,8	25
	5,0	115	5,6	108

ist also offenbar nur auf Verwandte und nicht auf Freunde ausgerichtet. Dieses Ergebnis deutet im Vergleich zu London und der dort beobachteten „symmetrischen Familie" eine andere eher auf Verwandte ausgerichtete Konstellation an. Dort waren Ehepartner nämlich nach *Young* und *Willmott* (1973) in der „vergangenen Woche" mehr mit Freunden als mit Verwandten zusammen. Dagegen sind sowohl in Bremen als auch in Köln die Verwandten selbst bei den Familien in der Überzahl, die durchschnittlich die meisten engen Freundschaftsbeziehungen haben. Das bestätigt sich auch, wenn die Besuche pro Woche nur einfach gezählt werden. Insgesamt 6,7 bzw. 8,9 Besuchen mit Verwandten stehen dann in Bremen und Köln 2,5 bzw. 2,6 Freunde gegenüber. Die Formulierung „fast wie Verwandte" hat hier natürlich zu einer Einschränkung für Kontakte mit Freunden und Bekannten geführt, die in ihrem Ausmaß nicht ganz abzuschätzen ist. Ein über den Intimbereich bestehender weiterer freundschaftlicher Bezugsrahmen in solchen Netzwerken ist also zu vermuten. Es ist genau jener Sektor, wo die familialen Netzwerke in die gemeindlichen Netzwerke übergehen.

Die hier nicht aufgeführten ausführlichen Kreuztabellen weisen schließlich nach, daß 18 Familien in Bremen (15,7%) und 8 in Köln (7,4%) mehr enge Freunde als die Zahl von Verwandtschaftskontakten haben und nur hier also eine beschränkte Ersatzfunktion festzustellen wäre, wie sie oft behauptet wird. Exklusiv auf Freunde ausgerichtete Familiennetzwerke finden sich in Bremen gar nicht und in Köln in nur zwei Fällen. Auch im Vergleich zu den exklusiv auf Verwandte ausgerichteten Bremer und Kölner Familien ergibt sich also auch für die Mehrzahl der anderen Familien eine stärkere Verwandtschafts- als Freundschaftsorientierung. Im Vorgriff auf die noch zu analysierenden Besuche über das letzte Weihnachtsfest sei erwähnt, daß jeweils 1/3 der Familien in Bremen und Köln Besuche von Freunden anführen — erheblich weniger als für Verwandte, wie noch zu zeigen sein wird.

3.5 Verwandtenbesuche

Das Ausmaß der Interaktion mit Verwandten ist besonders als Indikator für die Zurückweisung der Isolationshypothese gewählt worden. An dieser Stelle geht es vor allem um die Bewertung der Dichte des familial-verwandtschaftlichen Netzwerkes und seines Wandels seit 1969. Deshalb wurde nach zwei Formen von Verwandtenbesuchen gefragt:

1. Besuche, die wöchentlich und öfter erfolgen.
2. Besuche, die weniger als wöchentlich, aber einige Male im Jahr erfolgen.

Diese beiden Formen allgemeiner Besuche messen also mehr oder minder regelmäßige Interaktionen. In diesem Sinne randseitige Verwandte, die man nur „alle Jubeljahre" sieht, bleiben in dieser Bewertung ausgeschlossen. Schließlich wurde nach den Besuchen mit Verwandten während des letzten Weihnachtsfestes gefragt. Da es sich hier um Familien mit Kindern im Grundschulalter handelt, kann natürlich davon ausgegangen werden, daß Verwandtenbesuche im Hinblick auf die familiale Tradition besonders aktuell sind.

Tab. 11 führt zunächst den Index der Besuche mit Verwandten wöchentlich und „einige Male im Jahr, aber weniger als 1 x wöchentlich" an. Dabei wurde für die Bewertung des ungleich höheren Anteils für wöchentliche Besuche dieser Wert wie schon erwähnt mit 3 multipliziert. Zum Vergleich und zur Einschätzung der Bedeutung dieser Ergebnisse und des sozialen Wandels in Familien über 14 Jahre werden dabei Ergebnisse der gleichen Untersuchung von 1969 mit angeführt.

Die Besuchshäufigkeit mit Verwandten ist nach diesen Ergebnissen also 1983 erheblich höher, wobei diese Abweichung auch auf Unterschiede in der Stichprobe zurückgehen mag. Die Abweichungen sind aber so erheblich, daß dahinter tatsächliche Wandlungen hinsichtlich einer Verstärkung der familialen Kontakte mit Verwandten vermutet werden können.

Tab. 12 bestätigt das Ergebnis über den Anstieg von allgemeinen Verwandtenbesuchen auch bei Weihnachtsbesuchen. Für Freunde werden 1982 über die drei Weihnachtstage 62,3% in Bremen und 36,9% Nennungen in Köln abgegeben und im übrigen für Nachbarn

Tabelle 11 Verwandtenbesuche pro Familie in Bremen und Köln 1969 und 1983 mit

Besuchsindex pro Familie	Bremen	Köln
1969	5,9	6,7
1983	9,7	11,9

Tabelle 12 Zahl der Verwandten, mit denen in Bremen und Köln über 3 Feiertage zu Weihnachten 1968 und 1982 Besuche ausgetauscht wurden

	Bremen	Köln
1968	3,7	4,5
1982	4,0	7,1

und Kollegen 10,6% in Bremen und 21,5% in Köln als Besucher über Weihnachten genannt. Im Durchschnitt bleiben diese Werte für andere Personen als Verwandte pro Familie deutlich unter einem Besuch und lassen erkennen, daß das Weihnachtsfest wie erwartet ein Fest der Familie und Verwandten ist.

Um erste Schlüsse über die Struktur der Verwandtschaftskontakte zu erhalten, wurden die Besuche während des Jahres und zu Weihnachten einer Regressionsanalyse unterzogen, in die neben den üblichen Faktoren wie Beruf, Einkommen, Bildung auch Religion und Verwandtschaftssystem eingeführt wurden. Außerdem wurden Bedingungen des verwandtschaftlichen Netzwerkes, und zwar die Zahl überhaupt verfügbarer Verwandter sowie die subjektive Bedeutung der eigenen Familie gegenüber nahen und entfernteren Verwandten kontrolliert. In die Gesamtanalyse wurde ebenfalls der Ortsbezug des Subsamples aufgenommen (Bremen und Köln).

Tab. 13 führt zunächst die Mittelwerte und Standardabweichungen an, die überwiegend für einzelne Variablen bestätigen, was schon anhand der Tabellen erwähnt wurde. 10,7 durchschnittlichen Besuchen mit Verwandten (dabei wöchentliche x 3) stehen 5,5 zu Weihnachten gegenüber. Der Verwandtschaftsindex ergibt 28 mit einer relativ hohen Standardabweichung. Ehemänner haben einen Beruf, der nach *Treiman* (1977) einen durchschnittlichen SIOPS-Wert von 46,5 hat, dagegen liegt der für Ehefrauen bei 41,5. In der stufenweisen Regression fallen besonders bei den Verwandtschaftstypen mit 44 relativ viele der ursprünglich der Residualkategorie zugeordneten Fälle heraus. In der Tab. 6 sind diese Residuen überwiegend revidiert worden; diese Veränderungen sind aber noch nicht in die Regressionsanalyse eingegangen. Als erster Hinweis auf die Brauchbarkeit dieser Variable, hier skaliert im Hinblick auf den Grad der Rigidität Parentelische Ordnung 1 (stärkster), Kanonisches Modell 4 (schwächster), sollte diese Verwendung aber für diese Analyse ausreichen.

Die in Tab. 14 angeführte stufenweise Regressionsanalyse mit paarweisem Ausschluß ergibt durch das geringe n nur wenige signifikante Ergebnisse. Bei allgemeinen Besuchen mit Verwandten sind nur die Zahl der Verwandten sowie der der Verwandtschaft zugeschriebene Wert signifikant; bei Weihnachtsbesuchen ist es nur der Unterschied zwischen Bremen und Köln. Das Verwandtschaftsmodell deutet nur Tendenzen an, die bei einer Neuvercodung der Residuen signifikant sein könnten.

Die in Tab. 15 zu findenden signifikanten Variablen zeigen für Bremen sogar einen randseitig (0,57) signifikanten Einfluß des Verwandtschaftsmodells. Allerdings ist die Richtung hier, wie schon in Tab. 14, eher umgekehrt als erwartet. Erklärte Varianzen sind nicht hoch außer den allgemeinen und den weihnachtlichen Besuchen in Bremen. Da die Variable *ORT* im übrigen für Weihnachtsbesuche

Tabelle 13 Mittelwerte und Standardabweichungen für zwölf ausgewählte Variablen bei Familien in zwei Großstädten

	Mittelwerte	Standardabweichung	n =
BESUCH (Verwandtenzahl wöchentlich × 3 + mehrere Male jährlich)	10,7085	9,8232	223
BESWEIH (Verwandtenzahl über 3 Weihnachtstage)	5,4706	8,0524	221
VWZAHL (Indexzahl für Verwandtschaftsgröße)	28,2960	17,0802	223
VWWERT (Verwandtschaft, von Ehefrau zugeschriebener Wert 1–3)	2,1495	,6778	194
VWMODELL (1 = Parentelisch, 2 = Postindustriell, 3 = Zivil, 4 = Kanonisch)	1,9553	1,2216	179
RELIGION der Kinder (= 0 ohne/sonst., 1 = Protest., 2 = Kath.)	1,2601	,6607	223
FAMEINK (Familieneinkommen 1–4; 2,5 nat. Durchschnitt)	2,4240	,7906	217
BILDMANN (Zahl der Schuljahre, Ehemann)	11,6479	6,3310	208
BILDFRAU (Zahl der Schuljahre, Ehefrau)	10,7222	5,8087	220
BERFMANN (Berufsprestige Ehemann nach *TREIMAN*)	46,5185	14,1132	209
BERFFRAU (Berufsprestige Ehefrau nach *TREIMAN*)	41,5246	9,.2379	218
STADT (Bremen = 1, Köln = 0)	,5157	,5009	225

Tabelle 14 Stufenweise Regressionsanalyse für Verwandtenbesuche allgemein und zu Weihnachten auf jeweils elf ausgewählte Variablen 1983

Werte für B (Werte für Beta)	allgemein	Weihnachten	
VWZAHL	,11482* (,1996491)	ORT	-2,9179* (-,1815)
VWWERT	2,36353* (,16308)	VWWERT	-1,4597 (-,12236)
BERFMANN	-,04099 (-,05889)	FAMEINK	1,85788 (,18240)
ORT	-3,48398 (-,17765)	BERFFRAU	-,08957 (-,010297)
VWMODELL	-,94651 (-,117710)	BERFMANN	-,5036 (-,08826)
BERFFRAU	-,10088 (-,09487)	VWMODELL	-,26457 (-,04014)
RELIGION	-1,49925 (-,10084)	BILDMANN	,03737 (,029388)
BILDFRAU	-,054843 (-,03243)	VWZAHL	,00833 (,01767)
	nur bis zur 8. Stufe da F.-Niveau zu gering	nur bis zur 8. Stufe da F.-Niveau zu gering	
Konstante R^2	24,73907 ,10804	11,51251 ,07658	

* $p = \leq 05$ ** ≤ 01

negativ signifikant ist, bleibt festzustellen, daß Bremer in ihrem Kultursystem zum Weihnachtsfest deutlich andere und weniger verwandtschaftliche Interaktionen aufweisen als Familien in Köln. Wie die Mittelwerte erkennen lassen, sind die Besuche der Bremer Familien während des Jahres höher, während die Kölner sich häufiger zu Weihnachten besuchen. Auffällig im Hinblick auf die oft behauptete Bedeutung sozialer Schicht im Hinblick auf Verwandtschaftsorientierung ist sicherlich, daß Variable wie Bildung, Beruf, Einkommen keine große Rolle spielen. Im Gegenteil und entgegen der Hypothese von der vermehrt isolierten Kleinfamilie in der Unterschicht besteht in Bremen bei allgemeinen Besuchen sogar eine signifikante

Tabelle 15 Stufenweise Regressionsanalyse für Verwandtenbesuche allgemein und zu Weihnachten in Bremen und Köln mit den signifikanten Variablen und erklärter Varianz

B (Beta)		allgemein Bremen	Köln	Weihnachten Bremen	Köln
	BILDMAN	-,59847 (-,31051)**	-	VWWERT -2,056 (,33859)*	-
	VWWERT	-2,3256 (-,21289)**	-	-	-
	VWMODELL	-1,2777 (-,1964)*	-	-	-
R^2		,23719	,11643	,15803	,04847

Beziehung zu geringerer Bildung. Auch die anderen B- und Beta-Werte sind bei schichtspezifischen Variablen eher negativ und widersprechen damit tendenziell der These von der isolierten Kleinfamilie in der Unterschicht.

Schließlich scheint die gestiegene erklärte Varianz in Tab. 15 gegenüber 14 bei der zwischen Bremen und Köln getrennt vorgenommenen Regression von einigem Interesse zu sein. Offenbar deutet sich daraus eine strukturelle Beziehung zwischen Verwandtschaft und Gemeinde an, wie sie, wenn auch etwas resignierend, *D. Schneider* nahelegte (1980).

Im übrigen ist nochmals darauf zu verweisen, daß sich die aus unserer Untersuchung referierten Daten auf eine Stichprobe von Familien mit Kindern bezieht, die in ihren Kindern eine positive Einstellung zur Familie erkennen lassen — andererseits aus der Gesamtzahl von Familien einen wesentlichen und zahlenmäßig hohen Ausschnitt darstellen.

4 Zusammenfassung und Diskussion

Die im vorliegenden Beitrag ausgeführte Kritik an den interaktionistisch/sozialpsychologisch und strukturell-funktional/systemischen Ansätzen in der Familiensoziologie führte zur Entwicklung eines Paradigmas, das den Sachbezug der Familie in den Vordergrund stellt, um auf diese Weise nicht nur deren Autonomie im wissenschaftlichen Ansatz neu zu aktualisieren, sondern auch dem Verwandtschaftssystem für die Analyse eine grundsätzliche Chance zu geben, wie sie in Teilen der Ethnosoziologie, Kulturanthropologie oder auch in der historischen Familienforschung nicht nur im methodologischen Ansatz, sondern auch in der tatsächlichen Bedeutung erkennbar ist. Interaktionistische Befunde in der Familiensoziologie haben nämlich die These von der isolierten Kleinfamilie nur unzureichend entkräften können.

Unter den Sachbezügen wurden sodann demographische Gegebenheiten diskutiert und auf verschiedene Einflüsse für das Verwandtschaftssystem hingewiesen. Über demographische Veränderungen ist eine intergenerationale Verlagerung des Verwandtschaftssystems bei Kontraktion in kollateraler Richtung festzustellen, die nicht nur Folgen für die Versorgung und Integration der älteren Generation hat bzw. umgekehrt deren soziale Kontrolle der jüngeren Generation, sondern auch zu einer neuen Aktualisierung von Familienkultur führen kann.

Das Rechtssystem als weiterer Sachbezug schafft u. a. durch die hohe Aktivität des Gesetzgebers in diesem Bereich Bedingungen, die in gleicher Weise wie demographische Bedingungen die intergenerationale Verlagerung des Verwandtschaftssystems zu begünstigen scheinen, aber bei schwacher Bewußtheit von Verwandtschaftssystemen und der Bedeutung auf dem Hintergrund einer bisweilen „relativ obskuren" Familienpolitik (*Neidhardt* 1978) individuelle Persönlichkeitsrechte, Einschränkung von Eheverboten und solche des privaten, familiengebundenen Eigentums in den Vordergrund stellen. In welchem Maße das Familienrecht überhaupt benutzt werden kann, um daraus empirische Befunde für das bestehende Verwandtschaftssystem abzuleiten, ist eine wichtige grundsätzliche Frage (*Rheinstein* 1974; *Farber* 1970). Als Modelle sind familienrechtliche Systeme auf jeden Fall geeignet.

Im zweiten Teil wurde über die Ergebnisse einer Umfrage bei Familien mit Kindern im Grundschulalter in Bremen und Köln berichtet, die zunächst in der Replikation einer vor 14 Jahre vorher durchgeführten Untersuchung eher eine Stärkung als Schwächung des Verwandtschaftssystems in Besuchen feststellt. In diesen Familien spielen auch Freunde eine Rolle; sie sind aber in ihrem Umfang für den intimen Bereich der befragten Familien weder in Besuchen noch in Hilfeleistungen von gleicher Bedeutung wie Verwandte und strukturell der Verwandtschaft parallel und seltener komplementär. In fast der Hälfte dieser Großstadtfamilien gehören zu diesem Bereich intimer und effizienter Netzwerke nur Verwandte. Für die Struktur dieser Verwandtschaftssysteme erweist sich, daß sie grundsätzlich eine relativ große Ausdehnung haben und in etwa dem Begriff der modifizierten erweiterten Familie nach *Litwak* (1971) entsprechen. Effektiv, und zwar besonders bei Hilfeleistungen, ist aber ein engerer Bereich der einstmals in Kleinfamilien zusammenlebenden Mitglieder, die dann auch oft in relativer lokaler Nähe leben. Bei diesen Familien stehen in erster Linie Eltern, aber auch Geschwister oder in Einzelfällen die eigenen Kinder in Notfällen zur Verfügung. Auffällig ist auf jeden Fall auch, daß Hilfeleistungen von den Verwandten beider Ehepartner erbracht werden, und die oft behauptete Orientierung auf matriarchalische Strukturen kaum besteht, sondern eindeutig bilaterale Familiensysteme zu erkennen sind.

Die von *Farber* (1981) entwickelten Modelle kognitiver Familiensysteme bestätigen sich aus dieser Untersuchung in der Weise, daß die untersuchten deutschen Familien einen hohen Anteil von Systemen Parentelischer Ordnung aufweisen und diese Systeme auch Folgen für das Verhalten haben werden. Eine Regressionsanalyse von Besuchen deutet solche Einflüsse nur an und belegt im übrigen, daß die schon 1969 (*Lüschen et al.* 1970) beobachtete Schichtenbindung von Familienstrukturen weiter rückläufig ist. Im Gegenteil scheint sich eine Familien- und Verwandtschaftskultur zu entwickeln, die von Faktoren wie Beruf und Einkommen unabhängig ist und allenfalls geringe Einflüsse der Bildung auf kulturell bestimmte „Standesstrukturen" erkennen läßt.

Insgesamt ist das Konzept der biologisch-sozialen Doppelnatur von *König* zur Erklärung des Überdauerns der Familie im gesellschaftlichen Wandel in der Weise zu erweitern, daß der „Sachbezug" von Familie und Verwandtschaft, unter dem biologische Gegebenheiten nur einen Faktorenbündel darstellen, über biologische Strukturen deutlich hinausgeht und sich auf Dimensionen der Kultur und ihrer Ausgestaltung an strukturellen Fixpunkten ausdehnt, die Familie und Verwandtschaft immer noch ein hohes Maß an Autonomie selbst im radikalsten Wandel eröffnen. Solcher Sachbezug schließt selbstverständlich demographische, rechtliche und materielle Gegebenheiten wie Lokalität, Besitz, Abstammung ein, öffnet sich aber auch auf die kulturell zu verstehenden Artefakte und Symbole des Verwandtschaftssystems, die an dieser Stelle gar nicht, aber in unseren Untersuchungen von 1969 und 1983 über eine Analyse von Ritualen angesprochen wurden.

Die Ausdehnung des familial-verwandtschaftlichen Netzwerkes auf Freunde und Bekannte, unabhängig von der begrenzten Überlagerung mit dem durchweg verwandtschaftlich bestimmten Intimbereich, deutet im übrigen im erweiterten Bereich darauf hin, daß diese Verwandtschaftssysteme schließlich in gemeindliche Strukturen übergehen und damit eine im engeren und weiteren Sinn (*Schmalenbach* 1922) „gemeinschaftliche" Bedeutung in der modernen Gesellschaft haben, die allerdings sehr viel eingehenderer Erforschung bedarf, als die hier vermutet und beispielsweise von *D. Schneider* (1980) für die amerikanische Gesellschaft festgestellt wird.

Anmerkungen

[1] Diese Untersuchung wurde 1983 in Zusammenarbeit mit *Eilena Haavio-Mannila*, *Veronica Stolte Heiskanen* (Helsinki) und *Conor Ward* (Dublin) durchgeführt (vgl. *G. Lüschen* 1985) und stellte eine Replikation einer unter gleichen Bedingungen 1969 durchgeführten vergleichenden Untersuchung dar (*G. Lüschen et al.* 1970). Die neuerliche Untersuchung wurde im Hinblick auf die Erfassung kognitiver Verwandtschaftsstrukturen nach *Farber* (Tucson, Arizona) erweitert. *Bernard Farber* stellte den von ihm entwickelten Fragenkomplex zur Verfügung. Der von ihm entwickelte Code ist inzwischen revidiert worden und liegt in der neueren Form nur den in Tab. 8 angeführten Werten zugrunde. Grundlage der Regressionsanalyse in den Tab. 13, 14 ist noch die alte Form, die zu einer erhöhten Zahl von unklaren Fällen führt. Das Coden wurde von *David Baker* (Illinois) besorgt. Bei der Datenerfassung, Aufbereitung und Analyse halfen *Manfred Mahnken* (Bremen), *Bernd Arnold* (Aachen) und *Carola Thees-Auslitz* (Aachen).

[2] Das neueste, gerade publizierte Codebuch des Allbus 1986 (*K.U. Mayer et al.* 1987) bestätigt durchweg in Sozialbeziehungen für die Bundesrepublik die für Verwandtschaft gemachten Ausführungen. So ergeben sich bei 59% positive Bewertungen für den Lebensbereich Verwandtschaft. Etwa 81% der Befragten nannten Kontakte zumindest mit einem Verwandten — Eltern nicht eingerechnet —, während 19% keine Angaben machten; von ihnen treffen sich 42% wöchentlich mit diesen Verwandten, 48% mehrere Male jährlich, 10% seltener. 71% nannten enge Freunde, während 29% keine Angabe machten. Besuche mit dem besten Freund ergeben allerdings 66% wöchentliche Besuche, 30% für mehrere Male jährlich und 4% seltener. Es zeigen sich also weniger Freundschafts- als Verwandtschaftskontakte — doch ist die wichtigste Freundschaft häufiger in Besuchen. Die an der Universität Bamberg laufenden Familienforschungen ergeben nach ersten Berichten auffällige Ergebnisse zur Verwandtschaft. Im Sinne unseres sachbezogenen Paradigmas werden dabei von *Vaskovics* auch ökologische Determinanten berücksichtigt.

Literatur

Babchuck, N.: Primary friends and kin: a study of the associations of middle class couples. Social Forces (1965) 483—493
Beitzke, G.: Familienrecht, 24. Aufl. München 1985
Bell, N., Vogel, E. (Hrsg.): The Family. Glencoe 1960
Bengston, V.L., Robertson, J.F. (Hrsg.): Grantparenthood. Beverly Hills, Cal. 1985
Bott, E.: Family and Social Network, 2. Aufl. London 1971
Caplow, T.: Middletown Families. Minneapolis 1982
Claessens, D., Menne, A.E.: Zur Dynamik der bürgerlichen Familie und ihrer möglichen Alternativen. In: *G. Lüschen, E. Lupri* (Hrsg.), Soziologie der Familie. Opladen 1970 (Sonderheft 14 der KZfSS)

Curtis, R.F.: Family and inequality theory. Am. Soc. Rev. 51 (1986) 168–183
Durkheim, E.: La famille conjugale. Rev. Philosophique 41 (1921) 1-14
Farber, B.: Affinität und Abstammung in industriellen Gesellschaften. In: *G. Lüschen, E. Lupri* (Hrsg.), Soziologie der Familie. Opladen 1970, S. 94-120
Farber, B.: Kinship and Class. New York 1971
Farber, B.: Conceptions of Kinship. New York 1981
Firth, R., Hubert, J., Forge, A.: Families and their Relatives. New York 1970
Ganzer, B.: Kategorie und Verwandtschaftsterminologie in der Theorie der Präskriptiven Allianz. Frankfurt 1979
Glendon, M.A.: State, Law and Family. Family Law in Transition in the United States and Western Europe. Amsterdam 1977
Goldstein, L.J.: Die Inadäquatheit des methodologischen Individualismus. In: *K. Acham* (Hrsg.), Methodologische Probleme der Sozialwissenschaften. Darmstadt 1978, S. 49–67
Hill, R., König, R.: Families in East and West. The Hague 1971
Hubbard, W.H.: Familiengeschichte. Materialien zur deutschen Familie seit dem Ende des 18. Jahrhunderts. München 1983
Hübner, R.: Grundzüge des deutschen Privatrechts. Aalen 1969 (orig. 1918)
Johnson, H.M.: Strukturell-funktionale Theorie der Familien- und Verwandtschaftssysteme. In: *G. Lüschen, E. Lupri* (Hrsg.), Soziologie der Familie. Opladen 1970, S. 32–48
Kappelhoff, P.: Strukturelle Äquivalenz in Netzwerken. Kölner Z. Soz. Sozialpsychol. (1984) 464–493
König, R.: Alte Probleme und neue Fragen in der Familiensoziologie. Kölner Z. Soz. Sozialpsychol. (1966) 1–20
König, R.: Sociological Introduction. In: International Encyclopedia of Comparative Law, Vol. IV. Tübingen 1974a, S. 20–75
König, R.: Materialien zur Soziologie der Familie, 2. Aufl. Köln–Berlin 1974b
Koschorke, M.: Formen des Zusammenlebens in Deutschland. Kölner Z. Soz. Sozialpsychol. (1972) 533–563
Lee, G.R.: Kinship in the seventies: a decade review of research and theory. J. Marriage and the Family (1980) 923–934
Lehr, U.: Hat die Großfamilie heute noch eine Chance? in: Der deutsche Arzt (1982) 32–34
Leitner, U.: Zur Bedeutung verwandtschaftlicher Hilfeleistungen im modernen Sozialstaat. Theorie und Praxis der sozialen Arbeit (1977) 101–106
Lévi-Strauss, C.: Les structures élémentaires de la parenté. Paris 1949. Deutsch: Die elementaren Strukturen der Verwandtschaft. Frankfurt 1981
Litwak, E., Figueroa, A.: Technological innovation and ideal forms of family structure in an industrial democratic society. In: *R. Hill, R. König* (Hrsg.), Families in East and West. 1970, S. 348–396
Litwak, E.: The Hague the Elderly. New York 1985
Löfgren, O.: Family and household: cultural change in Swedish society. In: *R. Wilk, E. Arnold* (Hrsg.), Household. Berkeley, Cal. 1984
Lopata, H.Z.: Contributions of extended families to the support networks of metropolitain area widows. J. Marriage and the Family (1978) 355–364
Lüschen, G., Lupri, E.: Soziologie der Familie. Opladen 1970 (Sonderheft 14 der KZfSS)

Lüschen, G., Stolte-Heiskanen, V., Ward, C., Blood, R., Lewis, M.: Familie und Verwandtschaft. Interaktion und die Funktion von Ritualen. In: *G. Lüschen, E. Lupri* (Hrsg.), Soziologie der Familie. Opladen 1970, S. 270-284

Lüschen, G., Stolte-Heiskanen, V., Staikof, Z., Ward, C.: Family, ritual and secularization. In: Social Compass (1972) 519—536

Lüschen, G., Haavio-Mannila, E., Stolte-Heiskanen, V., Ward, C.: Familie, Verwandtschaft und Ritual im Wandel. In: *H.W. Franz* (Hrsg.), Soziologie und gesellschaftliche Entwicklung. 22. Dt. Soz.Tag. Opladen 1985, S. 125 ff.

Mayer, K.U., Müller, W., Pappi, W., Scheuch, E.K., Ziegler, R.: Allbus-Codebuch. Köln—Mannheim 1987

Medick, H., Sabean, D.: Emotionen und materielle Interessen. Göttingen 1984

Menken, J.: Age and fertility: how late can you wait? Demography (1985) 469—483

Meyer-Plamedo, I.: Das dörfliche Verwandtschaftssystem in Struktur und Bedeutung. Eine Figurationsanalyse. Frankfurt 1985

Mitterauer, M.: Faktoren des Wandels historischer Familienformen. In: *H. Pross* (Hrsg.), Familie wohin? Reinbek 1979, S. 83-124

Mühlfeld, C.: Familiensoziologie. Hamburg 1976

Müller, E.W.: Rethinking Verwandtschaft. Kölner Z. Soz. Sozialpsychol. (1984) 240—254

Nave-Herz, R.: Familiäre Veränderungen seit 1950. Forschungsbericht. Oldenburg 1984

Neidhardt, F.: The Federal Republic of Germany. In: *A.J. Kahn* (Hrsg.), Family Policy. New York, S. 217-238

Pfeil, E., Ganzert, J.: Die Bedeutung der Verwandten für die großstädtische Familie. ZfS (1973) 366—383

Rheinstein, M.: The family and the law. In: International Encyclopedia of Comparative Law, Vol. IV. Tübingen 1974, S. 3—19

Rosenmayr, H.: Das menschliche Lebensalter. München 1978

Salloway, J.C., Dillon, P.B.: A comparison of family networks and friend networks in health care utilization. J. Comparative Family Studies (1973) 131—142

Schelsky, H.: Wandlungen der deutschen Familie in der Gegenwart, 4. Aufl. Stuttgart 1961

Schmitz, C.A.: Erweiterte Familie, Großfamilie und Clan. Kölner Z. Soz. (1959) 677—687

Schmalenbach, H.: Soziologie der Sachverhältnisse. In: Jahrbuch der Soziologie (1927) S. 38—45

Schmalenbach, H.: Communion. In: *G. Lüschen, G. Stone* (Hrsg.), On Society and Experience. Chicago 1976, S. 64—125 (Orig. in: Die Dioskuren. 1922, S. 35—105)

Schneider, D.M.: American Kinship: A Cultural Account, 2. Aufl. Chicago 1980

Schwarz, K.: Kinderzahl der Ehen bei den Fortpflanzungsverhältnissen 1966 und 1972. Wirtschaft und Statistik (1974) 303-307

Schwarz, K.: Demographische Ursachen des Geburtenrückgangs. Wirtschaft und Statistik 3 (1979) 166—170

Sussmann, M.B., Burchinal, L.G.: The kin family network in urban-industrial America. In: Marriage and Family Living. 1962, S. 231—240

Tews, H.P., Schwägler, G.: Großeltern: Ein vernachlässigtes Problem gerontologischer und familiensoziologischer Forschung. Z. Gerontol. (1973) 284—295

Treiman, D.: Occupational Prestige in Comparative Perspective. New York 1977

Tyrell, H.: Familie und gesellschaftliche Differenzierung. In: *H. Pross* (Hrsg.), Familie wohin? 1979, S. 13—77

Vaskovics, L.A. (Hrsg.): Umweltbedingungen familialer Sozialisation. Beiträge zur sozialökonomischen Sozialisationsforschung. Stuttgart 1982

Völger, G., Welck, K.V.: Die Braut. Köln 1985

Weber-Kellermann, I.: Die deutsche Familie. Frankfurt 1974

Whitten, N., Wolfe, A.: Network analysis. In: *J. Honigman* (Hrsg.), A Handbook of Social and Cultural Anthropology. Chicago 1974, S. 717—746

Wingen, M.: Grundfragen der Bevölkerungspolitik. Stuttgart 1975

Wurzbacher, G.: Leitbilder gegenwärtigen deutschen Familienlebens, 3. Aufl. Stuttgart 1958

Wurzbacher, G.: Probleme der Familie und der Familienpolitik in der BRD. Bonn 1973

Young, M., Willmott, P.: Family and Kinship in East London. London 1962

Young, M., Willmott, P.: The Symmetrical Family. London 1973

Von der „radio-hörenden" zur „verkabelten" Familie — Mögliche Einflüsse der Entwicklung von Massenmedien auf das Familienleben und die familiale Sozialisation

Helmut Lukesch

1 Medienokologie oder das massenmediale Angebot

Massenmedien stellen einen bedeutsamen, weil vermutlich folgenreichen Umweltbestandteil des Menschen dar. Zugleich ist ihr Vorhandensein und ihre Nutzung so stark in das Alltagshandeln der Menschen integriert, daß einige ihrer sogar als revolutionär zu bezeichnenden Effekte (*Wersig* 1973) auf Grund ihres Charakters als „soziale Selbstverständlichkeiten" (*Hofstätter* 1963, 63) kaum mehr bewußt werden. Entwicklung und Stand des in der Bundesrepublik vorhandenen massenmedialen Angebots können wie folgt skizziert werden:

1. Das auditive Medienangebot der öffentlich-rechtlichen Rundfunkanstalten hat sich zwischen 1959 und 1985 von 111- auf 221 000 gesendete Stunden pro Jahr verdoppelt (ohne Deutschlandwelle). Daneben gibt es einen umfangreichen Markt anderer Tonträger (Phono Press 1984).

2. Noch bedeutsamer sind die Erweiterungen im Rahmen der öffentlich-rechtlichen Fernsehanstalten: Vom NWDR wurde ab dem 25.12.1952 mit einem Fernsehprogramm begonnen, das 3 Stunden täglich umfaßte und in Hamburg, Berlin und Köln zu empfangen war. 1985 wurden hingegen mehr als 28 000 Stunden an TV-Programmen pro Jahr gesendet.

3. Seit 1984 hat sich in der Medienlandschaft eine weitere, eventuell als qualitativ zu bewertende Veränderung vollzogen. Seit diesem Zeitpunkt werden über Kabel- und Satellitenempfang zusätzliche internationale, nationale oder regionale Programme, teils öffentlich und teils privatwirtschaftlich finanzierter Art den Kunden offeriert (z.B. SAT 1, RTL plus, 3 SAT, 1 PLUS, Sky Channel, Musikbox englisch oder deutsch), die 1986 von ca. 2 Mio. Haushalten empfangen werden konnten.

4. Zugleich gibt es seit einigen Jahren eine substantiell bedeutsame Möglichkeit des privaten Medienkonsums über Videorecorder und Bildplattengeräte. Seit Anfang der 80er Jahre ist eine kontinuierliche Zunahme der Haushaltsdurchsetzung mit solchen Geräten festzu-

stellen, wobei nach der AG.MA 1986 ca. 18% aller Personen über 14 Jahre über einen Recorder verfügen bzw. Anfang 1985 in 23% aller Haushalte ein solches Gerät zur Verfügung stand (*Lukesch* 1985a). Die Bundesrepublik nimmt dabei in Westeuropa hinter Großbritannien (1984: 27% der Haushalte mit einem Recorder) den zweiten Platz ein, während weltweit Kuwait mit einer Recorderdichte von 90% führend ist (*Radevagen, Zielinski* 1984) und in den USA der Video-Boom gerade begonnen hat (1984: 10% Recorderdichte; *Hoffmann* 1984).
5. Das massenmediale Kommunikationsangebot umfaßt in der Bundesrepublik seit 1.6.1980 eine unter der Bezeichnung Video-, Tele- oder neuerdings auch Fernsehtext angebotene zusätzliche Serviceleistung. Dabei wird eine Textinformation mit der bislang freien Übertragungskapazität der Austastlücke gesendet. Andere europäische Länder hatten bei dieser Entwicklung eine Vorreiterfunktion erfüllt (Großbritannien 1976, Schweden 1978, Österreich und Holland 1980). 1986 besaßen immerhin 8% der erwachsenen Rezipienten ein mit einem entsprechenden Decoder ausgestattetes Fernsehgerät.
6. Eine noch wenig verbreitete Gelegenheit zur Nutzung neuartiger Informationskanäle bietet der Bildschirm- (später Kabel-)text (1986 verfügten darüber nur 1% der Erwachsenen). Dieses Angebot der Bundespost wurde 1982 von ca. 9000 Teilnehmern wahrgenommen und hat sich bis 1986 mehr als verfünffacht. Qualitativ neuartig ist bei Btx die bislang eingeschränkte Möglichkeit eines Rückkanals. Dieses Medium kann aber zu einem leistungsfähigen und voll integrierten Informations- und Kommunikationsnetz mit qualitativ neuartigen Nutzungsmöglichkeiten im öffentlichen und privaten Bereich ausgebaut werden (tele-working, tele-shopping, tele-banking, Online-Recherchen in Datenbanken).
7. Neben diesen Wachstumsbereichen sollte nicht der große Verlierer dieser Entwicklung übersehen werden, nämlich das Kino. Während in der Hochblüte des Kinofilms 1956 jeder Bundesbürger pro Jahr 15,6mal in ein Kino ging, ist mit der Etablierung und Ausweitung des Fernsehangebots ein kontinuierlicher Rückgang hinsichtlich des Kinobesuchs auf 1,8 Kinobesuche im Jahr 1983 zu verzeichnen.
8. Schließlich sollte man auch nicht die Printmedien vergessen, den traditionsreichsten Arm der Massenmedien. Hinsichtlich der verlegten Buchtitel war seit den frühen 50er Jahren ein fast kontinuierlicher Anstieg von vierzehn- auf einundsechzigtausend verlegte Titel zu verzeichnen. Ob der für 1984 dokumentierte Rückgang eine Trendwende bedeutet, kann nicht mit Sicherheit gesagt werden, wegen der Erholung im darauffolgenden Jahr ist dies eher unwahrscheinlich.

Hinsichtlich der Tagespresse ist ein beträchtlicher Zuwachs von ca. 14 Mio. verkaufter Zeitungen im Jahre 1956 auf beinahe 26 Mio. im Jahre 1984 dokumentiert. Zugleich wird aus den Daten zum Zei-

tungsmarkt das sog. „Zeitungssterben" (vgl. auch *Schütz* 1985) deutlich, haben sich doch im selben Zeitraum die erschienenen Hauptausgaben auf beinahe die Hälfte des Angebots reduziert.
Eine weitere, eventuell folgenreiche Entwicklung ist im Bereich der Printmedien zu verzeichnen, nämlich die zwischen 1975 und 1984 erfolgte Verdoppelung der Anzahl der verlegten Zeitschriften, mit der eine Steigerung um 40 Mio. verkaufter Exemplare pro Ausgabe einhergegangen ist. Hier deutet sich eventuell eine verstärkte Hinwendung zu sog. „nonbooks" (*Winn* 1979; *Postman* 1985) an, d.h. zu Printmedien, in denen Bedeutungen nicht mehr in Form eines kohärenten Textes, sondern in Form von kommentierten Bildern an den Rezipienten transportiert werden.

2 Die Nutzung der Massenmedien

Medienangebote und Mediennutzung sind nicht deckungsgleich. Dennoch ist festzuhalten, daß sich in zeitlich abgestufter Folge auch geänderte Nutzungsgewohnheiten bei den Rezipienten eingestellt haben.

1. Auditive Medien
Die Hörfunkangebote werden täglich von knapp 80% aller Erwachsenen zumindest kurzfristig wahrgenommen (weitester Hörerkreis nach AG.MA 1986 87,8%), wobei sich in den letzten Jahren kaum Veränderungen ergeben haben. Die (aktive) Hörhäufigkeit unter Kindern nimmt nach einer Schweizer Untersuchung mit dem Alter kontinuierlich zu (*Havlicek, Steinmann* 1980, 15), ähnliche Alterstrends werden auch hinsichtlich der Häufigkeit des Kassetten- und Tonbandhörens bzw. des Schallplattenhörens berichtet. Die hohe Nutzung der auditiven Medien bei Jugendlichen hängt sicherlich auch damit zusammen, daß sie einen musikalischen Hintergrund für andere Aktivitäten abgeben. Die Musik wurde auch als „das ‚Jugendmedium' schlechthin" bezeichnet (*Bonfadelli* et al. 1986, 179).

2. Fernsehnutzung
Nach der MEDIA-Analyse besitzen 98% der erwachsenen Einwohner in der Bundesrepublik 1986 mindestens ein Fernsehgerät (AG.MA 1986), damit scheint das Stadium der Vollversorgung der Haushalte erreicht zu sein. Naheliegenderweise kann dem enormen Angebotszuwachs im Bereich des Fernsehens keine lineare Zunahme der Sehdauer der Rezipienten entsprechen. Dennoch ergeben sich einige bemerkenswerte Fakten. So war 1985 das Fernsehgerät in jedem Fernsehhaushalt im Schnitt 3 1/2 Stunden täglich eingeschaltet. Zwischen 1979 und 1985 ergab sich dabei eine Zunahme von etwa 30 Minuten, wobei bei dieser Änderung neben methodischen Gründen die in den letzten Jahren prononciertere Zielgruppenorientierung und Programmdiversifikation zu beachten ist.

Ergänzend zu erwähnen ist, daß die Fernsehnutzung mit einer Reihe weiterer Kriterien korreliert ist (*Darschin, Frank* 1983). Zu denken ist etwa an die Variation zwischen Werktagen und Wochenenden (ca. 20 bis 40 Minuten höhere Sehdauer am Samstag und Sonntag) oder den Sommer- und Wintermonaten (ca. 30 Minuten längere Sehdauer im Winterhalbjahr). Daneben stehen Sozialschichtzugehörigkeit (mit höheren Sehzeiten in der sozialen Unterschicht) oder Geschlecht (besonders deutlich höhere Sehzeiten bei Jungen) mit der Fernsehnutzung in substantieller Beziehung (*Lukesch* 1985a; *Saxer* et al. 1979; *Nave-Herz, Nauck* 1978, 77). Auf eine bedeutsame Änderung der Fernsehnutzung in Abhängigkeit vom Familienzyklus wurde von *Nave-Herz* und *Nauck* (1978, 119) verwiesen: Während die Fernsehhäufigkeit bei „jungen Familien", also in der Phase der Familienbildung, relativ gering ist, nimmt sie in der Phase der Familienzentrierung (z. B. Familien mit Kindern zwischen 7 und 10 Jahren) deutlich zu, um in der Phase der beginnenden Gruppenauflösung leicht abzunehmen. Wie hieraus zu ersehen ist, müssen für die Nutzung eines massenmedialen Angebots individuelle und gruppenspezifische Gegebenheiten und Motive hinzukommen.

3. Kabelfernsehen

In der Bundesrepublik wurden zur Überprüfung der Effekte des Kabelfernsehens mehrere Pilotprojekte eingerichtet oder bereits zum Abschluß gebracht (Ludwigshafen 31.12.1986). Schwerpunktmäßig werden dabei Untersuchungen zur Akzeptanz und Nutzung von Kabelfernsehen betrieben. Wie die Ergebnisse aus diesen Pilotprojekten zeigen, lassen sich etwa 20 bis 40% der anschließbaren Haushalte tatsächlich anschließen. Die Erfahrungen zeigen weiterhin, daß das vermehrte Angebot selektiv zur Maximierung des Konsums von Unterhaltungsfilmen genutzt wird; drastisch zurück gehen hingegen die Zuschauerzahlen bei Sendungen aus dem Bereich Kultur, Wissenschaft und Bildung sowie von Informationssendungen.

4. Heimvideo

Man kann davon ausgehen, daß etwa in jedem vierten bundesdeutschen Haushalt ein Videogerät vorhanden ist. Es ist hierbei zu fragen, wie dieses Gerät genutzt wird und ob dadurch die Nutzung anderer Medien tangiert, eventuell sogar reduziert wird.

Von *Darschin* und *Frank* (1986) wurden hierzu aus dem GfK-Panel die Bildschirmaktivitäten in Haushalten mit und ohne Video-Recorder für den Monat November 1985 miteinander verglichen. Es zeigte sich, daß die Einschaltdauer der Fernsehgeräte in Video-Haushalten um eine Stunde höher ist als in Nicht-Video-Haushalten. Dabei ist sowohl eine Verlängerung der regulären Fernsehaktivität um ca. 25 Minuten wie auch die spezielle Nutzung durch Video-Filme von täglich 37 Minuten festzustellen. Sowohl die Sehdauer der Personen über 14 Jahre wie auch die der Kinder zwischen 6 und 13

Jahren ist in Video-Haushalten um ca. 50 Minuten höher. Die Unterschiede haben sich dabei im Vergleich zu früheren Studien (*Wiedemann* 1984) vergrößert.

Obwohl die überwiegende Anzahl aller Video-Abspielungen in aufgezeichneten Fernsehfilmen bestehen, bedeutet dies nicht, daß nicht auch eine substantielle Kompensation hinsichtlich der Film-Genres gegeben ist, die üblicherweise durch die öffentlich-rechtlichen Anstalten so gut wie nicht dargeboten werden. Gerade in den Bereichen Horror, Science-Fiction, Eastern, Kriegsfilme, Erotik/Sex und Zeichentrick werden die kommerziell beziehbaren Filme zur Deckung der Lücken im Fernsehangebot verwendet (*Pfifferling, Wiedemann* 1983, 576). Die empirische Evidenz zur Frage der als jugendgefährdend eingeschätzten Video-Filme zeigt, daß etwa ein Drittel der 12- bis 17jährigen indizierte Filme bereits gesehen hat (*Lukesch* 1985b; *Glogauer* 1985a; Bezirksregierung Hannover o.J.). Das öffentliche Interesse an problematischen Videos scheint nach der Veränderung des Jugendschutzgesetzes vom 1. 4. 1985 erlahmt zu sein, obwohl mit gutem Grund angezweifelt werden kann, ob durch ordnungspolitische Maßnahmen eine durchgreifende Änderung im Nutzungsverhalten (*Glogauer* 1985b) erreicht werden kann.

5. Videotext

In der Bundesrepublik (Stand 1984) sollen ca. 20% Fernsehgeräte videotext-tauglich sein, in Großbritannien soll ihr Anteil bereits 50% betragen (*Kulpok* 1984, 205). Die bisherigen Nutzerstudien (*Bessler* 1983; *Ehlers* 1985) haben neben der vorerst selektiven Nutzung dieser Kommunikationsmöglichkeit ein sehr positives Bild erbracht. Dabei ist nicht auszuschließen, daß sich längerfristig Veränderungen im Informationsverhalten (z. B. gegenüber Hörfunk- und Fernsehnachrichten) ergeben.

6. Bildschirmtext

Das Wissen um die Nutzung, die möglichen Entwicklungschancen und die damit verbundenen Auswirkungen von Btx werden von *Meier* und *Bonfadelli* (1985) äußerst skeptisch beurteilt. Dies hängt zum einen mit der noch nicht voll ausgestalteten informationellen Struktur dieser neuen Technologie zusammen, zum anderen aber auch mit den bislang nur eingeschränkt realisierten Begleituntersuchungen. Auswirkungen auf den familiären Alltag sind auf Grund des geringen Nutzungsumfanges zur Zeit nicht erkennbar.

7. Kino

Während das Fernsehen eine Veranstaltung ist, die täglich den Großteil der Bevölkerung erreicht (Tagesreichweite 72%), ist das Kino ein „Medium für Minderheiten" (*Frank* 1985, 784). Nur 4,4% der Bevölkerung ab 14 Jahren besucht einmal pro Woche ein Kino (AG.MA 1986). Kinobesucher sind zudem durch eine starke außerhäusliche Orientierung charakterisiert (*Frank* 1985). Wie die Betrachtung der Fernsehnutzungsindikatoren zeigt, sind in den Altersgruppen, die am häufigsten unter den Kinobesuchern vertreten sind, Wenig- und Nichtseher entsprechend häufiger vertreten. Unsere Analyse hat ergeben (*Lukesch* 1985c), daß für Jugendliche Kinobesuch und Kinogespräche deutlich peerorientierte Tätigkeiten sind, die im Rahmen der Ablösung von der Familie zu sehen sind.

8. Printmediennutzung

Der Printmedienkonsum nimmt bei Kindern und Jugendlichen im Vergleich zu den auditiven und audiovisuellen Medien einen zeitlich wesentlich geringeren Stellenwert ein. In unserer Studie (*Lukesch* 1985a) werden — global gesehen — immerhin noch knapp zwei Stunden pro Tag einem Printmedium gewidmet. Das Lesen von Büchern zur Unterhaltung nimmt dabei aber nur ein knappes Viertel dieser Zeit ein. In der Untersuchung von *Bonfadelli* et al. (1986, 133) sind es hingegen nur 50 Minuten, die mit einer Lesetätigkeit ausgefüllt sind. Übereinstimmend ist aber die Tendenz einer zwischen dem 12. und 19. Lebensjahr zurückgehenden Printmediennutzung, die dann in den späteren Jahren wieder ansteigt (wobei die Veränderungen vor allem dem gestiegenen Zeitungskonsum zuzuschreiben sind).

Als säkularer Trend ist ein deutlicher Rückgang der Leseinteressen bei Jugendlichen festzustellen. Während in den 50er Jahren Lesen die beliebteste und häufigste Freizeitaktivität war (*Blücher* 1956, 66 f.; *Strzelewicz* 1968, 53), rangiert heute das Lesen deutlich hinter der Radio- und Fernsehnutzung. Einzig in der Shell-Studie '85 (Jugendwerk der Deutschen Shell 1985, Bd. II, S. 191) wird nur ein geringer Rückgang der Bewertung des Lesens als Lieblingsbeschäftigung von 35% auf 30% zwischen 1954 und 1984 festgestellt; ein Ergebnis, das durch die anderen Untersuchungen keine Stütze findet (Sinus-Institut 1983; *Bonfadelli* et al. 1986).

9. Rückblick

Aus allen Studien ergibt sich, daß ein ausgesprochen hoher Zeitanteil täglich mit Medienkontakt verbracht wird, bei Jugendlichen sind es ca. fünf bis sechs Stunden. Im Vergleich zu der Situation zu Beginn der 70er Jahre hat sich die Mediennutzungszeit deutlich ausgeweitet (1970 waren auf Grund einer Tagesablaufstudie nur 3 Stunden und 15 Minuten mit Medienkontakten erfüllt, wobei damals 55% der Zeit auf eine Fernsehtätigkeit fiel; *Horn* 1975). Vergleicht man nun die Zeit, während der sich Kinder und Jugendliche Medien aussetzen, so ist ersichtlich, daß Freizeit weitgehend deckungsgleich mit Mediennutzungszeit ist. Allerdings gibt es auch Inkongruenzen, denn Medienkonsum kann auch Hintergrundbeschäftigung bei anderen Tätigkeiten sein. Außerdem kann die Intensität der Medienzuwendung durch Aufmerksamkeitsvariation gesteuert werden. So wurde z. B. Fernsehen z. T. zu einer Zweitbeschäftigung (*Dahms* 1983).

Trotz dieser Einschränkungen ist zu vermuten, daß allein auf Grund der zeitlichen Exposition dem Medieneinfluß ein hoher Stellenwert zuzuschreiben ist. Dieser Einfluß ist dabei unter anderem in der zeitlichen Bindung an die audiovisuellen Medien zu sehen sowie in den dadurch ausgeschlossenen oder zumindest reduzierten unmittelbaren Formen der Erfahrung (*Bronfenbrenner* 1973, 20: „The major impact of television is not the behavior it produces, but the behavior it prevents"). Hinsichtlich des Fernsehens ist festzuhalten, daß sich das Bedürfnis der Mehrheit der Rezipienten nach leichter Unterhaltung mit einer qualitativen Veränderung des Fernsehangebots vereinigt. Es ist eine beginnende Amerikanisierung festzustellen, die im Sinne *Postmans* (1985) als Änderung der Medienlandschaft in Richtung Maximierung des Amüsements beschrieben werden kann.

3 Massenmedien und Familie

Es gibt eine fast endlose Liste von Klagen, zumeist vorgetragen von Pädagogen, Jugendschützern, Juristen, Theologen und Kulturkritikern, nach der — überpointiert ausgedrückt — fast alle Übel dieser Welt auf das Aufkommen neuer Medien und ihres schädlichen Einflusses auf die Familie zurückgeführt werden (*Glogauer* 1985a; *Scarbath* 1984; *Stefen* 1973; *Schreiber, Häring* 1971; *Winn* 1979; *Postman* 1985).

Es kann dabei bei dem Aufkommen eines neuen Mediums (ganz gleich, ob es sich dabei um den Stummfilm, die Comics oder den Heimcomputer handelt) ein fast stereotyp sich abspielender Prozeß beobachtet werden, nach dem parallel zur Anfangsphase der Verbreitung viele soziale und psychische Probleme auf diese neuen Medien zurückgeführt werden; erst nach einer relativ langen Zeit finden sich Sozialwissenschaftler, die diese Thesen empirisch prüfen und in ihrem Geltungsbereich so gut wie immer drastisch einschränken. So wenig aber das massenmediale Angebot mit seiner tatsächlichen Nutzung gleichgesetzt werden kann, ist nicht ohne weiteres auf Grund der Nutzung auf mögliche Effekte, außer dem der Nutzung selbst, zu schließen. Nur unter Beachtung dieser Einschränkungen können im folgenden einige Konsequenzen der Veränderung der Medienlandschaft auf die Familie aufgezeigt werden. Dabei muß man im Auge behalten, daß heute die dramatischen Veränderungen, welche die Einführung des Fernsehens für die Familien mit sich gebracht hat, und das Fernsehen muß dabei als das Schlüsselmedium gelten, nur mehr schwerlich nachvollzogen werden können. Diese massiven Effekte sind aus Untersuchungen der 60er Jahre dokumentiert (*Stückrath, Schottmayer* 1967; *Himmelweit* et al. 1958). Obwohl schon damals ein Prozeß der Veralltäglichung (*Stolte* 1978, 49) nachgewiesen werden konnte (ablesbar an einem Rückgang der Sehdauer in Abhängigkeit von der Zeit, seit der man ein Fernsehgerät besitzt), ändert dies nichts an den nachhaltigen Veränderungen, die man heute bereits als selbstverständlich akzeptiert. Fernsehen ist eine „durchdringende Komponente einer konsum- und medienvermittelten Lebensform" geworden, die sich von „der uns bekannten Kommunikationsstruktur wegentwickeln und zu einem vernetzten System führen (wird), in dessen sichtbarem Mittelpunkt der Bildschirm steht" (*Bachmair* 1987, 4).

3.1 Haushaltsbudget

Die vorhandenen und besonders die neuen Medien beanspruchen das familiäre Haushaltsbudget beträchtlich. Nach einer Berechnung des Südfunks von 1982 (*Meyn* 1984, 60) müßte ein voll mediatisierter Haushalt etwa 27 000 DM an Investitionskosten und nicht ganz 300 DM an monatlichen Betriebskosten (ohne Berücksichtigung von abnutzungsbedingten Reparaturen und Neuanschaffungen, den gerätebedingten Mehrkosten an Strom und den eventuell größeren Wohnungsbedarf) bereitstellen, um das Gros der Angebote zur Verfügung zu haben. 1977 wurden die Gesamtausgaben für alle Medien noch mit 147 DM pro Kopf und Monat beziffert (*Kiefer* 1978, 618); betrachtet man nur die audiovisuellen Medien, deren Kosten damals mit 55 DM veranschlagt wurden, so zeigt sich daraus eine enorme Mehrbelastung der Haushalte. Veranschaulicht gesprochen, wird damit das Haushaltsbudget mit Ausgaben in der Höhe eines zusätzlichen besseren Mittelklassewagens belastet.

Mit der steigenden Durchsetzung der Haushalte mit elektronischen Medien wird außerdem ein Druck auf den Erwerb und die Verfügbarkeit dieser Kommunikationsmöglichkeiten ausgeübt, dem durch simple Ratschläge („einfach abschalten") nicht entgegengewirkt werden kann. Welche Auswirkungen diese Umschichtung des Familienbudgets haben wird (z. B. hinsichtlich der Teilnahme am aktuellen Kulturleben, der sozialen Aktivitäten), bleibt abzuwarten. Besonders bei der Nutzung von Zusatzangeboten müssen in Hinkunft Sicherungen eingebaut werden, die dem Rezipienten die finanziellen Folgen der Inanspruchnahme der angebotenen Dienstleistungen deutlich vor Augen führen.

3.2 Emotionale Bindung an das Fernsehen

Das Fernsehen ist zu einem zuverlässigen (Pseudo-)Interaktionspartner für alle Familienmitglieder geworden, der von den Sehern in flexibler Weise zur Befriedigung unterschiedlichster Bedürfnislagen (Unterhaltung, Entspannung, Information, Eskapismus, Überdecken von Konflikten, soziale Zugehörigkeit durch gleichartige Verhaltensriten) eingesetzt wird. Es wundert deshalb nicht, wenn zu dieser Quelle der eigenen, wenn auch nur vikariierenden Bedürfnisbefriedigung eine starke emotionale Beziehung aufgebaut wird, sei es nun zu dem Gerät selbst oder zu den Moderatoren und Präsentatoren der einzelnen Sendungen (*Allouche-Benayoun* 1975). Der Fernsehapparat ist zu einem weithin akzeptierten Familienmitglied geworden.

Bezeichnend für die intensive emotionale Beziehung zu dem Fernsehapparat sind Versuche, Seher zu einer Aufgabe dieser Freizeitbeschäftigung zu bewegen. So fanden *Bauer* et al. (1976) in einer Pilotstudie an zwei Unterschichtfamilien, die sich zu einer vierwöchigen Fernsehabstinenz überreden ließen, daß das Fernsehen wesentlich zur Sinngebung, Freizeitausfüllung und Konfliktverdrängung beiträgt. Obwohl diese Einsichten in den betroffenen Familien geteilt wurden, waren alle froh, wieder zum Status quo ante zurückkehren zu können (über ähnlich gelagerte Erfahrungen berichtet *Winn* 1979, 265 f.). In einer anderen Untersuchung wurde versucht, Fernseher durch die Auszahlung einer Prämie vom Sehen abzuhalten (*Pfeiffer* 1975). Von den 184 Testpersonen kapitulierten innerhalb des ersten Monats 10%, im dritten Monat 58%, im vierten 90% und im fünften Monat der Rest. Akademiker hielten am längsten durch, als erste gaben Personen mit Volksschulbildung auf. Die in der fernsehlosen Zeit aufgetretenen Effekte waren nicht nur positiv (mehr soziale Kontakte, Zunahme von Lektüre und Spiel, häufigere Kinobesuche), sondern z. T. deutlich negativ (Familien- und Eheprobleme). Die vollständige Rückfallquote und die aufgetretenen Verhaltensänderungen wurden als Symptome von Telesüchtigkeit interpretiert. Auch wenn diese Kategorisierung überzogen erscheint, so kommt in den Effekten die intensive Bindung an dieses Massenmedium zum Ausdruck.

3.3 Tagesablauf und Freizeit

Die audiovisuellen Medien strukturieren den Tageslauf in der Familie. Es wurde auch von einem „ritualisierten Umgang mit dem Medium" (*Kellner* 1978) gesprochen, d. h. das TV-Programm setzt den Rahmen für andere Freizeittätigkeiten. Es ist bezeichnend für diese Ritualisierung, wenn z. B. im Tagesablauf die einzelnen Familienmitglieder einen unterschiedlich hohen Einfluß auf die Programmwahl im Fernsehen ausüben (*Frank* 1978: Dominanz der Kinder bis zum Beginn des Abendprogramms um 20 Uhr). Hier liegt sicherlich ein Wechselwirkungsprozeß vor, denn die Programmveranstalter versuchen ihr Angebot so aufzubauen, daß es optimal in den Tagesablauf hineinpaßt. Diese durch detaillierte Tagesablaufstudien, Erhebung von Seherwünschen und differenzierte Zielgruppenorientierung erzielte Passung (*Stolte* 1973; **Frank** 1985) ist wiederum geeignet, die „Verführung" durch das Fernsehen zu erhöhen. Andererseits stoßen in die „fernsehlosen" bzw. mit wenig attraktiven Sendungen ausgestatteten Zeiten Video-Filme vor (*Wild* 1986). Die heute vorhandene Medienlandschaft erlaubt vielfältige Kompensationen; einseitig orientierte Maßnahmen (z. B. stärkere Restriktionen bei den öffentlich-rechtlichen Rundfunkanstalten) sind deswegen von vorneherein in ihrer Wirkung beschränkt bzw. führen sogar zu gegenteiligen Folgen.

Wie durch einzelne Pilotprojekte mit Kabel-TV bestätigt wurde, ist zu vermuten, daß mit der vollen Realisierung der technischen Möglichkeiten hinsichtlich der audiovisuellen Medien die vor dem Fernseher verbrachte Zeit zunimmt. Belegbar ist dies für Haushalte mit einem Video-Recorder (*Lukesch* 1987) oder für „verkabelte" Haushalte (*Ronneberger, Gerhard* 1984; *Ronneberger* 1986). Diese Zeit muß notwendigerweise von anderen Tätigkeiten eingespart werden; eventuell von solchen, denen man einen hohen sozialen Wert zuschreiben muß. In früheren Untersuchungen (*Stückrath* 1966) wurden aus der Sicht von Jugendlichen mehrheitlich Beeinträchtigungen des Familienlebens durch die Einführung des Fernsehens gefunden. Es kann festgestellt werden, daß mit schichtspezifischen Akzentuierungen die gemeinsamen Tätigkeiten der Eltern mit ihren Kindern durch ein kompensatorisches Verhältnis von aktiven (Geschichten vorlesen, erzählen, Bilderbuch anschauen, Spielen) und rezeptiven Tätigkeiten (gemeinsam fernsehen, Radio/Platte hören) bestimmt sind (*Mundt* 1980), d. h. wo rezeptive Betätigungen vorherrschen, erfolgt dies auf Kosten einer aktiven Auseinandersetzung und Anregung der Kinder.

3.4 Außenbeziehungen der Familie

Ein möglicher Effekt der Beschäftigung mit den alten und den neuen Medien könnte eine Reduktion der Außenkontakte der Familie sein (*Lüscher* 1981, 353). Für die Frühzeit des Fernsehens (1953) stellten sich bei 62% der Fernsehhaushalte Gastseher ein (*Stolte* 1978, 358), heute schließen sich Fernsehen und Besuch eher aus. Durch die Zweitgeräte wird die Chance, allein fernzusehen, vergrößert, wobei nach Ergebnissen aus dem amerikanischen Raum (*Chaffee* et al. 1971) ein Zweitgerät eher zur Herstellung von Privatheit als zur Lösung von Programmwahl-Differenzen verwendet wird.

Eine Verminderung derjenigen Außenkontakte, die selbst wieder über Medien vermittelt sind, kann aus den vorliegenden statistischen Angaben bislang nicht abgeleitet werden. So ist heute praktisch eine

Vollversorgung der Haushalte mit Telefonen gegeben, selbst in Haushalten von Renten- und Sozialhilfeempfängern haben sich die Telefonanschlüsse zwischen 1979 und 1985 von 63,8% auf 89,4% vermehrt (Statistisches Bundesamt 1980—1986), die Anzahl der Sprechstellen hat von 2,7 Mio. im Jahre 1951 auf 37,9 Mio. 1985 zugenommen. Dabei hat sich sowohl die Zahl der Ortsgespräche pro Hauptanschluß (1984, 680) wie auch die der Ferngespräche (1984, 406) kontinuierlich gesteigert, allerdings sind heute Sättigungstendenzen feststellbar (Deutsche Bundespost 1986, 15). Erwähnenswert sind auch Entwicklungen hinsichtlich des Briefeschreibens: Während die Bundespost 1951 ca. 4,5 Mrd. Briefe beförderte, waren es 1985 12,6 Mrd., allerdings ist das Maximum des Briefaufkommens seit 1982 leicht zurückgegangen. Sofern diese Daten auch für Privathaushalte gelten, kann daraus nur bedingt auf eine Reduktion der medial vermittelten Außenkontakte geschlossen werden; ein Verlust der Briefkultur ist noch nicht eingetreten, ist aber eventuell für die Zukunft nicht auszuschließen. Da sich die These von der zunehmend sozial isolierten Kleinfamilie nicht halten läßt und ein genereller Rückgang an Außenkontakten als säkularer Trend nicht vorfindbar ist (vgl. *Lüschen* in diesem Band), ist auch eine Schuldzuschreibung an die Medien nicht sachgemäß. Damit soll allerdings nicht gesagt sein, daß auf individueller Ebene ein intensiver Medienkonsum nicht Symptom eines Mangels an Sozialkontakten sein kann (*Schramm* et al. 1961, 144). Es muß hier aber wiederum zwischen den einzelnen Medien differenziert werden, denn Medien bieten sich in unterschiedlicher Weise für die Befriedigung spezifischer Bedürfniskonstellationen an.

In unseren Untersuchungen konnten wir zeigen (*Lukesch* 1986), daß eine besonders intensive Verwendung von Video bei Jugendlichen zu finden ist, die eher der sozialen Unterschicht angehören, deren Freizeitverhalten deutlich peer-gruppenorientiert ist und die zugleich eine gewisse Distanz zu den traditionellerweise als „kulturell wertvoll" bezeichneten Tätigkeiten aufweisen. Ein anderes Verhaltensmuster ist bei Jugendlichen mit hoher Bindung an das Fernsehen vorhanden: Auch hier kann von einer Überrepräsentation der Zugehörigkeit zur sozialen Unterschicht und einer bedeutsamen Distanz zu den üblicherweise „kulturell wertvollen" Tätigkeiten (z. B. Lesen von Büchern) gesprochen werden. Hinzu kommt aber eine relativ geringe Einbindung in eine Peergruppe (z. B. wird die Frage, ob Fernsehen die liebste Freizeittätigkeit ist, eher von den Jugendlichen bejaht, die nur wenig mit Freunden etwas unternehmen, die selten in einer Disco anzutreffen sind, nur wenig mit Freund/Freundin zusammen sind). Der Fernsehkonsum und seine Hochschätzung scheint in diesem Fall deutlich kompensatorischen Charakter zu besitzen (ähnlich bereits *Himmelweit* et al. 1958, 388), während die intensive Nutzung von Video im zuerst genannten Beispiel eine Möglichkeit zur Stärkung einer unterschichtspezifischen Peerkultur zu sein scheint.

In diesen Daten kommt auch ein Effekt der Neuen Medien zum Ausdruck. Während Mitte der 70er Jahre für Jugendliche betont wurde, die Nutzung des Fernsehens spiele sich vorwiegend in der Familie ab, die Verarbeitung aber in den Altersgruppen (*Hunziker* et al. 1975, 286), gilt diese These heute nur mehr partiell: Die Peergruppe steht zwar dem intensiven Videonutzer zur Verfügung, der Fernsehfreak ist aber der Jugendliche, der seine „Seh-Erfahrungen" nicht in gleicher Weise mit Altersgleichen besprechen kann.

3.5 Familienbilder in den Medien

Nach der viel diskutierten Kultivierungsthese von *Gerbner* und *Gross* (1976) haben die Inhalte der Massenmedien wesentlichen Anteil an dem Bild über die sozialen Realitäten einzelner gesellschaftlicher Teilbereiche. Diese zumeist auf die Thematik „Gewaltdarstellungen/ Kriminalitätsbilder/Verbrechensfurcht" bezogenen Überlegungen sollen hier in bezug auf die Familienbilder im Fernsehen untersucht werden.

Familienszenen sind ein wesentlicher Fernsehinhalt. Für die USA stellten z. B. *Glennon* und *Butsch* (1982) zwischen 1946 und 1978 218 fiktive Fernsehfamilien fest. Nach *Jeffries-Fox* und *Gerbner* (1977) sind auf Grund von Inhaltsanalysen in 61% aller Sendungen Heim und Familie wichtige Themen. Die Darstellungen leben dabei von rollenspezifischen Klischeevorstellungen, z. B. werden Frauen häufiger als verheiratet eingeführt als Männer (42 zu 22%) oder sie üben häufiger Elternfunktionen aus (30 zu 17%).

Wesentlich detaillierter sind die von *Küchenhoff* (1975) vorgelegten Ergebnisse, aus denen allerdings auch eine deutliche Rollentypisierung hervorgeht. Frauen und Frauenfragen, besonders im Nachrichtenbereich, sind im Fernsehen unterrepräsentiert; Frauen werden häufiger unbedeutende Funktionen bei Spielhandlungen zugewiesen, und es werden vor allem Frauen der oberen Mittelschicht gezeigt. Dabei dominiert die „junge, schöne und unabhängige" Frau, daneben ist noch die Frau in der Hausfrauen- und Mutterrolle zu erwähnen; selten zu finden sind Thematisierungen der berufstätigen oder gar der politisch aktiven Frau. Auch sind Frauen als Funktionsträgerinnen der Sendeanstalten (z. B. Nachrichtensprecherin, Sportmoderatorin) unterrepräsentiert. Die Erhebung bezieht sich auf das Jahr 1975. In der Zwischenzeit sind bedeutsame Veränderungen in der bundesdeutschen Fernsehszene eingetreten, — ohne daß dies aber durch eine systematische Studie belegt ist —, so daß diese Analyse vorwiegend von historiographischem Wert ist (zu den in der Werbung verwendeten Rollenklischees vgl. *Wartella* 1980).

Diese Inhaltsanalysen bilden nur die Angebotsseite ab. Hinsichtlich der Nutzung dieses Angebots gibt es Hinweise, daß es eine gewisse Übereinstimmung zwischen den in den Familien vorherrschenden und den in den präferierten Sendungen gezeigten Interaktionsstrukturen gibt (*Abel* 1976); es findet also auch hier eine selektive und selbstgewählte Zuwendung zu Programminhalten statt.

Damit ist aber das Problem noch nicht gelöst, ob nicht auch zusätzliche Rückwirkungen der Inhalte auf die Rezipienten gegeben sind. Dieser Frage, ob sich Darstellungen des Familienlebens in Fernsehserien auf die Wahrnehmung von Aspekten des Lebens in der eigenen Familie auswirken, wurde von *Buerkel-Rothfuss* et al. (1982) nachgegangen. In ihrer Untersuchung fanden sich allerdings nur schwache Belege für diese Vermutung (Korrelationen von maximal 0,20). Die bedeutsamsten Zusammenhänge bestanden zwischen dem Ausmaß des Konsums an Familienserien, die als hoch affiliativ eingeschätzt worden sind, und der Wahrnehmung von „Unterstützung" und „Gehorsam/Gefügigkeit" in der eigenen Familie. Das Vorhandensein moderierender Einflüsse konnte ebenfalls in schwacher Weise nachgewiesen werden (z. B. Einschätzung von Fernsehsendungen, ob sie die Realität wiedergeben, ob man aus ihnen etwas für das Leben lernen kann, ob Eltern gemeinsam mit den Kindern das Programm ansehen oder ob die Eltern über das Gesehene bestätigende Kommentare abgeben). Keine bzw. noch wesentlich schwächere Beziehungen wurden zu Einschätzungen negativer Aspekte der eigenen Familie gefunden (z. B. Ausmaß an Gegensätzlichkeit und Gleichgültigkeit in der eigenen Familie) und diesen Aspekten in Familienserien. Die Effekte der Medieninhalte scheinen bei Vielsehern deutlicher nachzuweisen zu sein als bei Wenigsehern, so konnten *Frueh* und *McGhee* (1975) traditionellere Geschlechtsrollenstereotype vor allem bei Vielsehern finden. Die Wirksamkeit der über das Fernsehen dargebotenen geschlechtsspezifischen Verhaltensmodelle ist auch durch kontrollierte Experimente belegt (vgl. zusammenfassend *Schmerl* 1984).

In der Realsituation ist allerdings der simultane Einfluß anderer Personen in Betracht zu ziehen. So werden die von Fernseh- und Film-Protagonisten gespielten Berufsrollen dann als nicht realistisch eingeschätzt, wenn die Programminhalte mit Eltern oder Freunden besprochen werden oder ein restriktiver Medienkonsum gegeben war (*Chaffee, Tims* 1976; *Jeffries-Fox, Gerbner* 1977). Auf Grund dieser und ähnlich gelagerter Ergebnisse ist der These *Schneewinds* (1976) von der „familiär vermittelten Wirkungsdynamik beim kindlichen Fernsehen" zuzustimmen; zwischen den Fernsehinhalten und deren Wirkung auf das Kind ist die Familie vermittelnde Instanz. Die Ergebnisse zeigen zusammenfassend, daß ein gewisser Einfluß des Fernsehkonsums auf die Wahrnehmungen des eigenen Familienklimas vorhanden ist und daß dieser Einfluß durch elterliche Interventionen moderiert werden kann.

3.6 Fernsehen und familiäre Interaktion

Der Einfluß des Fernsehens auf die familiären Beziehungen ist wesentlich deutlicher als z.B. der des Hörfunks (*Thyssen* 1977), das Fernsehprogramm „beherrscht im Unterschied zum Radiohören weitgehend die Situation".

Beobachtungsstudien über den Einfluß des Fernsehens auf die familiären Interaktionen wurden im Rahmen eines Projekts von Psydata (85 Familien mit Kindern unter 14 Jahren wurden 1974 an zehn Abenden je vier Stunden von Studenten beobachtet) sowie des Hans-Bredow-Instituts (52 Familien wurden 1975 an 14 Abenden je vier Stunden lang von einem eigenen Familienmitglied beobachtet) vorgelegt (*Kellner* 1978). Die Ergebnisse dieser Studien zeigen, daß durch das Rezipieren einer Fernsehsendung — besonders bei Programmen mit hoher Attraktivität — die interpersonelle Interaktion in der Familie minimiert wird. Selbst wenn gemeinsame Zeit vor dem Fernseher verbracht wird, so ist das Fernsehen eine individuelle Tätigkeit, gemeinsames Zuschauen ist „lediglich eine Art Überschneidung der individuellen Rezeptionsabläufe" (*Hunziker* 1977, 269). Damit werden Befragungsergebnisse bestätigt, wie z.B. die von *Hunziker* et al. (1973), wonach von 10- und 12jährigen Kindern 70% meinten, bei ihnen werde während einer Sendung „selten" oder „nie" gesprochen; 75% äußerten auch, daß es selten vorkomme, daß sie im Zusammenhang mit einer Fernsehsendung eine Frage an andere richten (für die USA vgl. *Waters, Stone* 1971; *Maccoby* 1954).

Die intensive Zuwendung zu einem Fernsehprogramm kann in Extremfällen, wie z.B. einer Vielseherfamilie, zu einem „chronischen Defizit an interpersonaler (visueller wie schließlich verbaler) Kommunikation" führen (*Kellner* 1978, 27). Aus dem Forschungsprojekt des Hans-Bredow-Instituts seien einige Ergebnisse dazu hervorgehoben: So ist die verbale Interaktion während des Fernsehkonsums naheliegender Weise von geringerem Umfang, zur Hälfte fernsehbezogen und von reduzierter thematischer Vielfalt. „Je mehr ferngesehen wird, desto unmöglicher scheint es zu sein, eine differenzierte Interaktionsstruktur aufzuweisen beziehungsweise eine differenzierte verbale Kommunikation" (*Kellner* 1978, 27). Allerdings wird dieses Ergebnis von *Teichert* (1977) anders gewichtet. Er schätzt trotz der Kürze der Äußerungen und ihrer Fernsehbezogenheit das Fernsehen als gesprächsinitiierenden Faktor ein, wobei das Fernsehen als Strukturierungshilfe für das abendliche Familienleben und nicht als Beeinträchtigung der familialen Interaktion gewertet wird. Da das Fernsehen in vielen Familien den Tagesabschluß darstellt, ergibt sich allerdings aus diesem formalen Faktum, daß für eine inhaltliche Aufarbeitung des Gesehenen mit den Kindern keine Zeit bleibt. Dabei ist auf Grund der steigenden Ausstattung der Haushalte mit Zweit- und Drittgeräten eine Auflösung des heute noch vorhandenen „Fernsehhalbkreises" in einzelne fernsehende Individuen zu vermuten.

Wenn auf der anderen Seite behauptet wird, das gemeinsame Fernsehen würde helfen, Konflikte in der Familie zu reduzieren (besonders bei beengten Wohnverhältnissen, *Rosenblatt, Cunningham* 1976), so ist dieser eventuell positiv erscheinende Effekt auf die generell interaktionsreduzierende Wirkung des Fernsehens zurückzuführen. In die gleiche Richtung verweist auch das deskriptive Ergebnis von *Csikszentmihalyi* und *Kubey* (1981), nach dem die Fernsehtätigkeit mit der Familie im Vergleich zu allen anderen familären Tätigkeiten (ohne TV) am wenigsten anspannend ist.

Dieser Effekt, der sich bei einem laufenden Programm einstellt, sollte nicht darüber hinwegtäuschen, daß einer der Hauptstreitanlässe in deutschen Familien (aber auch in amerikanischen; vgl. *Lyle, Hoffman* 1972, 169) der tägliche Disput über das richtige Programm ist (in 39% der Familien gibt es Auseinandersetzungen um die Lautstärke des eingeschalteten Gerätes, in 32% Debatten um das Programm und in 27% Diskussionen darüber, ob während des Fernsehens geredet werden darf oder nicht; *Eurich, Würzburg* 1983). Auch *Hunziker* et al. (1975) berichten von ca. einem Drittel der Befragten, die meinen, Fernsehen störe die gemeinsamen Mahlzeiten, immerhin 54% der Väter und 46% der Mütter geben an, wegen des Fernsehens habe man weniger Zeit füreinander. Die Inhalte der Medien, speziell des Fernsehens, sind nur in den seltensten Fällen Anlaß zu einem Gespräch zwischen Eltern und Kindern. Gespräche zwischen einem anwesenden Elternteil und dem Kind kommen vorwiegend nur auf Initiative des Kindes zustande (*Horn* 1978, 33). Eine gezielte Nachbereitung einer gesehenen Sendung findet so gut wie nie statt. Gerade Sendungen, welche mögliche Konfliktfelder zwischen Eltern und Kindern ansprechen (z. B. „Rappelkiste", vgl. *Lorey* 1978), führen bei Eltern wohl wegen der „hedonistischen Relevanz" der Themen zu Abwehrreaktionen, die ein Gespräch eher verhindern.

Der Fernseh- oder Video-Apparat wird von den Eltern hauptsächlich als Betreuer-Surrogat eingesetzt, als elektronischer Babysitter, als 3. Elternteil (*Kunczik* 1982), der vorwiegend der Mutter Freiraum für eigene Tätigkeiten schafft (*Winn* 1979). Die hier anklingende Schuldzuweisung muß aber durch historische Veränderungsprozesse, die das Zusammenleben in der Familie betreffen (*Kreeshan* 1983: mütterliche Berufstätigkeit, Verlust von gemeinsamen Tagesroutinen, Distanz zu Verwandten), relativiert werden.

3.7 Elterliche Kontrolle des Medienkonsums

Die audiovisuellen Medien werden von Eltern als einflußreicher und potentiell problematischer eingeschätzt als z. B. die auditiven (*Havlicek, Steinmann* 1980). Mit dieser skeptischen Haltung korrespondiert aber keine gleichermaßen intensivere Kontrolle. Vielmehr ist festzuhalten, daß der Medienkonsum von Kindern und Jugendlichen weitgehend außerhalb der Kontrolle der Eltern stattfindet. Dies gilt nicht nur für ältere Jugendliche, sondern partiell auch für jüngere Kinder (*Singer, Singer* 1976); besonders aber für solche aus Familien mit hohem Fernsehkonsum (Vielseherfamilien) und aus sozial niedrigen Schichten (*Horn* 1978; *Frank* 1978; *Zoltan* 1975).

In der Schweiz, einem Land, in dem relativ restriktive elterliche Haltungen zu vermuten sind, wurden innerhalb einer Eltern- und Kindbefragung auch Ergebnisse zum Thema Restriktion des Fernsehkonsums vorgelegt (*Havlicek, Steinmann* 1980, 54). Danach sind bei knapp der Hälfte der Kinder Einschränkungen und Eingriffsmöglichkeiten durch die Eltern gegeben. Naheliegenderweise nimmt die selbstbestimmte Sendungswahl mit dem Alter zu (4- bis 5jährige 6% ohne Restriktion, 12- bis 14jährige 24,2%).

Geringer scheint der elterliche Einfluß in der Bundesrepublik zu sein. *Frank* (1978, 14) berichtet, daß von den 3- bis 5jährigen 36% das Fernsehgerät selbst einschalten, von den 6- bis 9jährigen 60% und den 10- bis 13jährigen 75%. Nach *Hunziker* et al. (1973) müssen 29% der 10- bis 12jährigen niemand fragen, wenn sie fernsehen wollen. Von 12- bis 16jährigen Befragten äußerten 46,1%, daß die Eltern nicht alle Sendungen anschauen lassen (*Lukesch* 1985a).

Von *Rojas* (1978) wurde gefunden, daß Eltern im Vergleich zu den Kinderangaben ihre Kontrolle und ihren Einfluß auf die Fernsehgewohnheiten ihrer Kinder überschätzen (für die USA vgl. auch *McLeod* et al. 1982). Die elterliche Kontrolle ist aber tendenziell bei Kindern aus sozial und bildungsmäßig höheren Schichten größer, ebenso in Familien mit eher geringem Fernsehkonsum und bei jüngeren Kindern (*Horn* 1978; *Lukesch* 1985a).

Einstellung und Verhalten von Eltern hinsichtlich der Kontrolle des Fernseh- und Videokonsums ihrer Kinder fallen deutlich auseinander, d. h. während Eltern bei Befragungen sehr wohl von den Vorteilen der Begrenzung des Konsums an audiovisuellen Medieninhalten überzeugt sind, dominiert im Alltag das Laissez-faire-Prinzip (*Horn* 1978) bzw. die Eltern (von Vorschulkindern) sind in der Regel sehr unsicher darüber, „was sie ihren Kindern erlauben und was sie ihnen verbieten sollen ... Die Tatsache, daß Eltern relativ genau erklären können, warum eine bestimmte Sendung für ihr Kind ungeeignet ist, daß sie das Kind jedoch trotzdem diese Sendung sehen lassen, kann fast als normal angesehen werden" (*Thyssen* 1977, 274 f.). Beschränkungen werden von Eltern eher aus formalen Gründen

und nicht auf Grund inhaltlicher Erwägungen ausgesprochen, z. B. weil die Schularbeiten noch nicht gemacht sind oder weil die Kinder im Haushalt mithelfen sollen, nicht aber deswegen, weil einzelne Filme als problematisch für Kinder eingestuft werden.
Gleiches kann man hinsichtlich der elterlichen Kontrolle des Videokonsums von Kindern behaupten. Auf Grund einer Erhebung der Stadt Schweinfurt (1984) haben 78% der Eltern davon Kenntnis, daß ihre Kinder indizierte Filme sehen, 63,9% haben aber nichts dagegen einzuwenden. Von daher kann nicht davon gesprochen werden, „daß es die Kinder und Jugendlichen verstehen, ihren Videofilm-Konsum gegenüber den Erwachsenen zu verheimlichen oder herunterzuspielen" (*Glogauer* 1985a, 6), wie ein vielfach zu hörendes Kritikerargument lautet. Etwas zu verheimlichen, ist in der Regel nicht notwendig, da sich die Eltern nur wenig um das Medienverhalten ihrer heranwachsenden Kinder kümmern bzw. ihnen in diesen Bereichen bereits ein eigenständiges Urteil zubilligen.

3.8 Medienkonsum bei Eltern und Kindern und elterliches Erziehungsverhalten

Es bestehen vielerlei Verbindungswege, über die sich Mediengewohnheiten bzw. medienbezogene Verhaltensweisen von Eltern auf den Medienkonsum von Kindern auswirken können.

1. Eine erste Möglichkeit ist durch „gemeinsame Gelegenheiten" gegeben. Z. B. ermöglichen ein gewisser Buchbesitz oder das Verfügen über ein Fernseh- oder Video-Gerät eine gleichartige Nutzung. Relativ häufig wurde z. B. eine positive Beziehung zwischen der Haushaltsausstattung mit Büchern bzw. dem eigenen Buchbesitz und den Lesegewohnheiten von Kindern gefunden. Dieser Zusammenhang ist zwar vor allem durch Sozialschichtvariablen vermittelt (*Infratest Medienforschung* 1978), dennoch ist das Vorhandensein von Büchern eine Anregungsbedingung für die Entwicklung zum Leser. Hinsichtlich der Videonutzung kann ebenfalls die Aussage gemacht werden, daß ein im eigenen Haushalt vorhandenes Videogerät die größte Bedeutung für den individuellen Videokonsum besitzt (*Lukesch* 1987), dennoch sind damit die Zugangsmöglichkeiten zu Videofilmen, die dann nur für ein Viertel der Jugendlichen bestünden, nicht erschöpft. So konnte gefunden werden (*Lukesch* 1985b), daß insgesamt drei Viertel der Jugendlichen Zugang zu Videofilmen haben, wobei über Freunde (41,7%) am häufigsten der Weg zu Videos eröffnet wird, dann über Bekannte (28,1%), und erst an dritter Stelle kommt die eigene Familie (27,2%).
2. Des weiteren können für Zusammenhänge zwischen elterlichem und kindlichem Medienkonsum Modellierungseinflüsse verantwortlich sein.

a) Hier ist einmal an die Nachahmung des elterlichen Vorbildes in dem Sinn zu denken, daß die Kinder auch dazu neigen, das zu tun, was die Eltern machen (positives Modellieren), und das zu lassen, was die Eltern meiden (negatives Modellieren).
b) Dieser Prozeß ist auch in umgekehrter Beziehung denkbar (reverse modelling), indem sich Eltern eher an den Vorgaben ihrer Kinder orientieren als umgekehrt.
c) Schließlich ist auch noch an das bewußte Vermeiden elterlicher Verhaltensstile, an die Rebellion gegen den Einfluß des elterlichen Vorbildes zu denken (antimodelling).

Als empirischen Beleg für diese Verbindungen werden zumeist Korrelationen zwischen Art und Ausmaß elterlichen und kindlichen Medienkonsums berechnet.

Hinsichtlich des Fernsehkonsums ergaben sich in amerikanischen Untersuchungen mittlere bis geringe Übereinstimmungen. Nach *Chaffee* et al. (1971) wurden bei den von ihnen untersuchten Sechst- und Neuntklässlern sowohl in bezug auf quantitative wie auch auf qualitative Aspekte der Fernsehnutzung maximal Korrelationen von 0,20 gefunden; selbst unter Berücksichtigung familiärer Interaktionsstile lassen sich keine wesentlich höheren Übereinstimmungen erzielen. Ein ähnliches Ergebnis berichten *Jeffries-Fox* und *Gerbner* (1977), hier betrugen die Übereinstimmungen zwischen dem Fernsehkonsum von Kindern und ihren Vätern 0,12 und mit den Müttern 0,26. *Rojas* (1978, 63) fand Zusammenhänge zwischen kindlichem und elterlichem Fernsehkonsum in bezug auf die Gesamtfernsehzeit pro Woche von r = 0,22 (identisch für die Konstellation Vater—Kind und Mutter—Kind), hinsichtlich der Sehzeit an einzelnen Tagen ergab sich nur für den Samstag ein statistisch signifikantes Ergebnis (r = 0,30 für Vater—Kind und 0,26 für Mutter—Kind). Die Übereinstimmung ist also nicht überwältigend hoch. Ohne dies zu quantifizieren, werden von *Hunziker* (1977) Übereinstimmungen hinsichtlich der familiären Fernsehnutzung in etwa der Hälfte der untersuchten Familien berichtet.

Eine wesentlich höhere Abhängigkeit arbeitete *Buss* (1985) in seiner Vielseher-Studie heraus: Sowohl für ältere wie auch für jüngere Vielseher sind die stärksten Prädiktoren das Leben in einem Vielseher-Haushalt und das bisherige Ausmaß an Fernsehkonsum. Zumindest die intensiven Fernsehnutzer konnten sich dem familiären Vorbild nicht entziehen.

Umgekehrte Einflüsse von den Kindern auf die Eltern lassen sich aus vorliegenden Befunden über den Einfluß von Kindern auf die Fernsehprogrammwahl ableiten. So fand *Clarke* (1963; zit. n. *Chaffee* et al. 1971), daß vier von 10 befragten Eltern angaben, ihr Kind habe das abendliche Fernsehprogramm ausgewählt oder empfohlen, und dies unabhängig von der Art der Sendung. Darüber hinaus berichtet *Bottorff* (1970; zit. n. *Chaffee* et al. 1971), daß Eltern häufiger ihre Kinder fragen, welches Programm gesehen werden soll, als umgekehrt. Nach *Jeffries-Fox* und *Gerbner* (1977) sind in einer Stichprobe von Acht- bis Zehntklässlern nur in einem Drittel der Fälle die Eltern an der Entscheidung über das Einschalten des Fernsehgerätes beteiligt. Eine Art der Kontrolle wird aber von 59% der Eltern angegeben (41% nach Erledigung der Hausarbeiten, 20% keine Gewaltsendungen, 16% Einhaltung von Schlafenszeiten). Diese Einschränkungen kamen häufiger vor in intakten Familien, höherer Sozialschicht und bei geringerem Fernsehkonsum der Eltern. Das Ausmaß des Fernsehkonsums der Kinder hing aber nicht mit diesen elterlichen Kontrollversuchen zusammen.

Das korrelative Vorgehen erlaubt es nicht, auf Familienbeziehungen Rücksicht zu nehmen, in denen ein Prozeß des Antimodelling vorhanden ist, Diskrepanzen werden im allgemeinen der Fehler- und unaufgeklärten Restvarianz zugerechnet. Zumindest aus qualitativen Studien kann aber ersehen werden, daß es auch direkte Protesthaltungen und bewußt anders gesetzte Verhaltensstile bei Jugendlichen gibt (*Stückrath, Schottmayer* 1967; *Jugendwerk der Deutschen Shell* 1982, 1985).

3. Die Mediennutzung durch Kinder kann schließlich durch intentional von Eltern gesetzten Schranken und Aufforderungen bestimmt sein. Hierbei ist zu denken an
a) direkte Kontrolle und Beschränkung des Medienkonsums,
b) kommentierende Stellungnahme zu einzelnen Sendungen,
c) Lehren eines kritischen Medienkonsums und
d) eigene aktive Teilnahme an dem Medienkonsum der Kinder (*Leifer* et al. 1974).

Die empirische Evidenz zu diesen Aspekten wurde in Abschn. 3.7 dargestellt. Zu ergänzen ist, daß das Fernsehen auch als Möglichkeit zur Steuerung von Kindern eingesetzt wird (*Lyle, Hoffman* 1972; *Hunziker* et al. 1973; *Lukesch* 1985a). Da das Fernsehen eine beliebte Tätigkeit darstellt, liegt es nahe, die Zugangsmöglichkeit zu diesem Medium in erzieherischer Absicht zu steuern. Ob dies den Eltern tatsächlich in kompetenter Weise gelingt, ist nicht bekannt. Das Erteilen von Fernsehverbot bei inadäquatem Verhalten scheint zumindest bei jüngeren Kindern ein häufig eingesetztes Erziehungsmittel zu sein (*Thyssen* 1977, 279; z. B. bei 60% der Vorschulkinder). Ob ein solches Verbot tatsächlich eingehalten wird, steht auf einem anderen Blatt, da sich Kinder in der Regel an eine andere Person wenden, um ihre Interessen durchzusetzen. Fernsehen als Belohnung einzusetzen, ist ebenfalls nicht unproblematisch, da hierbei häufig die Erlaubnis zu überlangem Fernsehkonsum bzw. zum Anschauen von Filmen, die sonst verboten sind, erteilt wird. *Thyssen* (1977, 280) verweist zusätzlich darauf, daß die Kinder Wohlverhalten instrumentell zur Durchsetzung von Fernsehkonsum einsetzen (z. B. „Wenn ich für

Papa Bier holen gehe, dann läßt er mich auch länger sehen"). Bereits *Himmelweit* et al. (1958, 48) gaben die Empfehlung, Fernsehen nicht als Mittel zur Belohnung oder Bestrafung von Kindern zu verwenden, da dadurch der Wert der Fernsehtätigkeit für die Kinder an sich erhöht werde.

4. Das Mediennutzungsverhalten kann darüber hinaus durch Gemeinsamkeiten in bezug auf verschiedenste Hintergrundfaktoren, die sowohl für die Eltern wie auch ihre Kinder gelten, bestimmt sein. Die gemeinsame Lebenslage, Sozialschichtzugehörigkeit, der gleiche Wohnort, der gleiche ökologische Kontext, Familienkonflikte, Ähnlichkeiten in bezug auf Persönlichkeitsmerkmale und Interessen können als Drittvariable gleichartige Nutzungsmuster bewirken.

5. Seit einer lange zurückliegenden Untersuchung von *Maccoby* (1954) wird von einem Zusammenhang zwischen vermehrtem Fernsehen und strenger elterlicher Erziehung ausgegangen und im Sinne der Eskapismus-These interpretiert. Auch *Schramm* et al. (1961, 125) berichten von einem höheren Medienkonsum in bezug auf Fernsehen, Radio und Kinobesuche bei Kindern, die mit ihren Eltern Konflikte haben. Dieser Zusammenhang wurde von *Hunziker* et al. (1975) der Tendenz nach bestätigt. Dabei wurde zusätzlich herausgestellt, daß diese Möglichkeit im Grunde nur bei Mittelschichtfamilien besteht, da in der sozialen Unterschicht generell ein erhöhter Fernsehkonsum vorliege, Fernsehen also keine Rückzugsmöglichkeit bei frustrierenden elterlichen Erziehungsmethoden biete.

Wie multifaktorielle Analysen jedoch nahelegen, ist die Beschränkung auf den Zusammenhang elterlicher Erziehungsstil und Fernsehkonsum von Kindern bei weitem nicht hinreichend. So konnten *Schneewind* et al. (1983) zeigen, daß innerhalb eines miteinander vernetzten Komplexes von Bedingungsvariablen die Qualität der Eltern-Kind-Beziehung eine untergeordnete Rolle spielt im Vergleich zur Bedeutung eines anregungsreichen ökologischen Kontextes, der sozialbezogenen Aktivitäten des Kindes, einem anregungsreichen Familienklima und direkten restriktiven Haltungen der Eltern hinsichtlich des Fernsehkonsums. Mit dieser Untersuchung wird zugleich ein Weg gezeigt, wie Kinder vom Fernsehen abgehalten werden können, nämlich durch das Leben eines aktiven kindorientierten Verhaltensstils.

Literatur

Abel, J.D.: The family and child television viewing. J. Marriage and the Family 38 (1976) 331—335
AG.MA (Arbeitsgemeinschaft Media-Analyse e.V.): Media-Analyse 1984—86 für Publikumszeitschriften, Tageszeitungen, Lesezirkel, Hörfunk, Fernsehen, Filmtheater. Media-Micro-Census GmbH, Frankfurt/M. 1984—1986
Allouche-Benayoun, B.J.: Der Einfluß des bewegten Bildes auf Kinder und Jugendliche. Fernsehen und Bildung 9 (1975) 229—248
Bachmair, B.: Folgen kommunikationstechnologischer Innovationen für Familienerziehung, Kinderalltag und Medienpädagogik. Mimeo GfK, Kassel 1987
Bauer, W., Baur, E., Kungel, B.: Vier Wochen ohne Fernsehen. Spiess, Berlin 1976
Bessler, H.: Videotext-Nutzung im Feldversuch ARD/ZDF. Media Perspektiven 1 (1983) 39—46
Bezirksregierung Hannover: Gewalt und Horror in Videofilmen. Studie als Gesprächsplattform für Konferenzen und Veranstaltungen in Schulen. Eigenverlag, Hannover o.J.
Blücher, V.Graf: Freizeit in der industriellen Gesellschaft — Dargestellt an der jüngeren Generation. Enke, Stuttgart 1956
Bonfadelli, H., Darkow, M., Eckhardt, J., Franzmann, B., Kabel, R., Meier, W., Weger, H.-D., Wiedemann, J.: Jugend und Medien. Eine Studie der ARD/ZDF-Medienkommission und der Bertelsmann-Stiftung. Metzner, Frankfurt/M. 1986
Bronfenbrenner, U.: Diskussionsbemerkung. In: *J. Clayre* (Hrsg.), The impact of broadcasting. Compton Russell, London 1973, S. 20
Buerkel-Rothfuss, N.L., Greenberg, B.S., Atkin, C.S., Neuendorff, K.: Learning about the family from television. J. Communication 32 (1982) 191—201
Buss, M.: Die Vielseher. Fernseh-Zuschauerforschung in Deutschland. Theorie—Praxis—Ergebnisse. Metzner, Frankfurt/M. 1985
Chaffee, S.H., McLeod, J.M., Atkin, Ch.K.: Parental influences on adolescent media use. Amer. Behav. Sci. 14 (1971) 323—340
Chaffee, S.H., Tims, A.R.: Interpersonal factors in adolescent television use. J. Soc. Iss. 32 (1976) 98—115
Csikszentmihalyi, M., Kubey, R.: Television and the rest of life: A systematic comparison of subjective experience. Publ. Opinion Quart. 45 (1981) 317—328
Dahms, H.: Wie Zuschauer fernsehen — Zur Qualität des „Fernsehkontakts". Media Perspektiven 4 (1983) 279—286
Darschin, W., Frank, B.: Tendenzen im Zuschauerverhalten. Fortsetzungsbericht zur Fernsehnutzung im Jahre 1982. Media Perspektiven 5 (1983) 343
Darschin, W., Frank, B.: Tendenzen im Zuschauerverhalten. Ergebnisse der GfK-Fernsehforschung für das Jahr 1985. Media Perspektiven 4 (1986) 209—222
Deutsche Bundespost: Geschäftsbericht 1985. BMfPuFW, Bonn 1986
Ehlers, R.: Nutzung und Akzeptanz der regionalen und überregionalen Videotext-Angebote. Ergebnisse einer Trendbefragung. Media Perspektiven (1985) 471—478

Eurich, C., Würzburg, G.: Fernsehen und Familie. Eine Alltagsarchäologie. Medium 19, 13 (1983) 22—26
Frank, B.: Einschalt- und Sehverhalten in der Familie. Neuere Ergebnisse der Teleskopie-Zuschauerforschung. In: ZDF (Hrsg.), Familie und Fernsehen. ZDF-Schriftenreihe, Medienforschung, Bd. 21. Mainz 1978, S. 5—19
Frank, B.: Fernsehen: Zuschauerverhalten und Zuschauerinteressen. Ergebnisse und Überlegungen aus der Forschungsarbeit der Rundfunkanstalten. In: *D. Prokop* (Hrsg.), Medienforschung, Bd. 2: Wünsche, Zielgruppen, Wirkungen. Fischer, Frankfurt/M. 1985, S. 152—184
Frueh, T., McGhee, P.E.: Traditional sex role development and amount of time spent watching television. Developmental Psychology 11 (1975) 109
Gerbner, G., Gross, L.: Living with television: The violence profile. J. Communications 26 (1976) 172—199
Glennon, L.M., Butsch, R.: The family as portrayed on television 1946—1978. In: *D. Pearl, L. Bouthilet, J. Lazar* (Hrsg.), Television and behavior, Vol. 2. NIMH, Rockeville, Maryland 1982
Glogauer, W.: Konsum indizierter Videos durch Jugendliche nach Inkrafttreten der neuen Jugendschutzgesetzgebung. BPS-Report 1985a, S. 1—4
Glogauer, W.: Erkenntnisse und Perspektiven zum Videofilm-Konsum bei Kindern und Jugendlichen. Unterrichten/Erziehen 1985b, S. 6—13
Havlicek, D., Steinmann, M.F.: Radio, Fernsehen und Kinder. Eine Studie über den Tagesablauf, das Freizeit- und Medienverhalten von Kindern sowie ihrer Einstellungen und jene der Eltern zu Radio und Fernsehen, unter Berücksichtigung weiterer Fragestellungen. Schweizerische Radio- und Fernsehgesellschaft SRG, Zürich IX (1980) 164 (SRG Forschungsdienst)
Himmelweit, H., Oppenheim, A.N., Vince, P.: Television and the child: An empirical study of the effects of television on the young. Oxford University Press, London 1958
Hoffmann, K.: Videoboom in den USA. Veränderungen auf dem Film- und Fernsehmarkt erwartet. Media Perspektiven (1984) 767—772
Hofstätter, P.: Einführung in die Sozialpsychologie. Kröner, Stuttgart 1963
Horn, I.: Jugend und Fernsehen. Bericht über Einstellungen und Verhalten der 14—24jährigen gegenüber dem Fernsehen. ZDF-Schriftenreihe Medienforschung, Heft 14, Mainz 1975
Horn, I.: Einstellungen und Verhalten der Eltern zum Fernsehen der Kinder. Ergebnisse aus Sonderuntersuchungen und Projektstudien. In: ZDF (Hrsg.), Familie und Fernsehen. ZDF-Schriftenreihe Medienforschung, Heft 21, Mainz 1978, S. 30—37
Hunziker, P.: Fernsehen in der Familie. Eine Analyse der Gruppenstrukturen. Fernsehen und Bildung 11 (1977) 269—285
Hunziker, P., Kohli, M., Lüscher, K.: Fernsehen im Alltag der Kinder. Rundfunk und Fernsehen 21 (1973) 383—405
Hunziker, P., Lüscher, K., Fauser, R.: Fernsehen im Alltag der Familie. Rundfunk und Fernsehen 9 (1975) 284—315
Infratest Medienforschung: Kommunikationsverhalten und Buch. Endbericht. Bertelsmann-Stiftung, Gütersloh 1978
Jeffries-Fox, S., Gerbner, G.: Fernsehen und Familie. Fernsehen und Bildung 11 (1977) 222—234
Jugendwerk der Deutschen Shell (Hrsg.): Jugend '81. Lebensentwürfe, Alltagskulturen, Zukunftsbilder. Leske & Budrich, Opladen 1982

Jugendwerk der Deutschen Shell (Hrsg.): Jugendliche und Erwachsene '85. Generationen im Vergleich. Leske & Budrich, Opladen 1985
Kellner, H.: Fernsehen als Sozialisationsfaktor. Visuelle Aufmerksamkeit und verbale Kommunikation unter dem Einfluß des Fernsehens. Ergebnisse zweier Grundlagenprojekte. In: ZDF (Hrsg.), Familie und Fernsehen. ZDF-Schriftenreihe, Medienforschung, Heft 21. Mainz 1978, S. 20—29
Kiefer, M.-L.: Kommunikationsverhalten und Buch. Media Perspektiven 9 (1978) 609—631
Kreeshan, B.: Family and television. Young Children 38 (1983) 46—55
Küchenhoff, E.: Die Darstellung der Frau und die Behandlung von Frauenfragen im Fernsehen. Kohlhammer, Stuttgart 1975
Kulpok, A.: Vier Jahre Videotext-Feldversuch ARD/ZDF. Media Pespektiven 3 (1984) 202—210
Kunczik, M.: Aggression und Gewalt. In: *H.J. Kagelmann, D. Wenninger* (Hrsg.), Medienpsychologie. Ein Handbuch in Schlüsselbegriffen. Urban & Schwarzenberg, München 1982, S. 1—8
Leifer, A.D., Gorden, N.J., Graves, S.B.: Children's television: More than mere entertainment. Harvard Educational Review 44 (1974) 213—245
Lorey, E.M.: Eltern als „Problemkinder" bei Kindersendungen. Der programmbezogene Lernprozeß eines Programmachers, unter anderem ausgelöst durch die Ergebnisse der Fernsehforschung. In: ZDF (Hrsg.), Familie und Fernsehen. ZDF-Schriftenreihe, Medienforschung, Heft 21. Mainz 1978, S. 38—40
Lüscher, K.: Medienökologie. Reformatio 30 (1981) 350—358
Lukesch, H.: Grunddaten zum Fernsehkonsum bei Kindern und Jugendlichen. Regensburg 1985a
Lukesch, H.: Grunddaten zur Nutzung und Bewertung von Video-Filmen durch Kinder und Jugendliche. Regensburg 1985b
Lukesch, H.: Grunddaten zum Kinobesuch bei Kindern und Jugendlichen. Regensburg 1985c
Lukesch, H.: Video- und Fernsehkonsum und das Freizeitverhalten von Kindern und Jugendlichen. Z. Sozialisationsforsch. Erziehungssoz. 6 (1986) 265—283
Lukesch, H.: Videorecorder und Mediennutzung bei Kindern und Jugendlichen. Rundfunk und Fernsehen 35 (1987) 91—98
Lyle, J., Hoffman, H.R.: Children's use of television and other media. In: *E.A. Rubinstein, G.A. Comstock, G.P. Murray* (Hrsg.), Television and social behavior, Vol. 4. U.S. Government Printing Office, Rockeville, Maryland 1972, S. 129—256
Maccoby, E.E.: Why do children watch television? Public Opinion Quarterly 18 (1954) 239—244
McLeod, J.M., Fitzpatrick, M.A., Glynn, C.J., Fallis, S.F.: Television and social relations: Family influences and consequences for interpersonal behavior. In: *D. Pearl, L. Bouthilet, J. Lazar* (Hrsg.), Television and behavior. U.S. Government Printing Office, Rockeville, Maryland 1982, S. 272—286
Meier, W., Bonfadelli, H.: Evaluation der Btx-Begleitforschungen. Media Perspektiven 9 (1985) 692—701
Meyn, H.: Die neuen Medien. Neue Chancen und Risiken. Colloquium-Verlag, Berlin 1984
Mundt, J.W.: Vorschulkinder und ihre Umwelt. Beltz, Weinheim 1980
Nave-Herz, R., Nauck, B.: Familie und Freizeit. Juventa, München 1978

Pfeiffer, K.H.: Der manipulierte Zuschauer: Wie uns das Fernsehen beeinflußt. Herder, Freiburg 1975
Pfiffering, J., Wiedemann, J.: Videoboom und Fernsehkonsum — eine erste Zwischenbilanz. Media Perspektiven 8 (1983) 570—581
Phono Press: Phonomarkt 1983. Media Perspektiven (1984) 500
Postman, N.: Wir amüsieren uns zu Tode. Fischer, Frankfurt/M. 1985
Radevagen, T., Zielinski, S.: Video-Software 1984 — Strukturen des Marktes und Tendenzen des Angebots. Media Perspektiven 5 (1984) 372—388
Rojas, C.: The relationship between parental TV viewing patterns, parental influence, and children's TV viewing patterns. University of Oregon 1978 (unpubl. diss.)
Ronneberger, F.: Nutzung und Akzeptanz von Fernsehen und Hörfunk in München. Media Perspektiven 4 (1986) 223—236
Ronneberger, F., Gerhard, P.: Kabelpilotprojekt München. Ergebnisse einer ersten Telefonbefragung. Media Perspektiven (1984) 961—969
Rosenblatt, P.C., Cunningham, M.R.: Television watching and family tensions. J. Marriage and the Family 38 (1976) 105—111
Saxer, U., Bonfadelli, H., Hätten-Schwiber, W.: Fernsehen im Leben der Züricher Kinder. In: *H. Sturm, R.J. Brown* (Hrsg.), Wie Kinder mit dem Fernsehen umgehen. Stuttgart 1979, S. 99—114
Scarbath, H.: Grenzen der Liberalität. Pädagogisch-politische Perspektiven gegen die Mediengewalt. In: *A. Rucktäschel, R. Stefen* (Hrsg.), Video-Provokation ohne Antwort. Katholischer Akademie Verlag, Hamburg 1984, S. 45—68
Schmerl, C.: Das Frauen- und Mädchenbild in den Medien. Leske & Budrich, Opladen 1984
Schneewind, K.A.: Erziehungs- und Familienstile als Bedingungen kindlicher Medienerfahrung. Fernsehen und Bildung 13 (1976) 234—248
Schneewind, K.A., Beckmann, M., Engfer, A.: Eltern und Kinder. Kohlhammer, Stuttgart 1983
Schramm, W., Lyle, J., Parker, E.B.: Television in the life of our children. Stanford University Press, Stanford 1961
Schreiber, M., Häring, H.: Gewaltdarstellung im Fernsehen und Kriminalität. Fernsehen und Bildung 3 (1971) 157—161
Schütz, W.J.: Die redaktionelle und verlegerische Struktur der deutschen Tagespresse 1985. Media Perspektiven 7 (1985) 564—578
Singer, D.G., Singer, J.L.: Family television viewing habits and the spontaneous play of preschool children. Amer. J. Orthopsychiatry 46 (1976) 496—502
Sinus-Institut: Die verunsicherte Generation. Jugend und Wertewandel. Leske & Budrich, Opladen 1983
Stadt Schweinfurt — Stadtbildstelle: Umfrageaktion der Stadtbildstelle Schweinfurt zum Thema „Video/Fernsehen" an den Grund- und Hauptschulen im Landkreis und in der Stadt Schweinfurt. Eigenverlag, Schweinfurt 1984
Statistisches Bundesamt (Hrsg.): Statistisches Jahrbuch der Bundesrepublik Deutschland 1953—1986. Kohlhammer, Stuttgart 1953—1986
Stefen, R.: Gewaltkriminalität durch Gewaltdarstellungen in Massenmedien? (Thesen zum Ursachenzusammenhang und zu Maximen für einen modernen Jugendschutz.) Medien & Sexualpädagogik 1 (1973) 3—10

Stolte, D. (Hrsg.): Das Fernsehen und sein Publikum. v. Hase & Koehler, Mainz 1973
Stolte, D.: Das Fernsehen in der Bundesrepublik auf dem Weg in die achtziger Jahre. Frankf. Hefte 33 (1978) 39—46
Strzelewicz, W.: Jugend in ihrer freien Zeit. Deutsches Jugendinstitut, Bd. 11. Juventa, München 1968
Stückrath, F.: Das Fernsehen der ländlichen Berufsjugend. Film—Bild—Ton 3 (1966) 4—9
Stückrath, F., Schottmayer, G.: Fernsehen und Großstadtjugend. Westermann, Braunschweig 1967
Teichert, W.: „Fernsehen" und Interaktion. Fernsehen und Bildung 11 (1977) 286—296
Thyssen, S.: Vorschulkinder und Massenmedien. Feldstudie aus einer rheinischen Stadt. Studienverlag Dr. N. Brockmeyer, Bochum 1977
Wartella, E.A.: Frauen und Fernsehwerbung. Fernsehen und Bildung 14 (1980) 102—115
Waters, J.K., Stone, V.A.: Television and family communication. J. Broadcasting 15 (1971) 409—414
Wersig, G.: Informationssoziologie. Fischer-Athenäum, Frankfurt/M. 1973
Wiedemann, J.: Hörerdaten auf dem Prüfstand. Zur Validität und Kontaktqualität von Hörerdaten. Media Perspektiven (1984) 561—567
Wild, Ch.: Die Videorecordernutzung im GfK-Meter-System. Media Perspektiven 3 (1986) 183—193
Winn, M.: Die Droge im Wohnzimmer. Rowohlt, Reinbek 1979
Zoltan, J.: Ungarische Untersuchungen zur Sozialisation von Kindern und Jugendlichen im Hinblick auf das Fernsehen. Fernsehen und Bildung 9 (1975) 208—224

Veränderungen im Verhältnis von Kirche und Familie seit den Anfängen der Bundesrepublik Deutschland — am Beispiel der evangelischen Kirche —

Siegfried Keil

Jede Verhältnisbestimmung hat zwei Seiten. Bei der hier aufgeworfenen Fragestellung geht es zum einen um mögliche Veränderungen in der Bewertung und Beurteilung der Familienproblematik durch die Kirche, wie sie in grundsätzlichen Stellungnahmen und im konkreten familienpolitischen Engagement zum Ausdruck kommt. Zum anderen geht es um Veränderungen des Verhältnisses der Familien zu ihrer Kirche, die sowohl in der kirchenamtlichen Statistik — Teilnahme an Taufen und Trauungen — abgelesen wie durch eigens durchgeführte Befragungen erhoben werden können.

Von daher ergibt sich der Aufbau dieses Beitrags, wobei es sinnvoll ist, zu den Abschnitten über das familienpolitische Engagement der Kirche auch die Beiträge von *Jutta Limbach* und *Kurt Lüscher* in diesem Band heranzuziehen, in denen die allgemeine Entwicklung des Familienrechts und der -politik dargestellt werden.

Die vorgenommene Beschränkung auf den Bereich des Protestantismus war notwendig, weil die darzustellende Polarisierung innerhalb der Evangelischen Kirche sich für die Katholische so nicht nachweisen läßt und weil die erreichbaren statistischen Angaben immer wieder von der Gesamtzahl der Katholiken als Bezugsgröße ausgehen und nicht von den allgemeinen gesellschaftlichen Daten wie in der Evangelischen Kirchenstatistik. Von daher war ein exakter Vergleich der evangelischen und der katholischen Entwicklung sehr erschwert, drohte die von den grundsätzlichen Überlegungen ausgehende Pointe dieses Beitrags verlorenzugehen.

1 Theologische Gegensätze reichen weit zurück

Die eigentümliche Polarisierung der evangelisch-kirchlichen Stellungnahmen zwischen solchen Texten, die primär Angst und Sorge um den Verfall der Sitten ausdrücken, und solchen, in denen der Realität verständnisvoll nachgegangen und zu neuen Formen des Zusammenlebens ermutigt wird, hat eine lange Tradition. Die Kenntnis dieser Tradition ist zum Verständnis der Gegenwart wichtig. Daher sei ein kleiner Ausflug in die Vergangenheit erlaubt und mit zwei Zitaten aus den 20er Jahren begonnen.

„Die Erneuerung des Volkslebens muß bei seiner Urzelle, der Familie, beginnen. Denn schwer gefährdet ist der christliche Charakter und die Heiligkeit des ehelichen und des Familienlebens" (zit. in *Kupisch* 1960, 156). Dieses Zitat stammt aus einem berühmten Dokument der Kirchengeschichte zwischen 1918 und 1933. Es steht ziemlich am Anfang der „Sozialen Kundgebung des Deutschen Evangelischen Kirchentages in Bethel" vom 17. Juni 1924. Gerade weil die Kirchentage damals noch keine groß angelegte Laienbewegung waren, sondern öffentliche Darstellungen der Amtskirche zu wichtigen Fragen der Zeit, gibt die zitierte soziale Kundgebung die offizielle Position der im Deutschen Evangelischen Kirchenbund zusammengeschlossenen Landeskirchen der Weimarer Zeit ganz gut wieder: „Die Rettung kann nur kommen, wenn unser Volk wieder Verständnis gewinnt für die von Gott gesetzte sittliche Ordnung" (zit. in *Kupisch* 1960, 155).

Die gleiche Sorge wird in den christlichen Kirchen auch heute wieder zum Ausdruck gebracht. Im evangelischen Bereich geschieht dieses am heftigsten von den Gruppierungen, die sich in ihrem Selbstverständnis der Tradition des Pietismus und der Erweckungsbewegungen verbunden fühlen. Sie schlagen „Alarm um die Familie" und sehen in der Suche nach Alternativen zur Familie wie Kommunen und Wohngemeinschaften „die Abschaffung der Familie im großen Stil" (*Henning* 1979, 5).

Aber auch die gemeinsamen Erklärungen des Rates der EKD und der katholischen Bischofskonferenz stehen in dieser Tradition: Das Gesetz des Staates und die sittliche Ordnung (1970), Grundwerte und Gottes Gebot (1979), Ja zur Ehe (1981). Diese Stellungnahmen sind getragen von der Sorge, daß, „wo den Grundlagen einer überlieferten Rechts- und Gemeinschaftsordnung radikal der Abschied gegeben wird, ... ideologische Systeme den Rahmen bisheriger Wertvorstellungen" besetzen (Das Gesetz des Staates, 13).

Doch es gibt auch einen anderen Traditionsstrang, der seine Ursprünge ebenfalls in der Zeit zwischen 1918 und 1933 hat. Deshalb sei ein anderes Zitat danebengesetzt: „Mag das Heiligste in Gefahr sein bei der Auflösung der Familie, die wir heute in vollem Gang sehen, wir dürfen bei allem Entsetzen und Widerstand, mit dem wir diesen Vorgang begleiten, nicht verkennen, daß es sich letztlich um den Angriff auf die Familie an sich handelt, die wahrlich kein Heiligtum, sondern der Götze des bisherigen Bürgertums gewesen ist" (*Moltmann* 1966, 15). Dieses Zitat stammt von *Karl Barth* (Referat „Der Christ in der Gesellschaft", September 1919).

In diesen beiden zitierten Äußerungen begegnen uns zwei diametral entgegengesetzte Grundmöglichkeiten der Reaktion angesichts Kirche und Theologie herausfordernder gesellschaftlicher Veränderungen. Im ersten Fall sind Subjekt und Objekt der Stellungnahme klar voneinander unterschieden. Die Kirche ruft das Volk auf den rechten Weg der „gesetzlichen sittlichen Ordnung" zurück. Im zweiten Fall gilt die Ermahnung der Kirche selbst noch mehr als dem Volk: Identifiziert euch liebgewordene Ordnungen nicht mit dem Schöpferwillen Gottes, sondern begreift den Protest gegen diese Ordnungen als Beunruhigung, die von Gott selber ausgehen kann, um Neuorientierung zu ermöglichen.

Es liegt auf der Hand, wie schnell Stellungnahmen im ersten Fall in Bevormundung umschlagen können, in Bevormundung der Bürger selbst, wie der Politiker und des Staates, durch entsprechende Gesetze die Einhaltung der „gesetzten sittlichen Ordnung" zu erzwingen. Und es ist deutlich, in welchem Maße die zweite Position zur kritischen Solidarität einlädt. *Barth* spricht von „großer kritischer Offenheit", von „mutigen Entschlüssen", von „geduldiger Reformarbeit", nicht, „um dem Sinn des Gottesreiches Genüge (zu) leisten" (zit. in *Moltmann* 1966, 32 f.), aber doch so, daß in der Gestaltung unserer Lebensverhältnisse ein „Gleichnis des Gottesreiches" gegeben werde.

Auf dieser Linie liegen in der Nachkriegszeit die Denkschrift zu Fragen der Sexualethik (1971) und die Studie: Die Frau in Familie, Kirche und Gesellschaft (1979), mit stärkeren Einschränkungen auch die Überlegungen zu den nicht-ehelichen Lebensgemeinschaften in: Ehe und nicht-eheliche Lebensgemeinschaften (1985). Aus diesen Texten spricht eher die Hoffnung, „daß Mann und Frau sich gegenseitig auf der Suche nach einem befreiten und versöhnten Leben neue Bereiche eröffnen und zu wirklicher und öffentlicher Partnerschaft finden" (Die Frau, 18).

Doch bevor es zu dieser Offenheit den Veränderungen von Ehe und Familie gegenüber kommen konnte, mußten die negativen Erfahrungen mit der einseitigen Verteidigung der überlieferten Ordnungen am Ende der Weimarer Republik und die große Nähe dieser Vorstellungen zur NS-Ideologie aufgearbeitet werden. Hatten doch auch die mit den Nationalsozialisten liierten deutschen Christen 1933 sagen können, „Gott stellt den Menschen in die Lebensordnungen von Familie, Volk und Staat", und daraus den Schluß gezogen: „Darum erkennt die Volkskirche im Totalitätsanspruch des nationalsozialistischen Staates den Ruf Gottes zu Familie, Volk und Staat" (zit. in *Burgsmüller, Weth* 1984, 38).

Die bekennende Kirche, die in den Barmer Thesen von 1934 den Totalitätsanspruch des Staates zurückweist, geht auf diese unglückselige Verquickung von Familien- und Staatsethik ebenso wenig ein wie das Stuttgarter Schuldbekenntnis vom Oktober 1945.

In verschiedenen Texten (vgl. *Greschat* 1985, 85 f.) wird ferner deutlich, wie weit die Schuld der evangelischen Kirche zurückreicht und wie sehr sie mit dem Verhältnis von Kirche und Familie verwoben ist. Diese Geschichte beginnt keineswegs erst 1933 mit den Deutschen Christen. Zugleich werden die Themen angeschlagen, die das familienpolitische Engagement der Kirche nach 1945 bestimmen sollen: Neuordnung der Lebensformen, wo das Zusammenleben der Menschen es erfordert, und die Sache der Armen und Entrechteten zur Sache der Christenheit zu machen.

Familienrechtsreform und Familienlastenausgleich werden seitdem Politikbereiche, an denen Kirche, Rat und Synode, Kammern und Verbände maßgeblich Anteil nehmen. Dabei ist die Kirche nicht immer Motor der Innovation, aber der konservativen politischen Mehrheit doch oft einen Schritt voraus. Auch sind gerade innovierende Texte in der Regel nicht Worte des Rates selbst, sondern oft Studien und Denkschriften von Kammern und Ausschüssen oder Stellungnahmen der Verbände. Diese Äußerungen wurden vom Rat zwar nie ausdrücklich dementiert, wohl aber gelegentlich durch nachfolgende gemeinsame Erklärungen der evangelischen und katholischen Bischöfe relativiert.

Familienrechtsreform und Familienlastenausgleich sind nicht die einzigen Felder der Familienpolitik, auch nicht die einzigen, auf denen Kirche sich engagiert. Familienbildung und -beratung in der Bundesrepublik zum Beispiel würden zusammenbrechen, wenn die Kirchen sich hier zurückzögen. In diesem Beitrag jedoch soll das Verhältnis Kirche und Familie exemplarisch an dem Beispiel der direkten Einflußnahme auf die Bundesgesetzgebung in den Bereichen Familienrecht und Familienlastenausgleich erörtert werden, weil darin die Unsicherheit der Kirche zwischen Vergangenheits- und Zukunftsorientierung, zwischen Sorge und Ermutigung besonders deutlich wird.

2 Familienrechtsreform zwischen Zustimmung und Widerspruch

Die familienrechtlichen Neuordnungen der Lebensformen, die durch das veränderte Zusammenleben der Menschen erforderlich wurden, bezogen sich schwerpunktmäßig auf drei Komplexe: 1. die Durchsetzung der Gleichberechtigungsforderung des Grundgesetzes (Art. 3, Abs. 2) im Ehe- und Familienrecht, 2. die Reform des Ehescheidungsrechts und 3. die Reform des Rechts der elterlichen Sorge.

2.1 Ein Gleichberechtigungsgesetz war seit dem vom parlamentarischen Rat gesetzten Termin (31. März 1953) längst überfällig, als sich die EKD-Synode in Spandau 1954 im Rahmen einer umfangreichen familienpolitischen Stellungnahme dazu äußerte. Ein Jahr zuvor, am 22. März 1952, hatte der Rat der EKD (*Dombois, Schumann* 1955, 9—15), einer Stellungnahme seiner Eherechtskommission folgend, gegenüber der Bundesregierung erklärt, „er werde allenfalls einer ersatzlosen Streichung der Vorschrift des BGB (§ 1354) über das Entscheidungsrecht des Mannes in der Ehe zustimmen können. Mit einer ersatzlosen Streichung des Entscheidungsrechts des Vaters über die Kinder (§ 1634 BGB) aber ‚würde der letzte Rest der Struktur von Ehe und Familie verschwinden', welcher in der apostolischen Vermahnung von Eph. 5,23 und 1. Petr. 3,1 im Vordergrund stehe" (*Ranke* 1954, 448). Die evangelische Frauenarbeit und die evangelische Kirche im Rheinland hatten den gegenteiligen Standpunkt vertreten, daß man aus Eph. 5,23 — der Mann ist des Weibes Haupt — keine gesetzlichen Bestimmungen des BGB ableiten könne.

Auf der Synode in Spandau stehen sich diese beiden Meinungen gegenüber. Gemeinsam plädiert man jetzt gegenüber dem Staat, der Familie „freien Raum für ihre innere Entfaltung zu gewähren" (*Dombois, Schumann* 57) und für die innere Struktur der ehelichen Lebensgemeinschaft möglichst keine rechtlichen Festlegungen zu treffen. Die Eherechtskommission folgert daraus gegenüber dem Justizminister im Herbst desselben Jahres, den § 1354 BGB ersatzlos zu streichen. In bezug auf den umstrittenen Stichentscheid des Vaters formuliert die Synode: „Die elterliche Gewalt über die Kinder steht den Eltern gemeinsam zu. Der Gesetzgeber muß durch seine Ordnung dafür sorgen, daß bei Meinungsverschiedenheiten zwischen ihnen die Mutter nicht übergangen wird und die Kinder nicht zu Schaden kommen. Hinsichtlich der an den staatlichen Gesetzgeber zu stellenden Forderung für die Regelung des väterlichen Entscheidungsrechts ist die Synode zu einer Einmütigkeit nicht gekommen" (*Dombois, Schumann* 58 f.). Dieser Hiatus kann auch von der Eherechtskommission nicht überbrückt werden und wird dem Justizminister als solcher vorgetragen. Es wird aber Wert darauf gelegt, daß die Mutter auf jeden Fall vor dem Mißbrauch des väterlichen Entscheidungsrechts geschützt werden muß (*Dombois, Schumann* 65 f.).

Trotz dieses „Schönheitsfehlers" am Ende muß man sagen, daß die EKD insgesamt progressiver argumentiert hat als der eher katholischen Vorstellungen folgende Regierungsentwurf und die Koalitionsmehrheit. Das im Regierungsentwurf noch enthaltene männliche Entscheidungsrecht in allen ehelichen Angelegenheiten fiel erst in der zweiten Lesung. Der Stichentscheid des Vaters in Erziehungsfragen wurde sogar erst 1959 durch das Urteil des Bundesverfassungsgerichts aufgehoben.

23 Jahre später hat die EKD auch den nächsten Reformschritt mit vollzogen und für richtig erachtet, „daß eine gesetzlich verbindliche Festlegung der Rollen von Mann und Frau in der Ehe (i. S. einer Hausfrauenehe) mit dem Grundsatz der Gleichberechtigung des Art. 3 Abs. 2 des Grundgesetzes kaum vereinbar sein dürfte" (*Dahrmann* 1978, 106). Dabei hat sie allerdings auch deutlich gemacht, daß eine

gesetzliche Einengung des Ehebildes in die Richtung einer obligatorischen Erwerbstätigkeit der Frau ihr ebenfalls suspekt erschiene.

2.2 An der Reform des Eherechts, die ja nicht nur die Neuregelung der Ehescheidung umfaßte und in zwei Stufen am 1.7.1976 und 1.7.1977 in Kraft trat, haben sich EKD und Evangelische Aktionsgemeinschaft für Familienfragen (EAF) intensiv beteiligt. Von seiten der EKD lag bereits seit dem 21. November 1969 die Denkschrift der Familienrechtskommission „Zur Reform des Ehescheidungsrechts in der Bundesrepublik Deutschland" vor, in der eine Weiterentwicklung vom Verschuldens- zum Zerrüttungsprinzip als notwendig und sinnvoll angesehen wird. Mit dieser Denkschrift, lange vor Beginn der sozial-liberalen Reformpolitik konzipiert, hat die EKD also keineswegs auf gesetzgeberische Absichten abbremsend und zu Vorsicht mahnend reagiert, sondern angesichts veränderter Lebensverhältnisse selbst die Initiative ergriffen und für die öffentliche Diskussion ein Zeichen gesetzt, vergleichbar der Ostdenkschrift im Rahmen der Außenpolitik.

Dabei wird allerdings von Anfang an auch auf die Gefahr hingewiesen, daß ein Partner einseitig die Zerrüttung verursachen und die Scheidung gegen den Willen des anderen Partners durchsetzen könne. Dieser Gesichtspunkt, der unter dem Stichwort „Fristenautomatik" immer wieder diskutiert wurde, ist auch in den wiederholten Stellungnahmen der EAF zwischen 1971 und 1975 enthalten. Doch während diese Gesetzeskritik von seiten der EKD auch noch die abschließende Bewertung des Gesetzes in der Erklärung des Rates vom 16. September 1977 bestimmt (*Dahrmann* 1978, 103 ff.), fällt dieses Urteil innerhalb der EAF positiver aus: „Entscheidend ist, daß die Voraussetzungen für eine partnerschaftliche Eheschließung und Eheführung im Gesetz verankert sind, und dazu gehört auch die Möglichkeit zu einer die Partner nicht verletzenden Beendigung der Ehe" (*Keil* 1976, 422).

2.3 In das Jahr 1969 fällt neben der o.g. Denkschrift auch eine Neuauflage des familienpolitischen Programms der EAF, in dessen familienrechtlichem Teil die Forderungen nach einer Reform des Rechts der elterlichen Sorge an erster Stelle stehen. Ausgehend von dem Satz „Die Eltern sind nicht die Herren ihrer Kinder", wird die Neuformulierung des § 1666 BGB in Richtung einer möglichen Einschränkung des Elternrechts „auch für den Fall der schuldlosen Unfähigkeit der Eltern" vorgeschlagen. Außerdem wird die stärkere Mitwirkung der Kinder an der eigenen Berufsfindung bis hin zu einem eigenen Antragsrecht beim Vormundschaftsgericht gefordert und die Anhörung der Kinder in anderen wichtigen, sie betreffenden Fragen empfohlen. Hier stellt die erst zehn Jahre später gefundene politische Lösung, das am 1. Januar 1980 in Kraft getretene Gesetz zur elterlichen Sorge, einen Kompromiß dar, der eindeutig hinter den Forderungen der EAF zurückbleibt. Allerdings muß hier ehrlicherweise darauf hingewiesen werden, daß die Stellungnahmen der EKD in bezug auf die Rechte der Kinder wesentlich zurückhaltender waren als die Positionen der EAF (vgl. *Dahrmann* 1978, 135 ff.; *Keil* 1978, 25 f.) und daß es bei der Sachverständigen-Anhörung im zuständigen Bundestagsausschuß zum offenen Dissens zwischen den Äußerungen des EKD- und des EAF-Vertreters gekommen war.

Dennoch wird man weder aus diesem Vorgang noch aus der Art der Beteiligung an den anderen genannten Gesetzgebungsverfahren im Rahmen des Familienrechts herauslesen können, die evangelische Kirche sei der Versuchung erlegen, Bürger und Staat zu bevormunden.

Diese „sachliche Mitarbeit im Rahmen der bestehenden Gesellschaft" (s. o.), die *Barth* schon 1919 gefordert hatte, verursachte allerdings auch eine innerkirchliche Opposition der evangelikalen Gruppierungen, denen diese Mitarbeit als bloße Anpassung verdächtig erschien. Diese Gruppen schaffen sich zunehmend eigene Organe der Öffentlichkeitsarbeit, wie einen eigenen Pressedienst und einen eigenen Sender, und streben ein eigenes politisches Anhörungsrecht an. Die besondere kirchenpolitische Problematik dieser drohenden Entwicklung einer konservativen Doppelstruktur oder Nebenkirche kann in diesem Beitrag nur angezeigt, aber nicht wirklich behandelt werden. Daß die Furcht vor einer solchen Entwicklung den verantwortlichen Kirchenführern noch zusätzliche Argumente für eine größere Zurückhaltung liefert, darf vermutet werden.

3 Sozialpolitisches Engagement in Grenzen

Die Sache der Armen und Entrechteten zu ihrer Sache zu machen, haben Kirche und Diakonie in den ersten Nachkriegsjahren sicher nicht versäumt. Mit der Schaffung des Evangelischen Hilfswerks wurde eine einzigartige Hilfeleistung für die heute kaum noch vorstellbare Notsituation der Millionen Flüchtlinge, Wohnungs- und Arbeitslosen ermöglicht, die ganz wesentlich zu ihrer Integration in das neu entstehende Staats- und Gesellschaftsgebilde Bundesrepublik Deutschland beitrug (*Beyreuther* 1983, 218 ff.).

Aber ein nachhaltiges sozialpolitisches Engagement, das die Sozialstaatsverpflichtung des Grundgesetzes (Art. 20, Abs. 1) von Anfang an in einen wirksamen Familienlastenausgleich umgesetzt hätte, war zunächst nicht vorhanden.

Im Konzept der sozialen Marktwirtschaft sind „Familiengründung, Kinderzeugung und Kinderaufzucht ... individuelle Entscheidungen der innersten persönlichen Intimsphäre jedes Menschen, in die der Staat nicht durch Sozialisierung der Aufzuchtkosten eingreifen sollte". Ein finanzieller Ausgleich zwischen Kinderreichen und Kinderarmen beeinträchtige lediglich „Leistungsstreben und Verantwortungsgefühl" — so *Wilhelm Röpke* (1958, 41) — und schwäche „den menschlichen Zusammenhalt in der Familie und ihre Moral" — so *Alexander Rüstow* (1960, 13).

Zwei bedeutende Väter der sozialen Marktwirtschaft beschreiben damit familienpolitische Grundpositionen, die von der konservativen politischen Mehrheit bis 1969 geteilt wurden und nach 1982 erneut Auftrieb erhielten. In diesem Ansatz ist einzig „die Staffelung der Steuersätze nach der Kinderzahl" legitim, „weil diese für die Fähigkeit, finanziell zu den öffentlichen Aufgaben beitragen zu können, relevant ist" (*Röpke* 1958, 42). Die Steuerreform von 1986 hat diesen Gedanken wieder verstärkt berücksichtigt.

Dieses Konzept der Entlastung über die Steuern entspricht der katholischen Soziallehre, der die ersten CDU-Familienpolitiker verpflichtet waren. Die große Autorität ist *Thomas von Aquin*, der in seiner Almosenlehre davon ausgeht, daß jedermann zunächst „den Lebensunterhalt für die eigene Person sowie für diejenigen, die seiner Sorge unterstehen, zu decken" hat (*Thomas von Aquin,* zit. n. *Scherpner* 1974, 26). Dabei gilt „es als selbstverständlich, daß dieser Lebensunterhalt dem Stande des Gebers entsprechen muß, in den er hineingeboren ist" (*Scherpner* 1974, 27), bevor von ihm Gaben für die Armen zu erwarten sind. Setzt man an die Stelle des Almosens für die Armen heute die Steuern für die Allgemeinheit, so hat sich der Kreis geschlossen. Wer mehr Kinder hat als andere, muß weniger Steuern zahlen, damit er den Lebensstandard innerhalb seines Standes und seiner Schicht halten kann. „Familienlastenausgleich bedeutet: ... Kaufkraftausgleich innerhalb jeder sozialen Schicht" (*Würmeling* 1955, 1907).

Die EKD hat zwar auf der Synode von Spandau darauf aufmerksam gemacht, daß „Steuererleichterungen ... immer nur einem Teil der kinderreichen Familien helfen" und alle die unberührt lassen, „deren Einkommen unter der steuerpflichtigen Grenze liegt, also gerade die besonders Hilfsbedürftigen. Daher sind Kinderbeihilfen unentbehrlich" (Amtsblatt Nr. 4/1954, 89). Aber sie hat diese Kinderbeihilfen nur als Ergänzung zu den Steuerfreibeträgen aufgefaßt und das System als solches bis 1969 nicht in Frage gestellt.

Erst mit dem familienpolitischen Programm der EAF von 1969 setzte im evangelischen Lager ein Umdenken ein. Mit dem Engagement für die solidarische Beteiligung aller an den Kinderkosten gewinnt protestantische Familienpolitik ein eigenes Gewicht gegenüber dem thomistisch geprägten katholischen Konzept einer leistungsgerechten Besteuerung. Gesucht wird jetzt „eine einheitliche, übersichtliche und überzeugende Regelung". Gefordert wird „die regelmäßige Anpassung an die Entwicklung der Einkommen und der Lebenshaltungskosten". Und als erwägenswert gilt, „einen für alle

Einkommensbezieher bei gleicher Kinderzahl gleichen Betrag von der Steuerschuld des elterlichen Einkommens abzuziehen und, wenn die Steuerschuld geringer ist als der abzuziehende Betrag, die Restsumme auszuzahlen". Nur für „eine Übergangszeit" dürften „die Leistungen des Familienlastenausgleichs nach Kinderzahl gestaffelt" sein, solange die Finanzierung durch den Staatshaushalt noch nicht sichergestellt ist.

Die neue Zielperspektive ist klar und bestimmt die Diskussion der nächsten Jahre. Der unübersichtliche, schichtenspezifische und primär an der Mehrkinderfamilie orientierte Familienlastenausgleich soll überwunden werden. Diesen Tenor enthält auch der familienpolitische Abschnitt der von der Kammer für soziale Ordnung erarbeiteten und 1973 vom Rat der EKD veröffentlichten Denkschrift „Die soziale Sicherung im Industriezeitalter". Mit der Kindergeldlösung von 1975 wurde ein Kompromiß gefunden, der den evangelischen Forderungen sehr nahe kam: gleiches Kindergeld für alle, nach der Ordnungszahl gestaffelt. Gegen den Widerstand der EAF wurde diese saubere Eingleisigkeit des Systems gegen Ende der sozial-liberalen Koalition wieder verwässert, als der Bundesrat 1981 erneut Freibeträge für die Betreuung von Kindern durchsetzte. — Das von der EAF in seinen überhöhten progressiven Wirkungen seit 1969 kritisierte Ehegattensplitting ist im übrigen bis heute erhalten geblieben. — Die Schwierigkeiten der Familienpolitik gegen Ende der sozial-liberalen Regierungszeit beruhten also mit Sicherheit nicht auf einem Widerstand der evangelischen Kirche gegen die Reform des Familienlastenausgleichs zugunsten einkommensunabhängiger Transferzahlungen für Kinder, sondern auf dem Primat der Wirtschaftspolitik gegenüber der Familienpolitik.

In der Folgezeit werden allerdings wieder stärkere Differenzierungen im evangelischen Bereich deutlich; denn die wirtschaftliche Krise, die bereits 1982 die sozial-liberale Regierung zu ersten Kürzungen im Sozialbereich zwang, hat die wirtschaftliche Förderung der Familien für die nächsten vier Jahre gestoppt, ohne daß es von seiten der EKD, von Äußerungen der EAF und einzelner Diakonischer Werke abgesehen, zu einem massiven Protest gekommen wäre.

Wiederholte Kürzungen von Arbeitslosenhilfe und Arbeitslosengeld, jahrelanges Zurückbleiben der Sozialhilfe-Regelsätze hinter den Steigerungen der Lebenshaltungskosten und die Rückkehr zum zweigleisigen System des Familienlastenausgleichs mit einer deutlichen Bevorzugung der Besserverdienenden werden hingenommen, weil man im Grunde das in der 82er Wende sich äußernde Unbehagen an den unterstellten negativen Auswirkungen des Wohlfahrtsstaates teilte. In dieser Situation wirkt auch die äußerst knappe Erwähnung der Sozialstaatsproblematik in der Demokratie-Denkschrift der EKD von 1985 symptomatisch.

Stattdessen entwickelte sich im Zusammenhang mit der Kirchensteuerregelung im Rahmen der Steuerreform ein Nebenschauplatz, auf dem die EKD aus Sorge um ihr Kirchensteueraufkommen eine ausgesprochen familienfeindliche Lösung anstrebte. Von 1975 bis 1985 wurden von der Lohn- und Einkommenssteuerschuld vor der Berechnung der 8- bzw. 9%igen Kirchensteuer 600 DM für das erste, 960 DM für das zweite und 1800 DM für jedes weitere Kind abgezogen. Die Steuerexperten der EKD hatten zunächst die ersatzlose Streichung dieser im § 51 a EStG vorgeschriebenen Abzugsbeträge angeregt. Das hätte bei bestimmten Familienkonstellationen, insbesondere bei den Alleinerziehenden, ab 1986 per saldo nicht zu einer Entlastung, sondern zu einer zusätzlichen steuerlichen Belastung geführt, und den Kirchen ca. 700 Mio. DM jährliche Mehreinnahmen gebracht und damit die aus der Tarifreform resultierenden Mindereinnahmen auf Kosten der Familien mit mehreren Kindern zum großen Teil wieder ausgeglichen (*Neumann* 1985, 6).

Innerkirchlich ist es dem Protest der EAF gegen diese Regelung, politisch dem Widerstand des Familien- und wohl auch des Finanzministers zu verdanken, daß es dazu nicht gekommen ist. Statt der gestaffelten Abzüge werden jetzt einheitlich 600 DM pro Kind von der Steuerschuld abgezogen, bevor die Kirchensteuer berechnet wird. Der Kompromiß scheint gegenüber der ursprünglichen Absicht erträglich, macht aber einen Teil des Gewinns aus der staatlichen Steuerreform für Familien mit zwei und mehr Kindern kirchlicherseits wieder zunichte.

Alles in allem kann man auch in diesem Politikbereich — trotz der kritischen Anmerkungen zur Kirchensteuer — kaum von kirchlicher Bevormundung reden, allenfalls von einer befürchteten Bevormundung der Familien durch zuviel Staat. Diese Befürchtung wird besonders im evangelikalen Lager geäußert, wo eine direkte Korrelation zwischen „Rückgang des christlichen Glaubens" und „wachsendem Sozialstaat" konstruiert wird (Ev. Sammlung 1985, 69). Gerade wegen dieser erstarkenden konservativen Gegenströmung gab es die dringende Erwartung, daß solche Stellungnahmen wie die des Diakonischen Werkes von Westfalen „Zur gegenwärtigen sozialpolitischen Entwicklung in der Bundesrepublik Deutschland", in der die „neue Armut" vieler Familien als „Herausforderung an Diakonie und Kirche" beim Namen genannt und sozialpolitische Konsequenzen aufgezeigt werden, auch von anderen kirchlichen Gremien abgegeben wurden, was allerdings nicht der Fall war.

4 Kirche und Familie im Meinungsbild ihrer Mitglieder

Die am Ende der Erörterungen zum familienpolitischen Engagement der Kirche angedeutete sozialpolitische Erwartung entspricht nach

Tabelle 1 Beurteilung des sozialen und politischen Engagements der Kirche (n = 1523)

Die evangelische Kirche ...	sollte stärker %	sollte gleich bleiben %	sollte weniger %
kümmert sich um das Problem der Arbeitslosigkeit	71	21	6
kümmert sich um die Sorgen und Probleme der einzelnen	69	25	5
unterstützt das Engagement von Bürgern, z. B. für verkehrsberuhigte Straßen und Kinderspielplätze	60	31	8
kümmert sich um den Arbeitsalltag und Berufsleben	57	34	8
bemüht sich, die christliche Lehre zeitnah und modern zu verdeutlichen	56	34	9
hilft zur Urteilsbildung in wichtigen Gegenwartsfragen durch Ausarbeitungen/Denkschriften/Handreichungen	50	37	11
arbeitet mit anderen Kirchen zusammen	50	43	6
unterstützt die Friedensbewegung	47	41	11
unterhält Heime für geistig und körperlich Behinderte	45	50	4
betreut Alte und Gebrechliche	45	52	2
hat eigene Eheberatungsstellen	43	45	12
bemüht sich um die Erziehung der Kinder	40	43	16
leistet Entwicklungshilfe	39	50	10
unterhält Krankenhäuser	37	50	11
nimmt Stellung zu aktuellen politischen Fragen	33	29	37

Quelle: *Hanselmann* et al. 1984, 122

den Ergebnissen der letzten EKD-Umfrage von 1982 (*Hanselmann* et al. 1984) jedenfalls den Vorstellungen einer großen Mehrheit der Kirchenmitglieder, „die sich auf den gemeinsamen Nenner ‚Gesellschaftsdiakonie' bringen lassen. Es werden Bereiche genannt, die entweder ein aktuelles soziales Problem darstellen — Arbeitslosigkeit — oder die doch ständig in Gefahr stehen, sich zu einem solchen Problem zu entwickeln — Lebens- und Wohnbedingungen, Arbeitsalltag und Beruf" (*Hanselmann* et al. 1984, 123, s. a. Tab. 1).

Befragt wurde in Parallele zur ersten Kirchenmitgliedschaftsstudie von 1972 (*Hild* 1974) eine repräsentative Stichprobe von 1523 Personen ab 14 Jahren, die sich selbst als evangelisch bezeichneten, und auf Grund der Erfahrungen von 1972 vier Spezialstichproben mit jeweils rund 450 Befragten. Darunter auch eine Stichprobe „Jugendliche und junge Erwachsene" (*Hanselmann* et al. 1984, 20 f.).

Daß die Kirche, wie in den vorhergehenden Abschnitten dargestellt, sich auch jetzt schon auf diesen Gebieten engagiert, „wo der erwachsene Normalbürger in der Regel den überwiegenden Teil seines wachen Lebens verbringt — das bekommt die Mehrheit offensichtlich nicht mit" (*Hanselmann* et al. 1984, 96). Nur 10% der Mitglieder nehmen ein entsprechendes kirchliches Engagement wahr, während 60 bis 70% eine Ausweitung der gesellschaftsdiakonischen Aktivitäten erwarten. Dabei geht es den Kirchenmitgliedern vor allem darum, daß die Kirche selbst etwas tut und nicht nur politische Forderungen gegenüber Staat und Gesellschaft erhebt; denn solche Stellungnahmen zu aktuellen politischen Fragen werden durchaus von 31% wahrgenommen, aber 37% meinen, es sollten weniger solcher Stellungnahmen abgegeben werden. Zehn Jahre vorher, bei der EKD-Umfrage von 1972 (*Hild* 1974), war diese Gruppe mit 48% allerdings noch größer.

In die gleiche Richtung geht die Entwicklung bei der Beurteilung der noch stärker familienbezogenen Aktivitäten der Kirche. Waren 1972 noch 18% dafür, daß die Kirche weniger Erziehungs- und Eheberatungsstellen unterhalten soll, sind es 1982 nur noch 12% und 43% plädieren für eine Ausweitung auf diesem Gebiet (1972: 37%). Ihre allgemeinen Bemühungen um die Erziehung der Kinder sollte die Kirche nach Meinung von 16% der Befragten einschränken (1972: 19%). Hier ist die Gruppe derer, die für ein gleichbleibendes Engagement eintreten, am stärksten gewachsen: von 38% (1972) auf 43% (1982).

Diese beiden Fragen sind bezeichnenderweise die einzigen, bei denen die zum Kirchenaustritt Entschlossenen wesentlich häufiger eine Zurücknahme des kirchlichen Engagements fordern. Bei der Kindererziehung beträgt die Differenz 24 Prozentpunkte, bei der Eheberatung 10 Prozentpunkte. Darin deutet sich bereits an, daß Ehe und Familie eine wichtige Rolle in bezug auf Nähe und Distanz der Protestanten zu ihrer Kirche innehaben.

Die Kirchenzugehörigkeit „ist in aller Regel zunächst ein vorgefundener Zustand, Ergebnis elterlicher und familiärer Entscheidung" (*Hanselmann* et al. 1984, 154). 60% messen in diesem Zusam-

Tabelle 2 Begründung der eigenen Kirchenmitgliedschaft (n = 1523)

Ich bin in der Kirche, weil ...	Mittelwert	Trifft zu (7) %	Trifft nicht zu (1) %
ich Christ bin	5,0	52	18
ich der christlichen Lehre zustimme	4,7	45	20
ich auf kirchliche Trauung oder Beerdigung nicht verzichten möchte	4,3	41	30
meine Eltern auch in der Kirche sind bzw. waren	4,3	39	31
sie etwas für Arme, Alte und Kranke tut	4,3	33	22
sie sich für Gerechtigkeit in der Welt und die Zukunft der Menschheit einsetzt	4,0	26	29
sie mir einen inneren Halt gibt	3,8	28	38
ich religiös bin	3,8	27	35
sie viel Gutes tut	3,8	24	31
sie mir Trost und Hilfe in schweren Stunden gibt	3,6	26	42
ich an meine Kinder denke	3,5	25	41
sie mir Antwort auf die Frage nach dem Sinn des Lebens gibt	3,4	22	42
ich an das denke, was nach dem Tode kommt	3,3	22	48
ich die Gemeinschaft brauche	3,0	17	54
sich das so gehört	2,8	15	58
sie mir die Möglichkeit zu sinnvoller Mitarbeit gibt	2,7	13	58

Quelle: *Hanselmann* et al. 1984, 156

menhang der Taufe, 52% der Konfirmation eine persönliche Bedeutung zu. Aber man bleibt auch aus familiären Gründen in der Kirche. 41% möchten nicht auf kirchliche Trauung oder Beerdigung verzichten. 25% denken bei ihrer Entscheidung, in der Kirche zu bleiben, an ihre Kinder (s. Tab. 2).
Besonders auffällig ist in diesem Zusammenhang, daß die 14- bis 24jährigen zu 51% die Trauung im Blick haben, wenn sie über einen möglichen Kirchenaustritt nachdenken. 1972 haben nur 37% der 14- bis 24jährigen an diese Austrittsfolge gedacht (*Hanselmann* et al. 1984, 159). Dieser überraschende Bedeutungsgewinn der kirchlichen Trauung ist um so bemerkenswerter als er mit einem allgemeinen Bedeutungsverlust der Kirchenzugehörigkeit als bloßer „gesellschaftlicher Norm (‚weil sich das so gehört')" (*Hanselmann* et al. 1984, 155 f.) Hand in Hand geht. 58% aller Befragten haben diese Vorstellung abgelehnt (1972: 42%); nur 15% (1972: 21%) teilen diese Anschauung. Im Unterschied zur allgemeinen gesellschaftlichen Normierung und Rücksichtnahme hat die Bedeutung der Familienorientierung für die kirchliche Zugehörigkeit seit Anfang der 70er Jahre also eher noch zugenommen.
Wenn auch jeder Zeitvergleich bei Meinungsumfragen und amtlicher Statistik dadurch erschwert wird, daß in der Zwischenzeit viele kirchenkritisch Eingestellte die Kirche verlassen haben und daher nicht mehr erfaßt werden, könnte doch die geäußerte Vermutung zur größeren Affinität von Kirchenzugehörigkeit und Familienorientierung dadurch gerade bestärkt werden, daß auch der Wegfall der zwischenzeitlich Ausgetretenen das Bild „positiv" verändert.
Als weiterer Beleg für die große Nähe von Familie und Kirche sei die Kontinuität der eigenen Verbundenheit mit der Kirche in der Generationenfolge genannt. „Die Mehrheit der Befragten identifiziert sich im großen und ganzen mit der Kirchenbeziehung ihrer Eltern. Ingesamt 69% schreiben der Mutter, 60% dem Vater einen gleichen oder den nächst höheren Verbundenheitsgrad zu wie sich selbst." Und umgekehrt hatten nur „22% bzw. 11% der unverbundenen Kinder ‚sehr' oder doch ‚ziemlich' mit Kirche verbundene Väter und Mütter. Einen Traditionsbruch gibt es also für die Mehrheit nicht" (*Hanselmann* et al. 1984, 173, s. a. Tab. 3, s. S. 212).
Diese Kontinuität in der Generationenfolge zeigt sich auch bei den perspektivischen Fragen zur eigenen Kindererziehung. 88% wollen ihre Kinder taufen lassen (1972: 82%), 54% wollen sie in einen kirchlichen Kindergarten schicken (1972: 41%). 39% würden es begrüßen, wenn ihr Kind von sich aus in den Kindergottesdienst geht, 37% würden es hinschicken. 1972 waren 79% der Meinung, „Mein Kind soll zum Kindergottesdienst gehen" (*Hanselmann* et al. 1984, 188 ff.). Diese Antworten sind allerdings stark schichten-, wohnort- und lebensalterbezogen. Die Zustimmungen zur kirchlichen Sozialisation fallen mit steigender Bildung und Wohnortsgröße bzw. sin-

Tabelle 3 Beurteilung der kirchlichen Verbundenheit in der Generationsfolge

Eigene Verbundenheit:	sehr (n=208)		ziemlich (n=329)		etwas (n=493)		kaum (n=326)		überhaupt nicht (n=159)	
Verbundenheit von	Mutter	Vater	Mutter	Vater	Mutter	Vater	Mutter	Vater	Mutter	Vater
sehr	79%	60%	42%	20%	21%	10%	13%	5%	6%	5%
ziemlich	10%	16%	41%	39%	25%	16%	21%	11%	16%	6%
etwas	6%	12%	12%	19%	41%	39%	30%	25%	22%	16%
kaum	2%	7%	4%	12%	11%	23%	29%	37%	25%	26%
überhaupt nicht	3%	4%	1%	7%	2%	10%	7%	20%	31%	46%
keine Angabe	0%	1%	0%	2%	0%	3%	0%	2%	0%	1%

Quelle: *Hanselmann* et al. 1984, 172

kendem Lebensalter geringer aus, liegen jedoch bei denen, die bereits Kinder haben, auch wesentlich höher.

Trotz dieses differenzierenden Hinweises läßt sich aus der vergleichenden Auswertung der kirchlichen Meinungsumfragen von 1972 und 1982, die jeweils zwei Jahre später publiziert wurden, der vorläufige Schluß ziehen, daß im Verhältnis von Familie und Kirche mit dem Übergang in die 80er Jahre eine deutliche Stabilisierung eingetreten ist. Kann diese optimistische Interpretation durch die harten Daten der kirchenamtlichen Statistik erhärtet werden oder haben die Meinungsumfragen das Bild geschönt? Und wie erscheinen die 70er und 80er Jahre im Vergleich zu den 50er und 60er Jahren, für die entsprechende Repräsentativumfragen nicht vorliegen? Zwar gilt auch hier der kritische Einwand in bezug auf die Verzerrung des Zeitvergleichs durch die zwischenzeitlich Ausgetretenen, doch zugleich ist an die oben vorgenommene Relativierung dieses Einwandes zu erinnern. Die Inanspruchnahme von Kirche im Familienzyklus ist auch ein wichtiger Grund, eben nicht aus der Kirche auszutreten.

Um die Veränderungen bei der Inanspruchnahme von Kirche im Familienzyklus erfassen zu können, ist man auf die kirchlichen Daten angewiesen, für die auch entsprechende Angaben der amtlichen Statistik vorliegen. Da der Anteil der evangelischen Trauerfeiern nach dem Hinscheiden evangelischer Christen über Jahrzehnte hinweg konstant bei ca. 94% liegt, konzentriert sich die angesprochene Fragestellung auf eine Auswertung der 1. Tauf- und 2. Trauungsstatistiken, die stärkeren Veränderungen unterliegen. Mit der Berücksichtigung der Trauungen soll keineswegs dem Mißverständnis Vorschub geleistet werden, daß Ehe und Familie in jedem Fall identisch seien. Für die allgemeine Beschreibung des Verhältnisses von Familie und Kirche sind diese Zahlen jedoch von großer Bedeutung, zumal sich in den letzten Jahren eine deutliche Verschiebung des Zeitpunktes der Eheschließung bis zur Erwartung oder Planung des ersten Kindes abzeichnet, Heirat und Familiengründung also zeitlich zusammenfallen (vgl. den Beitrag von *Rosemarie Nave-Herz* in diesem Band).

5 Kirche und Familie im Spiegelbild der kirchenamtlichen Statistik

5.1 In der statistischen Beilage Nr. 15 zum Amtsblatt der EKD (1955) wird zu den Äußerungen des kirchlichen Lebens in den Jahren 1949 und 1950 ausgeführt: „Von den Kindern evangelischer Eltern wurden regelmäßig ca. 90 bis 100 v. H. evangelisch getauft. Lediglich in den Landeskirchen von Westberlin und Bremen bleibt die Taufziffer im Jahre 1950 unter 90 v. H. In vielen Fällen liegt sie höher als 100 v. H., was teils auf Nachtaufen älterer Kinder, teils auf örtliche Verschiebungen" zurückzuführen ist (9).

Ähnliche Tendenzmeldungen bestimmen die Kommentare zu den kirchenamtlichen Statistiken bis in die Gegenwart. Nimmt man allerdings die Taufen hinzu, bei denen nur ein Elternteil evangelisch ist, zeigt sich seit den ersten Nachkriegsjahren ein Rückgang des Anteils der Taufen an den Geburten. Im Jahre 1963, „dem ersten Jahr, für das auf EKD-Ebene vollvergleichbare Zahlen der wichtigsten Äußerungen des kirchlichen Lebens vorliegen" (stat. Beilage Nr. 76, 1985, 6) ist dieser Anteil von zunächst 80% auf 77% gesunken, hält sich aber seit dem Ende der 70er Jahre wieder etwa auf diesem Niveau (1984: 77%). Interessant sind jedoch eine Reihe von Einzelbeobachtungen, die dieses Gesamtbild farbiger gestalten (zum folgenden s. a. stat. Beil. Nr. 78, 1986, 5 ff.).

Der wichtigste Hinweis betrifft die Konfessionszugehörigkeit der Eltern, die das Taufverhalten entscheidend beeinflußt. Hier haben die Geburten evangelischer Elternpaare mit 67,7% von 1963 bis 1984 stärker abgenommen als die Taufen (63,7%). Das bedeutet, daß in rein evangelischen Familien — abgesehen von den Großstadtbezirken wie Berlin oder Bremen — nach wie vor um 100% aller Kinder getauft werden. Von den Kindern mit einem evangelischen und einem katholischen Elternteil wurden 1984 53% in einer evangelischen Kirche getauft (1963: 41%), von denen mit einem evangelischen und einem anderschristlichen Elternteil 72% (1963: 47%), von denen mit einem evangelischen und einem nichtchristlichen Elternteil 66% (1963: 69% und 1975: 47%), von alleinstehenden evangelischen Müttern 41% (1963: 60% und 1980: 36%) (Abb. 1).

Abb. 1 Geburten und evangelische Taufen in den Gliedkirchen der EKD 1963 bis 1984

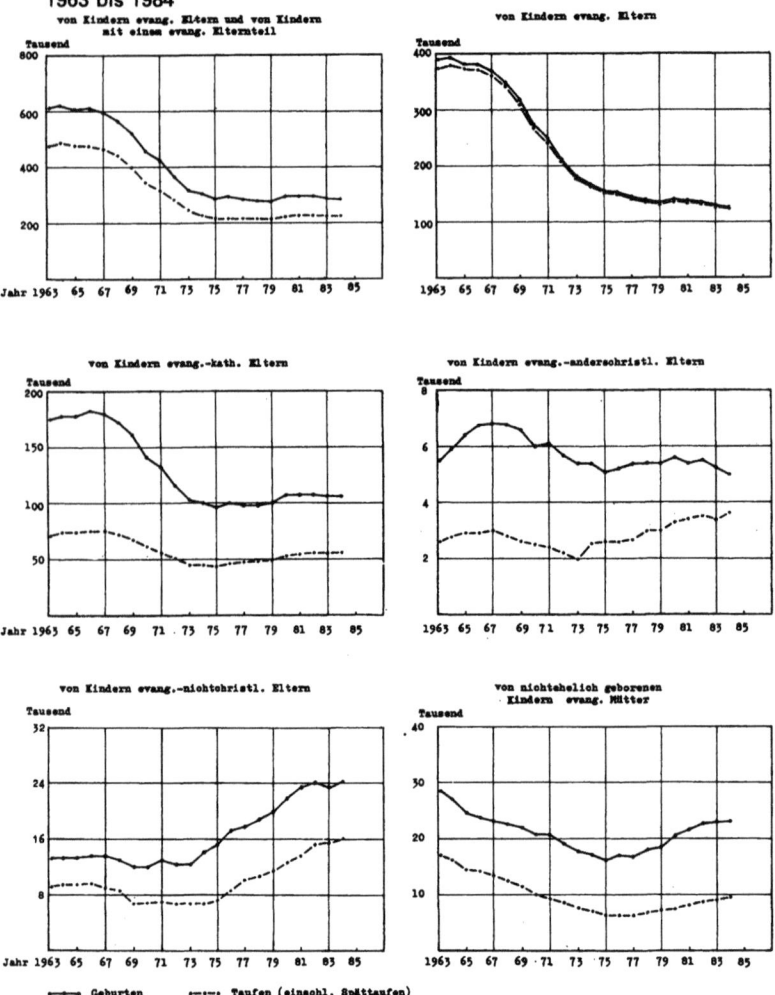

Quelle: Stat. Beil. Nr. 78 zum Amtsblatt der EKD (1986)

Zusammenfassend läßt sich also sagen, daß die Konfessionszugehörigkeit für immer mehr junge Menschen kein entscheidendes Kriterium bei der Partnerwahl ist, daß auf der anderen Seite die evangelische Taufe wieder an Bedeutung gewonnen hat. In evangelisch-katholischen und evangelisch-anderschristlichen Ehen gilt das seit 1963, in den evangelisch-nichtchristlichen Ehen seit der Mitte der 70er Jahre, bei den ledigen Müttern seit Beginn der 80er. Von der Taufstatistik her läßt sich also die eben getroffene Feststellung zur Kontinuität der Kirchenbindung in der Generationenfolge bestätigen. In rein evangelischen Familien hat es in dieser Frage kaum einen Bruch gegeben. Die mit ihrer Konfession alleinstehenden Protestanten dagegen haben in den letzten 5 bis 15 Jahren wieder stärker auf die evangelische Taufe gesetzt. Es darf unterstellt werden, daß dahinter weniger ein Erstarken der Tradition als vielmehr bewußte Entscheidungen stehen. Dafür spricht auch, daß alle genannten Durchschnittswerte die immer größer werdende Gruppe der Taufen im höheren Alter der Kinder bis zu 14 Jahren einschließen. 1963 waren das 7,4% und 1984 12,8% aller Kindertaufen. Dazu kommen noch die im Zusammenhang mit der Konfirmation getauften über 14jährigen Jugendlichen, die in der Statistik als Erwachsenentaufen zählen. Diese haben sich seit 1963 verdoppelt. Ihr Anteil an allen Taufen stieg von 3,0% auf 5,9%.

5.2 Hinsichtlich der kirchlichen Trauungen wird bereits in den Kommentierungen zu den Zahlen von 1949 und 1950 auf „das Nachlassen der Bedeutung der ‚kirchlichen Sitte', das besonders in großstädtischen Verhältnissen zu beobachten ist", hingewiesen. Auffallend niedrige Zahlen wurden für die Großstadtkirchen Hamburg (38%), Bremen (59%) und Lübeck (68%) gemeldet. „In den übrigen Landeskirchen bewegten sich die Anteile zwischen 71 und 97 v. H." (stat. Beilage Nr. 15, 9). Noch geringer war schon damals der Anteil der evangelischen Trauungen bei nur einem evangelischen Ehepartner. Wegen der ausgeprägten regionalen Unterschiede seien die Veränderungen zwischen 1950 und 1983/1984 zunächst nach Landeskirchen aufgeschlüsselt in einer Tabelle dargestellt (s. Tab. 4).

Im Durchschnitt ist der Anteil der evangelischen Eheschließungen in allen Gruppen und Landeskirchen seit 1950 um bis zu 10% zurückgegangen, bei den evangelischen Paaren eher noch stärker als bei denen mit nur einem evangelischen Partner. Diese Entwicklung ist allerdings bereits vor 1980 zum Stillstand gekommen und weist gegenwärtig in einigen Landeskirchen eine leise Aufwärtsbewegung auf. Ein Blick auf die Tab. 5 zeigt, wie sich diese Entwicklung der letzten 20 Jahre auf die prozentuale Verteilung der Eheschließungen und Trauungen mit einem oder zwei evangelischen Partnern ausgewirkt hat.

Tabelle 4 Anteil der evangelischen Trauungen an den Eheschließungen in den Jahren 1950, 1983 und 1984

Gliedkirche	Getraut wurden ... Paare in % der Eheschließungen der Gruppe			davon		
	evangelisch-evangelische	konfessions- od. glaubens-verschiedene	evangelisch-katholische	evangelisch-anders-christliche	evangelisch-nicht-christliche
	1950/1983/1984	1950/1983/1984	1950/1983/1984	1950/1983/1984	1983/1984
Baden	85 73 76	40 42 43	41 47 48	44 26 30	14 14
Bayern	80 77 78	29 26 28	30 28 30	38 34 37	9 9
Berlin-Brandenburg	– 35 39	– 7 10	– 15 18	– 12 18	3 4
Braunschweig	76 70 75	42 24 26	47 37 42	25 52 64	6 7
Bremen	59 46 49	25 17 19	29 23 24	25 6 15	14 16
Hannover	84 69 70	31 24 26	37 32 34	19 27 26	12 14
Hessen und Nassau	86 73 74	46 29 28	48 34 34	45 37 35	9 9
Kurhessen-Waldeck	92 78 77	56 30 33	60 36 39	39 38 42	8 9
Lippe	89 73 72	41 30 31	44 39 44	72 35 28	6 5
Schleswig-Holstein }Nordelbien	74 61 62	25 16 17	35 33 35	21 21 24	7 8
Hamburg	38	9	16	10	
Nordwestdeutschland	86 73 76	43 25 27	46 38 39	45 25 47	8 8
Oldenburg	88 72 75	36 24 22	42 35 30	38 42 64	7 9
Pfalz	93 68 66	46 29 32	46 32 34	45 27 44	9 12
Rheinland	75 59 61	26 20 21	27 24 25	59 26 28	1 0
Schaumburg-Lippe	96 88 88	49 25 29	58 32 41	5 20 27	11 12
Westfalen	71 69 71	25 25 27	26 29 31	60 34 37	3 4
Württemberg	81 76 76	37 35 35	39 38 39	28 39 44	13 13

Quelle: Stat. Beil. Nr. 15 (1955), 76 (1985) und 78 (1986) zum Amtsblatt der EKD

Tabelle 5 Prozentuale Untergliederung der standesamtlichen Eheschließungen von Paaren mit einem oder zwei evangelischen Partnern und der in evangelischen Kirchen vollzogenen Trauungen nach der Konfessions- bzw. Religionszugehörigkeit der Partner in den Jahren 1963, 1978, 1983 und 1984

auf	Von der Gesamtheit der							
	Eheschließungen evang. Paare und von Paaren mit einem evang. Partner				evangelischen Trauungen			
	entfielen							
	1963 %	1978 %	1983 %	1984 %	1963 %	1978 %	1983 %	1984 %
evang. Paare	59,6	45,8	43,5	43,2	81,4	68,9	67,1	66,1
evang.-kath. Paare	33,9	41,0	41,0	41,3	17,2	27,3	29,0	29,7
evang.-anderschristl. Paare	2,3	2,7	2,4	2,3	0,9	1,4	1,6	1,7
evang.-nichtchristl. Paare	4,2	10,5	13,1	13,2	0,3	1,9	2,2	2,3
sonstige Paare	–	–	–	–	0,2	0,1	0,1	0,2
Zusammen	100	100	100	100	100	100	100	100

Aus dem linken Tabellenfeld wird ebenso wie bei den Taufen deutlich, in welchem Maße die sogenannten „Mischehen" in den letzten 20 Jahren zugenommen haben. Prozentual haben wir die größte Steigerung bei den Eheschließungen zwischen Protestanten und nichtchristlichen, d. h. in der Regel keiner Religionsgemeinschaft angehörenden Partnern. Der Anteil dieser Gruppen an den evangelischen Trauungen ist seit 1963, das zeigt das rechte Tabellenfeld, wesentlich größer geworden. Der eigentliche Einbruch ist bei den evangelischen Paaren beim Übergang von den 60er zu den 70er Jahren erfolgt. Während die Anteile von 1950 noch annähernd denen von 1950 entsprechen, ist der oben erwähnte Sprung um 10% 1978 bereits vollzogen. Dementsprechend hält sich der Anteil der Trauungen von zwei evangelischen Partnern an den Trauungen insgesamt seitdem nahezu konstant bei gut zwei Dritteln.

Vor einer abschließenden Beurteilung dieser Entwicklung muß darauf hingewiesen werden, daß neben dem Anteil der „Mischehen" auch der Anteil der Zweitehen stark zugenommen hat. Er stieg bei den Eheschließungen mit wenigstens einem evangelischen Partner von 15,5% im Jahre 1963 auf 28,3% im Jahre 1983. Wegen der vermuteten Vorbehalte gegenüber einer Trauung Geschiedener seitens der Kirche, die in der evangelischen Kirche heute jedoch kaum noch vorhanden sind, und entsprechender Zurückhaltung bei denen, die eine zweite Ehe eingehen, überhaupt den Wunsch nach einer Trauung zu äußern, ist der Anteil der Trauungen an den Eheschließungen in dieser Gruppe entsprechend gering. Er stieg von 4,5% im Jahre 1963 auf 10,3% im Jahre 1984, die Eheschließungen von 15,5% auf 28,9%. Nähme man diese Gruppe aus der allgemeinen Statistik heraus, würden die Zahlen im rechten Feld der obigen Tabelle entsprechend höher ausfallen.

Von daher gesehen legt sich eine ähnliche Interpretation zur Entwicklung des Verhältnisses von Familie und Kirche nahe wie nach den Überlegungen zur Entwicklung der Taufen. Hier hat sich zwar die Gesellschafts- und Kirchenkritik um das Jahr 1968, die auch eine Kritik an den traditionellen Institutionen wie Ehe und Familie einschloß, stärker ausgewirkt als dort, aber in den 80er Jahren scheint der Wunsch, sich evangelisch trauen zu lassen, gerade auch in der immer größer werdenden Gruppe von Ehen, bei denen nur ein Partner evangelisch ist, wieder zu wachsen. Es wiederholt sich also bei den Trauungen die Entwicklung der Taufen, allerdings auf einem wesentlich niedrigeren Niveau.

Inwieweit sich hierin lediglich die konservative Wende, die in diesen Jahren auch politisch vollzogen wurde, abbildet oder eine stärkere Glaubensüberzeugung zur Geltung kommt, kann schwer entschieden werden, da die amtliche Statistik keine Aussagen über die Motive der Betroffenen macht. Daher wird man nur mit aller Vorsicht auch aus der kirchenamtlichen Statistik, ähnlich wie aus den

Meinungsumfragen seit dem Übergang in die 80er Jahre, eine Zunahme der Bedeutung von Kirche für die Familie ableiten können. Da auch die evangelische Kirche — insbesondere in Gestalt ihrer familienbezogenen Dienste für Familienhilfe, Familienberatung, Familienbildung und Familienpolitik — sich darum bemüht, immer stärker der realen Familie in ihrer Alltagssituation gerecht zu werden, kann man durchaus von einer Verbesserung des Verhältnisses von Kirche und Familie sprechen, nachdem am Übergang in die 70er Jahre ein gewisser Tiefpunkt erreicht war.

Dieses Verhältnis könnte heute noch besser sein, wenn nicht die innerkirchliche Opposition der Evangelikalen und die Erwartungen der katholischen Bischofskonferenz an die Solidarität der EKD in familienethischen und familienpolitischen Fragen ihren kirchenleitenden Organen in dieser Hinsicht immer wieder größere Zurückhaltung auferlegen würde als den von solcher Rücksichtsnahme freieren fachlichen Gremien und Arbeitsformen des Protestantismus. Insofern ist die Frage aus dem 1. Teil dieses Beitrages noch nicht entschieden: Geht es gegenwärtig immer noch darum, die Familie als den Götzen des bisherigen Bürgertums zu restaurieren, oder können Menschen heute — auch mit Unterstützung kirchlicher Seelsorge und Beratung — in christlicher Freiheit nach neuen Lebensformen suchen und nach eigenem Gewissen darüber entscheiden, für welches Ereignis in ihrem Lebens- und Familienzyklus sie kirchliche Amtshandlungen in Anspruch nehmen wollen? Das Interesse daran scheint in den letzten Jahren jedenfalls eher wieder gewachsen zu sein.

Literatur

Amtsblatt der Evangelischen Kirche in Deutschland, hrsg. von der Kanzlei der EKD. Hannover 1946 ff., Statistische Beilage Nr. 1 ff.

Beyreuther, E.: Geschichte der Diakonie und Inneren Mission in der Neuzeit, 3. erw. Aufl. Berlin 1983

Burgsmüller, A., Weth, R. (Hrsg.): Die Barmer Theologische Erklärung. Neukirchen-Vluyn 1984

Cramer, A.: Familie und Familienpolitik in der Bundesrepublik Deutschland. Opladen 1982

Dahrmann, D.: Eherecht/Scheidung. In: *H.v. Heßler* (Hrsg.), Kirche in der Gesellschaft. Der evangelische Beitrag 78/79. München—Wien 1978, S. 103—114

Dahrmann, D.: Elternrecht/Elterliche Sorge. In: a.a.O., S. 135—149

Diakonisches Werk der Evangelischen Kirche von Westfalen: Zur gegenwärtigen sozialpolitischen Entwicklung in der Bundesrepublik Deutschland. Münster 1985

Dombois, H., Schumann, F.K. (Hrsg.): Familienrechtsreform. Witten 1955

Evangelische Aktionsgemeinschaft für Familienfragen: Aufgaben der Familienpolitik. Familienpolitisches Programm der EAF. Bonn 1968, 1969, 1972, 1976 und 1980

Evangelische Kirche in Deutschland: Entschließung der Synode der EKiD in Fragen der Ehe und Familie vom 19. III. 54. Amtsblatt Nr. 4 (1954) 88—90

Evangelische Kirche in Deutschland: Zur Reform des Ehescheidungsrechts in der Bundesrepublik Deutschland. Eine Denkschrift. Gütersloh 1969

Evangelische Kirche in Deutschland: Das Gesetz des Staates und die sittliche Ordnung. Gemeinsam mit der Deutschen Bischofskonferenz herausgegebene Stellungnahme. Gütersloh—Trier 1970

Evangelische Kirche in Deutschland: Denkschrift zu Fragen der Sexualethik. Gütersloh 1971

Evangelische Kirche in Deutschland: Die soziale Sicherung im Industriezeitalter. Eine Denkschrift. Gütersloh 1973

Evangelische Kirche in Deutschland: Die Frau in Familie, Kirche und Gesellschaft. Eine Studie. Gütersloh 1979

Evangelische Kirche in Deutschland: Grundwerte und Gottes Gebot. Gemeinsame Erklärung des Rates der EKD und der Deutschen Bischofskonferenz. Gütersloh—Trier 1979

Evangelische Kirche in Deutschland: Ehe und nichteheliche Lebensgemeinschaften. EKD Texte 12. Hannover 1985

Evangelische Sammlung in Württemberg „Arbeitskreis für eine missionarische Diakonie" (Hrsg.): Die Frage nach dem Nächsten und die Antwort der Bibel. Reutlingen 1985

Greschat, M. (Hrsg.): Im Zeichen der Schuld. Neukirchen-Vluyn 1985

Hanselmann, J., Hild, H., Lohse, E. (Hrsg.): Was wird aus der Kirche? Ergebnisse der zweiten EKD-Umfrage über Kirchenmitgliedschaft. Gütersloh 1984

Henning. G.: Alarm um die Familie. Bad Liebenzell 1979

Hild, H. (Hrsg.): Wie stabil ist die Kirche? Bestand und Erneuerung — Ergebnisse einer Meinungsbefragung. Gelnhausen—Berlin 1974

Jüngel, Eberhard: Glaube und Demokratie. In: Evangelische Kommentare 12 (1985) 707—709

Keil, S.: Eherechtsreform ohne Prinzipienreiterei. In: Wissenschaft und Praxis in Kirche und Gesellschaft 10 (1976) 418—422

Keil, S.: Zum Recht der elterlichen Sorge. In: Familienpolitische Informationen der EAF 4 (1978) 25—27

Keil, S.: Zufrieden oder undankbar — Familie nach 1984. In: Diakonie. Zeitschrift des Diakonischen Werks der Evangelischen Kirche in Deutschland 2 (1985) 83—85

Kupisch, K. (Hrsg.): Quellen zur Geschichte des deutschen Protestantismus (1871—1945). Göttingen—Berlin—Frankfurt 1960

Langer-El Sayed, I.: Familienpolitik. Frankfurt 1980

Moltmann, J. (Hrsg.): Anfänge der dialektischen Theologie, Teil I. München 1966

Neumann, K.: Steuersenkungsgesetz von der Bundesregierung beschlossen. In: Familienpolitische Informationen der EAF 1 (1985) 6 ff.

Ranke, H.: Gleichberechtigung von Mann und Frau. In: *F. Karrenberg* (Hrsg.), Evangelisches Soziallexikon. Stuttgart 1954, S. 448—451

Röpke, W.: Ein Jahrzehnt sozialer Marktwirtschaft in Deutschland und seine Lehren. In: Schriftenreihe der Aktionsgemeinschaft soziale Marktwirtschaft, H. 1. Köln 1958
Rüstow, A.: Wirtschaft als Dienerin der Menschlichkeit. In: Aktionsgemeinschaft soziale Marktwirtschaft (Hrsg.), Was wichtiger ist als Wirtschaft. Ludwigsburg 1960
Scherpner, H.: Theorie der Fürsorge. Göttingen 1974
Wissenschaftlicher Beirat für Familienfragen beim BMJFG: Leistungen für die nachwachsende Generation in der Bundesrepublik. Bd. 73 der Schriftenreihe des BMJFG. Stuttgart—Berlin—Köln—Mainz 1979
Wuermeling, F.-J.: Grundfragen des Familienlastenausgleichs. Bulletin des Presse- und Informationsamtes der Bundesregierung vom 3.6.1955

Wandlungen in der Struktur der Erwerbstätigkeit und ihr Einfluß auf das Familienleben

Rita Süßmuth

Vorbemerkung

Politikerin und Wissenschaftlerin zugleich zu sein, heißt naturgemäß in einen Rollenkonflikt zu geraten, wenn man gebeten wird, einen Beitrag wie den nachfolgenden zu schreiben. Dennoch beherbergt man nicht zwei Seelen in einer Brust, vielmehr müssen sich die beiden Bereiche ja auch verzahnen lassen, soll einerseits Wissenschaft nicht folgenlos bleiben und andererseits Politik nicht ohne gründliche Beratung gestaltet werden. Der vorliegende Text beschränkt sich daher auf die Referierung von wissenschaftlich Belegbarem bzw. von wissenschaftlich untersuchungsfähigen Hypothesen, ohne allerdings auf eine Akzentuierung in der Richtung einer Andeutung politischer Konsequenzen von vornherein verzichten zu wollen. Mag damit dieser Beitrag auch von denen anderer Autorinnen und Autoren abweichen, so dürfte dies doch auf dem Hintergrund des nun einmal in unserer Kultur spannungsreich vorliegenden Verhältnisses von Wissenschaft und Politik gesehen werden können.

1 Wirtschaftsstrukturveränderungen und ihre Auswirkungen auf die Familie

Wir werden zunächst einen Blick auf die Veränderungen der Wirtschaftsstrukturen in der Bundesrepublik Deutschland werfen und nach deren Auswirkungen auf die Familie fragen, um Wandel und Kontinuität der Familie unter einer Perspektive ökonomischer Bestimmungsgrößen begreifen zu können.

1.1 Verschiebung der Erwerbstätigenquote und wachsender Reflexions- und Psychologisierungsgrad

Ab Anfang/Mitte der siebziger Jahre erfolgte eine verstärkte Verlagerung des Erwerbstätigenpotentials vom primären und sekundären zum tertiären Sektor, der den Strukturwandel der Volkswirtschaft widerspiegelt. Er ist das Ergebnis eines Anpassungsprozesses der Wirtschaft an Nachfrageverschiebungen, an Änderungen des Preis- und Kostengefüges und an technische Entwicklungen. Zum Teil überlagern sich diese Wirkungsgrößen, so daß eine eindeutige Bilanz von Wachstum und Rückgang des Erwerbstätigenpotentials in Zuordnung auf einzelne Faktoren nicht möglich ist.

Was heißt dies in der Konsequenz? Im Arbeitsprozeß des tertiären Sektors werden *Reflexionsgrad und Psychologisierungsgrad* in höherem Maße steigen als in den beiden anderen Sektoren. Denn der tertiäre Sektor ist dadurch gekennzeichnet, daß automatisierte und gleichbleibende Arbeitsabläufe zu hohem Maße ersetzt werden durch kreative und reflektierende Prozesse, die zudem den Bereich der auf die Arbeit bezogenen zwischenmenschlichen Kommunikation einbeziehen. Dies gilt auch dann, wenn in Rechnung gestellt wird, wie stark intrinsische Arbeitsmotivation wie Fleiß, Zielspannung, Arbeitsfreude die geleistete Arbeit mit Sinn aufladen und positiv reflektieren (*Noelle-Neumann, Strümpel* 1984). Intrinsische Motive untermalen gleichsam die jeweils konkreten Arbeitsmotivationen. Dort werden dann aber die Bedingungen der zu leistenden Arbeit und ihre spezifischen Anforderungen wirksam. Deshalb werden Fähigkeiten wie Empathie, Teamfähigkeit, kommunikative Kompetenz, Fähigkeit zu verknüpfendem Denken, Innovationsfähigkeit usw. in stärkerem Maße gefördert als in Arbeitsprozessen, die typisch für den primären und sekundären Sektor sind. Ob dies auch für alle Arbeitsprozesse, die sich aus den Möglichkeiten der neuen Technologien ergeben, gilt, bleibt noch abzuwarten. Telearbeit etwa müßte nachbarlich und untereinander gekoppelt werden, um gerade die zwischenmenschlichen Fähigkeiten zu nützen und auszubauen. Erste Belege für einen weiteren Schub des Reflexionsgrades von Arbeit im Zusammenhang mit neuen Technologien gibt es allerdings schon, etwa die Untersuchung von *Gerhard Schmidtchen* (1986) über Mitarbeiter in der Metallindustrie. Dort schreibt er auf S. 45:

„Beim Übergang zu neuen Techniken weisen die Mitarbeiter mehr als früher darauf hin, daß die Arbeit geistig anregender geworden sei. Zwar ist das Arbeitstempo durch neue Techniken für etwas mehr Mitarbeiter gestiegen, aber es wird deswegen nicht mehr Streß gemeldet. Die Selbständigkeit ist so hoch wie vordem, über Kontrollen wird nicht geklagt, eintönige Arbeitsplätze bleiben selten, die Streßempfindungen sind eher etwas rückläufig. Organisatorische Mängel treten als Streßquellen weniger in Erscheinung als früher."

Die Kompetenzen, die sich Menschen während der Arbeitsprozesse erwerben, haben jedoch auch *Rückwirkungen für ihr privates Leben,* insbesondere in der Familie. Denn die gewachsenen Fähigkeiten zur Reflexion und die angestiegene Psychologisierung der Arbeitsprozesse wirkt vermutlich zuhause weiter, vor allem in einem *Erziehungsprozeß, der in stärkerem Maße reflektiert und psychologisiert wird,* als dies früher der Fall war. Vielleicht verhält es sich so: Die Bevölkerungsschichten, in denen Erwerbstätigkeit auf dem tertiären Sektor besonders weit verbreitet ist, ziehen einen Erziehungsstil, aber auch einen Partnerschaftsstil vor, der sich durch stärkere psychologische Durchleuchtung der Abläufe und durch intensiviertes Nachdenken über Zweckhaftigkeit einzelner Handlungen und Handlungsabläufe auszeichnet.

Es wäre lohnend, die Hypothese einmal zu untersuchen, ob sich veränderte berufliche Anforderungen in veränderten Vorgehensweisen in Partnerschaft und Erziehung niederschlagen. Umgekehrt wäre zu prüfen, ob die veränderten Anforderungen auf dem privaten Lebensfeld diejenigen Fähigkeiten, die auf dem beruflichen Lebensfeld besonders vorteilhaft sind, stärken. Es spricht einiges dafür, der eindeutige wissenschaftliche Beweis steht jedoch noch aus.

1.2 Wandel der Einstellung von Arbeitgebern gegenüber Arbeitnehmern und ihre Rückwirkungen auf eine Subjektivierung der Familienbeziehungen

Ähnlich wie der wachsende Reflexions- und Psychologisierungsgrad durch die Zunahme des tertiären Sektors (und z. T. verbunden damit) könnten die sich in Veränderung befindlichen Einstellungen von Arbeitgebern gegenüber Arbeitnehmern einen Wandel der Familienbeziehungen beeinflussen.

In den Betrieben hat das alte Menschenbild des „economic man", der lediglich durch materielle, geldliche Motivation zur Arbeit und zur Leistung zu bewegen ist, immer mehr ausgedient. Die Human-Relations-Bewegung hat den Sinn geschärft für die Rolle, welche die Anerkennung, Wohlbefinden und die Freude an Zusammenarbeit mit den Mitarbeitern/Mitarbeiterinnen bei der Erstellung der Arbeitsleistungen spielen. Immer mehr setzt sich das Menschenbild des „complex man" — übrigens auch in betrieblichen Trainingsmaßnahmen, die sich an die kommunikativen Fähigkeiten der Mitarbeiter wenden — durch. Danach wird der Mensch als Wesen gedeutet, das aus einem ganzen Geflecht von Motivationen heraus handelt, zu dem auch der Wunsch nach Erfüllung in der Arbeit, Sinnfindung und Selbstverwirklichung gehören.

Diese Motivationen prägen Arbeitsstil und -haltung der Menschen, vornehmlich allerdings derjenigen, die im tertiären Sektor oder in Tätigkeiten arbeiten, die ihnen Entscheidungs- und Entfaltungsspielraum lassen.

Der Zuwachs an Arbeitszufriedenheit und Selbstvertrauen, der aus der geänderten Einstellung von Arbeitgebern gegenüber ihren Arbeitnehmern erfolgt, müßte dazu führen, daß deren Ressourcen wachsen (auch dazu liefert *Schmidtchens* Untersuchung Hinweise), die dann auch im privaten Bereich genutzt werden können.

1.3 Arbeitszeitverkürzungen und Zeitbudgetveränderungen

Es gilt inzwischen schon als Binsenweisheit, daß die Arbeitszeiten der Erwerbstätigen bei uns allmählich kürzer geworden sind. Und in der Tat läßt sich dies anhand von Zahlen rasch nachweisen:

Wochenarbeitszeit in Deutschland bzw. in der Bundesrepublik Deutschland (in Stunden)

1825	82	1941	50
1850	68	1950	48
1875	65	1960	45
1900	60	1970	42
1913	57	1982	40
1932	42*	1985	39,6

* Hier handelt es sich allerdings um eine Folge der Weltwirtschaftskrise!
Quelle: Aktuell '87, Dortmund 1986, 26

Ähnlich zeigt ein kurzer Blick auf die Verteilung der Urlaubszeit, wie sehr die von Erwerbsarbeit freie Zeit zugenomen hat:

Urlaub in der Bundesrepublik Deutschland

Wochen	1975 %	1985 %
unter 4	15	0
4 bis unter 5	55	3
5 bis unter 6	30	25
6 und mehr	0	72

Quelle: Institut für Arbeitsmarkt und Berufsforschung. In: Aktuell '87, Dortmund 1986, 27

Und auch ein Blick auf die Verteilung der Arbeitszeit im Ganzen des Lebens signalisiert ein Abnehmen der Dauer von Erwerbstätigkeit, ein Phänomen, das immer wieder mit dem Stichwort „Ende der Arbeitsgesellschaft" bezeichnet wurde:

Die wachen Stunden des Lebens
(täglich 10 Stunden für Essen, Schlafen abgezogen)
verbrachten/verbringen:
(in Stunden)

	unsere Großväter (Jahrgang 1892)	die gegenwärtige Berufsgeneration (Jahrgang 1956)	Unsere Kinder (Jahrgang 1967)
mit Kindheit und Jugend	72560	85850	94540
mit Berufsleben Arbeitsstunden	109940	67610	59350
Freizeit	113880	153140	152720
mit Ruhestand	24530	63340	77160

Quelle: Aktuell '87, Dortmund 1986, 22

Die nicht für Erwerbsarbeit benötigte oder verwendete Zeit wächst demnach, in der „freien" Zeit können andere Tätigkeiten, auch andere Formen von Arbeit geleistet werden. Man darf dabei allerdings auch nicht die Augen davor verschließen, daß hier auch Phänomene wie Arbeitslosigkeit o. ä. eine Rolle spielen.

Die freie Zeit kann zwar für Hobbies und rein persönliche Erholung genutzt, allerdings auch für das Zusammensein mit dem Partner, mit den Kindern oder mit pflegebedürftigen Verwandten und Nachbarn genutzt werden. Da zugleich ein *Funktionszuwachs* in den Familien zu beobachten ist, kommt den Menschen die Abnahme an Erwerbsarbeit sehr gelegen, ja angesichts der gewachsenen Bedürfnisse in den Familien wächst das Bedürfnis nach neuen Formen von Arbeitszeitverteilung, seien es Teilzeitarbeit, Arbeitszeitverkürzungen oder Arbeitszeitflexibilisierungen.

Der Funktionszuwachs in den Familien läßt sich recht gut an folgenden Erscheinungen ablesen, u. a.:
- an der längeren Betreuung und Versorgung von Kindern durch verlängerte Ausbildungszeiten,
- an der zunehmend wichtiger werdenden Beteiligung der ganzen Familie an Entscheidungen, die zunächst nur ein Familienmitglied betreffen,
- an der Ausweitung von Eigenarbeit (do it yourself etc.),
- an den gewachsenen Standards in der Erziehung von Kindern, in der mit ihnen gemeinsam verbrachten Zeit (für Frauen und Männer),
- an der stärkeren Beteiligung von Eltern in Gremien der Elternmitverantwortung in Kindergarten und Schule.

Der Wunsch nach verringerter Erwerbsarbeit ist angesichts dieser Funktionserweiterung nur zu verständlich, wie nachstehende Tabellen eindrücklich belegen:

Geleistete und gewünschte Arbeitsstunden pro Woche 1980 (Berufstätige deutsche Bevölkerung unter 60 Jahren)

Arbeitsstunden	Geleistete Arbeitsstunden pro Woche (Prozentwerte)			Gewünschte Arbeitsstunden pro Woche (Prozentwerte)		
	gesamt	Männer	Frauen	gesamt	Männer	Frauen
Basis	2734	1686	1048	2734	1686	1048
0				2	2	3
1- 4	0	-	0	0	0	0
5- 9	0	0	1	1	1	1
10-14	1	0	3	1	-	3
15-19	1	0	4	1	0	4
20-24	6	0	14	12	3	27
25-29	3	0	8	5	1	10
30-36	4	1	8	24	25	22
mehr als 37	82	96	60	53	67	31
keine Angaben	2	2	2	1	1	1

Quelle: *Klauders, Kühlewind* (Hrsg.), 1981, 164; zit. in: BMJFG, Familie und Arbeitswelt, Schriftenreihe Bd. 143, 1984, 127

Die Wünsche von Männern und Frauen in Familien nach Arbeitszeitverkürzung, flexibler Arbeitszeit, Teilzeitarbeitsmöglichkeiten und nach anderer Aufteilung von Erwerbsarbeit zwischen den Partnern sind erst zum Teil erfüllt. Jedoch ist hier ein Wandel notwendig, da die veränderten Erwartungen und Verpflichtungen in den Familien eine Neubewertung des Zusammenhangs von Familie und Arbeitswelt dringend erforderlich machen.

Dabei darf man in der Analyse und ihren Konsequenzen allerdings nicht stehen bleiben. Notwendig ist auch eine genauere Einsicht in die Verwendung von Zeit in Familien bzw. bei den einzelnen Familienmitgliedern.

Man muß in diesem Zusammenhang die Gesichtspunkte der „Neuen Haushaltsökonomik" in Rechnung stellen (s. hierzu Schriftenreihe des Bundesministers für Jugend, Familie und Gesundheit, Bd. 182, 1986). Man geht darin davon aus, daß Fertigkeiten und Fähigkeiten des Menschen einen hohen ökonomischen Wert besitzen, deren Nutzung allerdings durch die Begrenzung der Zeit eingeschränkt sind. Entscheidend ist daher die Disposition der individuell und auch familial zur Verfügung stehenden Zeit.

Hausarbeit und Kinderbetreuung beanspruchen bis zu fast 8 Stunden täglich die Arbeitskraft von im Haushalt tätigen Frauen. Auch erwerbstätige Frauen müssen — zunehmend mit der Zahl ihrer Kinder — einen großen zusätzlichen Zeitaufwand in die für Haushalt

Gewünschte Erwerbsbeteiligung von Ehepartnern 1980 (in %)

	Vorstellungen der Ehe-Männer	der Ehe-frauen	Zum Vergleich: Gegenwärtig realisierte Strukturen*
A Beide arbeiten im üblichen Umfang voll (ca. 40 Stunden in der Woche oder mehr)	17	16	22
B Beide arbeiten weniger als voll, aber mehr als die Hälfte der üblichen Zeit	6	8	–
C Beide arbeiten etwa die Hälfte der üblichen Arbeitszeit	4	7	–
D Beide arbeiten nicht	2	3	3
E Einer arbeitet Voll-, der andere Teilzeit	32	42	20**
F Einer arbeitet voll, der andere arbeitet nicht	38	24	53
G Einer arbeitet Teilzeit, der andere arbeitet nicht	2	1	2
Summe	101	101	100
Zahl der Fälle	1417	1610	3027

* Aufgrund der Erwerbsbeteiligung und der wöchentlichen Arbeitsstunden geschätzt
** Einschließlich Teilzeitarbeiten im Bereich von 20-36 Wochenstunden
Quelle: *Brinkmann,* 1981, 154; zit. in: BMJFG, 1984, 129

und Kinderbetreuung notwendigen Tätigkeiten investieren. Die „Humanvermögenstheorie" (*Krüsselberg,* 1986, 241 ff.) sieht die Familie als produktive Einheit, in der die Mitglieder bemüht sind, ihre Entscheidungen über die Nutzung und den Einsatz ihrer Arbeitskraft so zu fällen, daß das Gemeinwohl der Familie gestärkt wird. Sie fordert damit eine bessere gesellschaftliche Bewertung und Anerkennung von Familienarbeit. Sie begründet dies auch wirtschaftlich, wenn sie die gesamtwirtschaftliche Wertschöpfung der von allen Haushaltsmitgliedern geleisteten Hausarbeit auf 1 089 071 572 800 DM errechnet, was einem Prozentsatz von 68 des Bruttosozialproduktes entspricht (a. a. O., 246). In der Konsequenz müßte eigentlich die Verteilungsordnung in der Gesellschaft geändert werden in Richtung auf einen höheren Familienausgleich, ebenso wäre auf eine Neubewertung der Zeitverwendungsmuster und eine Förderung von in Erziehung und Pflege investiertem Humanvermögen abzuheben. Hier jedoch würden wir das Feld der Wissenschaft verlassen und in das Gebiet der Politik hinüberwechseln.

1.4 Die Suche nach neuen Arbeitszeitformen

Gerade Frauen möchten zunehmend in ihrem Beruf tätig sein und suchen nach Wegen, Familie und Berufstätigkeit zu vereinbaren. Auch immer mehr Männer wollen in ihrer Lebensperspektive nicht auf den Beruf eingeschränkt werden, sondern sich der Familie stärker widmen. Die Realität weicht von diesen Wunschvorstellungen jedoch erheblich ab. Es sind fast nur Frauen teilzeiterwerbstätig (1984 von insgesamt 3,6 Mio. Teilzeitbeschäftigten 3,2 Mio. oder 88% Frauen; vgl. *Schnorr-Bäcker* 1986, 490), die Gesamtzahl der teilzeiterwerbstätigen Männer dürfte in der Bundesrepublik Deutschland einige Zehntausend nicht überschreiten. Aber auch Frauen können ihren Wunsch nach Teilzeitbeschäftigung, in der ihnen eine bessere Vereinbarkeit von Familie und Beruf ermöglicht würde, häufig nicht erfüllen, wie die oben abgedruckten Tabellen ja belegen.

Von erheblichen Schwierigkeiten bei der Suche nach einer Teilzeitbeschäftigung berichten auch die Männer, die im Rahmen einer Untersuchung über „Männer mit freiwillig eingeschränkter Erwerbstätigkeit" (*Hoff, Scholz* 1985) befragt wurden. Ehepaare, die versuchen, gleichermaßen Beruf und Familie miteinander zu verbinden und dabei eine Teilzeitbeschäftigung beider Partner auszuüben, sind zwar in ihrem familiären Bereich sehr zufrieden, sie empfinden es als Bereicherung, mehr Zeit für den Partner oder die Partnerin zu haben und das Aufwachsen der Kinder intensiv zu erleben, sie müssen dadurch jedoch erhebliche Nachteile in Kauf nehmen. Nach wie vor mangelt es an der Bereitschaft der öffentlichen und privaten Arbeitgeber, ein qualifiziertes und Aufstiegschancen eröffnendes Teilzeit-Arbeitsplatzangebot zur Verfügung zu stellen und Beschäftigte zeitweise zur Wahrnehmung von Familienaufgaben freizustellen. Sofern Teilzeit-Arbeitsplätze zur Verfügung gestellt werden, handelt es sich häufig um minder qualifizierte Tätigkeiten.

Von dieser Situation sind hauptsächlich Frauen, besonders intensiv jedoch Männer betroffen, die ihre Arbeitszeit reduzieren wollen. Ein Grund für die Zurückhaltung der Arbeitgeber dürfte zum einen in überkommenen Rollenvorstellungen liegen: Männern, die wegen der Familie teilzeitarbeiten wollen, wird häufig ihr berufliches Engagement abgesprochen, bei Frauen wird eine höhere Ausfallquote wegen häuslicher Verpflichtungen vermutet. Beides trifft nicht zu: Die befragten teilzeitarbeitenden Männer waren nach wie vor im Beruf stark engagiert und hochmotiviert, die Ausfallquoten von teilzeitarbeitenden Frauen mit Familie sind eher weniger als die vergleichbarer Beschäftigter.

Ein weiterer Grund für die Zurückhaltung der Arbeitgeber dürfte die erwartete Kostensteigerung bei Teilzeitbeschäftigung sein, die zu einem angeblich erhöhten Verwaltungsaufwand und zu erhöhten Personalkosten führt. Verschiedene Versuche einer Kosten-Nutzen-

Bilanz haben jedoch zu dem Ergebnis geführt, daß sich ein Kostennachteil der Teilzeit- gegenüber der Vollzeitarbeit nicht feststellen läßt. Die höhere Produktivität der Teilzeitbeschäftigung schlägt sich (nach einer internen Studie eines Konzerns mit mehr als 20 Einzelbetrieben) sogar in einem Kosten*vorteil* der Teilzeitarbeit von 10% nieder. Welche Organisationsform der Teilzeitarbeit allerdings für den jeweiligen Betrieb geeignet ist, um die günstigste Kosten-Nutzen-Relation zu erreichen, läßt sich nicht allgemein sagen, sondern wird von den Besonderheiten des Betriebes abhängen. In einer internationalen Vergleichsuntersuchung, die in der Bundesrepublik Deutschland hauptsächlich Einzelhandelsbetriebe aus dem süddeutschen Raum einbezieht, wird von sehr positiven Erfahrungen sowohl von seiten der Mitarbeiter als auch seitens der Betriebsleitung berichtet. Durch individuelle Arbeitszeitregelungen, mit denen jeweils ein Monat im voraus sowohl der zeitliche Umfang als auch die zeitliche Gliederung der Arbeitszeit vereinbar werden — wobei unvorhergesehener Zeitbedarf durch einen Pool ausgeglichen wird —, erhalten die Mitarbeiterinnen eine Autonomie der Zeitgestaltung, die ihre Motivation und ihr Engagement für ihre Arbeit positiv beeinflußt. Die Betriebsleitung kann auf einen zeitlich unterschiedlichen Arbeitsanfall flexibler reagieren. Eine größere Zeitautonomie macht eine individuelle Reaktion auf verschiedenartige Anforderungen des Familienalltags möglich, und die Toleranz der Kollegen ermöglicht auch eine kurzfristige Verschiebung im Arbeits- und Freizeitrhythmus, wenn die familiäre Situation dies erfordert.

Es kann natürlich nicht davon ausgegangen werden, daß Betriebe mit einer anderen Betriebs- und Produktionsstruktur dieses Modell einfach kopieren können, es wird sich jedoch im Einzelfall fast immer eine Lösung finden lassen, die den jeweils sehr speziellen Interessen der Beteiligten gerecht wird, und dies gilt sowohl für Betriebe mit schwankendem Arbeitskräftebedarf als auch für Betriebe mit festem Arbeitskräftebedarf.

Ein genügend großes Angebot an Teilzeitarbeitsplätzen, und ein gutes Angebot an qualifizierter Teilzeitarbeit, das die soziale Sicherung der Beschäftigten nicht außer Kraft setzt, ist — von der Familienpolitik aus gesehen — eine zentrale Voraussetzung dafür, daß Familie und Beruf für Frauen und Männer besser vereinbar werden. In einigen Betrieben beobachten wir, daß dies zur Zufriedenheit aller Beteiligten möglich ist.

Teilzeitarbeit ist allerdings nur eine *Form* von Arbeitszeitflexibilität. Eine flexible Arbeitszeit kann bezogen werden auf den Tag, die Woche, den Monat oder das Jahr. Phantasie darf nicht nur auf Produktionsherstellung und -werbung beschränkt werden. Phantasie sollte auch in der Ausarbeitung von Modellen familienorientierter Arbeitszeit aufgewandt werden.

Dazu nur ein Beispiel aus jüngster Zeit:
Unternehmensleitung und Betriebsrat der BASF-Aktiengesellschaft haben für Mitarbeiter, die ein Kind zu erziehen haben, vom 1. Juli 1986 an die Möglichkeit eröffnet, das Beschäftigungsverhältnis zu unterbrechen, und zwar längstens bis zur Beendigung des 1. Schuljahres des Kindes. Dieser Erziehungsurlaub ist mit einer Wiedereinstellungsgarantie verbunden. Als Alternative dazu können Eltern, die bei der BASF beschäftigt sind, Teilzeitarbeit von mindestens 20 Wochenstunden an in Anspruch nehmen.

1.5 Arbeitslosigkeit als Generator individueller und familialer Desorientierung

Die Entwicklung der Arbeitslosigkeit in der Bundesrepublik Deutschland wird durch die folgenden Zahlen drastisch belegt:

Arbeitslosenquote (in Prozent)

1975	4,7	1979	3,8	1983	9,1
1976	4,6	1980	3,8	1984	9,1
1977	4,5	1981	5,5	1985	9,3
1978	4,3	1982	7,5		

Quelle: Statistisches Jahrbuch 1986, Bundesanstalt für Arbeit, Nürnberg 1986, 111

Die gegenwärtige Arbeitslosigkeit ist zu einem großen Teil strukturell bedingt. Durch die Rationalisierung vieler Arbeitsabläufe, durch den Einsatz neuer Techniken und Maschinen werden Arbeitsplätze vernichtet, geburtenstarke Jahrgänge drängen auf den Arbeitsmarkt. Andererseits werden durch verstärkte Innovationen und neue technologisch bestimmte Arbeitsformen, allerdings auch durch den wachsenden Bedarf an Dienstleistungen vermutlich neue Arbeitsplätze entstehen.

Dennoch bleibt festzuhalten, daß Arbeitslosigkeit — vor allem Dauerarbeitslosigkeit — zu Desorientierung und zu materiellem wie sozialem Abstieg führt. Erhielten 1981 32% aller Arbeitslosen keine Leistungen, 13% Arbeitslosenhilfe und 55% Arbeitslosengeld, waren dies 1985 37%, 27% und nur noch 36%. Dies bedeutet, daß die materielle Basis der meisten Arbeitslosen sehr schlecht ist.

Arbeitslosigkeit ist ein Phänomen, das Frauen eher einholt als Männer. Im letzten Jahrzehnt lagen die Arbeitslosenquoten der Frauen um 0,9 bis 2,5 Prozentpunkte über denen der Männer (vgl. *Schnorr-Bäcker* 1986, 494). Frauen waren in der Vergangenheit sowohl anteilmäßig wie der Dauer nach stärker von Arbeitslosigkeit betroffen als Männer.

Dies gilt auch im internationalen Vergleich:

1983/1985 betrugen die Arbeitslosenquoten für Frauen (Männer im Vergleich in Klammern)

	1983	1985
Bundesrepublik Deutschland	10,1 (8,4)	10,4 (8,6)
Frankreich	11,1 (6,3)	(ohne Angaben)
Großbritannien	8,0 (13,3)	8,8 (13,5)
Italien	16,0 (6,5)	(ohne Angaben)
Österreich	5,1 (3,5)	(ohne Angaben)
Schweden	3,6 (3,4)	2,7 (2,8)
Schweiz	1,0 (0,9)	1,1 (0,8)
USA	9,2 (9,7)	7,4 (6,9)

Quelle: OECD-Zeitreihe (OECD Labor force statistics), für die Bundesrepublik Deutschland: Bundesanstalt für Arbeit, Nürnberg

Vor diesem Zahlenhintergrund wird deutlich, wie sehr das Arbeitslosenproblem gerade aus dem Blickwinkel von Frauen gesehen werden muß.

1.6 Neue Technologien — Chancen für neue Heimarbeitsplätze ohne Entfremdung?

Angesichts gerade der Frauenarbeitslosigkeit knüpfen sich an die Möglichkeit der Flexibilisierung des Arbeitsortes mit Hilfe der neuen Technologien Erwartungen und Befürchtungen. Insbesondere wird von den einen eine bessere Vereinbarkeit von Familie und Beruf für Mütter kleinerer Kinder erwartet, wenn dadurch — zumindest für eine bestimmte Zeit — die Trennung von Arbeits- und Wohnort durch eine neue Form der Heimarbeit aufgehoben werden kann. Andere interpretieren dieselbe Möglichkeit als ein Wiederaufleben der Heimarbeit mit all den bekannten Nachteilen wie Isolation, zusätzlichem Streß, unkontrollierbaren Arbeitsbedingungen, Auflösung oder zumindest Schwächung der kollektiven Interessenvertretung der Arbeitnehmer/innen.

Tatsächlich gibt es weder in der Bundesrepublik Deutschland noch aus anderen Industriestaaten begründete Hinweise, daß die neuen Technologien eine massenhafte Ausweitung von Heimarbeit mit den aus der Frühphase der Industrialisierung bekannten Folgen bewirken könnten. Tatsächlich scheint sich diese Form der Tätigkeit — unter den gegenwärtigen technischen und finanziellen Voraussetzungen — allenfalls für qualifizierte und spezialisierte Arbeitsbereiche anzubieten. So hat eine Untersuchung die Zahl der Teilarbeiter/innen gegenwärtig auf höchstens 500 bis 1000 geschätzt. Die hohen

Kosten für eine Installierung der Hardware dürften auch eine Barriere gegen eine Form von geringfügiger Beschäftigung in Teilarbeit sein (bis zu 15 Std. pro Woche, 410 DM/Monat).

Denkbar ist allenfalls eine Zunahme von sog. Nachbarschafts- oder Satellitenbüros, die mit Hilfe der neuen Technologien Arbeitsplätze in die Nähe von Wohngebieten bringen.

Dadurch würde zwar die Trennung von Wohn- und Arbeitsort nicht aufgehoben, aber wegen des Wegfalls längerer Wegezeiten könnten auf diese Weise Teilzeitarbeit und flexiblere Arbeitsgestaltung auch im Interesse verheirateter Frauen mit Kindern attraktiver werden. Auch wäre durch eine solche Arbeitsplatzgestaltung dem Bedürfnis junger Frauen nach Kommunikation eher entsprochen.

Eine arbeits- und versicherungspflichtige Ausgestaltung solcher Arbeitsformen hängt von den tatsächlichen Gegebenheiten ab. Die Bundesregierung verfolgt die Entwicklung. Sie hat eine Untersuchung in Auftrag gegeben, die den Einfluß der Teleheimarbeit und vergleichbarer Arbeitssituationen auf das Familienleben zum Gegenstand hat. (s. Telearbeit und Arbeitsrecht, hrsg. BMA, Bonn 1987).

2 Wachsende Notwendigkeit der sozialen Absicherung und der Berufstätigkeit der Individuen

Aus der Tatsache der gestiegenen Scheidungsraten und der hohen Zahl Alleinlebender und Alleinerziehender mit minderjährigen Kindern ergibt sich die Notwendigkeit für mehr Menschen als früher — vor allem gilt dies für die Frauen —, berufstätig zu sein und so für die eigene soziale Absicherung zu sorgen.

Allerdings wäre es ein Irrtum zu glauben, die vermehrte Berufstätigkeit von Frauen wäre alleine darauf zurückzuführen. Sicher spielt eine noch größere Rolle der gewachsene Anteil von Mädchen und jungen Frauen an schulischer und universitärer Bildung und beruflicher Ausbildung. Wenn junge Frauen aber erst einmal Qualifikationen erworben haben, möchten sie sie auch anwenden.

Dennoch bleibt das Problem bestehen, daß viele Menschen — nach dem Scheitern ihrer Ehe oder weil sie nie heiraten — einen persönlichen Zugang zur sozialen Sicherung suchen müssen. Für Frauen (in noch sehr geringerem Maße Männer), die auf Berufstätigkeit verzichten, um Kinder zu erziehen oder pflegebedürftige Angehörige zu versorgen, ist es u. a. wegen der größeren Gefahr, daß Ehen zerbrechen, notwendig, daß ihre Arbeitsleistungen in Erziehung und Pflege ihnen eine Berechtigung für Leistungen der sozialen Sicherung ermöglichen. Diese Zugänge auszubauen, wird eine zentrale politische Aufgabe der kommenden Jahre werden.

Literatur

Aktuell '87. Dortmund 1986

BMA (Hrsg.): Telearbeit und Arbeitsrecht, Bonn 1986

BMJFG: Familie und Arbeitswelt. Schriftenreihe Bd. 143. Stuttgart—Berlin—Köln—Mainz 1984

BMJFG: Vierter Familienbericht. Bonn 1986

BMJFG: Verhaltenshypothesen und Familienzeitbudgets - Die Ansatzpunkte der „Neuen Haushaltsökonomie" für Familienpolitik, BMJFG (Hrsg.): Schriftenreihe Bd. 182, Stuttgart, Berlin, Köln, Mainz 1986

Höhn, C.: Erwerbstätigkeit und Rollenwandel der Frau. Z. Bevölkerungswiss. 3 (1982) 297—317

Hoff, A., Scholz, J.: Neue Männer in Beruf und Familie. FSA Print, Berlin (FU Berlin) 3, 1985

Krüsselberg, H.G., Auge, M., Hülzenbecher, M.: Verhaltenshypothesen und Familienzeitbudgets — Die Ansatzpunkte der „Neuen Haushaltsökonomik" für Familienpolitik, hrsg. vom BMJFG. Schriftenreihe Bd. 182. Stuttgart—Berlin—Köln—Mainz 1986

Müller-Hagen, D.: Mehr Chancen durch neue Techniken. Arbeitgeber 4 (1983) 119

Noelle-Neumann, E., Strümpel, B.: Macht Arbeit krank? Macht Arbeit glücklich? München—Zürich 1984

Proebsting, H., Fleischer, H.: Bevölkerungsentwicklung 1984. Wirtsch. Statistik 9 (1985) 129 ff.

Schmidt, T. (Hrsg.): Das Ende der starren Zeit. Berlin 1985

Schmidtchen, G.: Menschen im Wandel der Technik. Köln 1986

Schnorr-Bäcker, S.: Zur Stellung der Frau in der Wirtschaft. Wirtsch. Statistik 7 (1986) 489—498

Schwarz, U.: Erwerbstätigkeit der Frau und Kinderzahl. Z. Bevölkerungswiss. 1 (1981) 59—86

Schwarz, U.: Umfang der Frauenerwerbstätigkeit nach dem Zweiten Weltkrieg. Z. Bevölkerungswiss. 2 (1985) 241—260

Die Entwicklung von Familienpolitik — Soziologische Überlegungen anhand eines regionalen Beispiels[1]

Kurt Lüscher, Franz Schultheis

1 Einleitung

Jede familienpolitische Aktivität setzt — explizit oder implizit — eine „Definition" von Familie voraus und beeinflußt die (künftige) „Definition" von Familie. Familienpolitik hat somit eine „Entstehungsgeschichte" und eine „Wirkungsgeschichte", die wiederum zwei Reichweiten aufweist: eine nähere, die sich auf die unmittelbaren Lebensverhältnisse und Verhaltensweisen in bestehenden Familien bezieht, und eine weitere, die das gesellschaftliche Verständnis von Familie einschließt. Überdies gibt es systemische Zusammenhänge zwischen verschiedenen Teilbereichen gesellschaftspolitischen Handelns. Wir können, zumindest konzeptuell, Familienpolitik als einen Prozeß der gesellschaftlichen Konstruktion von Familie umschreiben, der wiederum für die in den Familien und durch sie stattfindenden Konstruktionen gesellschaftlicher Wirklichkeit von Belang ist.

Die Umsetzung dieser Überlegungen in die Forschungsarbeit stellt uns allerdings vor erhebliche Probleme. Sie beruhen zum einen darauf, daß das Spektrum der Phänomene, über die wir Daten benötigen, von den Mikrobereichen der Organisation alltäglichen familialen Handelns bis zu den Makrobereichen der Organisation staatlicher Verwaltung reichen, wobei die einzelnen Lebenszusammenhänge alle ihre eigene, voneinander oft verschiedene zeitliche Dynamik aufweisen. Bei alledem besteht eine große Vielfalt der Maßnahmen und Einrichtungen. Darauf bezieht sich die geläufige Kennzeichnung, Familienpolitik sei eine Querschnittsaufgabe, für die seitens des Staates mehrere Ressorts zuständig sind, im weiteren die Länder und die Kommunen sowie selbstverständlich nichtstaatliche Träger. Im Grunde kommt darin zum Ausdruck, daß in den Familien und durch sie im Alltag konkret Tätigkeiten ausgeübt werden, die allen institutionellen Sphären zugerechnet werden können, also der Wirtschaft, der Politik und der Kultur, wobei zusätzlich oft erhebliche Leistungen der räumlichen und zeitlichen Abstimmung zu erbringen sind, also der Koordination, der Synchronisation und der Integration. Die Komplexität von Familienpolitik spiegelt die Komplexität familialen Handelns, die ob ihrer Selbstverständlichkeit lange unterschätzt worden ist.

Der sozialwissenschaftlichen Analyse von Familienpolitik bieten sich somit erhebliche und sich gegenseitig verstärkende Schwierigkeiten in bezug auf die konzeptuellen Grundlagen, die Abgrenzung der Bereiche und dementsprechend die Sammlung der Daten. Darum erstaunt nicht, daß Versuche, die Entwicklung von Familienpolitik darzustellen, relativ selten und jeweils Beschränkungen der Sichtweise unvermeidlich sind; die Wechselwirkungen zwischen Familienpolitik und Familienentwicklung könnten — wenn überhaupt — präzise und umfassend nur in einem umfangreichen, mehrjährigen Forschungsprogramm analysiert und erhellt werden, womit die Bedeutung einer Reihe von Beiträgen keineswegs abgewertet werden soll[2].

Für diesen im Umfang notwendigerweise stark eingeengten Aufsatz haben wir uns entschieden, statt einer Zusammenfassung von einer Art Fallbeispiel auszugehen. Wir versprechen uns davon die Möglichkeit, die Sachverhalte anschaulich zu umschreiben, welche die alltägliche Realität von Familienpolitik kennzeichnen. Anschließend werden wir Überlegungen und Thesen zu ihrer soziologischen Analyse vorlegen. Es geht uns somit weder um eine umfassende Beschreibung noch um eine programmatische Begründung bzw. Kritik von Familienpolitik, sondern darum, uns ihr als einem sozialen Phänomen anzunähern.

2 Die Entwicklung im Südwesten Baden-Württembergs 1950—1985: ein Fallbeispiel[3]

2.1 *Familienpolitik im Wiederaufbau der unmittelbaren Nachkriegszeit*

Um 1950 waren die familienpolitischen Institutionen auf nationaler Ebene nicht nur durch die Kriegsfolgen, sondern auch durch die antifaschistische Politik der Besatzungsmächte außer Kraft gesetzt. Der alliierte Kontrollrat verbot z. B. die Zahlung von Kindergeld als „Teil der nationalsozialistischen Rassengesetzgebung und Bevölkerungspolitik" (vgl. *Bunger* 1970, 14). Richtet man jedoch den Blick auf die intermediäre Ebene öffentlicher Aktivitäten, so lassen sich an unserem Fallbeispiel „Freiburg" im Jahre 1950 eine ganze Reihe familienbezogener Initiativen registrieren, deren Bedeutung für das prekäre Alltagsleben der Familien in den Nachkriegsjahren nicht unterschätzt werden darf.

Während verschiedene Arbeitgeber nun wieder Geburtenprämien einführten und auch zur historisch bewährten lohnpolitischen Praxis der Zahlung von Familienzulagen zurückkehrten und hiermit den Grundstock für das erste bundesdeutsche Kindergeldgesetz des Jahres 1953 legten, arbeitete die Stadt Freiburg mit den Wohlfahrtsverbänden bei der Durchführung von Kinderferienmaßnahmen[4], Schulspeisungen, Einrichtung von Kindergärten und Schülerhorten zusammen und entwickelte hier Formen der auf die spezifische Notlage der städtischen Familien konzentrierten Direkthilfe.

Aber auch auf Landesebene fanden sich Ansätze einer familienpolitischen Renaissance, zu der nicht nur die bereits 1947 eingeführte finanzielle Ehrengabe bei der Geburt eines siebten Kindes zählt, sondern vor allem auch die Notunterstützung für bedürftige Familien von Kriegsgefangenen und Vermißten, die Berücksichtigung der Familienlasten bei der Arbeitslosenfürsorge, Maßnahmen der Schüler- und Studentenspeisung und auch kostenloser Mahlzeiten für die Kinder von Kriegsgefangenen und Heimkehrern[5].

Schließlich finden sich auch auf der Ebene der Bundesrepublik unterschiedliche, wenn auch notwendigerweise bescheidene Ansätze einer Berücksichtigung von Familie, sei es bei der Berechnung der Lohn-, Einkommens- und Körperschaftssteuern, der Gewährung eines Witwen- und Waisengeldes für die Hinterbliebenen von Beamten, der Zahlung von Unterhaltsbeihilfen für die Familien von Kriegsgefangenen und Heimkehrern oder der Staffelung der Schwerbeschädigtenrenten nach der Kinderzahl. Hinzu kamen einzelne öffentliche Initiativen wie z. B. die Übernahme der Ehrenpatenschaft für kinderreiche Familien seitens des Bundespräsidenten — die Sparkassen lieferten hierbei ein Sparkonto mit einer Spende von 3 DM hinzu! — oder die Einrichtung des Müttergenesungswerkes.

Sieht man diese familienbezogenen Bemühungen als Spiegel der konkreten Problemlagen und Fragen der Zeit, erkennt man darin die Vordringlichkeiten aus der ungenügenden Bedarfssicherung, die Notwendigkeit der Soforthilfe für die akuten Notlagen der Trümmerkinder, der Familien der Kriegsopfer, Kriegsgefangenen und Heimkehrer. Dies wurde primär im Rahmen der lokalen sozialpolitischen Netze von Kommunen und freien Trägern vor Ort realisiert, während zentralstaatliche Interventionen eher rudimentären Charakter hatten[6]. Festgehalten werden kann demnach, daß sich die Aufbauphase der bundesdeutschen Familienpolitik durch eine pragmatische Orientierung lokaler öffentlicher Einrichtungen und freier Träger an den brennendsten materiellen Problemen der Nachkriegsfamilien auszeichnete. Vor dem Hintergrund der Erfahrung des „völligen Zusammenbruchs der staatlichen und anderen Großorganisationen" (*Schelsky* 1961[5], 350) war diese Form einer unbürokratischen subsidiären Direkthilfe lokaler Einrichtungen um so adäquater, als sich die Familien- und Verwandtschaftsbeziehungen im öffentlichen Bewußtsein als ungemein stabil und politisch unfragwürdig ausnahmen.

2.2 Erste Konsolidierung — die 50er Jahre

Im Verlauf der 50er Jahre erlebten die Freiburger Familien eine stetige Ausweitung und Intensivierung familienbezogener Aktivitäten auf lokaler, aber auch landes- und bundesweiter Ebene. Die Zusammenarbeit zwischen Staat und freien Wohlfahrtsverbänden schlug sich u. a. in Form eines wachsenden Angebots an Kindergarten- und Kindertagesstätten-Plätzen[7] und eines umfangreichen Programms der Kinder-Ferienerholung nieder. Im Jahre 1960 orientierten sich diese lokale Familienpolitik nach wie vor am Prinzip der situationsspezifischen Soforthilfe, etwa in Form einer kommunalen Wöchnerinnenhilfe oder einer besonderen Unterhaltshilfe für ledige Mütter in „einfachen Verhältnissen", denen auch praktische Erleichterungen (Leihstubenwagen usw.) seitens des Sozialamtes bereitgestellt wurden. Bemerkenswert ist des weiteren, daß bereits Mitte der 50er Jahre Erziehungsberatungsstellen auf lokaler Ebene etabliert wurden. Die Maßnahme des Kindergeldes verblieb im Jahre 1960 weiterhin in Händen nichtstaatlicher Träger, wobei sich jedoch ein wachsender Einfluß öffentlicher Reglementierungen im Bereich der Familienpolitik abzeichnete.

Bis zur Einführung eines gesetzlich garantierten Anspruchs auf Kindergeld für alle kinderreichen Arbeitnehmer, Selbständigen und mithelfenden Familienangehörigen im „Kindergeldgesetz" vom 13.11.1954 beruhte diese Maßnahme allein auf der freien Initiative einzelner Arbeitgeber und hatte überwiegend den Charakter einer paternalistischen betrieblichen Fürsorge für Arbeitnehmer mit großen Familienlasten. Mit dem Kindergeldgesetz jedoch wurde ein allgemeiner — nach und nach auch auf ausländische Arbeitnehmer ausgeweiteter — Rechtsanspruch auf die finanziellen Leistungen der den Berufsgenossenschaften angegliederten Familienausgleichskassen eingeführt. Zugleich wurden diese Kassen damit beauftragt, Sorge dafür zu tragen, daß kinderreiche Arbeitnehmer auf Grund dieser obligatorischen Lohnzulage bei Einstellungen nicht gegenüber Bewerbern ohne Familienlasten benachteiligt wurden.

Dieser Eingriff des Gesetzgebers in den Bereich der freien betrieblichen Sozialpolitik gab dem „Kindergeld", welches noch heute als die familienpolitische Maßnahme par excellence gelten kann, erstmals das Gepräge einer eigenständigen, von der individuellen Philanthropie des Arbeitgebers unabhängigen sozialen Institution. Die Praxis einer familienorientierten Erwerbszulage wurde im übrigen bereits ein Jahr zuvor im Rahmen der bundesdeutschen Beamtenbesoldung eingeführt, wo interessanterweise nicht nur kinderreiche Familien in den Genuß dieser Zulagen kamen, sondern jedes zu versorgende Kind berücksichtigt wurde. Des weiteren zeichneten sich die familienbezogenen Zusatzleistungen der öffentlichen Tarifpolitik durch eine Differenzierung der Kinderzulagen nach dem Alter der zu versorgenden Kinder aus. Dieser „Vorsprung" des öffentlichen Dienstes bei der Entwicklung eines allgemeinen Familienlastenausgleichs läßt sich einerseits auf das Prinzip der staatlichen Sorgepflicht gegenüber den Beamten und ihren Familien zurückführen, zum anderen aber auch durch die Monopolstellung des öffentlichen Arbeitgebers erklären[8].

Wichtige familienpolitische Fortschritte konnten des weiteren auch in anderen relevanten öffentlichen Bereichen erzielt werden. So trug z. B. die Einrichtung von nach der Kinderzahl des Steuerpflichtigen gestaffelten Freibeträgen im bundesdeutschen Steuerrecht zum Familienlastenausgleich bei. Auch wurden bereits in den 50er Jahren den besonderen Belastungen kinderreicher Familien im Steuerrecht dadurch Rechnung getragen, daß man Kosten für Haushaltshilfen als steuerlich abzugsfähig anerkannte. Im Bereich des Mutterschutzes wurde durch eine umfassende Regelung des Mutterschaftsurlaubs und -geldes ein sehr spezifischer Beitrag zur öffentlichen Kompensation spezifischer familialer Belastungen erbracht.

Neben diesen familienpolitischen Maßnahmen im engeren Sinn stand den Freiburger Familien des Jahres 1960 eine ganze Palette direkter Leistungen für Familien zur Verfügung, welche bei der Analyse und Evaluation von Familienpolitik oft nicht angemessen gewürdigt werden. Hier ist u. a. darauf hinzuweisen, daß der Familie im Rahmen der bundesdeutschen Arbeitslosen-, Kranken-, Invaliden-, Unfall- und Altersversicherung der 50er Jahre sehr nachhaltig Rechnung getragen wurde, sei es in Form der kostenfreien Mitversicherung oder aber in Gestalt einer Bemessung von Unterstützungen nach den Familienlasten des Versicherten. Nicht übersehen werden dürfen die Sonderregelungen des Wehrpflichtgesetzes für Dienstpflichtige mit Familienlasten, die entweder vom Dienst befreit oder in den Genuß einer staatlichen Unterhaltssicherung kommen konnten. Familienbezogene Sonderleistungen finden sich überdies im Rahmen der öffentlichen Wohnsparförderung sowie in steuerpolitischen Regelungen, wonach betriebliche Leistungen für Familien — z. B. Heirats- und Geburtsprämien, Kindergeld — nicht als Einkommen zu versteuern sind.

2.3 Auf dem Wege zur eigenständigen Sozialpolitik: die 60er Jahre

Betont man den Prozeßcharakter von Familienpolitik, so nimmt sich das Jahrzehnt 1960—1970 als eine Phase entscheidender Umstrukturierungen in diesem sozialpolitischen Feld aus. Diese wurden durch die Schaffung einer neuen familienpolitischen Institution bei der Bundesanstalt für Arbeitsvermittlung — der sogenannten „Kindergeldkasse" — im Jahre 1961 eingeleitet. Von jetzt an bezogen alle Familien mit einem Jahreseinkommen unter 7200 DM bereits ab dem zweiten Kind vom örtlichen Arbeitsamt ein Kindergeld von 25 DM monatlich. Im Bundeskindergeldgesetz des Jahres 1961 wurde diese familienpolitische Maßnahme mit einer Staffelung der Kindergeldbeträge nach dem Geburtenrang und Zulagen für Kinder in Ausbildung (ab dem 15. Lebensjahr) weiter differenziert. Erst hier nahm also die wohl bekannteste familienpolitische Maßnahme — das Kindergeld — ihre heutige Form eines staatlich getragenen Familienlastenausgleichs an, und mit der Berücksichtigung der Zweitgeburten wurde ein wichtiger Schritt hin zur Generalisierung unternommen, wenngleich dieser Anspruch zunächst noch an Einkommensgrenzen gebunden war. Die Lebensbedingungen bundesdeutscher Familien im Jahre 1970 wurden ebenfalls durch eine Vielzahl weiterer öffentlicher Regelungen tangiert. Dazu zählten u. a. eine einschneidende Verbesserung des Mutterschutzes, insbesondere in Form eines umfassenden Kündigungsschutzes und einer angemesseneren Kompensation des Verdienstausfalls im Mutterschaftsurlaub für erwerbstätige Mütter; eine Berücksichtigung der Familienlasten im Rahmen der öffentlichen Mietbeihilfen, die insbesondere den Familien unterer Einkommensgruppen eine merkliche Entlastung brachten; die Kompensation erhöhter finanzieller Aufwendungen für Familien mit Kindern auf weiterführenden Schulen in 1969 erlassenen ersten Ausbildungsförderungsgesetz; die Einführung familienbezogener Sonderleistungen bei der öffentlichen Wohnbau- und Sparförderung wie auch eine umfassendere Berücksichtigung der Familienlasten im bundesdeutschen Steuerrecht[9].

Die 60er Jahre brachten also unseren Freiburger Familien einen wahren Segen an neuen öffentlichen Unterstützungen aus der Bonner Bundeshauptstadt, die in ihrem Zusammenspiel und ihren kumulativen Wirkungen eine nicht unbeträchtliche Verbesserung des Familienlastenausgleichs darstellten. Dabei blieben jedoch auch die kommunalen und freien Träger — wie sich an unserem Fallbeispiel Freiburg illustrieren läßt — weiterhin wichtige Akteure des sozialpolitischen Feldes: sie nahmen sich vorab der durch die allgemeinen rechtlichen Regelungen nicht erfaßten situationsspezifischen familialen Probleme an. Zeigte sich z. B. bei der Neuregelung des Kindergeldes ein von der „kinderreichen Familie" wegführendes familienpolitisches Handlungsprinzip, so rückte diese ins Zentrum kommunaler Aktivitäten; vorab für die unteren Einkommensgruppen gab es um 1970 eine breite Palette von zusätzlichen sozialpolitischen Leistungen. So entwickelte die Stadt Freiburg in Zusammenarbeit mit den örtlichen Familien- und Wohlfahrtsverbänden für kinderreiche Familien Hilfsangebote wie Umzugsprämien, finanzielle Zuschüsse beim Wohneigentumserwerb, kostenlose Nutzungsmöglichkeiten von öffentlichen Verkehrsmitteln und Freizeiteinrichtungen und Zuschüsse zur Kinder- und Familienerholung. Diese lokalen Aktivitäten zeichneten sich nicht nur durch eine rege Teilnahme der angesprochenen Freiburger Familien aus, sondern stießen — wie der Lokalpresse zu entnehmen ist — auf ein reges öffentliches Interesse, welches sich durch die besondere „Bürgernähe" und die Überschaubarkeit dieser sozialpolitischen Praxis erklären läßt.

Die beschriebenen Veränderungen der Sozialpolitik stehen in Beziehung zu allgemeinen Wandlungstendenzen der bundesdeutschen Gesellschaft der 60er Jahre. Zum einen weist der seit 1965 zu beobachtende Geburtenrückgang auf einen Wandel des generativen Verhaltens hin; kinderreiche Familien — in den 50er Jahren noch vorrangige Adressaten von Familienpolitik — wurden zusehends zur sozio-demographischen Minderheit, während sich die Zwei-Kinder-Familie als eine Art neues Leitbild durchsetzte. Zum anderen läßt sich auch eine Ausweitung der gesellschaftspolitischen Implikationen und Interessen von Familienpolitik feststellen, bei der es zu einer wechselseitigen Verknüpfung und Durchdringung unterschiedlicher sozialpolitischer Problembereiche kam. So entstand in den 60er Jahren eine Debatte über die bundesdeutsche „Bildungskrise", bei der die Frage der Chancengleichheit beim Zugang zu Bildungseinrichtungen intensiv diskutiert wurde, was u. a. zu Maßnahmen einer öffentlichen Ausbildungsförderung führte, die zugleich einen bildungspolitischen und familienpolitischen Charakter hatten, weil die Demokratisierung von Bildungschancen über den Weg einer Kompensation der für die Familien entstehenden Mehrbelastungen angestrebt wurde.

2.4 Familienpolitik im Wohlfahrtsstaat um 1980

Erst im Verlauf der 70er Jahre gewann die bundesdeutsche Familienpolitik die für ihre heutige Zeit kennzeichnenden Merkmale: Integration von Familien in ein allgemeines System der sozialpolitischen Kompensation bei gleichzeitiger Differenzierung des familienpolitischen Instrumentariums hinsichtlich der besonderen Bedürfnisse verschiedener Familientypen. Der massive Ausbau wohlfahrtsstaatlicher Sicherung schlug sich hierbei auch in einer deutlichen Erhöhung der familienbezogenen finanziellen Leistungen und einem beachtlichen Ausbau der öffentlichen Dienstleistungsangebote für Familien nieder. Trotz der für den modernen Wohlfahrtsstaat charakteristischen Zentralisierung sozialpolitischer Entscheidungs- und Handlungskompetenzen zeichnete sich jedoch gerade der Bereich Familienpolitik — wie sich am Fallbeispiel der Freiburger Familien zeigen läßt — durch eine fortbleibend starke Präsenz kommunaler und freier Träger und eine erstaunlich rege Beteiligung seitens der Landesregierung aus. Im Jahre 1980 bot sich das folgende Bild dieser „Mehrebenen-Sozialpolitik" für die Familie:

a) Die bereits 1970 eingeleitete Ausweitung des Adressatenkreises und Erhöhung der Zuwendungen bei der Maßnahme des Kindergeldes wurde fortgesetzt. Zunächst öffnete eine mehrmalige Anhebung der Einkommensgrenzen beim Zweit-Kindergeld den Zugang für Familien mittlerer Einkommensgruppen, und schließlich wurde mit dem Bundeskindergeldgesetz des Jahres 1975 auch das erstgeborene Kind berücksichtigt. Das nach Geburtenrang progressive Kindergeld wurde in den folgenden Jahren mehrmals erhöht und erreichte im Jahre 1980 seine bisherigen Spitzenwerte. Diese deutliche Aufwertung familienpolitischer Zuwendungen kam innerhalb dieses Zeitraums auch bei der Handhabung des Ortszuschlags für Beamte zur Geltung, die ab 1975 neben den hier etablierten Kinderzulagen nun auch Anspruch auf Kindergeld hatten.

Verbesserungen ergaben sich des weiteren beim indirekten Familienlastenausgleich: Steuerliche Entlastungen wurden etwa in Form von Ausbildungsfreibeträgen oder im Rahmen abzugsfähiger Sonderaufwendungen geschaffen. Hier muß natürlich in Rechnung gestellt werden, daß das bundesdeutsche Steuerrecht auf Grund seiner Orientierung am Prinzip des Ehegattensplittings im Gegensatz zu der in anderen Ländern, wie z. B. Frankreich, üblichen Praxis eines Familiensplittings einen eher dürftigen Beitrag zum Familienlastenausgleich leistet. Materielle Verbesserungen ergaben sich im Jahre 1980 für unsere Freiburger Familien aber auch auf Grund bundesweiter Rechtsreformen der 70er Jahre, wie etwa der Erhöhung des Mutterschaftsgeldes und der Leistungen des Wohngeldgesetzes wie auch der Unterstützungsbeiträge des Bundesausbildungsförderungsgesetzes (Bafög). Hinzu kamen weniger spektakuläre, in ihren Wirkungen für betroffene Familien jedoch nicht zu unterschätzende sozialpolitische Neuerungen, wie etwa der von der Krankenversicherung vorgesehene Anspruch auf eine Haushaltshilfe bei Abwesenheit der Mutter oder die Einführung eines Urlaubsanspruchs von bis zu acht Tagen pro Jahr im Falle eines zu versorgenden kranken Kindes. Erwähnenswert ist des weiteren eine familienfreundliche Flexibilisierung der Arbeitszeit für Beamte mit zu versorgenden Kindern, denen nun die Möglichkeit eröffnet wurde, ihre Arbeitszeit um bis zu 50 Prozent zu reduzieren.

Im Rahmen dieser diversen familienpolitischen Reformen fand ein spezifischer Familientyp eine wachsende öffentliche Berücksichtigung: Es handelte sich um die Alleinerziehenden und ihre Kinder, denen im Verlauf der 70er Jahre vermehrt staatliche Hilfen zuteil wurden. So zielte etwa die Einführung eines Haushaltsfreibetrages im Jahre 1977 auf eine Gleichstellung Alleinerziehender mit den beim Ehegattensplitting privilegierten vollständigen Familien. Von großer rechts- sowie sozialpolitischer Bedeutung für diese Familien war des weiteren das 1979 erlassene Unterhaltsvorschußgesetz.

b) Diese beachtlichen familienpolitischen Fortschritte auf Bundesebene wurden durch verstärkte landespolitische Bemühungen flankiert, die gerade bezüglich unseres Fallbeispiels Freiburg den Charakter eines eigenständigen familienpolitischen Programms annehmen konnten. So bot das Land Baden-Württemberg nicht nur ansehnliche Familiendarlehen für einkommensschwächere kinderreiche und unvollständige Familien an, sondern führte auch Haushalts- und Geburtsdarlehen sowie ansehnliche Baudarlehen für junge und kinderreiche Familien ein und nahm schon in den 70er Jahren mit der Maßnahme des Landes-Familiengeldes das im Jahre 1985 auf Bundesebene eingeführte Erziehungsgeld vorweg. Es handelte sich hierbei um eine einmalige Zuwendung an nicht erwerbstätige Mütter in Höhe von 2000 DM, die eine Kompensation für das diesem Adressatenkreis entgehende Mutterschaftsgeld bieten sollte. Auch hier fanden alleinerziehende bzw. alleinstehende werdende Mütter ein ganz besonderes sozialpolitisches Interesse: Ihnen stand in Baden-Württemberg ein besonderes — übrigens zinsloses — Familiendarlehen zur Verfügung. Bereits 1975 initiierte die Landesregierung ein gemeinsam mit den Kommunen getragenes Modell „Mutter und Kind", welches alleinstehenden Müttern für die ersten drei Lebensjahre des Kindes eine finanziell gesicherte reine Familientätigkeit ermöglichte. Im Jahresdurchschnitt nahmen rund 2000 Frauen dieses Angebot wahr.

Speziell an Familien der unteren Einkommensschichten bzw. an spezifischen Problemsituationen orientiert war die von der Landesregierung im Jahre 1979 initiierte Stiftung „Familie in Not", aus deren Mitteln „unbürokratische Soforthilfe" geleistet wurde. In Zusammenarbeit mit den örtlichen Familienverbänden stellten hierbei die Beratungsstellen der freien Wohlfahrtsverbände Familien in besonderen Notlagen eine — meist einmalige — Unterstützung zur Verfügung, deren Verwendung von der Tilgung der Schulden bis hin zur Übernahme ausstehender Wohnungsmieten reichte. Nach unseren Recherchen beliefen sich diese Soforthilfen auf durchschnittlich 6000 DM je Antragssteller.

c) Den Freiburger Familien standen darüber hinaus diverse kommunale Maßnahmen und Dienstleistungen zur Verfügung. Erwähnt werden können hier nicht nur die städtischen Kindererholungs- und Freizeitangebote und die kommunalen Hilfen für kinderreiche Familien, sondern auch der Einsatz städtischer Familienpflegerinnen, die allein in Freiburg pro Jahr mehr als 20 000 Haushaltstage bei Familien, wo die Mutter auf Grund von Krankheit, Kur oder auch einer Entbindung abwesend war, leisteten.

Betrachtet man die sozio-demographische Entwicklung der Bundesrepublik, so stellen sich die 70er Jahre als eine Periode tiefgreifender Veränderungen dar. Neben einem deutlichen Rückgang der Geburtenzahlen und des Anteils kinderreicher Familien ist hier insbesondere auf die rasche Zunahme der Ehescheidungen und der Einelternfamilien zu verweisen. Auch das Phänomen unverheiratet zusammenlebender Paare trug zum Bild einer wachsenden Vielfalt familialer Lebensformen bei, die zusehends eine wichtige Bedingung der bundesdeutschen Familienpolitik darstellte.

2.5 Familienpolitik angesichts pluraler Familienformen und knapper Finanzen — die 80er Jahre

Die sich in den 70er Jahren bereits abzeichnende Dynamisierung familienpolitischer Aktivitäten setzte sich auch in unserem Jahrzehnt fort und brachte zum Teil — aus der subjektiven Wahrnehmung der betroffenen Familien wohl paradox wirkende — Veränderungen mit sich. Paradox erschien wohl vor allem die 1982 beschlossene Kürzung des Kindergeldes, die vor dem Hintergrund einer allgemeinen Ausweitung wohlfahrtsstaatlicher Zuwendungen als familienpolitischer Rückschritt erscheinen mußte. 1985 kam es zu einer erneuten einschneidenden Modifikation des Kindergeldgesetzes. Von jetzt an wurde das Kindergeld ab dem Zweitgeborenen an Einkommensgrenzen gebunden und verringerte sich proportional zum Familieneinkommen bis zu einem bestimmten Sockelbetrag. Gleichzeitig wurden die steuerlichen Kinderfreibeträge deutlich erhöht; wer sie nicht völlig ausschöpfen kann, erhält wiederum eine Zulage zum Kindergeld.

Auf Grund dieser komplexen Sonderregelungen wurde die bislang gegebene Transparenz des Kindergeldes — der wohl populärsten Maßnahme — zugunsten eines nach Einkommensschichten differenzierenden Systems aufgegeben. Nicht minder einschneidend war die Transformation der öffentlichen Ausbildungsförderungs-Zuschüsse in zinslose Darlehen, welche die in den 70er Jahren abgebauten ökonomischen und sozialpsychologischen „Bildungsbarrieren" erneut anhob. Trotz einiger familienpolitischer Verbesserungen — insbesondere im Steuerrecht (höhere Ausbildungs- und Haushaltsfreibeträge, Anrechenbarkeit der Kinderbetreuungskosten) oder bei der Familienkomponente des Spar-Prämiengesetzes — stellt sich die bundesdeutsche Familienpolitik der 80er Jahre eher als Experimentierphase für eine sozialpolitische Umorientierung dar. Als Stoßrichtung dieser Umorientierung kann primär die familienphasenspezifische Orientierung am Problem der Vereinbarkeit von Familien- und Erwerbstätigkeit gelten. Hierzu zählt vor allem die 1985 beschlossene Einführung eines Erziehungsgeldes für Mütter und Väter, die sich während des ersten Lebensjahres eines Kindes unter Verzicht auf eine außerhäusliche Erwerbstätigkeit seiner Pflege und Erziehung widmen. Hinzu kommt des weiteren die rentenrechtliche Anerkennung der Familientätigkeit in Form eines „Babyjahres". Eine spezifische Maßnahme für alleinstehende werdende Mütter findet sich in der Bundesstiftung „Mutter und Kind", die diesen eine einmalige finanzielle Hilfe für die Erstausstattung des Kindes und die Einrichtung eines Haushalts bereitstellt.

Flankiert werden diese diversen familienpolitischen Leistungen auf Bundesebene durch eine kontinuierliche Fortführung familienbezogener Maßnahmen des Landes und der Kommunen. Bei unserer exemplarischen Betrachtung der familienpolitischen Situation in Freiburg ist z. B. von Interesse, daß ein im Jahre 1980 erlassenes Landeswohnungsbauprogramm kinderreichen bzw. jungen Familien mit zwei Kindern ein zinsloses Baudarlehen in Höhe von 50 000 DM in Aussicht stellte, was als eine nicht unwesentliche Ergänzung der Bauspar-Förderungsmaßnahme gewertet werden muß. Auch bezüglich der Maßnahme des „Erziehungsgeldes" ging die baden-württembergische Landesregierung über die von der Bundesregierung beschlossenen Regelungen hinaus und eröffnete unseren Freiburger Familien die Möglichkeit, ein auf bis zu zwei Jahren verlängertes Erziehungsgeld in Anspruch zu nehmen.

Weiterhin unternahm die Landesregierung in den 80er Jahren vermehrt Anstrengungen zur Verbesserung familienpolitischer Dienstleistungen, sei es in Form eines dichteren und vielfältigeren Angebots an Familienberatungsstellen oder etwa in Gestalt des „Familien-Ferienpasses", welcher unseren Freiburger Familien eine preisgünstige Nutzung von Freizeiteinrichtungen eröffnete.

2.6 Zusammenfassung: Grundzüge der Entwicklung der Familienpolitik

Trotz der Vielfalt der zu berücksichtigenden Aktivitäten auf unterschiedlichen Ebenen der staatlichen bzw. gesellschaftlichen Organisationen sowie der Lebensverhältnisse wollen wir versuchen, einige übergreifende Entwicklungstendenzen zu umschreiben:
- Lag die Initiative zur Einführung familienorientierter Maßnahmen und Dienstleistungen zunächst bei nicht-staatlichen Trägern bzw. waren es die intermediären öffentlichen Institutionen — Kommunen, Stadt- und Landkreise —, die anfänglich Familienpolitik „vor Ort" betrieben, so zeigte sich schon in den 50er Jahren eine deutliche Tendenz zur *Zentralisierung*. Dieser Trend zur gesamtgesellschaftlichen Organisation von Familienpolitik manifestierte sich prototypisch in der — im übrigen damals sehr umstrittenen — Gründung eines Familienministeriums (1953) und der

nicht minder kontrovers diskutierten „Verstaatlichung" des bis 1961 noch primär von Unternehmerseite finanzierten Kindergeldes. Damit ging eine Verrechtlichung von Familienpolitik einher, wodurch sich nicht nur ihr gesellschaftlicher Status wandelte, sondern auch ihr öffentliches Verständnis.

- War Familienpolitik in der Wiederaufbauphase primär an *kinderreichen Familien* orientiert, die zunächst die einzigen Empfänger eines Kindergeldes blieben, so kam es im Verlauf der 60er und 70er Jahre zu einer Ausweitung des Adressatenkreises. Erst nachdem zweit- und schließlich auch erstgeborene Kinder einen Anspruch auf Kindergeld eröffneten, konnte von einem *allgemeinen Familienlastenausgleich* gesprochen werden. Zwar finden die in besonderer Weise finanziell belasteten kinderreichen Familien weiterhin eine spezifische kompensatorische Unterstützung in Form des nach Geburtenrang progressiv gestaffelten Kindergeldes, der grundlegende sozialpolitische „Tatbestand" ist nunmehr aber nicht eine bestimmte Familiengröße, sondern das Vorhandensein von zu versorgenden Kindern als solches.
- Aus der primär karitativen Orientierung an besonderen materiellen Notlagen (Heimkehrer, Kriegshinterbliebene, Flüchtlinge) bzw. am Aspekt einer bedürfnisbezogenen Kompensation unzureichender Familieneinkommen entwickelte sich sukzessive ein allgemeines einkommenspolitisches Prinzip des Familienlastenausgleichs. Hierbei kann von einer gewissen Gewichtsverlagerung der gesellschaftspolitischen Zielvorstellungen von der *vertikalen Solidarität* (Ausgleich spezifischer wirtschaftlicher Erschwernisse von Familien der unteren Soziallagen) hin zur *horizontalen Solidarität* (Kompensation der besonderen Belastungen von Familien gegenüber Alleinlebenden oder Kinderlosen durch eine öffentliche Redistribution des Sozialprodukts) gesprochen werden.
- War die auf Ehe gegründete *Kernfamilie* ursprünglich der bevorzugte Adressat familienpolitischer Zuwendungen, so fanden schrittweise auch andere *Familienformen* Berücksichtigung, ja sogar ein ganz besonderes sozialpolitisches Interesse. Hierzu zählen nicht nur die öffentliche Unterhaltshilfe bzw. der Unterhaltsvorschuß für in Trennung oder Scheidung lebende Mütter mit zu versorgenden Kindern und ihre steuerpolitische Berücksichtigung in Form eines besonderen Haushaltsfreibetrags, sondern auch die seit den 70er Jahren auf Bundes- und Landesebene zu beobachtenden familienpolitischen Bemühungen für ledige werdende Mütter bzw. Einelternfamilien.
- Mit der Ausweitung sozialpolitischer Ansprüche ging seit den 70er Jahren eine stärkere Orientierung an den mit den einzelnen *Lebensphasen* verbundenen spezifischen Bedürfnissen von Familien einher. Hierzu gehören die besonderen Unterstützungen für Familien mit Kleinkindern (Ausweitung des Mutterschaftsurlaubs,

Landes-Familiengeld, Erziehungsgeld), aber auch Kompensationen für die durch eine allgemein wachsende durchschnittliche Ausbildungsdauer besonders belastete Familien mit älteren Kindern.

3 Diskussion: Überlegungen und Thesen zu einer Soziologie der Familienpolitik

Familienpolitik — das läßt unser Beispiel erkennen — ist ein Begriff, unter dem zahlreiche und überaus unterschiedliche soziale Sachverhalte subsumiert werden; im Laufe der Entwicklung sind neue hinzugekommen, was auch in Zukunft so sein wird. Dementsprechend vielfältig sind die Vorschläge zur „Definition" von Familienpolitik. Wir können an dieser Stelle nicht ausführlich darauf eingehen (vgl. indessen *Herzer* 1986), sondern beschränken uns darauf, kurz eine eigene Umschreibung vorzulegen, mit der wir zugleich eine Art konzeptueller Zusammenfassung der empirisch beobachteten Sachverhalte, einschließlich ihrer „Offenheit", versuchen. Wir streben damit eine empirisch-pragmatische und keine normative Definition für die Zwecke soziologischer Analyse an. Daß Familienpolitik als Politik unvermeidlich normativen Gehalt hat, soll damit keineswegs bestritten, sondern im Gegenteil als unverzichtbares Element und wichtiges Thema der Analyse hervorgehoben werden. In diesem Sinne lautet unsere *Definition:* Der Begriff der Familienpolitik (in modernen, industrialisierten Gesellschaften) bezeichnet öffentliche Aktivitäten, Maßnahmen und Einrichtungen, um zu versuchen, familiale Leistungen, die explizit oder implizit erbracht werden sollen, anzuerkennen, zu fördern, zu ergänzen, somit zu beeinflussen oder durchzusetzen, wobei — unter Bezug auf gesellschaftspolitische Ordnungsvorstellungen — gleichzeitig umschrieben wird, welche Sozialformen als Familie gelten sollen[10].

Die Definition nennt zwei Elemente, die gewissermaßen zum Auslöser für familienpolitische Aktivitäten werden können: Annahmen, die sich darauf beziehen, es sei wünschenswert oder notwendig, Familien in der Erfüllung ihrer Aufgaben in irgendeiner Weise zu unterstützen, zweitens, Vorstellungen normativer Art, wie die Erfüllung familialer Aufgaben geschehen soll. Aus der Kombination beider Argumente ergibt sich ein drittes, daß nämlich Familienpolitik zum Ziel haben kann, die Gründung von Familien überhaupt zu fördern. Damit kommt das insbesondere in der Bundesrepublik heikle Thema des Verhältnisses zwischen Familienpolitik und Bevölkerungspolitik ins Spiel. Zusätzlich ist die pragmatische Dimension zu bedenken, wie sie die eingangs aufgestellte These umschreibt, daß nämlich zwischen Familienpolitik und der Definition von Familie eine Art dynamischer Interdependenz besteht.

Wertungen politischer und ethischer Art sind — wie erwähnt — ein konstitutives Element familienpolitischen Handelns, deren Inhalte in der soziologischen Analyse indessen nicht schlicht übernommen, sondern durch sie aufgeklärt werden sollen; sie gehören also zu jenen sozialen Selbstverständlichkeiten, die in bezug auf ihre Bedingungen und Konsequenzen, folglich auch Veränderungen, zu explizieren und womöglich zu klären sind. In der sozialpolitischen Literatur wird diese Thematik allerdings oft unter Bezug auf Artikel 6 des Grundgesetzes ausgeklammert, da daraus generell die Berücksichtigung oder die Verpflichtung vorab für staatliche Aktivitäten abgeleitet wird. Daran sind — wenn wir an unsere Schilderung der Entwicklung erinnern — mehrere Punkte interessant. Erstens gilt Familienpolitik erst dann als tatsächlich etabliert, wenn sich staatliche Organe darum bemühen; das hat zur Folge, daß die historisch wichtigen Initiativen freier Träger sowie der Kommunen unterschätzt werden. Zweitens wird in sozusagen allen Definitionen unterstellt, „die" Familie bedürfe der „Hilfe" bzw. der Unterstützung und es sei klar, womit eine Verbesserung der Lebensbedingungen für Familien erzielt werden könne.

Diese Auffassung mag unmittelbar einleuchten, wenn auf die Anfänge der karitativen Hilfe für Familien in Notlagen und an den finanziellen Lastenausgleich angeknüpft wird. Dabei hat sich allerdings im Laufe der Zeit das Verständnis verschoben. Je geringer die Zahl der kinderreichen Familien (deren besondere Belastungen unmittelbar plausibel sind) wurde, desto mehr rückten prinzipielle Überlegungen über die Kosten der Kinder in den Vordergrund. Dabei wurde die Argumentation ausgeweitet: Familien tragen einen erheblichen Anteil, nämlich rund drei Viertel, der finanziellen „Leistungen für die nachwachsende Generation in der Bundesrepublik Deutschland" — so das wichtige Gutachten des Wissenschaftlichen Beirats für Familienfragen beim BMJFG (1979). Vordergründig dieser Betrachtungsweise ähnlich, jedoch davon zu unterscheiden, ist die in den letzten Jahren immer stärker in den öffentlichen Diskurs eingebrachte Frage, ob überhaupt angesichts des Geburtenrückgangs das Rentensystem um das Jahr 2000 nach dem Umlageverfahren noch befriedigend funktionieren könne. — Alles in allem liegt indessen der vorgeschlagenen Definition die Auffassung zugrunde, es sei zweckmäßig, Familienpolitik als einen Bereich der Sozialpolitik (und damit der Gesellschaftspolitik) eigener Art anzusehen.

3.1 Gesellschaftspolitische Wirkungen familienpolitischer Aktivitäten

Die Frage nach den Wirkungen ihrer Einrichtungen und Maßnahmen zum zentralen Anliegen einer sozialwissenschaftlichen Analyse von Familienpolitik zu machen, ist ebenso naheliegend wie — unter theoretischen und methodologischen Gesichtspunkten — problematisch. Zum einen muß hier darauf hingewiesen werden, daß Familienpolitik eine ganze Vielfalt von Wirkungszusammenhängen — von den materiellen bzw. ökonomischen Effekten sozialpolitischer Transferleistungen für einen Ausgleich familialer Lasten, über die Anerkennung familialer Lebensformen und Legitimation spezifischer gesellschaftlicher Ordnungs- und Wertvorstellungen bis hin zu möglichen demographischen Konsequenzen familienpolitischer Interventionen — aufweisen kann. Bei jedem dieser Wirkungszusammenhänge stellen sich dem Betrachter je spezifische methodische Fragen und Schwierigkeiten. So bringt z.B. die Evaluation materieller Wirkungen familienpolitischer Maßnahmen trotz ihres quantifizierbaren, d.h. in „Heller und Pfennig" zu beziffernden Umfangs sehr weitreichende Probleme mit sich. Hierzu trägt nicht nur die in unserem Fallbeispiel deutlich zutage tretende Vielfalt familienpolitischer Maßnahmen und die ihr Erscheinungsbild ständig verändernden gesetzlichen Modifikationen oder Neuerungen bei. Viel grundlegendere Probleme bereitet die beachtliche Variabilität familienpolitischer Wirkungen nach sozialstrukturellen Merkmalen der Empfänger (relative ökonomische Bedeutung von Transferleistungen je nach Familieneinkommen; Einkommensgrenzen bei der Zugangsberechtigung usw.), nach Familientypen („vollständige Familien", Alleinerziehende mit Kindern, kinderreiche Familien usw.) sowie nach konkreten familialen Arrangements und Strategien (Entscheidung für oder gegen eine Erwerbstätigkeit der Frau, für oder gegen eine Betreuung durch Dritte usw.).

Noch schwieriger gestaltet sich die Evaluation der nicht quantifizierbaren indirekten bzw. sekundären Effekte familienpolitischen Handelns im Bereich der öffentlichen Anerkennung familialer Lebensformen und familienorientierter Wertvorstellungen sowie die Berücksichtigung seiner demographischen Konsequenzen. Bei letzterem kommt zu den bereits erwähnten Problemen einer Erfassung der ökonomischen Bedeutung familienpolitischer Maßnahmen noch die methodische Schwierigkeit hinzu, deren mögliche „Auswirkungen" auf das generative Verhalten, d.h. auf einen höchst komplexen sozio-kulturellen Wirkungszusammenhang mit einer Vielzahl von Einflußfaktoren, systematisch zu erfassen.

Diese sehr grundlegenden Probleme einer soziologischen Analyse und Evaluation gesellschaftlicher Wirkungen von Familienpolitik beruhen nicht zuletzt auf ihrem besonderen sozio-historischen Charakter. Familienpolitische Maßnahmen können jeweils als Produkte langfristiger gesellschaftlicher Definitionsprozesse von „sozialen" bzw. „familialen" Problemen aufgefaßt werden. Jede familienpolitische Maßnahme setzt eine Klassifizierung von Familien nach besonderen, den jeweiligen Maßnahmen zugrunde gelegten Kriterien wie „Alleinerziehende(r) mit Kind" oder „Kinderreiche" voraus und stützt sich demnach auf eine spezifische Kategorie von Familien und eröffnet diesen Rechtsansprüche auf öffentliche Leistungen wie Hilfen aus der Bundesstiftung Mutter und Kind oder einen tarifpolitischen Sonderstatus bei öffentlichen Verkehrsmitteln.

Wenn jede familienpolitische Maßnahme demnach auf eine besondere „Problemgeschichte" verweist, so stellen deren Rahmenbedingungen einen für ihre öffentliche Akzeptanz nicht unbedeutenden Aspekt dar: Je langfristiger, kontinuierlicher und konsistenter der öffentliche Diskurs um ein spezifisches familiales Problem, um so größer dürfte die öffentliche Konsensfähigkeit bzw. Akzeptanz politischer Maßnahmen der Abhilfe sein. Zugleich verweist dies den Betrachter auf die Notwendigkeiten einer soziologischen Langfristanalyse familienpolitischer Wirkungszusammenhänge (vgl. hierzu *Elias* 1981; *Kaufmann* 1986; *Schultheis* 1982, 1987a, 1987b).

Eine weitere wichtige Voraussetzung, um Wirkungen erfassen zu können, stellen die Bedingungen der Akzeptanz bzw. der Wahrnehmung einmal beschlossener Maßnahmen und Einrichtungen dar. Man kann davon ausgehen, daß längst nicht alle Adressaten bzw. Berechtigte die Angebote nutzen. Genaue Daten dazu sind allerdings schwer zu beschaffen und noch schwieriger zu interpretieren.

Von Wirkungen im eigentlichen Sinne des Wortes kann gesprochen werden, wenn systematische Veränderungen im Handeln von Familien beobachtet werden können. Doch damit ist zugleich ein nächster Komplex von Sachverhalten angesprochen, denn die vertraute Alltäglichkeit von Familien trügt; wer genau beobachtet, stellt hinter vielen Routinen die Lösung anspruchsvoller Aufgaben der inhaltlichen, räumlichen und zeitlichen Abstimmung des Handelns fest. Darum ist es oft schwierig, Verhalten zu ändern; die Erfahrungen der Familientherapie bieten dazu ein reiches Anschauungsmaterial (worauf jedoch in der Evaluationsforschung — auch nicht auf abstrakt-systematischer Ebene — kaum je eingegangen wird).

Die reale Vielfalt der Abhängigkeiten verdoppelt sich somit und verlangt Vereinfachungen in Form von Indikatoren, die wiederum alternative Interpretationen zulassen und die Schlagkraft der Erklärungen schwächen. Ob beispielsweise ein Erziehungsgeld bestimmter Höhe vermehrt Mütter (oder Väter) veranlaßt, sich selbst um die Pflege und Erziehung der Kinder zu bemühen und welche Fragen sich daraus für die Herausbildung der kognitiven und sozialen Fähigkeiten, letztlich ihre Persönlichkeitsentwicklung ergeben, scheint für größere Populationen kaum systematisch „meßbar". Im günstigsten Fall gelingt es, einen derartigen Zusammenhang in einem relativ eng überschaubaren Bereich zu beobachten.

Wer Wirkungen der Familienpolitik erfassen will, muß sich somit einer Aufgabe stellen, die *Kaufmann* (1986, 5) mit der Kennzeichnung „Problem überkomplexer Interdependenzen" auch in der Wortwahl adäquat auf den Begriff gebracht hat. Die Lösungen sind im besten Fall gute Annäherungen, wofür unterschiedliche Strategien verwendet werden.

a) *Die Beschränkung der Nutzung:* Wenn immer Maßnahmen und Einrichtungen sich an einen größeren Kreis von Adressaten richten, diese ihre Nachfrage artikulieren müssen (also nicht wie z. B. bei den Ortszulagen oder beim Kindergeld auf einfachen Antrag, in Verbindung mit anderen Verwaltungsvorgängen, die Leistungen erhalten), kann die Nutzung als eine indirekte Form von Wirkungen interpretiert werden, wobei allerdings die Art des Angebots (vor Ort) zu berücksichtigen ist. In diesem Sinne lassen sich statistische Daten über den Besuch des Kindergartens, mit Einschränkungen auch solche über Kindertagesstätten beiziehen, ferner über den Besuch von Einrichtungen der Elternbildung (z. B. *Wahl* 1973). — Im Vorfeld der Einführung des Erziehungsgeldes wurde versucht, über Befragungen das mutmaßliche Interesse zu ermitteln. — Eine gute Möglichkeit, die Rezeption in einer ausführlicheren Weise zu studieren, nämlich die Beurteilung miteinzubeziehen, bot der Auftrag, den Umgang mit Elternbriefen zu klären, eine Maßnahme, die sich seit den 70er Jahren zunehmender Beliebtheit erfreut (*Lüscher* et al. 1984). Die Daten lassen den Schluß zu, daß Maßnahmen dieser Art vorab dadurch wirken, daß sie die Eltern in der Auffassung bekräftigen, wichtige, anspruchsvolle Aufgaben zu erfüllen, die in unterschiedlicher Weise gelöst werden können, ein Befund, der sich in gewisser Hinsicht verallgemeinern läßt: Familienpolitische Maßnahmen, die der Familie als Ganzes zugute kommen oder sonstwie generellen Charakter haben, wirken bereits dadurch, daß sie als Anerkennung familialer Leistungen aufgefaßt werden.

b) *Die Beschränkung auf „Korrelationen":* Die bis anhin am breitesten angelegte Untersuchung, die explizit als „Wirkungsanalyse" konzipiert wurde, ist von einer Bielefelder Projektgruppe durchgeführt worden (zusammenfassend: *Kaufmann* et al. 1982). Einbezogen wurden sowohl finanzielle Hilfen als auch Wirkungen des Kindergartens; das besondere Interesse galt den Wirkungen auf die Sozialisation. Dabei gelang es, die Relevanz von Zusammenhängen detailliert darzustellen. Jedoch erwies es sich gleichzeitig als schwierig, die Frage nach den Sozialisationswirkungen finanzieller Hilfen zu beantworten (*Kaufmann* et al. 1982, 297). Die Wirkungen des Kindergartens wiederum hängen, insbesondere für Familien der unteren Schichten, damit zusammen, wie es gelingt, diese an der Elternarbeit zu beteiligen und solchermaßen in soziale Netzwerke zu integrieren

(*Kaufmann* et al. 1982, 413). Im Grunde betonen diese Analysen ebenfalls die Bedeutung der allgemeinen Anerkennung der Familie bzw. der Elternrollen.

Ein traditionsreiches Thema betrifft den Zusammenhang zwischen familienpolitischen Maßnahmen und dem generativen Verhalten. Es macht ebenso deutlich, wie schwierig es ist, präzise Wirkungen zu ermitteln, und wie problematisch das Verhältnis von Familienpolitik und Bevölkerungspolitik in der Bundesrepublik von weiten Kreisen beurteilt wird. Dabei ist vorweg festzustellen, daß nach wie vor die Auffassung überwiegt, eine befriedigende Theorie oder bloß ein ausreichendes Modell zur Erklärung des generativen Verhaltens läge nicht vor (so u.a. *Kiefl, Schmid* 1985). Dementsprechend ist nicht zu erwarten, daß es gelingt, eindeutige Wirkungen der Familienpolitik nachzuweisen. Dennoch werden steuerliche Maßnahmen und das Kindergeld unter Umständen in Verbindung mit einmaligen Leistungen bei der Geburt eines Kindes immer wieder in einen solchen Zusammenhang gerückt, mit Begründungen, die ebenso plausibel wie gewagt sind, weil es einerseits selbstverständlich scheint, daß Paare, wenn sie — was für die meisten in irgendeiner Weise angenommen werden kann — Familienplanung betreiben, dabei finanzielle Überlegungen anstellen, andererseits niemand annimmt, der Wert von Kindern werde überwiegend durch monetäre Erwägungen bestimmt. Hinzu kommen empirische und methodologische Schwierigkeiten.

Unter soziologischen Aspekten gesehen, muß das generative Verhalten des Menschen als ein komplexer sozio-kultureller Tatbestand angesehen werden. Eingebettet in historisch gewachsene Mentalitätsstrukturen und kollektive Verhaltensmuster, verfügt es über eine nicht unbeachtliche historische Eigendynamik, d.h. das generative Verhalten verändert sich nicht mit der Geschwindigkeit von Regierungsprogrammen. Bezüglich möglicher politischer Einflüsse im Bereich des Gebärverhaltens muß dementsprechend von Anfang an auf die Idee einer direkten, kurzfristigen Kausalität zwischen öffentlichen Maßnahmen und demographischen Konsequenzen verzichtet werden. Hingegen spricht einiges dafür, daß politisches Handeln im Kontext langfristiger gesellschaftlicher Entwicklungsprozesse durchaus zu einem „Faktor" (*Durkheim* 1975) des Familienlebens werden kann, insofern es die alltäglichen Lebensbedingungen von Familien durch materielle Maßnahmen und öffentliche Dienstleistungen zu verbessern wie auch die Einstellungen zu Familie und Elternschaft mittels der gesellschaftlichen Anerkennung familialer Lebensformen und Wertvorstellungen zu beeinflussen imstande ist. Im binnengesellschaftlichen Rahmen läßt sich eine solche politische Einflußnahme auf demographische Entwicklungen kaum überzeugend nachweisen, handelt es sich doch hier um „überkomplexe Interdependenzen" (*Kaufmann* 1986) par excellence. So heißt z.B. ein stetiger Geburtenrückgang, wie wir ihn in der Bundesrepublik seit der

Mitte der 60er Jahre beobachten können (vgl. *Linde* 1984) noch lange nicht, daß die in diesem Zeitraum praktizierte Familienpolitik unter demographischen Gesichtspunkten völlig unwirksam und folgenlos geblieben sei. Im Sinne negativer Evidenzen muß hier gefragt werden, ob dieser Rückgang im Falle eines völligen Fehlens familienpolitischer Maßnahmen nicht noch deutlicher ausgefallen wäre (vgl. *Höhn, Schubnell* 1986). Auf der anderen Seite darf jedoch nicht von einer familienpolitischen Reform mit nachfolgenden demographischen Veränderungen wie z. B. einer Geburtenzunahme auf ihre real „geburtenfördernde" Effizienz (kurz-)geschlossen werden. Sollte sich z. B. in den ersten Jahren nach Einführung des Erziehungsgeldes eine Zunahme der Geburtenzahlen ergeben, so beinhaltet dies' noch nicht, daß sich auch die Nettoreproduktionsrate verändert, denn oft handelt es sich bei einem solchen Zusammenhang zwischen sozialpolitischen Neuerungen und kurzfristigen demographischen Schwankungen um reine „Mitnahmeeffekte", d. h. um eine Veränderungen des Geburtenkalenders (vgl. *Monnier* 1978) und nicht der endgültigen Kinderzahl (vgl. *Höhn, Schubnell* 1986).

3.2 Die konstitutiven Ambivalenzen von Familienpolitik

Die Wechselwirkungen zwischen der Definition von Familien und der Definition von Familienpolitik, wie sie eingangs behauptet worden ist, lassen sich tatsächlich in zahlreichen Punkten illustrieren, dennoch ist unsere Kenntnis der Zusammenhänge nach wie vor unbefriedigend. Selbstverständlich liegt dies an den fehlenden Daten, an der geringen Zahl der themenspezifischen Forschungen sowie an der Stringenz der Modelle und dementsprechend der Reichweite der Analysen.

Ohne diese Schwächen abstreiten zu wollen, möchten wir abschließend zur Diskussion stellen, ob und inwieweit sie nicht Ausdruck einer spezifischen Ambivalenz sind, welche die Familienpolitik (bis anhin) kennzeichnet. Sie äußert sich *erstens* in einer fundamentalen Widersprüchlichkeit: Familienpolitik in modernen westlichen Staaten hat einerseits die Idee der „Autonomie" der Familie zu respektieren, zielt jedoch andererseits darauf, um wirksam zu sein, familiales Handeln anzuerkennen, zu fördern oder zu verändern, kurz es zu beeinflussen. Gewiß bedarf es dazu der Legitimation, an die unterschiedliche Anforderungen gestellt werden, beispielsweise je nachdem, ob die Träger eine Selbsthilfegruppe, eine kirchliche Organisation oder staatliche Organe sind. Diese Legitimation steht nicht ein für allemal fest, sondern wandelt sich im Laufe der politischen Entwicklungen. Nicht umsonst gilt Familienpolitik als „klassisches" Feld der Geltung des Subsidiaritätsprinzips — dessen

Verständnis sich indessen ebenfalls historisch wandelt (vgl. *Leo XIII. 1977; Nell-Breuning 1970).*

Die damit angesprochene Ambivalenz von Familienpolitik äußert sich *zweitens* darin, daß sie sozusagen zwei „Subjekte" hat: Viele Maßnahmen und Einrichtungen richten sich an die Familie als „Gruppe", als „System", andere jedoch an einzelne Mitglieder, gewiß stets in ihren Familienrollen, jedoch so, daß ihre individuelle Interpretation angesprochen (wenn nicht sogar provoziert) wird. Das aktuelle Spannungsfeld besteht hier zur Frauenpolitik: Inwiefern ist sie gleichzeitig Familienpolitik, inwiefern steht sie dazu im Gegensatz. Analog läßt sich im Blick auf die Postulate einer „Sozialpolitik für das Kind" argumentieren.

Drittens sind familienpolitische Aktivitäten teils kurativ, teils präventiv, teils kompensativ. Im Unterschied zu anderen Bereichen der Sozialpolitik ist der Ausgangspunkt von Familienpolitik kein „Risiko" im engeren Sinne. Dementsprechend enfällt das Modell der Versicherung, dennoch können für die einzelnen Familien oder Familienangehörigen erhebliche Belastungen (z. B. durch die Geburt eines behinderten Kindes) entstehen, die durchaus eine solidarische Absicherung rechtfertigen. Jedoch wird die Solidarität auch auf das Verhältnis von Familien und Nichtfamilien ausgeweitet, wobei allerdings umstritten ist, wie die Lasten zu verteilen sind, vor allem in der Abfolge der Generationen.

Familienpolitische Aktivitäten richten sich auf unterschiedliche, teilweise sogar widersprüchliche Weise an ein und dieselbe Familie, je nachdem, in welcher Phase der biographischen Entwicklung sie sich befindet. So müssen die Aufwendungen für finanzielle Leistungen (eingeschlossen die steuerlichen „Entlastungen") auch von Familien aufgebracht werden, die zuvor, möglicherweise jedoch in einem geringeren Maße, davon profitiert haben. Überdies setzen viele Maßnahmen die Existenz einer Familie voraus und bieten dabei — die Rhetorik ist hier nicht unwichtig — „Hilfe" an, während gleichzeitig andere Maßnahmen die Familiengründung an sich fördern sollen.

Diese Ambivalenzen lassen sich, soweit sie tatsächlich konstitutionell bedingt sind, konzeptuell nicht auflösen, sondern — wie Ambivalenzen schlechthin — lediglich im praktischen Handeln überwinden. — Da es ein gesellschaftspolitisches Handeln ist, sind dazu Verfahren notwendig, die zum einen zwar diejenigen der demokratischen Abstimmung sein können, aber zugleich, da es auch um „Privates" geht, ist ein übergreifender, individuell akzeptierter Konsens nötig. Seine Notwendigkeit ist angesichts des aktuellen Pluralismus familialer Lebensformen und -entwürfe noch größer als früher. Darum sind regelmäßige Bemühungen, kollektive Definitionen der Situation von Familien vorzunehmen, außerordentlich wichtig; das wichtigste Beispiel sind die „Familienberichte". Darüber hinaus erkennen wir, daß sich der soziologischen Analyse von Familienpolitik im Verhältnis zur Familienentwicklung und zum gesellschaftlichen Wandel zahlreiche, theoretisch ebenso wie praktisch, überaus anspruchsvolle Fragen stellen.

Anmerkungen

[1] Dieser Aufsatz ist im Rahmen von Arbeiten der Forschungsgruppe „Gesellschaft und Familie" am Lehrstuhl III für Soziologie (*K. Lüscher*) der Universität Konstanz entstanden. Wir danken *Andreas Lange* und *Michael Wehrspaun* für die Mitarbeit bei der Beschaffung der Materialien sowie für kritische Bemerkungen zu den Konzepten, die unserem Ansatz zugrunde liegen.

[2] Eine erste systematische Evaluation der „Ziele, Wege und Wirkungen" von Familienpolitik in der Bundesrepublik Deutschland findet sich bei *Wingen* (1958; 1965[2]). Als Ziel und Zweck von Familienpolitik galt hier die Förderung der „eigenständigen, optimal funktionsfähigen Familie" (1965, 65). Für eine wirtschaftliche Förderung, wider eine staatliche Beeinflussung familialen Handelns trat auch *Schelsky* (1967[5]) in seinen familiensoziologischen Analysen an, die durch eine kritische Einschätzung der Widersprüche familienpolitischer Handlungsstrukturen wie etwa dem „Fehler eines Familienministers" gekennzeichnet sind. Einen klärenden Beitrag zum soziologischen Verständnis der bundesdeutschen Familienpolitik, charakterisiert als „mixtum compositum alter Nachkriegskonzepte und neuer Ansätze" lieferte *Neidhardt* (1978), und ein neuerer Überblick über die „Tendenzen, Chancen, Notwendigkeiten" der bundesdeutschen Familienpolitik findet sich bei *Langer-El Sayed* (1980). *Kaufmann* (1980) leistete jüngst einen systematischen Einbezug von Familie in die soziologische Evaluation der Wirkungen sozialpolitischen Handelns. Eine umfassende Dokumentation, Analyse und Bibliographie der bundesdeutschen Familienpolitik bietet *Herzer* (1986).

[3] Das Fallbeispiel basiert auf den im Rahmen einer empirischen Untersuchung im Auftrag des Bundesinstituts für Bevölkerungsforschung im Jahre 1985 erhobenen Daten zur Geschichte familienpolitischer Maßnahmen und Einrichtungen im Südwesten Baden-Württembergs (vgl. *Lüscher, Schultheis* 1987). Dokumentiert wurden alle Maßnahmen und Einrichtungen der Familienpolitik mit kinderbezogenen finanziellen und organisatorischen Leistungen, die seit dem 8. Mai 1945 von deutschen Staaten und Gebietskörperschaften in diesem Raum gegolten haben, respektive gelten. Neben einer systematischen Sichtung, Selektion und Analyse der Rechtsvorschriften auf Bundes- und Landesebene (BGBl.; GABl; Staatsanzeiger) wurde — nach Abklärungen in Expertengesprächen — Quellenforschung im Staatsarchiv Freiburg, in den städtischen Archiven der Jugend- und Sozialämter und dem Archiv des städtischen Hauptamtes betrieben. Des weiteren wurden Mitteilungen in der Lokalpresse berücksichtigt. — Im folgenden verzichten wir auf die Nennung der Quellen im einzelnen, sondern verweisen auf die ausführliche Publikation.

⁴ Es handelte sich z. B. um die „Verschickung" von erholungsbedürftigen Kindern aus der zerbombten Stadt aufs Land. Die Kosten wurden gemeinsam von Stadt und Wohlfahrtsverbänden getragen.

⁵ Schulspeisungen, d. h. eine tägliche kostenlose Mahlzeit für Schulkinder, wurden vom Gesundheitsamt in Zusammenarbeit mit den Wohlfahrtsverbänden organisiert. Die finanziellen Mittel bzw. Lebensmittel entstammten der sogenannten „Schweizer Spende" bzw. den von den Alliierten bereitgestellten Hilfsmitteln. Auch das Land Baden-Württemberg beteiligte sich im Jahre 1949 an der jetzt auch auf die Studenten ausgeweiteten „Speisung" mit einem Zuschuß von 5 Mio. DM.

⁶ Die sich hier abzeichnende Form einer unbürokratischen familienbezogenen Soforthilfe seitens der lokalen Akteure der Sozialpolitik hat sich bis in die Gegenwart als ein für Familien in besonderen Notsituationen sehr wirksames sozialpolitisches Instrument bewährt.

⁷ Die Stadt Freiburg leistete hier finanzielle Zuschüsse zu den Unterhaltskosten der Einrichtungen freier Träger.

⁸ Bereits vor dem Ersten Weltkrieg war die deutsche Beamtenschaft ein bevorzugter Adressat familienpolitischer Neuerungen. Dies ist zum einen auf das Prinzip der staatlichen „Sorgepflicht" gegenüber den „Staatsdienern" zurückzuführen, zum anderen auf die Sonderstellung der staatlichen Tarifpolitik, welche auf Grund ihres Monopolcharakters eher eine „soziale" bzw. „familiale" Konzeption von Entlohnung ermöglichte als die am Prinzip des Leistungslohns orientierte, konkurrenzbezogene Privatwirtschaft.

⁹ Neben den „direkten" familienbezogenen Transfermaßnahmen haben sich steuerliche Formen des Familienlastenausgleichs bis heute gerade als Instrumente eines „horizontalen" Ausgleichs unterschiedlicher familialer Belastungen von Einkommensempfängern bewährt, während direkte Zuwendungen eher die Tendenz zu einem vertikal orientierten öffentlichen Ausgleich spezifischer Lasten einkommensschwacher Familien aufweisen.

¹⁰ Für den Begriff der familialen Leistungen s. *Lüscher, Stein* 1986 sowie *Lüscher, Wehrspaun* 1986. Familie läßt sich in diesem Zusammenhang spielgelbildlich zum Begriff der Familienpolitik *definieren* als primär auf die Gestaltung von Beziehungen zwischen Eltern und Kindern ausgerichtete Lebensform eigener Art, die als solche gesellschaftlich anerkannt wird. Zur Begründung dieser Definition siehe die Einleitung zum Sammelband *Lüscher, Schultheis, Wehrspaun* 1988.

Literatur

Blumer, H.: Soziale Probleme als kollektives Verhalten. In: *K.O. Hendrich* (Hrsg.), Menschliche Bedürfnisse und soziale Steuerung. Hamburg 1975, S. 102—113
Bunger, F.E.: Familienpolitik in Deutschland. Berlin 1970
Durkheim, E.: Introduction à la sociologie de la famille. In: ders., Textes, Bd. 3. Paris 1975

Elias, N.: Über den Prozeß der Zivilisation, 2 Bde. Frankfurt 1981

Herzer, M.: Möglichkeiten der Familienpolitikanalyse. Der politische Akteur und das Wissen über Familie. Dissertation, Mainz 1986

Höhn, Ch., Schubnell, H.: Bevölkerungspolitische Maßnahmen und ihre Wirkungen in ausgewählten europäischen Industrieländern. Z. Bevölkerungswiss. 1 (1986) 3—51 u. 2 (1986) 185—219

Kaufmann, F.-X. (Hrsg): Staatliche Sozialpolitik und Familie. München 1982

Kaufmann, F.-X.: Sozialpolitik und Bevölkerungsprozeß. Referat anläßlich der gemeinsamen Konferenz der Europäischen und Deutschen Gesellschaft für Bevölkerungswissenschaft „Demographische Wirkungen politischen Handelns". Bielefeld 1986

Kaufmann, F.-X., Herlth, A., Strohmeier, K.P., Wirth, W.: Verteilungswirkungen sozialer Dienste. Das Beispiel Kindergarten. Frankfurt 1982

Kiefl, W., Schmid, J.: Empirische Studien zum generativen Verhalten. Boppard 1985

Langer-El Sayed, I.: Familienpolitik. Tendenzen, Chancen, Notwendigkeiten. Frankfurt 1980

Leo XIII: Rerum Novarum. In: K.A.B. (Hrsg.), Texte zur katholischen Soziallehre. Köln 1977, S. 32—70

Liegle, L.: Sozialisationsforschung und Familienpolitik. In: *K. Hurrelmann* (Hrsg.), Sozialisation und Lebenslauf. Reinbek 1976, S. 223—242

Linde, H.: Theorie der säkularen Nachwuchsbeschränkung 1800—2000. Frankfurt 1984

Lüscher, K.: Familienpolitik und Wissenssysteme. Das Beispiel der Elternbildung. In: *F.-X. Kaufmann* (Hrsg.), Staatliche Sozialpolitik und Familie. München 1982, S. 191—211

Lüscher, K. (Hrsg.): Sozialpolitik für das Kind. Hamburg 1984²

Lüscher, K., Koebbel, I., Fisch, R.: Elternbildung durch Elternbriefe. Möglichkeiten und Grenzen einer aktuellen familienpolitischen Maßnahme. Konstanz 1984

Lüscher, K., Schultheis, F.: Familienpolitische Maßnahmen im Südwesten Baden-Württembergs. In: Bundesinstitut für Bevölkerungsforschung (Hrsg.), Materialien zur Bevölkerungswissenschaft. Wiesbaden 1987

Lüscher, K., Schultheis, F., Wehrspaun M. (Hg.): Die postmoderne Familie. Konstanz 1988

Lüscher, K., Stein, A.: Die Lebenssituation junger Familien — die Sichtweise der Eltern. Konstanz 1985

Lüscher, K., Wehrspaun, M.: Familie und Zeit. Z. Bevölkerungswiss. 2 (1986) 12, 239—256

Monnier, A.: Projets de maternité et comportements réels. Une enquête longitudinale (1974—1976). Population 4 (1978) 813—854

Neidhardt, F.: Entwicklungen und Probleme der westdeutschen Familienpolitik. Gegenwartskunde 2 (1978) 141—156

Nell-Breuning, O.v.: Aktuelle Fragen der Gesellschaftspolitik. Köln 1970

Schelsky, H.: Wandlungen der deutschen Familie in der Gegenwart. Stuttgart 1967⁵

Schultheis, F.: Französische Familienpolitik im Wandel. Formen und gesellschaftspolitische Funktionen der Politique Familiale vor und nach der sozialistischen Regierungsübernahme. Z. Sozialisationsforsch. Erziehungssoz. 2 (1982) 306—310

Schultheis, F.: Sozialgeschichte der französischen Familienpolitik. Frankfurt 1987a
Schultheis, F.: Die pronatalistische Bevölkerungspolitik in Frankreich. In: Beiträge zur internationalen Konferenz „Demographische Wirkungen politischen Handelns". Bielefeld 1986, 1987b (in Vorbereitung)
Seuß, H., Herold, M.: Aspekte der Wohnungspolitik in Deutschland. Familienpol. Informationen 18 (1979) 1—16
Wahl, K.: Familienbildung und -beratung in der Bundesrepublik Deutschland. Bonn 1973
Wingen, M.: Die wirtschaftliche Förderung der Familie. Paderborn 1958
Wingen, M.: Familienpolitik. Ziele, Wege und Wirkungen. Paderborn 1965[2]
Wissenschaftlicher Beirat für Familienfragen beim BMJFG: Leistungen für die nachwachsende Generation. Schriftenreihe des BMJFG, Bd. 73. Stuttgart 1979
Wissenschaftlicher Beirat für Familienfragen beim BMJFG: Familie und Wohnen. Analysen und Empfehlungen zur Wohnungsversorgung der Familien und zur Förderung des familiengerechten Wohnens in der Bundesrepublik Deutschland. Schriftenreihe des BMJFG, Bd. 20. Stuttgart 1975

Veränderungen in der Inanspruchnahme familienorientierter Beratungsangebote am Beispiel der Eziehungsberatung

Otto M. Ewert

Unter familienorientierter Beratung sollen alle Angebote verstanden werden, welche die Familie bei der Erfüllung ihrer Aufgaben unterstützen wollen. Der Vielfalt jener entsprechend, teilweise auch im Gefolge gesellschaftlicher Bedingungen, die in die Familie hineinwirken (z. B. Arbeitsmarktlage, Altersaufbau der Bevölkerung, Veränderung der Relationen von Familien- und Erwerbstätigkeit im Lebenszyklus der Frau u. a. m.) haben sich die Beratungsangebote in den letzten 20 Jahren vervielfacht. Wir stehen in der Phase einer Differenzierung und Spezialisierung von Angeboten; und zwar so, daß gegenwärtig die Notwendigkeit einer Konzentration von Angeboten erkannt und eine integrierte Familienberatung gefordert wird (s. *Keil* 1979).

Gegenwärtig bestehen Beratungseinrichtungen, die sich unter dem Oberbegriff der Familien- und Lebensberatung schwerpunktmäßig, oft auch problemübergreifend, der Ehe- und Partnerschaftsberatung einschließlich der Beratung Lediger und Alleinstehender und/oder der Erziehungsberatung zuwenden. In den gleichen Umkreis gehören Sexualberatung nebst Familienplanung, genetische Beratung und Schwangerschaftskonfliktberatung (s. zusammenfassend hierzu *Keil* 1979). Im 2. Familienbericht der Bundesregierung (Deutscher Bundestag 1975) wurde die Notwendigkeit von „Maßnahmen zur Förderung der Familie in Erfüllung ihrer Aufgaben" (S. IX) festgestellt. Dazu seien ergänzende außerfamiliäre Einrichtungen nötig. Ehe- und Familienberatung, Erziehungs-, Bildungs- und Sexualberatung sollen institutionell integriert werden. Eine solche Integration mehrerer sozialer Beratungsdienste in eine staatlich geförderte Beratungsstelle ist mittlerweile in verschiedenen Bundesländern möglich.

Meist sind es Probleme psychosozialer Natur, die im Blickpunkt dieser Beratungseinrichtungen stehen. Aber auch im Bereich von Ökonomie und Haushaltsplanung wurden in den letzten Jahren zunehmend mehr Ansatzpunkte für eine familienorientierte Beratung gesehen; beispielsweise in der Verbraucher- und Ernährungsberatung, der Freizeit- und Wohnberatung und der gerontologischen Beratung zur Altersvorsorge.

Auch wenn sich alle genannten Beratungsdienste als familienorientiert verstehen, ist damit kein Ausschließlichkeitskriterium formuliert. So gibt es auch Beratungsangebote für nicht-eheliche Lebensgemeinschaften oder — als Scheidungsberatung — für solche, die eine bestehende Familie verlassen möchten.

Auch in anderer Hinsicht ist der Terminus „familienorientiert" interpretationsbedürftig. In der Absicht, die Selbstregulationsfähigkeit der Familie zu unterstützen oder überhaupt erst auf den Weg zu bringen, wird sich familienorientierte Beratung von Fall zu Fall auf die gesamte Familie in ihren inneren und äußeren Lebensumständen richten oder aber mit Vorzug und vor allem auf ein bestimmtes Familienmitglied; und zwar meist dann, wenn eine individuelle Problematik die Integrationskraft der Familie zu sprengen droht. Dies gilt beispielsweise bei Rehabilitationsmaßnahmen, bei psychosomatischen und chronischen Erkrankungen, bei aktueller Suizidgefahr oder einer Neigung zu Gewalttätigkeit.

Die vielfältigen Probleme des menschlichen Zusammenlebens sind nicht erst mit dem modernen Leben entstanden, die meisten von ihnen gab es in der einen oder anderen Form schon immer. Gleiches gilt für das Angebot von Beratung in Form von mehr oder weniger informierten Ratschlägen. Die Bibel, die klassische Literatur, die Spruchweisheiten u. a. m. sind eine Fundgrube einschlägiger Lebenserfahrung. Der Geistliche, der Hausarzt, insbesondere wenn er mehrere Generationen der Familie kannte, der Anwalt oder auch Freunde der Familie waren und sind zum Teil auch heute die Berater, auf die man hört, selbst wenn man ihrem Rat nicht folgt. Neu hingegen ist die Verwissenschaftlichung der Beratung; d. h. die konkrete Beratung stützt sich, anders als im Alltag, auf empirische Regelhaftigkeiten und theoretische Gesetzlichkeiten. Der Status des Beraters wiederum ist durch eine Phase der Professionalisierung gegangen. Er muß entsprechende Zertifikate vorlegen können, und der Erfolg seiner Beratungsarbeit unterliegt im Interesse des Klientels mehr oder weniger strengen Gütemaßstäben und einer Erfolgskontrolle.

Im Zusammenhang mit dem Angebot von professioneller Beratung zeichnen sich Veränderungen sowohl in der Thematik von Beratungsarbeit wie auch hinsichtlich der Inanspruchnahme von Beratung ab.

Wir wollen solche Änderungen am Beispiel einer klassischen Form familienorientierter Beratung nachzeichnen, nämlich an den Veränderungen der Inanspruchnahme und der Arbeitsweise von Erziehungsberatungsstellen.

1 Die Aufgaben der Erziehungsberatung im zeitlichen Wandel

Wenn im Text von Erziehungsberatung (EB) die Rede ist, so hat dies ökonomische und zeitgeschichtliche Gründe. In den Jahren 1921/22 wurden in Wien bei den Bezirksjugendämtern 23 Einrichtungen geschaffen, die als Erziehungsberatungsstellen bezeichnet wurden (zit. nach *Buj, Specht* und *Zuschlag* 1981; *Rudert* und *Stein* 1959). Diese Einrichtungen hatten in gewisser Weise Modellcharakter für viele spätere Neugründungen. Mit dem Wandel von Klientel und Arbeitsweise kamen unterschiedliche Bezeichnungen auf, von denen hier nur einige angeführt werden sollen: Beratungsstelle für Kinder, Jugendliche und Eltern; Beratungsstelle für Kinder, Jugendliche und Familien; Jugend- und Elternberatungsstelle; Jugend- und Familienberatung; Erziehungs- und Lebensberatungsstelle; Erziehungs-, Ehe- und Lebensberatungsstelle. Folgt man den Berichten über die Vorläufer heutiger EBs aus der Zeit zwischen 1906 und 1930 (vgl. *Freudenberg* 1928 und *Koblank* 1967), so wird deutlich, daß die erste und ursprünglichste Aufgabe von EBs in der Arbeit mit stark verhaltensauffälligen Kindern und ihren Angehörigen bestand. In Berlin gründete *Fürstenheim* 1906 die „Medico-pädagogische Poliklinik für Kinderforschung, Erziehungsberatung und ärztliche erzieherische Behandlung". So bietet schon 1908 bis 1910 ein Verein „Kupferhammer" Erziehungshilfen für abartige und psychopathische Kinder an. Das gleiche Ziel verfolgen die „Heilpädagogische Beratungsstelle der psychiatrischen und neurologischen Klinik der Universität Heidelberg" (ab 1917), die „Heilpädagogische Beratungsstelle" der Stadt Krefeld (ab 1921), die „Psychopathensprechstunde" der Stadt Kiel (ab 1922) oder die „Sprechstunden für psychisch auffällige Kinder und Jugendliche", die der Psychiater *Gregor* beim Stadtjugendamt Karlsruhe 1922 einrichtete.

Von der Mitte der 20er Jahre ab erweitert sich die Zielgruppe der EB; und zwar so, daß nun häufiger von Erziehungsberatung für Kinder und Jugendliche gesprochen wird. *Freudenberg* (1928) führt bereits 42 Erziehungsberatungsstellen in 19 deutschen Städten auf. Zu den schwer Verhaltensgestörten kommen jetzt auch solche Kinder und Jugendliche, die durch „Kinderfehler", vor allem aber durch Verwahrlosungserscheinungen auffällig werden (zur späten Reaktion der Kinder- und Jugendpsychologie in den 20er Jahren auf vorangegangene und zeitgenössische Veränderungen s. *Ewert* 1983). Das Reichsjugendwohlfahrtgesetz von 1922 greift in seinem § 4 RJWG diese Entwicklung auf und führt unter den freiwilligen Aufgaben der Jugendhilfe auch die „Beratung in Fragen der Erziehung" auf. Die 1953 erfolgte Novellierung des RJWG von 1922 macht diese freiwilligen Aufgaben der Jugendhilfe zu Pflichtaufgaben der Jugendämter. Die in den Bundesländern erlassenen Richtlinien für die Förderung

von Erziehungsberatungsstellen (1953—1956) nennen ziemlich übereinstimmend folgende Aufgaben (zit. nach BKfE 1982):
a) Die vorhandenen seelischen Störungen der Kinder und Jugendlichen zu diagnostizieren und die Ursachen zu klären;
b) die Eltern über den Grund der Störungen und Schwierigkeiten ihrer Kinder in geeigneter Weise aufzuklären, sie für ihren Anteil an diesen Schwierigkeiten einsichtig zu machen und sie helfend zu beraten; erforderlichenfalls in die Beratung auch sonstige Erzieher einzuschalten, und
c) die jeweils gebotenen Formen der Hilfe im Einvernehmen mit den Eltern und in Zusammenwirkung mit sonstigen beteiligten Personen und Stellen durchzuführen oder zu veranlassen.

Obwohl die Länderrichtlinien in (b) auch das Umfeld möglicher Störungen thematisieren, liegt der Schwerpunkt der den EBn zugeschriebenen Aufgaben eindeutig im Erkennen und Aufklären von gestörten Verhaltensweisen bei Kindern und Jugendlichen. Mit einer heute so nicht mehr nachzuvollziehenden Pragmatik macht *Koblank* (1967, 53) darauf aufmerksam, „daß die Jugendämter auf die örtlichen Erziehungsberatungsstellen gern zurückgreifen und intensive Förderer dieser Institutionen sind. Für sie sind Erziehungsberatungsstellen auch ökonomisch von Bedeutung, denn die ambulante Betreuung eines Kindes in der Erziehungsberatungsstelle ist wesentlich billier als eine Heimunterbringung".

Eine erhebliche Erweiterung der Aufgaben von EB kommt Ende der 60er Jahre ins Blickfeld; und zwar im Zusammenhang mit der kritischen Diskussion von Familie als Sozialisationsinstanz. In den Bensberger Protokollen aus dem Jahre 1971 heißt es beispielsweise: „Die Erziehungskraft unserer Familien ist nicht ausreichend gesichert, sie muß nachhaltiger als bisher gefördert und gestärkt werden. Durch vielfältige Maßnahmen, durch Vermehrung der Ehe- und Familienberatungsstellen, durch verbesserte Leistungen auf den Gebieten der Bildung, der Beratung und der Förderung der Seminare für Eheleute und Eltern, der Mütter- und Elternschulen, durch Förderung der Familienerholung, insbesondere der Erholung für Mütter, durch Förderung von Einrichtungen der Vorschulerziehung muß der bisherige Rückstand auf diesem Gebiet aufgeholt werden" (zit. nach *Seifert-Schröder* 1981, 14). Sowohl der zweite und dritte Familienbericht (1975, 1979) als auch der Referentenentwurf des Jugendhilfegesetzes vom 31.10.1977 beschäftigen sich ausführlich mit der Förderung der Erziehung in der Familie und familienunterstützenden Hilfen zur Erziehung, wobei ausdrücklich auch auf Beratung und Unterstützung von Eltern bei Gefährdung oder Störung der Entwicklung der Kinder und Jugendlichen eingegangen wird. Ein WHO-Kongreß fordert 1956 ausdrücklich, daß das Umfeld von psychischen Störungen in die EB einbezogen wird (s. *Buckle* und *Lebovici* 1960).

Der Wandel in der Aufgabenstellung von EB kommt nicht zuletzt in einer veränderten Namensgebung zum Ausdruck. In einer Erhebung aus dem Jahre 1962 führen 58,8% von 245 befragten Stellen die Bezeichnung Erziehungsberatungsstelle und nur 17,1% die Bezeichnung Eltern-, Familien- oder Eheberatung (*Koblank* 1969). *Smid* und *Armbruster* stellen dagegen 1980 fest, daß sich die meisten befragten Stellen als Familienberatungsstellen verstehen.

Wie sieht nun die Öffentlichkeit die Aufgaben der EB? *Schmidtchen* et al. (1983) haben hierzu 141 Eltern befragt, die noch nicht im Kontakt mit einer EB gewesen waren. Die Autoren kommen zusammenfassend zu dem Ergebnis, daß man von der EB konkrete Erziehungsratschläge und Tips erwartet und daß alle Familienmitglieder zur Beratung hinzugezogen werden. Ein direkter erzieherischer Einfluß des Beraters auf das Kind wird nicht gewünscht. Die Erziehungsaufgabe soll nicht an andere delegiert werden, doch wird Hilfe zur Selbsthilfe erwartet. Diese aufgeklärte Haltung von Eltern gegenüber den Aufgaben der EB ist begrüßenswert, doch sei einschränkend angemerkt, daß sie vermutlich nicht deckungsgleich mit den Erwartungen von Eltern ist, die sich auf Grund einer für sie unerträglichen Problem- und Belastungssituation rat- und hilfesuchend an eine EB wenden.

2 Veränderungen im institutionellen Angebot von Erziehungsberatung

Für die Zeit zwischen 1908 und 1942 weist *Koblank* (1969) für das gesamte deutsche Reichsgebiet 12 Stellen nach, die als EB geführt werden oder zumindest Vorläuferfunktionen ausüben. Nach dem Zweiten Weltkrieg begann der Aufbau bzw. Wiederaufbau von Erziehungsberatungsstellen, wobei vor allem der Gedanke der child guidance clinics Pate stand. Im Zusammenhang mit dem Erlaß von Richtlinien für Erziehungsberatungsstellen in einigen Bundesländern zwischen 1953 und 1956 erweiterte sich das Angebot von EB. *Koblank* weist 1967 die Anschriften von 265 EBs im Bundesgebiet nach. Nach einer Aufbauphase, in der zwischen 1961 bis 1965 ein starker Zuwachs zu verzeichnen ist, kommt der Ausbau von Erziehungsberatungsstellen nach *Tuchelt-Gallwitz* (1970) ab 1965 ins Stokken. Nach AFET gibt es 1962 324 Erziehungsberatungsstellen. Im Verzeichnis der BKfE finden sich für 1971 348 Erziehungsberatungsstellen und für 1973 375 Erziehungsberatungsstellen. Die gleiche Quelle nennt für 1979 560 Haupt- und 149 Nebenstellen. Einer Kommissionsinformation der BKfE ist zu entnehmen, daß zum Stichtag 31. Dezember 1982 784 Haupt- und Nebenstellen für EB auf

Tabelle 1 Anzahl der Erziehungsberatungsstellen im Bundesgebiet und Berlin-West

	Hauptstelle ohne Nebenstelle und ohne Außenstelle	Hauptstelle mit Nebenstelle	Hauptstelle mit Außenstelle	Hauptstelle mit Nebenstelle und Außenstelle	Nebenstelle mit eigener pers. Besetzung	Außenstelle ohne eigene pers. Besetzung
	Hauptstellen*				Nebenstellen**	Außenstellen***
Gesamtzahl der Beratungsstellen in der BRD und Berlin-West	450	85	102	11	136	129
Gesamtzahl der Hauptstellen	648					
Gesamtzahl der Nebenstellen					136	
Gesamtzahl der Haupt- und Nebenstellen	784					
Gesamtzahl der Außenstellen						129

Definition von Haupt-, Neben- und Außenstellen *, **, ***:
* Eine Hauptstelle ist eine Beratungsstelle mit eigener personeller Ausstattung (Team).
** Eine Nebenstelle ist eine Beratungsstelle mit eigener personeller Ausstattung (Team), die einer Hauptstelle angeschlossen ist.
*** Eine Außenstelle ist eine Beratungsstelle ohne eigene personelle Ausstattung (Team), sie wird durch Mitarbeiter der Hauptstelle stundenweise oder bestimmten Wochentagen versorgt.

(zit. nach BKfE 1984)

dem Gebiet der Bundesrepublik tätig sind (s. Tab. 1). Die in unserem Text wiedergegebenen Zahlen sind nur bedingt vergleichbar. Die Wirkungsmöglichkeiten einer EB sind nicht zuletzt durch die personelle Ausstattung und die Qualifikation der Mitarbeiter bedingt. Für den Stichtag 31. Dezember 1982 gilt, daß etwa ein Drittel aller Stellen mit 3 bis 3,5 Mitarbeitern besetzt sind. Rund 20% der Stellen haben weniger Mitarbeiter, und 50% der Stellen haben 4 und mehr Mitarbeiter. Eine Übersicht über die Spezialisierung der Fachkräfte in Beratungsstellen gibt Tab. 2. Die Vielfalt der genannten Fachkräfte macht deutlich, daß der Teamgedanke aus der Zeit des Neuaufbaus weitgehend realisiert worden ist.

Auf die organisatorische Zuordnung von Beratungsstellen zu öffentlichen und freien/gemeinnützigen Trägern soll hier nicht eingegangen werden. Insgesamt gibt es etwas mehr Erziehungsberatungsstellen in freier/gemeinnütziger Trägerschaft. Eine andere Frage ist die Frage der Selbständigkeit gegenüber dem Träger. Bei öffentlichen Einrichtungen sind etwa drei Viertel der EB in dienstlicher Hinsicht einer Behörde unterstellt. Dies gilt in weitaus geringerem Maße für EBs in freier Trägerschaft.

Die Schätzung des tatsächlichen Bedarfs an EB fällt deshalb schwer, weil mit Änderungen von Aufgaben und Arbeitsweisen auch die Zielgruppe der Ratsuchenden nicht unverändert bleibt. Die

Tabelle 2 Zusammenfassung der Fachkräfte in Beratungsstellen

	Vollzeit	Teilzeit	nebenamtlich
Diplom-Psychologen	1266	483	193
Ärzte	52	29	302
Kinder- und Jugendlichenpsychotherapeut	129	74	24
Sozialarbeiter (grad.)/Sozialpädagoge (grad.)			
dto. m. heilpädagogischer Zusatzausbildung	790	216	113
Heilpädagogen	111	20	38
Diplom-Pädagogen	95	35	36
sonstige Fachkräfte*	149	113	484
Gesamtzahl der Fachkräfte	2592	970	1190
Mitarbeiter im Schreib- und Bürodienst	503	468	17

* sonstige Fachkräfte
Erzieherin. Erzieherin mit heilpäd. Zusatzausbildung, Lehrkräfte, Logopäde. Rhythmiker/Sportlehrer/Gymnastiklehrer. Werklehrer, Musikpädagoge/-therapeut, sonst. Berufe.
(zit. nach BKfE 1984)

WHO hat die Forderung gestellt, daß auf 45000 Einwohner eine Erziehungsberatungsstelle mit 4—5 Fachkräften eingerichtet werden solle. Im Regierungsentwurf zum Jugendhilfegesetz aus dem Februar 1979 ist davon die Rede, daß für das Bundesgebiet eine Zahl von 1200 Erziehungsberatungsstellen mit jeweils 4,5 Fachkräften angestrebt werden solle. In solche Hochrechnungen geht freilich die Überlegung nicht ein, daß es mittlerweile im Bundesgebiet zahlreiche psychologische Praxen gibt, die gleichfalls ein fachlich spezialisiertes Angebot von beratenden und therapeutischen Hilfen machen.

3 Veränderungen in der Inanspruchnahme und der Arbeitsweise von Erziehungsberatungsstellen

Zur Klärung der Frage von Veränderungen hinsichtlich Inanspruchnahme und Arbeitsweisen von EB in den letzten 10 Jahren haben wir eine Umfrage bei Erziehungsberatungsstellen in den Ländern Rheinland-Pfalz, Hessen und Baden-Württemberg durchgeführt. Unser Interesse galt den persönlichen Erfahrungen der Mitarbeiter von Erziehungsberatungsstellen. Ein Großteil der Fragen wurde offen formuliert, damit die Möglichkeit bestand, den persönlichen Eindruck der Mitarbeiter zu beschreiben. Die Rücklaufquote von 32% blieb zwar hinter den Erwartungen zurück; die Ursache mag aber u. U. in dem nicht unerheblichen Bearbeitungsaufwand für einen 9seitigen Fragebogen mit vielen offenen Fragen liegen. Im statistischen Sinne sind die Angaben von 68 Erziehungsberatungsstellen nicht repräsentativ für die derzeit 800 Erziehungsberatungsstellen in der Bundesrepublik. Andererseits stammen die Angaben von erfahrenen Beratern, die im Mittel 11 Jahre eine Beratungstätigkeit ausüben, wobei jede Erziehungsberatungsstelle auf Erfahrungen mit Tausenden von Beratungsfällen zurückgreifen kann. Obwohl unsere Erhebung nicht das statistisch repräsentative Bild der EB und ihres Klientels exakt repräsentieren kann, sind die uns mitgeteilten Erfahrungen eine wertvolle Grundlage zur Beschreibung von Trends, zumal Übereinstimmungen zwischen den Erziehungsberatungsstellen in drei Bundesländern hoch sind und Vergleiche mit anderen Erhebungen, die in einzelnen Punkten möglich sind, weitgehende Übereinstimmungen erkennen lassen*.

---

* Für die Durchführung der Erhebung bin ich Herrn *Christoph Kohl* dankbar, der auch beim Zusammenstellen der Ergebnisse hilfreich beteiligt war.

3.1 Veränderungen in der Altersstruktur der Klienten

Die Mehrzahl der Befragten beobachtet eine Veränderung in der Altersstruktur der Klienten; und zwar so, daß in den letzten Jahren vermehrt Jugendliche und junge Erwachsene, insbesondere die Altersgruppe der 19- bis 30jährigen, Erziehungsberatung in Anspruch nehmen. Ein ganz analoges Ergebnis findet *Knobloch* (1985) hinsichtlich einer Erhöhung des Anteils jugendlicher und erwachsener Ratsuchender. Als Gründe für die Zunahme des Anteils junger Erwachsener werden vor allem folgende genannt: Ein Teil der Erziehungsberatungsstellen macht ein spezielles Beratungsangebot (Lebensberatung) für Erwachsene. An zweiter Stelle werden ungünstige gesellschaftliche Lebensverhältnisse (insbesondere die Arbeitsmarktlage; berufliche Probleme) genannt. Darüber hinaus wird eine Abnahme von Schwellenängsten genannt, so daß die Inanspruchnahme von Erziehungsberatung selbstverständlicher geworden ist.

Trotz der Zunahme der 19- bis 30jährigen unter den Ratsuchenden machen die schulpflichtigen Kinder und Jugendlichen zwischen 6 und 14 Jahren nach wie vor den größten Teil der Klienten aus. Nach einer Erhebung der BKfE (1986) für das Jahr 1985 macht diese Altersgruppe 55% des gesamten Klientels aus. Die folgende Tabelle gibt die Altersstruktur der Klienten von Erziehungsberatungsstellen im Lande Rheinland-Pfalz wieder.

Tabelle 3

	0-5; 11	6-9; 11	10-13; 11	14-17; 11	18-24; 11
1976	8,6	35,4	36,4	15,6	4,1
1984	8,4	31,7	28,5	19,9	11,0

Quelle: LJA RPL (o. J.)

Auf den Umstand, daß anläßlich des Schuleintritts und im Zusammenhang mit schulischen Anforderungen Probleme in den Blickpunkt rücken, die anders vielleicht unbeachtet geblieben wären, ist schon früher aufmerksam gemacht worden (*Tuchelt-Gallwitz* 1970; *Ewert* 1979).

3.2 Geschlechtsspezifische Verteilung der Klienten

Die uns zugänglichen Daten zeigen keine nennenswerte Veränderung hinsichtlich der geschlechtsspezifischen Zusammensetzung des Klientels. Über die Gründe für die Überrepräsentation von Jungen sind mancherlei Vermutungen geäußert worden (s. *Brackmann*

1974). So werden unterschiedliche Rollenerwartungen, ein höherer Leistungsdruck und das Faktum genannt, daß Jungen häufiger zu „lauten", sozial auffälligen Störungen neigen, während bei Mädchen häufiger eine „stille" Symptomatik des introvertierten Rückzugs beobachtet wird (*Braun* 1983; *Achenbach* 1979). Eine wissenschaftlich befriedigende Erklärung des Geschlechterdifferentials steht freilich noch aus, zumal rollentheoretische Vermutungen kaum geeignet sind, geschlechtsspezifische Unterschiede hinsichtlich der Auftretenshäufigkeit von Sprachstörungen, Legasthenie, erwartungswidrigen Schulleistungen u. a. m. zu erklären.

3.3 Soziale Zusammensetzung des Klientels

Etwa die Hälfte der befragten Erziehungsberatungsstellen haben Veränderungen hinsichtlich der sozialen Zusammensetzung der Ratsuchenden festgestellt. Am häufigsten wurde eine relative Zunahme bei Familien der sogenannten Unterschicht bzw. bei finanzschwachen und von Arbeitslosigkeit betroffenen Familien festgestellt. Der Anteil von alleinerziehenden Müttern und Vätern, von Familien ohne ein leibliches Elternteil oder Stieffamilien hat zugenommen.

Relative Abnahmen wurden hauptsächlich in bezug auf Angehörige höherer Sozialschichten festgestellt.

Als Gründe für die Änderungen der sozialen Zusammensetzung nannten die Befragten die Zunahme von Empfehlungen und Überweisungen, z.B. durch frühere Klienten, durch Jugendämter und Ärzte. Einige Erziehungsberatungsstellen haben die Beratung von Unterschichtfamilien zum Arbeitsschwerpunkt gemacht; außerdem vermutet man Auswirkungen einer verbesserten Öffentlichkeitsarbeit und der Erleichterung des Zugangs zur EB. Der relative Rückgang von Angehörigen der Sozial-Oberschicht wird durch eine Hinwendung zu freien psychologischen Praxen erklärt.

Insgesamt sind die Veränderungen in der sozialen Zusammensetzung gering und beziehen sich in der Hauptsache auf eine Zunahme des Anteils an Arbeiterfamilien und benachteiligten Gruppen (vgl. auch *Knobloch* 1985). Trotz dieser Veränderungen muß festgestellt werden, daß bei einer etwas stärkeren Beteiligung sozial benachteiligter Bevölkerungsgruppen in den letzten Jahren die Mittelschicht auch weiterhin im Klientel der Erziehungsberatungsstelle überrepräsentiert ist. Aus den Daten des Landesjugendamtes Rheinland-Pfalz (o. J.) läßt sich ein Anstieg des Anteils von „Mittelschichtfamilien" zwischen 1976 und 1984 von 68% auf 75% ersehen, während „Unterschichtfamilien" zwischen 13% und 15% ausmachen. Ähnliche Ergebnisse finden sich bei *Tuchelt-Gallwitz* (1970), *Rey* et al. (1978) und *Smid* und *Armbruster* (1980), welche für 1976 belegen, daß fast 70% der Ratsuchenden aus der sogenannten Mittelschicht kommen und der Anteil von Unterschichtfamilien lediglich 10% beträgt. Die schichtspezifische Bereitschaft, Beratungsdienste aufzusuchen, ist also seit langem bekannt und wird u. a. sowohl im 2. Familienbericht der Bundesregierung (Deutscher Bundestag 1975a) wie auch im Bericht zur Lage der Psychiatrie in der Bundesrepublik (Deutscher Bundestag 1975b) beschrieben.

Die sich in unserer Erhebung abzeichnende Zunahme des Anteils sozial benachteiligter Bevölkerungsgruppen am Klientel der Erziehungsberatungsstellen ist zwar als Trend klar erkennbar, fällt aber vorerst zahlenmäßig kaum ins Gewicht.

Für die Alleinerziehenden finden wir, gemessen an den Zahlen des Statistischen Bundesamtes 1986, eine leichte Überrepräsentation. Einige unserer Befragungspersonen vermuten, daß dort die Bereitschaft stärker ausgeprägt ist, professionelle Hilfe in Anspruch zu nehmen: „Alleinerziehende fühlen sich in ihrer Erziehungsarbeit oft überfordert und nehmen Hilfsangebote gerne an, da sie eine Entlastung erwarten. In Familien mit beiden Elternteilen versucht man, die Entlastung durch den Partner zu erreichen."

Eine leichte Erhöhung des Prozentsatzes erwerbstätiger Mütter minderjähriger Klienten ist festzustellen. Das Landesjugendamt RPL stellt für die Zeit zwischen 1976 und 1984 einen Zuwachs von 30% auf 34% fest. Schlußfolgerungen über den Zusammenhang von Berufstätigkeit der Mutter und Beratungsbedürftigkeit von Kindern lassen sich hieraus freilich nicht ziehen. Einmal bleibt der Zuwachs von Kindern berufstätiger Mütter in den jetzten 10 Jahren hinter dem Zuwachs von erwerbstätigen Frauen in der Gesamtbevölkerung zurück, zum anderen kommen zwei Drittel der vorgestellten Kinder und Jugendlichen aus Familien mit nicht-berufstätigen Müttern!

3.4 Gründe der Inanspruchnahme von Erziehungsberatung

Die Anlässe, aus denen heraus eine EB aufgesucht wird, und die Arbeitsweisen von EB lassen sich zwar nicht eindeutig zuordnen, doch ist eine Grobklassifikation möglich. *Röttger* und *Oberburbeck* (1977) unterscheiden folgende Gruppen von Anlässen, denen stichwortartig Maßnahmen zugeordnet sind:
a) Personen, die Informationen und Auskunft haben möchten, z. B. über Schulreife, Begabungsfeststellung, Adoptionsfragen (Lösung durch eine sachliche Information),
b) Probanden, die wegen Verhaltensänderungen vorgestellt werden, die auf aktuellen Belastungen, Reifungs- und Entwicklungseinflüssen beruhen (Anregungen zur Eigeninitiative der Eltern ohne weitergehende therapeutische Hilfe),
c) Probanden mit Verhaltensauffälligkeiten und Symptomen von Krankheitswert, wobei die Störungen und Symptome für das

Kind bzw. für den Jugendlichen und für die Umgebung oft eine erhebliche Belastung darstellen (differenzierte und ausführliche diagnostische Untersuchung, Klärung der Frage, inwieweit die gesamte Familie, die Familienatmosphäre und -dynamik an der Symptomatik beteiligt sind),
d) Jugendliche, die wegen eigener Sorgen, Probleme und Symptome selbst in der Beratungsstelle vorsprechen und um Rat nachsuchen (Beratung oft unabhängig vom Kontakt mit dem Elternhaus, manchmal sogar gegen dessen Einfluß im Sinne einer Ablösung und Verselbständigung).

Nach *Rey* et al. (1978) kam bei einer Stichprobe von 3883 Kindern und Jugendlichen die Initiative zur Inanspruchnahme von:

Erziehungsberechtigte	36,9%
Schulbereich	21,8%
Ärzte	11,5%
Jugendamt	9,4%
Kindergarten/Hort	4,9%
Gesundheitsamt	2,6%
andere Eltern	2,3%
andere Beratungsdienste	2,3%
Kind/Jugendliche selbst	1,5%
Sonstige	6,8%

Eine Statistik der Vorstellungsgründe entnehmen wir *Leinhofer* (1981, 869). Aus dem Tätigkeitsbericht einer Erziehungsberatungsstelle in Regensburg aus dem Jahre 1980, in dem 493 Einzelberatungen durchgeführt worden waren, ergibt sich eine Häufigkeitsstatistik, die in anderen uns zugänglichen Tätigkeitsberichten im Prinzip in ähnlicher Form auftaucht. Wir geben hier nur diejenigen Vorstellungsgründe wieder, die in mindestens 10% der Fälle Anlaß zum Aufsuchen der EB waren; und zwar so, daß wir die Oberbegriffe von Vorstellungsgründen in der Reihenfolge ihrer Häufigkeit aufführen und jeweils in Klammern zu jedem Oberbegriff die drei am häufigsten beklagten Einzelsymptome angeben.
1. Probleme im sozialen Bereich (Beziehungsstörungen zwischen Kind, Elternhaus und Schule; übertriebene Aggressivität, Einordnungsschwierigkeiten; Gehemmtheit).
2. Probleme im Leistungsbereich (Konzentrationsschwäche, mangelnde Arbeitshaltung; allgemeine Schulleistungsschwäche; Teilleistungsschwächen als Lese-, Rechtschreib- und Rechenschwäche).
3. Probleme im emotionalen Bereich (Angst vor Personen und Situationen; Minderwertigkeitsgefühle; Leistungsangst).

Aba et al. (1978) geben für die Jahre 1973 bis 1975 an, daß in den Erziehungsberatungsstellen am häufigsten (bei 59% der Ratsuchenden) psychogene Störungen (neurotische Reaktionen, neurotische Fehlentwicklungen, aktuell umweltbedingte psychogene Störungen) diagnostiziert wurden. Begabungsmängel wurden bei 15% und Entwicklungskrisen bzw. Reifungsauffälligkeiten bei 14% der Klienten festgestellt. Als wichtigste pathogene Belastungen führen die Autoren die Elternhaltung und den Erziehungsstil (47%), ungünstige Familienverhältnisse (16%) und das soziale Umfeld (13%) an. Eine exakte Bestimmung von Änderungen in den Beratungsanlässen ist deshalb schwierig, weil Beratungsanlässe nicht unabhängig von der Arbeitsweise einer Erziehungsberatungsstelle, der Ausbildung der Mitarbeiter und der eingesetzten Diagnosemethoden sind. Auch regionale Gegebenheiten gehen in die Statistik von Beratungsanlässen ein; so gehen z. B. die Zahlen für schulbezogene Probleme zurück, wenn in der Umgebung mittlerweile ein schulpsychologischer Dienst eingerichtet wurde.

Nach der Erfahrung der von uns befragten Erziehungsberatungsstellen kann eine Änderung hinsichtlich der Beratungsanlässe über die letzten 10 Jahre hinweg verzeichnet werden. Häufig genannt wird die Zunahme von Beziehungsproblemen (z. B. Ehe- oder Trennungskrisen), die Zunahme psychosomatischer Beschwerden, die Zunahme von Störungen des Sozialverhaltens bzw. von Kommunikationsstörungen, ferner die Zunahme psychiatrischer Auffälligkeiten im Sinne von borderline cases, Psychosen, psychiatrische Nachsorge; depressiver Verstimmungen oder Selbstwertkrisen. Mehr als ein Drittel der befragten Stellen berichtet eine Abnahme von Leistungsproblematiken. Weitere Abnahmen betrafen in der Reihenfolge nach abnehmender Häufigkeit: auffällige Verhaltensweisen, „Bagatellstörungen", Legastheniefälle, intrapsychische Konflikte, Behinderungen. Insgesamt fällt auf, daß vermehrt schwerwiegende Probleme mit zum Teil erheblichem Krankheitswert (psychosomatische Symptomatiken, psychiatrische Auffälligkeiten, depressive Verstimmungen, komplexe Symptomatiken) und häufiger Beziehungs-, Kommunikations- und andere Schwierigkeiten im Sozialverhalten zum Aufsuchen einer Beratungsstelle führten. Gleichzeitig stellen einige Erziehungsberatungsstellen eine deutliche Abnahme von Schul- und anderen Leistungsproblemen fest. Nach der Beobachtung der von uns befragten Erziehungsberatungsstellen ist neben diese qualitativen Veränderungen eine Zunahme des Schweregrades der beklagten Störungen zu verzeichnen.

3.5 Änderung der Sensibilität gegenüber psychischen Störungen

Etwa zwei Drittel der von uns befragten Erziehungsberatungsstellen gaben eine Erhöhung der Sensibilität gegenüber psychischen Störungen an. Dabei fanden vor allem Beziehungs- und Kommunikationsstörungen bei Ratsuchenden wie Beratern mehr Beachtung. Daumenlutschen, Linkshändigkeit, Nörgeln oder Einnässen wurden als Bagatellstörung bezeichnet und weniger ernst genommen. Bei den Ratsuchenden drückt sich die beobachtete Sensibilitätserhöhung in geringerer Schwellenangst, größerer Therapiebereitschaft, größerer Offenheit, gestiegenem Interesse an Selbsthilfegruppen und an Tendenzen zu einer Überpsychologisierung aus.

4 Arbeitsweisen der Erziehungsberatungsstellen

4.1 Zeitlicher Aufwand für bestimmte Tätigkeitsbereiche

Als Grobunterteilung von Tätigkeitsfeldern in der EB haben wir eine Klassifikation in Diagnostik, Beratung, Therapie und Prophylaxe vorgenommen. Einige der von uns befragten Erziehungsberatungsstellen kritisierten eine solche Aufteilung, da Beratung nicht nach einem ärztlichen Arbeitsmodell erfolge, sondern als ganzheitlicher Prozeß verstanden würde, der gleichzeitig Diagnostik, Beratung, Therapie und Prophylaxe beinhalte. Obwohl die Verhältnisse in den einzelnen Erziehungsberatungsstellen sehr unterschiedlich sind, läßt sich als grober Raster annehmen, daß 17% der Arbeitszeit auf Diagnostik, 36% auf Beratung, 37% auf therapeutisches Arbeiten und 10% auf prophylaktische Aktivitäten entfallen. Die deutlichste Veränderung besteht in einem drastischen Rückgang der diagnostischen Arbeit und einem entsprechenden Anstieg von Beratung und Therapie. Fast die Hälfte der Erziehungsberatungsstellen verzeichnete eine Zunahme therapeutischer Tätigkeiten. Dies wird einmal mit der Schwere der vorgestellten Probleme, häufig aber auch mit einer Zunahme von therapeutischer Kompetenz der Berater selbst begründet. Auch die Nachfrage der Klienten nach Therapiemaßnahmen hat sich erhöht.

4.2 Änderungen im diagnostischen Bereich

Bei 85% der befragten Erziehungsberatungsstellen verringerte sich der Anteil der Testdiagnostik deutlich. Die Gründe für diesen Rückgang sind vielfältig. Einige beratende und therapeutische Maßnahmen verzichten auf eine unabhängige Diagnostik und setzen z. B. eine therapiebegleitende Verhaltensbeobachtung ein. Innerhalb familientherapeutischer Betrachtungsweisen wird häufig auf ein isoliertes Diagnostizieren von Symptomen aus grundsätzlichen Erwägungen heraus verzichtet. Klassische Testverfahren werden häufig mit dem Argument kritisiert, daß ihre Ergebnisse für therapeutisches

Vorgehen nicht relevant seien, vor allem seien sie als statusdiagnostische Tests zur Veränderungsmessung nicht brauchbar. Probleme und ihre Ursachenstrukturen werden häufiger im Beratungsgespräch selbst ermittelt, wobei unterstützend Methoden der Verhaltensbeobachtung zugezogen werden. Testdiagnostik spielt lediglich noch bei Leistungsproblematiken oder nicht näher erläuterten „speziellen Fragestellungen" eine Rolle.

4.3 Beratung und Therapie in der Erziehungsberatung

Es wird berichtet, daß die Störungen der Ratsuchenden häufig schwerwiegender sind, so daß eine kurzfristige Beratung nicht indiziert sei. Hiermit setzt sich ein Trend fort, der schon im Abschlußbericht der BKfE aus 1976 erkennbar wird. Die Anzahl der Kurzberatungen (bis 3 Std.) sind dort von 46,5% in 1973 auf 38,5% in 1975 gesunken, während die Intensivberatungen (mehr als 3 Std.) von 29,4% auf 31,5% ansteigen. Eine Wertung dieses Sachverhaltes ist ohne Kenntnis der genaueren Umstände nicht möglich. Ein Rückschluß von der Behandlungsdauer auf die Schwere der Störung ist logisch nicht möglich; dies würde nur dann gelten, wenn die jeweils eingesetzte Beratungs- oder Therapieform wissenschaftlich kontrolliert wäre. Daß ein Zusammenhang zwischen der Verlagerung der EB-Tätigkeit in Richtung Intensivtherapie mit den erfreulich gestiegenen Weiterbildungsmöglichkeiten der Mitarbeiter besteht, läßt sich aus gleichartig verlaufenden Zahlenreihen nicht herleiten, wäre aber einer Prüfung wert.

4.4 Änderungen in den therapeutischen Verfahrensweisen

Die nachstehende Tabelle gibt einen Überblick über die Anwendung therapeutischer Techniken in Erziehungsberatungsstellen.

Tabelle 4

	Ebst (n=67)	
	f	%
Familientherapie	63	94
Gesprächspsychotherapie	60	90
Verhaltenstherapie	45	67
tiefenpsychologisches Verfahren	38	57
Gestalttherapie	27	40
Psychodrama	18	27
Sonstige	47	70

Da Mehrfachnennungen möglich waren, addieren sich die Zahlen nicht zu 100% auf. Die Ergebnisse zeigen, daß sehr viele Erziehungsberatungsstellen eklektisch arbeiten. Familientherapie und Gesprächstherapie führen die Liste an, weitere Therapietechniken folgen dann erst mit größerem Abstand. Aus unserer Erhebung ergibt sich, daß im Mittel vier bis fünf unterschiedliche therapeutische Techniken in einer Erziehungsberatungsstelle angeboten werden.

Die deutlichste Veränderung hinsichtlich der Anwendung therapeutischer Techniken ist die Zunahme familientherapeutischer Arbeitsformen in den letzten 10 Jahren. Familientherapeutisches Arbeiten hat seit etwa 1970 auch in Deutschland Eingang gefunden und hat sich inzwischen etabliert (vgl. *Hess* 1982; *Schneider* 1983). Familientherapeutische Ansätze betonen den Beziehungsaspekt und beziehen alle Familienmitglieder in Beratung und Therapie ein. Wo es nicht möglich ist, alle Familienangehörigen zur Teilnahme an den Sitzungen zu bewegen, arbeiten einige Therapeuten auch mit Familienteilen, sogenannten Subsystemen. Eine Zunahme von Familienberatung und Familientherapie stellte auch *Knobloch* (1985) für den Zeitraum von 1976 bis 1981 fest. *Schäfer* (1984) gibt einen Überblick über die Form der tatsächlichen Zusammenarbeit mit Familien in Erziehungsberatungsstellen: 60% der beteiligten Erziehungsberatungsstellen gaben „familienergänzende Einzelberatung" als häufigste Form an, 25% Familientherapie im engeren Sinn. 24% unserer Stichprobe weisen darauf hin, daß die Zunahme familientherapeutischen Arbeitens durch Veränderungen der jeweils beklagten Symptomatik bedingt wird. In diesem Zusammenhang wurden genannt: Beziehungs- und Paarprobleme, Scheidungsberatungen, Ablösungsprobleme Jugendlicher, Anorexia nervosa, Psychosomatosen, psychotische Episoden und früher unzugängliche Probleme. Der These, daß familientherapeutische Ansätze als praktikables Handwerkszeug ihre Anwendung nahelegen, fand weithin Zustimmung. Möglicherweise spiegelt sich in der Zunahme familientherapeutischen Arbeitens auch ein vielfältiges, durch Ordnungen vorerst noch kaum reguliertes Weiterbildungsangebot, das Berufsgruppen mit unterschiedlichster Vorbildung den Weg zum „Therapeuten" öffnet. *Koschorke* (1985, 9) spricht von „der inflationären Tendenz, alle Arbeit mit Familienmitgliedern, die auf der Einsicht fußt, daß die Angehörigen einer Familie sich gegenseitig beeinflussen, Familientherapie zu nennen". Nach Ansicht des Verfassers verspricht Familientherapie „auch solchen Personen- und Berufsgruppen Zugang zu therapeutischen Vorgehensweisen, therapeutischer Ausbildung und den Titel ‚Therapeut', denen dieser Weg bisher verschlossen war. Ein anschauliches Beispiel sind Sozialarbeiter. Sie suchen oft, als Ergänzung zur traditionellen sozialamtlichen Tätigkeit, nach einem Repertoire von Interventionsmöglichkeiten, das ihnen erlaubt, in Familien therapeutisch vorzugehen". In unserer Erhebung tauchen vergleichsweise nur selten kritische Anmerkungen zur Präferenz familientherapeutischen Vorgehens auf. In diesem Zusammenhang wird erwähnt, daß familientherapeutisches Vorgehen sehr arbeitsintensiv sei, daß die gesamte Familie kaum erreichbar sei, weil die Väter nur selten zur Teilnahme zu motivieren sind und daß sich die Bereitschaft, mit der ganzen Familie in Therapie zu gehen, auf Grund einer zunehmenden Individualisierung der Ratsuchenden verringert habe.

4.5 Zusammenarbeit mit anderen Institutionen, Prävention und Öffentlichkeitsarbeit

Unsere Ergebnisse deuten darauf hin, daß der Umfang der Kooperation mit anderen Diensten zugenommen hat. Die Art der Veränderung ist offensichtlich unterschiedlich und hängt sehr stark mit örtlichen Gegebenheiten zusammen, beispielsweise mit der Einrichtung von schulpsychologischen Diensten in der Region. Nach BKfE (1986a) findet eine regelmäßige klientenbezogene Zusammenarbeit hauptsächlich mit Jugendämtern (bei 60% der Erziehungsberatungsstellen), anderen Beratungsdiensten (63%), Kindergärten und Horten (62%), Schulen (56%), Ärzten und Psychologen (56%) sowie schulpsychologischen Diensten (47%) statt. Es kann also festgehalten werden, daß viele Erziehungsberatungsstellen regelmäßig mit mehreren sozialen Institutionen zusammenarbeiten, wobei die Möglichkeit eines integrierten Beratungsangebots örtlich vom Vorhandensein spezialisierter Beratungsangebote abhängt, auf Länderebene auch von der jeweiligen Gesetzgebung.

Hinsichtlich des präventiven Arbeitens und der Öffentlichkeitsarbeit von Erziehungsberatungsstellen verzeichnen wir in den letzten 10 Jahren deutliche Veränderungen. Das Spektrum von Aktivitäten, die nicht auf den Einzelfall bezogen sind, hat sich erheblich ausgeweitet. Neben öffentlichen Vorträgen, Stellungnahmen und Publikationen bietet ein Großteil der Erziehungsberatungsstellen Gesprächskreise für Eltern von nicht vorgestellten Kindern, für Erzieher, Lehrer und Sozialarbeiter an; außerdem werden häufig Kurse und Seminare zu speziellen Themen durchgeführt. Die Erziehungsberatungsstellen wirken darüber hinaus häufig in der Ausbildung von sozialen Berufen mit. Obwohl die Bedeutung dieser Arbeitsform überall gesehen wird, können die Erziehungsberatungsstellen nur einen vergleichsweise geringen Anteil ihrer Gesamtarbeitszeit solchen Aktivitäten zuwenden.

5 Epikrise

Im Selbstverständnis von EB spielt der Gesichtspunkt der Familienorientierung eine zunehmend stärkere Rolle. Zu den „klassischen" Beratungsanlässen sind neue hinzugekommen. Auch die Altersstruktur der Ratsuchenden läßt Veränderungen erkennen — dies vor allem zugunsten von Adoleszenten und jungen Erwachsenen.

Der Weg zur Beratungsstelle ist leichter geworden, Schwellenängste wurden abgebaut, Empfehlungen aus dem Bekanntenkreis und gezielte Öffentlichkeitsarbeit haben die Inanspruchnahme von einem gewissen Odium befreit. Ein Trend zur stärkeren Beteiligung unterer Sozialschichten am Klientel der Erziehungsberatungsstelle zeichnet sich ab, doch sind diese Gruppen nach wie vor unterrepräsentiert.

Eine u. E. notwendige Integration von Beratungsstellen mit unterschiedlichen Schwerpunkten bahnt sich regional an, wird aber teilweise durch die entsprechenden Ländergesetzgebungen erschwert. Ein weiteres Desiderat sind Überlegungen und Regelungen zur Kooperation von Erziehungsberatungsstellen in kommunaler oder freier Trägerschaft und dem Angebot von freien Praxen niedergelassener Psychologen.

Daß das modische Überhandnehmen von familienorientierten Arbeitsweisen auch eine Kehrseite hat, sei abschließend nicht verschwiegen. Es fehlen derzeit verbindliche Gütekriterien für einschlägige Therapieausbildungen und eine wissenschaftlich kontrollierte Therapiewirkungsforschung. Darüber hinaus droht bei einer kampagnenhaften Verbreitung von Familientherapie die Familie zum neuen Sündenbock für jede Art von Verhaltensstörung zu werden. Man wird im Auge behalten müssen, ob durch die Forderung, die ganze Familie müsse in den therapeutischen Prozeß einbezogen werden, Ratsuchende aus der Unterschicht nicht zusätzlich benachteiligt werden. Sie könnten durch die Auflage, in ihrer Freizeit als Familie zu einer Kette von Therapiesitzungen zu kommen, eher überfordert sein als andere.

Literatur

Aba, O., Pfeifer, W.K., Rey, E.R.: Häufigkeit und Verteilung von Diagnosen in der Erziehungsberatung. Z. Kinder- und Jugendpsychiatr. 6 (1978) 27—39

Achenbach, T.M.: The child behavior profile: An empirically based system for assessing children's behavioral problems and competencies. Intern. J. Ment. Health 7 (1979) 24—42

AFET (Allgemeiner Fürsorgeerziehungstag): Verzeichnis 1962 (zit. nach *Buj, V., Specht, F., Zuschlag, B.* 1981)

BKfE (Hrsg.), 1984a: Ausgewählte Auszählungsergebnisse von Erziehungs- und Familienberatungsstellen in der Bundesrepublik Deutschland und Berlin-West (Stand 31.12.1982)

Braun, M.: Verhaltensauffälligkeiten von Vorschulkindern im Urteil der Mütter. Phil. Dissertation, Mainz 1983

Buckle, D., Lebovici, S.: Leitfaden der Erziehungsberatung. Verlag für medizinische Psychologie, Göttingen 1960

Buj, V., Specht, F., Zuschlag, B.: Erziehungs- und Familienberatung in der Bundesrepublik Deutschland. Z. Klin. Psychol. 10 (1981) 147−166

Deutscher Bundestag (Hrsg.): 3. Jugendbericht, Drucksache VI, 3170, 1972

Deutscher Bundestag (Hrsg.): 2. Familienbericht v. 17.4.1975

Deutscher Bundestag (Hrsg.): Bericht über die Lage der Psychiatrie in der Bundesrepublik Deutschland. Heger, Bonn 1975

Deutscher Bundestag (Hrsg.): Entwurf eines Sozialgesetzbuches (SGB), Jugendhilfe, v. 14.2.1979. Heger, Bonn

Ewert, O.: Entwicklungspsychologie des Jugendalters. Kohlhammer, Stuttgart−Berlin−Köln−Mainz 1983

Ewert, O.: Aufgaben und Probleme der Erziehungsberatung heute. In: Hauswirtschaftswissenschaften 1979, S. 217-221

Freudenberg, S.: Erziehungs- und heilpädagogische Beratungsstellen. Hirzel, Leipzig 1928

Hess, T.: Einzelpsychotherapie von Kindern und Jugendlichen und Familientherapie: Kombinierbar oder sich ausschließend? Praxis Kinderpsychol. Kinderpsychiatr. 31 (1982) 253-260

Keil, S.: Konzeption und Organisation familienrelevanter Beratung in der Bundesrepublik Deutschland. Materialienband zum 3. Familienbericht. DJI Verlag Deutsches Jugendinstitut, München 1979

Knobloch, E.M.: Veränderungen der Inanspruchnahme und der Tätigkeiten von Erziehungsberatungsstellen. Med. Dissertation, Göttingen 1985

Koblank, E.: Die Erziehungsberatungsstelle. Ihre Institution und Praxis. Luchterhand, Neuwied−Berlin 1967

Kohl, Ch.: Veränderungen der Inanspruchnahme und der Arbeitsweisen von Erziehungsberatungsstellen. Unv. Diplomarbeit, Mainz 1987

Koschorke, M.: Indikationen für Familientherapie. In: Brennpunkte sozialer Arbeit. Diesterweg, Frankfurt/M.−Berlin−München 1985

Leinhofer, G.: Beratung für Kinder, Jugendliche und Eltern (Erziehungsberatung). In: Berufsverband Deutscher Psychologen (Hrsg.), Handbuch der Angewandten Psychologie. Verlag Moderne Industrie, München 1981, S. 859−886

Rey, E.R., Aba, O., Pfeifer, W.K.: Erste Ergebnisse einer Basisdokumentation für Kinder und Jugendliche aus Erziehungsberatungsstellen. Z. Kinder- und Jugendpsychiatr. 6 (1978) 40−55

Röttger, W.A., Oberborbeck, K.W.: Ein Gang zur Erziehungsberatungsstelle. In: *W. Hornstein, R. Bastine, H. Junker, C. Wulf* (Hrsg.), Beratung in der Erziehung, Bd. 1. Fischer TB, Frankfurt/M. 1977, S. 353−380

Rudert, R., Stein, R.: Erziehungsberatung. In: *H. Hetzer* (Hrsg.), Handbuch der Psychologie, Bd. 10. Hogrefe, Göttingen 1961

Schäfer, U.: Anspruch und Wirklichkeit der Familientherapie in Erziehungsberatungsstellen. Med. Dissertation, Göttingen 1984

Schmidtchen, S., Bohnhoff, S., Fischer, K., Lilienthal, C.: Das Bild der Erziehungsberatung in der Öffentlichkeit und aus der Sicht von Klienten und Beratern. Praxis Kinderpsychol. Kinderpsychiatr. 32 (1983) 166—173

Schneider, K. (Hrsg.): Familientherapie in der Sicht psychotherapeutischer Schulen. Jungfermann, Paderborn

Seifert-Schröder, B.: Bildung und Beratung zur Stützung familialer Sozialisation. DJI Verlag Deutsches Jugendinstitut, München 1981

Seitz, W.: Aufgaben und Methoden der Erziehungsberatung im Wandel. Psychol. in Erziehung und Unterricht 29 (1982) 30—40

Smid, H., Armbruster, E.: Institutionelle Erziehungsberatung. Eine Bestandsaufnahme in Hessen. Beltz, Weinheim 1980

Tuchelt-Gallwitz, A.: Organisation und Arbeitsweise der Erziehungsberatungsstellen in der Bundesrepublik Deutschland. Beltz, Weinheim 1970

Zwanzig Jahre Migrantenfamilien in der Bundesrepublik
Familiärer Wandel zwischen Situationsanpassung, Akkulturation und Segregation

Bernhard Nauck

1 Dimensionen des Wandels bei Migrantenfamilien

Obwohl der Wandel von Familienstrukturen als Migrationsfolge schon früh in der deutschsprachigen Migrationsforschung thematisiert wurde (*Hoffmann-Nowotny* 1970; *Albrecht* 1972), hat die empirische Forschung erst in jüngster Zeit eingesetzt (*Abadan-Unat* 1982; *Becher, Erpenbeck* 1977; *Bonacker, Häufele* 1986; *Buba* et al. 1984; *Holtbrügge* 1975; *Kane* 1986; *Koch-Arzberger* 1985; *Koch, Schöneberg* 1984; *König, Schultze, Wessel* 1986; *Kudat* 1975; *Leitner* 1983; *Ley* 1979; *Mehrländer* et al. 1981; *Nauck* 1985, 1985a, 1986, 1986a, 1987, 1987a; *Nauck, Özel* 1986; *Neumann* 1980; *Özel, Nauck* 1988; *Renner* 1982; *Schöneberg* 1982; *Schönpflug, Otremba, Silbereisen* 1986; *Schrader, Nikles, Griese* 1979; *Schwarz* 1980; *Vaskovics* 1987; *Vaskovics* et al. 1983; *Wilpert* 1980, 1987). Die folgende Darstellung migrationsbedingter Veränderungen ist deshalb notwendig selektiv und kann insbesondere kaum auf vergleichende Analysen zum Wandel in Migrantenfamilien unterschiedlicher Herkunftsnationalitäten zurückgreifen. Die differenziertesten Ergebnisse liegen bislang für türkische Migrantenfamilien vor, wobei diesen nicht wegen ihres quantitativen Anteils, sondern wegen des extremsten Kontextwechsels eine besondere theoretische Bedeutung zukommt, so daß an ihnen die Veränderungsprozesse (obwohl sie sich prinzipiell nicht von denen anderer Herkunftsnationalitäten unterschieden, wie vergleichende Kausalanalysen des Eingliederungsprozesses von *Hill* 1984 gezeigt haben) besonders sinnfällig beobachtet werden können. Die nachfolgende Analyse konzentriert sich auf einen Vergleich dieser Nationalität (als der historisch letzten Migrantennationalität) mit der der Italiener (als der ersten Einwanderernation).

Grundsätzlich ist eine Analyse des familiären Wandels bei Arbeitsmigranten auf drei verschiedene Ebenen zu beziehen.

Sozialstruktureller Wandel: Anhand von Zeitreihenvergleichen aus der Bevölkerungsstatistik können die Veränderungen in der quantitativen Verteilung von familienbezogenen demographischen Eigenschaften untersucht werden. Hierbei ist jeweils zu prüfen, ob aus diesen Maßzahlen über die mit der Migration verbundenen Selektionsprozesse hinaus auch Rückschlüsse auf Verhaltensänderungen möglich sind.

Intergenerativer Wandel: Anhand von Kohortenvergleichen zwischen Ausländergenerationen, die sich darin unterscheiden, ob sie in der Herkunfts- oder Aufnahmegesellschaft geboren und sozialisiert worden sind bzw. ihre Familie gegründet haben, lassen sich langfristige, vom Familienzyklus unabhängige innerfamiliäre Veränderungen untersuchen.

Intragenerativer Wandel: Anhand von Vergleichen der Familienstruktur zu verschiedenen biographischen Zeitpunkten kann das Zusammenwirken von endogenen Faktoren der Familiendynamik und exogenen Faktoren der familiären Migrationskarriere untersucht werden.

Für Analysen sozialstruktureller, inter- und intragenerativer Veränderungen sind drei Prozesse zu trennen:

„Historische" Veränderungen in den Kontextbedingungen: Neben den politisch-rechtlichen und ökonomischen Rahmenbedingungen sind hier insbesondere die quantitativen Veränderungen in der Ausländerpopulation zu nennen. Anders als spät gewanderte (Ketten-)Migranten haben z.B. die Pionierwanderer keine sich institutionell vervollständigende ethnische Gemeinde vorgefunden und sind deshalb stärker zu assimilativen Handlungen „gezwungen"; dies könnte ebenso wie das Fehlen eines eigenethnischen Heiratsmarktes bei den Pionierwanderern zu einer positiveren Bewertung gemischt-nationaler Ehen führen als bei Ausländern der zweiten Generation.

Veränderungen im Verlauf der Migrations- und Eingliederungskarriere: Von den historischen Veränderungen der Kontextopportunitäten sind die individuellen Verläufe von Wanderung und Eingliederung zu trennen, d.h. in welcher Phase des Lebenslaufs die Migration erfolgt und welche Alternativen für assimilatives (und segregatives) Handeln in den Phasen zur Verfügung stehen; selbstverständlich „verbrauchen" diese Eingliederungskarrieren (Lebens-)Zeit, so daß Aufenthaltsdauer eine notwendige, aber keineswegs hinreichende Bedingung für assimilative Veränderungen in Migrantenfamilien ist.

Veränderungen im Verlauf der Familienkarriere: Auch Migrantenfamilien unterliegen schließlich endogenen, familiendynamischen Veränderungen, d.h. die Handlungsalternativen verändern sich auf Grund eigener, vorangegangener Entscheidungen in der Lebens-

und Familienbiographie, wie z.B. früh oder spät zu heiraten, den Ehepartner oder Kinder im Herkunftskontext zu belassen, viele oder wenige Kinder zu haben.

Welchen Einfluß diese drei Prozesse auf familiäre Veränderungen bei Arbeitsmigranten haben, darüber liegen bislang nur lückenhafte Befunde vor, und Versuche, die Wechselwirkungen zwischen diesen drei Prozessen theoretisch zu erfassen und empirisch zu prüfen, stehen erst am Anfang. Die folgende Analyse konzentriert sich auf den Aspekt des sozialstrukturellen Wandels bei Migrantenfamilien anhand bevölkerungsstatistischer Befunde und versucht ergänzend — sofern hierzu bereits Befunde vorliegen — intergenerative Veränderungen anhand von Individualdaten aufzuzeigen. Intragenerative Veränderungen, d. h. die Dynamik der Situationsanpassung familiärer Interaktionsstrukturen im Verlauf der Eingliederungskarriere, werden dagegen hier ausgeblendet (vgl. *Nauck* 1986a).

2 Sozialstruktureller Wandel der Migrantenfamilien

Arbeitsmigranten und ihre Familien sind eine hochselektive Bevölkerungskategorie, wobei die Selektionsprozesse durch mehrere, auf komplizierte Weise interagierende Faktoren bestimmt sind. Drei Steuerungsmaßnahmen der Aufnahmegesellschaft Deutschland haben erheblichen Einfluß auf den demographischen Aufbau der ausländischen Wohnbevölkerung genommen; sie markieren zugleich 10-Jahres-Intervalle des sozialstrukturellen Wandels: 1. Die Anfang der 60er Jahre verstärkt einsetzende Anwerbung ausländischer Arbeitskräfte, 2. das 1973 ausgesprochene Anwerbeverbot und 3. die ab 1983 verstärkten Rückwanderungsmaßnahmen durch finanzielle Rückwanderungsanreize und juristische Verbleibebarrieren. Die erste Phase hat zunächst einmal zu einem Anstieg der ausländischen Wohnbevölkerung in Deutschland geführt. Sie verfünffachte sich von 686 000 im Jahre 1961 auf 3 439 000 im Jahre 1971, stieg aber trotz Anwerbeverbot weiter auf 4 667 000 im Jahre 1982 (Maximum) und liegt Ende 1985 bei 4 379 000. Die Anwerbung von Arbeitskräften setzte dabei in den Entsendeländern zu unterschiedlichen Zeitpunkten ein, sie erfaßte als erstes Italiener, zuletzt Türken, deren Situation deshalb weniger wegen der „kulturellen Distanz", sondern vor allem wegen der auf Grund des geschlosseneren Arbeitsmarktes geringeren Eingliederungsopportunitäten unterschiedlich gewesen ist und zu höheren Distanzierungen der Aufnahmegesellschaft geführt hatte (bis Asylbewerber diese Rolle übernommen haben). Hervorzuheben ist, daß sich durch den Ausländerzuzug in den letzten 20 Jahren die Gesamtbevölkerung praktisch nicht erhöht hat, sondern daß eine (auch altersspezifische, bei der Generation der kriegsbedingten Geburtenausfällen liegende) Substitution eingetreten ist.

2.1 Bevölkerungsentwicklung

Für die Analyse des sozialstrukturellen Wandels der Migrantenfamilien ist zunächst von Bedeutung, daß es sich hierbei nicht um eine — sukzessiv hinzugekommene, aber von den Individuen her konstante — Bestandsmenge handelt: Zwischen 1961 und 1985 sind 13 891 000 Ausländer zugezogen und 10 793 000 ins Ausland verzogen, d. h. die ausländische Wohnbevölkerung hat sich um ein Vielfaches des Bestandes ausgetauscht. Dieser Sachverhalt ist dann zu berücksichtigen, wenn demographische Zeitreihen für die Analyse familiären Wandels herangezogen werden, da mögliche Veränderungen in den Maßzahlen nicht (in dem Maße) z. B. akkulturative Prozesse indizieren, sondern zu einem erheblichen Anteil Selektionsprozesse. Gleichwohl hat der Anteil der Ausländer mit längerer Aufenthaltsdauer ständig zugenommen, wobei (zumindest für die Herkunftsnationen, die keine EG-Mitgliedschaft besitzen) das Anwerbeverbot und die Arbeitsmarktlage in den Herkunfts- und Aufnahmegesellschaften erheblich zu dieser Entwicklung beigetragen hat: Fehlende Rückkehranreize und die fehlende Option zur erneuten Arbeitsaufnahme in Deutschland bei Mißlingen der Rückeingliederung haben dazu beigetragen, daß (gerade auch bei Migranten mit *geringen* individuellen Ressourcen) ein Verbleib in der augenblicklichen Situation zugenommen hat, und zwar *sowohl* auf Grund von hoher Eingliederungsmotivation *als auch* auf Grund fehlender Alternativen (wie unerträglich die Migrationssituation auch perzipiert wird), und daß die in der Herkunftsgesellschaft verbliebenen Familienmitglieder nachgeholt werden.

Diese Bevölkerungsentwicklung wird am Beispiel der italienischen und türkischen Wohnbevölkerung in Deutschland seit dem Anwerbeverbot 1973 gut deutlich. Die Italiener haben als erste Anwerbenation zu diesem Zeitpunkt bereits ein hohes „Konsolidierungsniveau" mit einem hohen Anteil an Migranten mit längerer Aufenthaltsdauer. Da sie zugleich vom Anwerbeverbot nicht betroffen sind, ist dessen Einfluß auf die italienische Wohnbevölkerung gering: Bei leichter Abnahme der Gesamtbevölkerung ist eine starke kontinuierliche Abnahme von Personen mit kurzer Aufenthaltsdauer zugunsten Personen mit längerem Verbleib zu beobachten: Beträgt der Anteil von Italienern mit kürzerem als sechsjährigem Aufenthalt 1973 noch 62,8%, so ist er 1985 auf 19,5% zurückgegangen. Bei den Türken als letzter Anwerbenation sind dagegen eine Reihe diskontinuierlicher Bevölkerungsbewegungen zu beobachten, die in mehreren Wellen zu einer schnellen Zunahme der türkischen Wohnbevölkerung führen. Gleichwohl nimmt auch der Anteil von Türken mit kürzerem als sechsjährigem Aufenthalt von 82,8% auf 22,6% ab. Eine wesentliche unintendierte Folge des Anwerbeverbots ist es, daß bei einer weiteren Zunahme der ausländischen Wohnbevölkerung deren Beschäftigungsquote kontinuierlich gesunken ist. Auch hier gilt, daß dieser Trend Italiener weniger stark erfaßt als Türken: Während bei Italienern die Beschäftigungsquote zwischen 1967 und 1984 von 64,6% auf 39,3% um ein Drittel gesunken ist, sinkt der Anteil der abhängig beschäftigten Türken von 76,2% auf 35,1% um mehr als die Hälfte.

Gleichwohl liegt die Beschäftigungsquote dieser Nationalitäten und aller Ausländer insgesamt (36,5%) immer noch über der der deutschen Bevölkerung (32,5%). Damit wird deutlich, daß die Bevölkerungsentwicklung bei Ausländern wesentlich auf Bewegungen bei den *Familien* der Arbeitsmigranten zurückzuführen sind, die zu deutlichen Veränderungen im demographischen Aufbau nach Alter, Geschlecht und Familienstand geführt haben. Dies wird insbesondere an den sozialstrukturellen Bedingungen und historischen Veränderungen im Wanderungsverhalten von Migrantenfamilien sichtbar.

Empirische Analysen zum Wanderungsverhalten türkischer Frauen und Männer (*Abadan-Unat* 1982; *Nauck* 1987; *Özel, Nauck* 1988) haben nicht nur zeigen können, daß es sich bei ihnen um eine selektive Population im Hinblick auf lange Schulbildung, hohes Berufsprestige, Urbanität und Jugend handelt, sondern daß diese Herkunftsbedingungen zugleich einen direkten Einfluß auf den individuellen Wanderungszeitpunkt, die Form der familiären Wanderungssukzession und auf die späteren Eingliederungsprozesse nehmen. So wandern Migrantenfamilien aus modernisierten Herkunftsprovinzen, aus urbanen Herkunftsorten, aus Herkunftsfamilien mit „anregungsreichem" Sozialisationsmilieu, mit geringen religiösen Bindungen, längerer Schulbildung und neolokalem Familiengründungsverhalten in einem jüngeren Lebensalter als Familien, die diese Eigenschaften nicht aufweisen. Diese Faktoren bestimmen auch die Form der familiären Wanderungssukzession, d.h. ob die Familienmitglieder gemeinsam oder nacheinander wandern.

Familien mit männlichen Pionierwanderern stellen mit 76,4% den Haupttyp dar, wohingegen Familien mit weiblichen Pionierwanderern (13,1%) ebenso selten sind wie die gemeinsame Wanderung (10,4%). Dieselben Bedingungen, die zu frühen Wanderungszeitpunkten der Familienmitglieder führen, haben zugleich Auswirkungen auf die (Verkürzung der) Trennungsdauer, was in der Konsequenz dazu führt, daß frühe und „gemeinsame" Wanderung tendenziell zusammenfallen. Wanderungssukzession ist mit unterschiedlichen Trennungszeiten verbunden: Während bei weiblichen Pioniermigranten die Ehemänner durchschnittlich nach 3,5 Jahren nachfolgen, verbleiben die Frauen bei männlichen Pioniermigranten durchschnittlich noch 4,6 Jahre im Herkunftsland, d. h. bei weiblichen Pionierwanderern ist die Tendenz zur Familienzusammenführung größer. Hierbei sind allerdings starke „historische" Veränderungen zu beachten: Während bei den vor 1962 Ersteingewanderten der durchschnittliche Verbleib des Ehepartners im Herkunftsland über 10 Jahre betragen hat, ist die Trennungsdauer bis 1980 relativ kontinuierlich auf weniger als 2 Jahre zurückgegangen. Dieser Trend indiziert somit die zunehmende Bedeutung familiärer Überlegungen bei Wanderungsentscheidungen und ist offenbar weitgehend unbeeinflußt von gesamtgesellschaftlichen Steuerungsmaßnahmen.

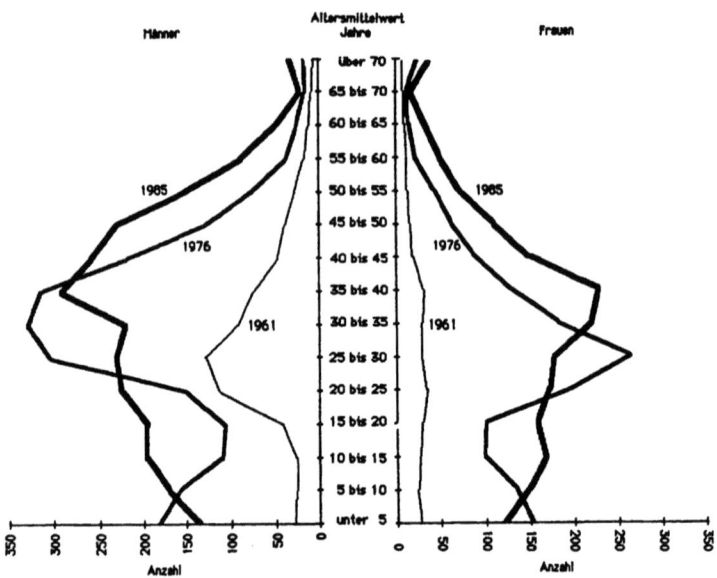

Abb. 1: Altersaufbau der ausländischen Männer und Frauen 1961, 1976 und 1985

Abb. 1 zeigt die Veränderung im Altersaufbau ausländischer Männer und Frauen zwischen 1961 und 1985. Neben der quantitativen Ausweitung der ausländischen Wohnbevölkerung wird daran die Entwicklungsrichtung der demographischen Veränderung sichtbar: 1961 hat die ausländische Bevölkerung zu 60% aus Männern zwischen 20 und 40 Jahren bestanden (den klassischen „Gastarbeitern"), mit einem deutlichen Schwerpunkt bei den 20- bis 30jährigen, deren Anteil über dem *aller* Frauen zu diesen Zeitpunkt liegt. Von diesem Ausgangspunkt setzen nun drei Prozesse ein: Erstens kommt es zu einem kontinuierlichen Anstieg ausländischer Frauen von 31,1% (1961) auf 42,8% (1985). Auch hier wird der differentielle Effekt des Anwerbeverbots bei Türkinnen und Italienerinnen sichtbar. Lagen 1973 die Türkinnen mit 32,9% noch hinter den Italienerinnen (33,6%), so haben sie 1985 diese mit 42,3% (gegenüber 38,7%) überflügelt. Zweitens kommt es zu einer Altersverschiebung bei den (zumeist männlichen) Pionierwanderern. Der Modalwert liegt bei den Männern 1961 um 25 Jahre, 1976 um 35 Jahre und 1985 um 40 Jahre; die Differenzen zur „historischen" Zeit verdeutlichen die zwischenzeitlich erfolgten Selektions- und Substitutionsprozesse. Drittens erfolgt eine zunehmende „Normalisierung" des Altersaufbaus nach unten durch den Zuzug von (weiteren) Familienangehörigen und die Geburt von Kindern in der Aufnahmegesellschaft. So steigt der Anteil der türkischen Wohnbevölkerung unter 15 Jahre von 17,7% (1973) auf 34,1% (1979) und sinkt dann auf 32,7% (1984); der Anteil der Italiener unter 15 Jahre steigt von 18,6% auf 23,7% (1976) und sinkt dann auf 20,7% (1984).

Der jeweilige Anteil von Kindern an den Herkunftsnationen ist sowohl auf Unterschiede im generativen als auch im Zuzugsverhalten zurückzuführen. Da die Meldestatistik nur die Kinder erfaßt, die in Haushalten (der Eltern) in Deutschland leben, ergibt sich ein Kompositionseffekt von generativem Verhalten und selektiver Migration. Im Gegensatz zur einheimischen Wohnbevölkerung, bei der die Anteile der (jüngeren) nicht im elterlichen Haushalt lebenden Kinder bedeutungslos sind, können Meldestatistiken bei Ausländern nur bedingt zu Rückschlüssen auf Unterschiede und Veränderungen im generativen Verhalten verwendet werden, da sie die Kinderzahl der Eltern systematisch um den Anteil der in der Herkunftsgesellschaft verbliebenen oder dorthin verbrachten Kinder unterschätzen (*Nauck* 1987a, 1987b).

Aus den Ausländer-Repräsentativbefragungen ist zu entnehmen, daß ein Drittel der Migrantenfamilien Kinder im Herkunftsland besitzen, wobei es sich allerdings mehrheitlich um erwachsene Kinder handelt, für die auch kein Nachholwunsch besteht (*Mehrländer* et al. 1981; *König, Schultze, Wessel* 1986). Dafür, daß es sich dabei um einen keineswegs vernachlässigbaren Anteil handelt, ist auch die disproportionale Geschlechtsverteilung *bis ins Kleinstkindalter* ein Indiz: Zwar ist der Anteil ausländischer Jungen bis 5 Jahre in Deutschland von 54,2% (1976) auf 52,6% (1985; Anteil türkischer Jungen: 54,0%) zurückgegangen, liegt aber immer noch über dem „biologischen" Erwartungswert. Bei einer differenzierten Auswertung der Meldestatistiken in Bayern von 1980 finden *Vaskovics* et al. (1983, 82), daß bei einjährigen Ausländerkindern 670 türkische Jungen, aber nur 420 türkische Mädchen seit der Geburt in Deutschland gemeldet sind.

2.2 Familienstand

Altersverschiebung und „Normalisierung" des Altersaufbaus tragen ihrerseits zu Veränderungen im Familienstand der Ausländer bei. Während die Anzahl der verheirateten Ausländer zwischen 1973 und 1985 absolut praktisch konstant geblieben ist, haben die Ledigen in diesem Zeitraum um 35,6% zugenommen, die Geschiedenen und Verwitweten um 37,9%, was zu migrationsphasenspezifischen proportionalen Verschiebungen führt:

Während der Anteil der ledigen Italiener in diesem Zeitraum nur unwesentlich von 51,4% auf 56,6% ansteigt, steigt der Anteil der ledigen Türken von 33,2% auf 55,8%; entsprechend verringert sich der Anteil verheirateter Italiener von 46,3% auf 41,9% und der verheirateten Türken von 63,9% auf 43,1%.

In den jeweiligen Anteilen der verheirateten Ausländer schlagen sich jedoch nicht nur Veränderungen in der demographischen Zusammensetzung, sondern auch ein lebenszyklischer *Wandel im Heiratsverhalten* nieder. Während 1961 die ausländischen Männer eine Verheiratetenquote von 85% im Alter von 30 bis 35 Jahren erreichen, verschiebt sich diese Quotenhöhe 1976 auf das Alter von 40 bis 45 Jahren, 1985 sogar auf 50 bis 55 Jahre. In abgeschwächter Form ist diese Tendenz zu einer späteren Verheiratung auch bei den Ausländerinnen gegeben. Bei den Frauen sind 1985 hinsichtlich des Alters zum Heiratszeitpunkt des Anteils der jemals Verheirateten zwischen Deutschen und Ausländerinnen keine großen Unterschiede mehr sichtbar (vgl. *Heilig* 1985), lediglich bei den älteren Arbeitsmigrantinnen ist (noch) eine höhere Verheiratungsquote gegeben (maximal 93,3%). Auffälliger dagegen ist der hohe Anteil von ledigen Männern unter den Ausländern: Im Alter von 35 Jahren ist die Hälfte von ihnen niemals verheiratet gewesen.

Ob diese geschlechtsspezifischen Unterschiede allein auf den (allerdings abnehmenden) Männerüberschuß des minoritätenspezifischen Heiratsmarktes zurückzuführen ist, kann durch bevölkerungsstatistische Angaben allein nicht geklärt werden. Eine wesentliche Ursache hierfür ist, daß bei Ausländern der Ort der Partnerwahl und der Heiratsort nicht zusammenfallen müssen. Tatsächlich ist davon auszugehen, daß die Mehrzahl der Ehen von Ausländern im Heimatland geschlossen werden, und zwar offensichtlich auch dann, wenn die Partnerwahl in der Aufnahmegesellschaft erfolgt. Dafür spricht, daß die Anzahl der in Deutschland geschlossenen Ehen zwischen Ausländern in den letzten 20 Jahren praktisch nicht zugenommen hat, was auch ein zumindest indirekter Hinweis auf die nach wie vor große Bedeutung des Heiratsmarktes in der Herkunftsgesellschaft ist, und daß in jedem Jahr in Deutschland mehr Ehen zwischen Deutschen und Ausländern geschlossen werden als zwischen Ausländern untereinander, d.h. allenfalls gemischt-nationale Ehen werden eher in der Aufnahmegesellschaft geschlossen.

Bei den *gemischt-nationalen Ehen* fallen zwei empirische Regelmäßigkeiten auf:

Auf der einen Seite hat sich in den letzten 15 Jahren die Anzahl der Ehen zwischen deutschen Männern und ausländischen Frauen absolut kaum erhöht (von 9300 Ehen 1968 auf 10000 Ehen 1983), trotz der Zunahme von Ausländerinnen; gemessen an der Zahl der von deutschen Männern in beiden Jahren geschlossenen Ehen bedeutet dies einen Anstieg von 2,2% auf 2,9%. Auf der anderen Seite hat (auch) in diesem Zeitraum die Anzahl der Ehen zwischen deutschen Frauen und ausländischen Männern absolut jeweils höher gelegen und zugleich die höheren Steigerungsraten aufgewiesen (von 15100 Ehen 1968 auf 18000 Ehen 1983); gemessen an der Zahl der von deutschen Frauen insgesamt geschlossenen Ehen ergibt dies einen Anstieg von 3,5% auf 5,1%. 1985 sind 9,2% aller verheirateten ausländischen Männer mit einer Deutschen verheiratet (1980: 6,1%) und 8,3% aller ausländischen Frauen mit einem deutschen Mann (1980: 5,3%).

Bei der Analyse gemischt-nationaler Eheschließungen ist zu berücksichtigen, daß der Heiratsmarkt nicht auf Arbeitsmigranten beschränkt ist und die Heiraten sich auf eine Vielzahl von Nationalitäten verteilen (*Buba* et al. 1984). Aus diesem Grunde ergibt die Entwicklung von Ehen zwischen Italienern bzw. Türken und Deutschen ein wesentlich klareres Bild, das mit den theoretischen Überlegungen zur Wanderungssukzession übereinstimmt. Die längere Aufenthaltsdauer der italienischen Nationalität wird an dem früheren Einsetzen interethnischer Heiraten auf vergleichsweise hohem Niveau sichtbar: Praktisch hat sich die Anzahl von Heiraten zwischen deutschen Frauen und Italienern zwischen 1961 (1900) und 1979 (2100) kaum verändert; auch die Anzahl der Ehen zwischen italienischen Frauen und Deutschen ist zwischen 1965 und 1979 konstant geblieben (500), dagegen hat sich die Anzahl der zwischen Italienern in Deutschland geschlossenen Ehen in diesem Zeitraum (auf 900) verdoppelt.

Gemessen an interethnischen Heiraten als dem „härtesten" Indikator sozialer Assimilation (*Gordon* 1964, 1975), hat die Assimilation von Italienern also in diesem Zeitraum keinesfalls zugenommen, vielmehr spricht die Zunahme der eigenethnischen Heiraten im Aufnahmeland für die segregative Ausdifferenzierung einer ethnischen Minorität.

Die kürzere Aufenthaltsdauer der türkischen Nationalität wird dagegen am niedrigen Ausgangsniveau und den zunächst hohen Steigerungsraten interethnischer Heiraten sichtbar: Zwischen 1965 und 1979 verdreifachen sich die Heiraten zwischen deutschen Frauen und türkischen Männern (von 500 auf 1500), verfünffachen sich die zwischen türkischen Frauen und deutschen Männern (von 60 auf 300), aber die Heiraten von Türken in der Bundesrepublik steigen zwischen 1969 und 1979 um das Elffache (von 100 auf 1200).

Die Ausdifferenzierung der türkischen Minorität geht also (wegen der ungünstigen Ausgangslage als letzte Zuwanderernation und wegen des rascheren quantitativen Wachstums) schneller vonstatten. Gleichwohl ist festzustellen, daß weder bei den Italienern noch bei den Türken hinsichtlich der interethnischen Heiraten bislang ein stabiles Niveau erreicht ist:

Allein zwischen 1980 und 1985 hat sich der Anteil der (verheirateten) italienischen Männer, die mit einer Deutschen verheiratet sind, von 5,7% auf 10,5% fast verdoppelt und der türkischen Männer von 0,9% auf 2,4% fast verdreifacht. Bei den Italienerinnen ist der Anteil von 2,6% auf 4,4% gestiegen, bei den Türkinnen dagegen lediglich von 0,5% auf 0,8%.

Konstante (bei den Italienern) und (zunächst noch) steigende (bei den Türken) interethnische Heiraten werden somit den Anteil gemischt-nationaler Ehen in Zukunft weiter ansteigen lassen, ohne daß bislang absehbar ist, wann und auf welchem Niveau dieser Assimilationsprozeß zum Abschluß kommt. Allerdings wird es zunehmend schwieriger sein, diese Prozesse auf der Basis von Bevölkerungsstatistiken zu beobachten, denn außer durch Abwanderungen werden die Maßzahlen auch durch Einbürgerungen beeinflußt.

2.3 Generatives Verhalten

Noch schwieriger als das Heiratsverhalten ist der Wandel des generativen Verhaltens von Ausländern auf der Basis von Meldestatistiken zu verfolgen. Wie bereits angesprochen, bilden nur die in Deutschland gemeldeten Neugeborenen die empirische Basis. Zudem erschwert es der dargestellte, z.T. rasche Bevölkerungsaustausch und die drastischen Veränderungen in der demographischen Struktur der ausländischen Bevölkerung, eine geeignete Bezugsbasis zu finden. Haushaltsstatistiken können dieses Problem deshalb nicht lösen, weil sie in noch viel stärkerem Maße von selektiver Migration bestimmt werden und weil — insbesondere bei hoher Fertilität — das zusätzliche Problem entsteht, daß die generative Phase länger dauern kann als die Aufenthaltsdauer der Kinder im elterlichen Haushalt. All diese Faktoren tragen vornehmlich dazu bei, die Fertilität von Ausländern systematisch zu unterschätzen, und zwar (hierin liegt das eigentliche Problem) zu verschiedenen Zeiten des Migrationsprozesses und bezüglich der jeweiligen Nationalitäten in unterschiedlichem Maße.

Die Meldestatistik weist aus, daß von 1965 bis 1974 die Geburten ausländischer Kinder von 37 900 auf 108 300 zugenommen und seitdem bis 1983 auf 61 500 abgenommen haben, das entspricht einem

Anteil von 3,6% (1965), 17,3% (1974) bzw. 10,3% (1983) aller Geburten in der Bundesrepublik. Diese Bewegungen sind vornehmlich auf die Geburten aus Ehen mit beiderseitig ausländischen Elternteilen zurückzuführen, wohingegen Geburten aus Ehen mit nur ausländischen Vätern von 13 100 auf 17 100, mit nur ausländischen Müttern von 1300 auf 7900 und nicht-eheliche Geburten ausländischer Mütter von 2200 auf 4000 eher kontinuierlich zugenommen haben. Während der Anteil nicht-ehelicher Geburten bei Ausländerinnen in diesem Zeitraum lediglich von 4,9% auf 6,5% anstieg, verstärkte er sich bei deutschen Frauen von 4,6% auf 9,3%.

Hervorzuheben ist, daß nur bis 1975 die Nettoreproduktionsrate der ausländischen Frauen zwischen 15 und 45 Jahren positiv gewesen ist und seitdem bis 1983 auf 0,72 gefallen ist.

Erneut ergeben die Geburtenentwicklungen bei den Italienern und Türken ein erklärungskräftigeres Bild. Bei den Geburten italienischer Frauen (ohne die aus Ehen mit deutschen Männern) ist von 1961 (1337) bis 1974 (12014) zunächst ein Anstieg, dann bis 1983 (7903) ein Rückgang zu beobachten, bei den Türkinnen (1961: 81 Geburten) wird das Maximum 1975 erreicht (44 458) und geht 1983 bis auf 30 018 Geburten zurück.

Ob diese Zahlen lediglich die demographischen Veränderungen widerspiegeln, oder ob auch eine Veränderung des generativen Verhaltens zu beobachten ist, können noch am ehesten die altersspezifischen Geburtenziffern aussagen.

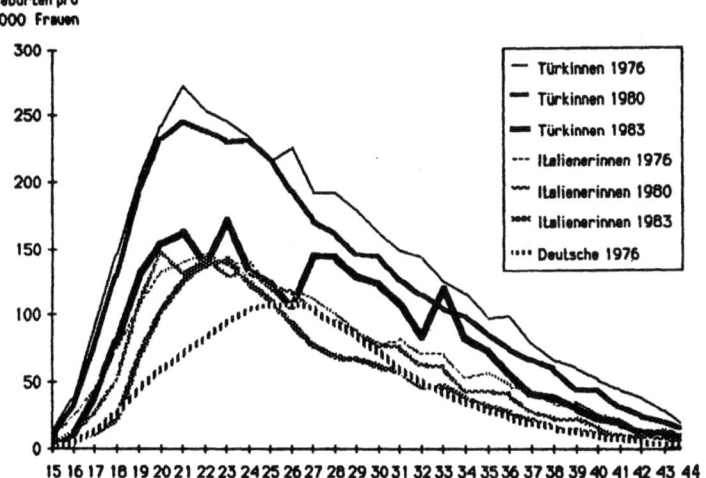

Abb. 2: Altersspezifische Geburtenziffern (x 1000) von türkischen und italienischen Frauen (1976, 1980, 1983) und deutschen Frauen (1976)

In Abb. 2 sind die Entwicklungen der italienischen und türkischen Frauen im Vergleich zu deutschen Frauen wiedergegeben. Sie verdeutlicht plastisch das — auch nationenspezifisch unterschiedliche — Ausgangsniveau der Geburtenziffern von Ausländerinnen im Vergleich zu deutschen Frauen und den Geburtenrückgang bei beiden Nationen im Beobachtungszeitraum. Hierbei ist zusätzlich zu berücksichtigen, daß 1976 der Nachzug von Frauen noch keineswegs abgeschlossen war und diese Frauen überwiegend bereits vor der Migration (mehrere) Kinder geboren hatten, so daß die wiedergegebenen Ziffern — besonders für die später gewanderten Türkinnen und besonders für die jungen Frauen — im Vergleich zu 1983 den *Geburtenrückgang* in Ausländerfamilien wahrscheinlich noch *erheblich unterschätzen*. Neben dem Geburtenrückgang zeigt sich bei beiden Nationen übereinstimmend eine leichte Altersverzögerung in der Hauptfruchtbarkeitsphase und eine deutliche Verkürzung derselben: In beiden Nationen halbieren sich bei Frauen über 35 die Fruchtbarkeitsziffern in dem Beobachtungszeitraum. Die Schnelligkeit der Standardisierung individueller Lebensläufe bei Ausländerinnen, die sich hier andeutet, läßt kaum den Schluß zu, daß es sich dabei um das Ergebnis eines akkulturativen Wertewandels handelt.

2.4 Scheidungen

Ebenso wie bei Heiraten ist auch die Analyse von Scheidungsziffern mit dem Problem konfrontiert, daß die Ehen nicht vor deutschen Gerichten geschieden werden müssen; zudem liegen bislang keine Zeitreihen vor.

1983 waren an 2238 Ehescheidungen Ausländer beteiligt (1,9% aller Ehescheidungen). Wie für die Heiraten gilt auch bei den Scheidungen von Ausländern, daß sie bei Ehepartnern gleicher Nationalität offenbar ganz überwiegend in der Herkunftsgesellschaft durchgeführt werden: Bei einem Bestand von ca. 300 000 türkischen Ehen in Deutschland sind lediglich 30 Scheidungen erfolgt (0,01%), bei ca. 100 000 italienischen Ehen sind es 119 Scheidungen (0,1%).

Bei den gemischt-nationalen Ehen erweisen sich solche mit ausländischen Ehemännern scheidungsanfälliger als solche mit ausländischen Ehefrauen und solche mit Türken als anfälliger als solche mit Italienern: Jeweils bezogen auf den Bestand an Ehen sind 1983 13,2% der Ehen zwischen türkischen Frauen und deutschen Männern (122), 4,5% der Ehen zwischen italienischen Männern und deutschen Frauen (491) und 2,3% der Ehen zwischen italienischen Frauen und deutschen Männern (86) in Deutschland geschieden worden. Diese Vergleiche lassen jedoch keine gesicherten Schlüsse auf die jeweilige Scheidungswahrscheinlichkeit zu, da Ehen mit Türkinnen und Türken erst in jüngster Zeit häufiger geschlossen worden sind und somit bei Ehen mit Italienern ein größerer Bestand an (die Scheidungsquote drückenden) längerdauernden Ehen existiert. Ebensowenig liegen bislang empirische Befunde vor, ob die mit der Migration verbundenen vielfältigen familiären Reorganisationsprozesse zu einer erhöhten Scheidungswahrscheinlichkeit führen, wie dies viele deskriptive Berichte über Probleme in Migrantenfamilien nahelegen (*Kudat* 1975).

Diese Analyse bevölkerungsstatistischer Maßzahlen zum Wandel von Ausländerfamilien hat sowohl die Leistungsfähigkeit von Zeitreihenanalysen gerade dann zeigen können, wenn soziale Prozesse von ihrem Beginn an verfolgt werden können, wie das inbesondere bei den Familien von (türkischen) Arbeitsmigranten der Fall ist, sie hat aber auch die besonderen Probleme und die prinzipiellen Grenzen der Bevölkerungsstatistik bei Ausländern gezeigt. Besondere Probleme sind insbesondere dadurch entstanden, daß in der Berichterstattung über Ausländerfamilien erst Ende der 70er Jahre ein Differenzierungsgrad erreicht wurde, der — für familiensoziologische Zwecke — als Mindeststandard zu gelten hat; insofern ergibt sich eine — möglicherweise unvermeidliche — Lücke von ca. 15 Jahren zwischen dem Entstehen des Phänomens und der Berichterstattung. Prinzipielle Grenzen ergeben sich aus der (gegenüber einheimischen Familie verschärften) Konfundierung von „Sozialisations-" (= Wandlungs-) und Selektionseffekten insbesondere deshalb, weil bei Ausländern nur die Ereignisse in der Familien- und Migrationsbiographie in der Aufnahmegesellschaft erfaßt werden, und daraus, daß (wie bei einheimischen Familien auch) aus den Aggregatdaten-Verläufen individuelle Ereignisabfolgen nur unvollkommen rekonstruiert werden können. Für die Untersuchung von Wandlungsprozessen ist deshalb bei Migrantenfamilien die komplementäre Funktion von Individualdaten von besonderer Bedeutung, weil durch replikative Befunde die Gefahr von (ökologischen) Fehlschlüssen vermindert und familiäre Karrieren über Ländergrenzen hinweg verfolgt werden können.

3 Intergenerativer Wandel in Migrantenfamilien

Bei der Erklärung von Eingliederungsprozessen hat der intergenerative Wandel seit der Konzeptualisierung der „race-relations-cycles" in den 30er Jahren eine bedeutsame Rolle gespielt (vgl. *Esser* 1980, S. 35 ff.). Häufig ist dabei unterstellt worden, daß auf Grund der veränderten kulturellen Bedingungen für die Primärsozialisation — und deren lebenslange Bedeutung für die Internalisierung von Werten — die zweite Generation „zwangsläufig" stärker in der Aufnahmegesellschaft akkulturiert sei (*Schrader, Nikles, Griese* 1979; vgl. *Nauck* 1985, S. 134 ff.) und somit starke Werte-Differenzen zwischen der Migranten- und den Nachfolgegenerationen sichtbar werden. Andere Erklärungen gehen davon aus, daß die zweite Generation geringere Bindungen zur Herkunftsgesellschaft (der Eltern) und weniger soziale Beziehungen zu deren Mitgliedern aufweisen. Das hat u. a. auch zur Folge, daß diese für soziale Vergleichsprozesse zunehmend irrelevant werden und Vergleiche (nur noch) mit den Lebensbedingungen der Bevölkerungsmajorität angestellt werden, was zu einer deutlichen Zunahme der Unzufriedenheit gegenüber der zumeist mit der Arbeits-, Wohn- und Familiensituation recht zufriedenen Migrantengeneration führen muß. Vielleicht hat dies aber auch zur Folge, daß dadurch der Heiratsmarkt zunehmend auf die (eigenethnischen) Mitglieder der Aufnahmegesellschaft beschränkt wird. In diesem Falle wären (erneut) die stark ansteigenden Raten der unverheirateten Ausländer in den jüngeren Alterskategorien und die langsame Zunahme gemischt-nationaler Ehen ohne Bezugnahme auf einen intergenerativen Wertewandel vornehmlich durch Alternativenbeschränkungen erklärbar.

Eine empirische Klärung der Frage nach Richtung und Intensität des intergenerativen Wandels bei Migrantenfamilien in Deutschland ist bislang nicht möglich. Das liegt nicht daran, daß die empirische Forschung diesem Phänomen bislang keine Aufmerksamkeit geschenkt hätte, sondern daran, daß Familien der zweiten Generation in Deutschland aus „historischen" Gründen bislang kaum existieren.

In einer Zufallsauswahl türkischer Familien mit mindestens einem Kind zwischen 6 und 16 Jahren konnte 1984 keine gefunden werden, in der ein Ehepartner seit der Geburt in Deutschland lebte (*Nauck* 1987). In der Repräsentativbefragung von Ausländern über 15 Jahre von 1985 (*König, Schultze, Wessel* 1986) sind lediglich 2,8% in Deutschland geboren (1,0% der Türken und 7,1% der Italiener), aber diese sind beinahe ausschließlich unter 25 Jahre alt und ledig, so daß in dieser Stichprobe weniger als 0,5% verheiratete Ausländer der zweiten Generation enthalten sind und Schlüsse auf intergenerativen Wandel in Familien nicht möglich sind.

Die Befragungsergebnisse lassen allerdings Rückschlüsse auf den Wandel im Heiratsverhalten lediger Ausländer zu. Im Zeitraum zwischen 1980 und 1985 ist nämlich ein deutlicher Rückgang im Heiratswunsch von Arbeitsmigranten feststellbar:

Während 1980 noch 54,7% eine Heirat planten, sind es 1985 nur noch 35,4%. Dieser Rückgang ist besonders stark bei den jungen Arbeitsmigranten und bei den Türken (im Vergleich zu Italienern), und er betrifft beide Geschlechter gleichermaßen; beabsichtigten 1980 noch 58,0% der ledigen Türken und 50,2% der Türkinnen eine Heirat, so sind es 1985 lediglich 22,1% bzw. 17,6%. Wesentlich geringer ist die Abnahme des Heiratswunsches bei Italienern (von 62,0% auf 51,5% bei den Männern und von 58,0% auf 47,8% bei den Frauen).

Im gleichen Zeitraum ist auch ein Anstieg von positiven Einstellungen zur Heirat mit einem deutschen Partner von 42,6% auf 48,6% feststellbar. Während jedoch bei den Italienern als früher Einwanderernation die positive Einstellung auf hohem Niveau stabil geblieben ist (55,5%), ist bei den Türken als späte Einwanderernation ein Anstieg auf niedrigem Niveau (von 27,8% auf 35,8%) zu beobachten. Die Wanderungssukzession wirkt sich hier auch dahingehend aus, daß die positiven Einstellungen 1985 bei türkischen Männern (49,1%) deutlich häufiger sind als bei türkischen Frauen (13,8%) und die geschlechtsspezifischen Differenzen bei Italienern stärker eingeebnet sind (58,3% gegenüber 50,6%). In dieser Hinsicht folgen die Einstellungsdaten der Bevölkerungsumfrage den Verhaltensdaten der Heiratsstatistik.

Theoretisch bedeutsam ist nun, daß die positive Einstellung zur gemischt-nationalen Ehe bei den in Deutschland geborenen Ausländern der zweiten Generation *nicht häufiger* ist als bei den ledigen Arbeitsmigranten, sie ist vielmehr am stärksten bei denen der „ersten" Generation mit langer Aufenthaltsdauer. Dies ist darauf zurückzuführen, daß positive Einstellungen zu gemischt-nationalen Ehen nicht mit der Aufenthaltsdauer, wohl aber mit dem Lebensalter linear ansteigt: Während ledige Ausländer unter 30 Jahren zu ca. 45% zu einer Ehe mit einem Deutschen bereit sind, sind es bei älteren Ledigen ca. 60%. Diese Befunde lassen sich mit (kulturdeterministischen) Annahmen über lebenslaufprägende Primärsozialisationsbedingungen kaum vereinbaren. Vielmehr scheint die Bedingung für eine positive Einstellung zu gemischt-nationalen Ehen zu sein, daß *sowohl* eine Alternativenbeschränkung auf dem Heiratsmarkt *als auch* eine vollzogene soziale Assimilation gegeben ist, was insbesondere bei den älteren, männlichen ledigen Arbeitsmigranten der Fall ist, während ein Merkmal allein nicht ausreicht.

4 Ausblick

Der Überblick über wesentliche Forschungsbefunde zu demographischen, sozialstrukturellen und innerfamiliären Veränderungen bei Arbeitsmigranten in Deutschland hat einige zentrale Dimensionen des familiären Wandels nachzuzeichnen versucht. Die analytische Differenzierung von Wandlungsebenen und -prozessen hat dabei sowohl zur Aufdeckung von Forschungslücken als auch zur Identifikation der sozialen Faktoren beigetragen, die die offensichtlich schnellen und tiefgreifenden Veränderungen, so wie sie sich beispielsweise in den bevölkerungsstatistischen Aggregatdaten niederschlagen, bewirkt haben. Da es sich hierbei häufig um konfundierte Effekte *mehrerer* sozialer Prozesse handelt, bedarf diese Interpretation von Aggregatdaten gerade bei Ausländern der Validierung durch Individualdatenanalysen, da bei ihnen einige Effekte hinzutreten, die bei Einheimischen vernachlässigbar sind, wie z. B. familiäre Ereignisse außerhalb des (nationalen) Erfassungsbereichs. Solche Komplementäranalysen individueller Familienverläufe liegen jedoch bislang nur vereinzelt vor und berücksichtigen zumeist nicht die sozialhistorischen Veränderungen, die durch Kohortenanalysen aufzudecken wären.

Die vorliegenden Befunde zeigen jedoch zumindest eines: Durch den mit der Migrationsentscheidung verbundenen Wechsel des sozialökologischen Kontextes erfolgen vielfältige Umstrukturierungen in der familiären Interaktion. Dies wirft auch ein Licht auf die hohe Adaptationskapazität und Strukturflexibilität familiärer Gruppen und die Interdependenzen von Familienstruktur und Kontextbedingungen im allgemeinen, d. h. eine Reihe allgemeiner Problemstellungen der Familiensoziologie werden an Migrantenfamilien besonders augenfällig und lassen sich in z. T. wesentlich extremeren Ausprägungen studieren.

Auf Grund vorliegender Befunde läßt sich der familiäre Wandel in Migrantenfamilien auf folgende hypothetische Rangfolge sozialer Prozesse beziehen:

1. Viele der dargestellten sozialstrukturellen Veränderungen bei Migrantenfamilien lassen sich zweifellos auf *Selektions*prozesse zurückführen, und zwar sowohl hinsichtlich der individuellen und familiären Eigenschaften zu Wanderungsbeginn als auch hinsichtlich der räumlichen Plazierung des weiteren Verlaufs der Familienkarriere. Auf diese Selektionsprozesse haben ökonomische Bedingungen und (ausländer-)politische Steuerungen einen so erheblichen Einfluß ausgeübt, daß von einer zumindest indirekten Bevölkerungspolitik gesprochen werden muß (mit allerdings mehrheitlich kontraproduktivem Ergebnis).

2. Ein Spezialfall von Selektion sind die mit zunehmender Quantität und Aufenthaltsdauer nationaler Minoritäten einsetzenden *Segregations*prozesse. Sie betreffen einmal die räumliche Konzentration von Verwandtschaftssystemen in erreichbaren Entfernungen, haben jedoch mit der Quartierkonzentration von Ausländern wenig gemeinsam, da diese eher auf die Barrieren auf dem Wohnungsmarkt und nicht auf Präferenzen der Migrantenfamilien zurückzuführen ist (*Schöneberg* 1982; *Leitner* 1983). Zum anderen betreffen sie die Herausbildung von sozialen Netzwerken entlang ethnischen Linien, wie dies z. B. am minoritätenspezifischen Heiratsmarkt in der Aufnahmegesellschaft sichtbar geworden ist. Sowohl Selektion als auch Segregation sind dabei als soziale Prozesse zu betrachten, bei denen „familiärer Wandel" im Sinne einer Veränderung von Wertvorstellungen oder Verhalten nicht stattfindet, die aber gleichwohl zur erheblichen Veränderung des Erscheinungsbildes der Migrantenfamilien in amtlichen Statistiken (und der öffentlichen Diskussion) beitragen.

3. Davon zu unterscheiden sind Prozesse der *Situationsanpassung*, die wesentlich auf veränderten Wahrscheinlichkeitserwartungen hochbewerteter Handlungskonsequenzen basieren und zu verändertem familiären Verhalten bei gleichbleibenden Wertvorstellungen führen. Solche — relativ rasch erfolgenden — Situationsanpassungsprozesse sind insbesondere an den Veränderungen in den Eltern-Kind-Beziehungen und dem generativen Verhalten sichtbar geworden (*Nauck* 1987; *Nauck, Özel* 1986).

4. Schließlich lassen sich bei Migrantenfamilien auch längerfristige *Akkulturations*prozesse insofern identifizieren, als über die „situationsrationale" Verhaltensänderung auf Grund der gegebenen Opportunitätsstrukturen in der Aufnahmegesellschaft zunehmend auch eine Neubewertung familiärer und verwandtschaftlicher Funktionen (z. B. bei geringen Kinderzahlen und langer Schulbildung und autonomer Erwerbstätigkeit der Frau) erfolgt. Allerdings ist auch hier zu beachten, daß dieser familiäre Wandel im umfassendsten Sinne in gleich dynamischer Weise die Herkunftsgesellschaften erfaßt hat und somit nicht notwendig an internationale Migrationserfahrungen gebunden ist; zu beträchtlichen Anteilen sind die individuell-motivationalen Anfangsbedingungen für diesen akkulturativen Wandel familiärer Interaktionsstrukturen bereits vor der Migration erworben und „importiert" worden.

Ergebnis einer genaueren Analyse ist somit, daß die weithin dominierende, alleinige Erklärung familiären Wandels als akkulturativer Konformismus-„shift" von den antagonistischen Werten der Herkunfts- zu denen der Aufnahmegesellschaft bei weitem zu kurz greift. Die Mehrzahl der beobachtbaren Veränderungen ist auf andere Prozesse zurückzuführen.

Literatur

Abadan-Unat, N.: The Effect of International Labor Migration on Women's Roles: The Turkish Case. In: *Cigdem Kagitcibasi* (Hrsg.), Sex Roles, Family and Community in Turkey. Bloomington 1982, S. 207—236
Albrecht, G.: Soziologie der geographischen Mobilität. Stuttgart 1972
Becher, H., Erpenbeck, G.: Freizeit ausländischer Arbeitnehmer. In: Konrad-Adenauer-Stiftung (Hrsg.), Integration ausländischer Arbeitnehmer. Siedlungs-, Wohnungs-, Freizeitwesen, Bonn 1977, S. 1—147
Bonacker, M., Häufele, R.: Sozialbeziehungen von Arbeitsmigranten in unterschiedlichen Wohnquartieren. In: *J.H.P. Hoffmeyer-Zlotnik* (Hrsg.), Segregation und Integration. Berlin 1986, S. 118—142
Buba, H.P. et al.: Gemischt-nationale Ehen in der Bundesrepublik Deutschland. Z. Bevölkerungswiss. X (1984) 421—448
Esser, H.: Aspekte der Wanderungssoziologie. Darmstadt—Neuwied 1980

Esser, H.: Soziale Differenzierung als ungeplante Folge absichtsvollen Handelns: der Fall der ethnischen Segmentation. ZfS XIV (1985) 435—449

Gordon, M.M.: Assimilation in American Life. New York 1964

Gordon, M.M.: Towards a General Theory of Racial and Ethnic Group Relations. In: *N. Glazer, D. Moynihan* (Hrsg.), Ethnicity. Cambridge, Mass. 1975, S. 84—110

Heilig, G.: Die Heiratsneigung lediger Frauen in der Bundesrepublik Deutschland: 1950—1984. Z. Bevölkerungswiss. XI (1985) 519—547

Hill, P.B.: Determinanten der Eingliederung von Arbeitsmigranten. Königstein 1984

Hoffmann-Nowotny, H.G.: Migration. Stuttgart 1970

Holtbrügge, H.: Türkische Familien in der Bundesrepublik. Duisburg 1975

Kane, T.T.: The fertility and assimilation of guestworker populations in the Federal Republic of Germany: 1961—1981. Z. Bevölkerungswiss. XII (1986) 99—131

Koch-Arzberger, C.: Die schwierige Integration. Opladen 1985

Koch, C., Schöneberg, U.: Sozialkontakte und Partizipation ausländischer Arbeitnehmer in der Bundesrepublik Deutschland. Frankfurt 1984

König, P., Schultze, G., Wessel, R.: Situation der ausländischen Arbeitnehmer und ihrer Familienangehörigen in der Bundesrepublik Deutschland. Bonn 1986

Kudat, A.: Stability and Change in the Turkish Family at Home and Abroad: Comparative Perspectives. Berlin 1975

Leitner, H.: Gastarbeiter in der städtischen Gesellschaft. Frankfurt—New York 1983

Ley, K.: Frauen in der Emigration. Frauenfeld— Stuttgart 1979

Mehrländer, U. et al.: Situation der ausländischen Arbeitnehmer und ihrer Familienangehörigen in der Bundesrepublik Deutschland. Bonn 1981

Nauck, B.: Arbeitsmigration und Familienstruktur. Frankfurt—New York 1985

Nauck, B.: „Heimliches Matriarchat" in Familien türkischer Arbeitsmigranten? Empirische Ergebnisse zu Veränderungen der Entscheidungsmacht und Aufgabenallokation. ZfS XIV (1985a) 450

Nauck, B.: Der Verlauf von Eingliederungsprozessen und die Binnenintegration von türkischen Migrantenfamilien. In: *J.H.P. Hoffmeyer-Zlotnik* (Hrsg.), Segregation und Integration. Berlin 1986, S. 56—105

Nauck, B.: Sozialstruktureller, inter- und intragenerativer Wandel bei Migrantenfamilien, Arbeitsbericht Nr. 17 aus dem DFG-Forschungsprojekt „Türkische Migrantenfamilien", 44 Seiten. München 1986

Nauck, B.: Lebenslauf, Migration und generatives Verhalten bei türkischen Familien. In: *A. Herlth, K.P. Strohmeier* (Hrsg.), Lebensläufe und Familienentwicklung. Opladen 1987

Nauck, B.: Individuelle und kontextuelle Faktoren der Kinderzahl in türkischen Migrantenfamilien. Z. Bevölkerungswiss. XIII (1987a)

Nauck, B., Özel, S.: Erziehungsvorstellungen und Sozialisationspraktiken in türkischen Migrantenfamilien. Z. Sozialisationsforsch. Erziehungssoz. VI (1986) 285—312

Neumann, U.: Erziehung ausländischer Kinder. Düsseldorf 1980

Özel, S., Nauck, B.: Kettenmigration in türkischen Familien. Migration II (1988)

Renner, E.: Erziehungs- und Sozialisationsbedingungen türkischer Kinder, 2. Aufl. Neuburgweier 1982
Schöneberg, U.: Bestimmungsgründe der Integration und Assimilation ausländischer Arbeitnehmer in der Bundesrepublik Deutschland und der Schweiz. In: *H.G. Hoffmann-Nowotny, K.O. Hondrich* (Hrsg.), Ausländer in der Bundesrepublik Deutschland und in der Schweiz. Frankfurt—New York 1982, S. 449—568
Schönpflug, U., Otremba, H., Silbereisen, R.K.: Parent's perceptions of decision-making power in families of Turkish migrant workers: The influence of intraethnic bonds. In: *L.H. Ekstrand* (Hrsg.), Women and Families in Minority Situations. Lisse 1986
Schrader, A., Nikles, B.W., Griese, H.M.: Die Zweite Generation, 2. Aufl. Königstein 1979
Schwarz, K.: Demographische Charakteristika der Türken in der Bundesrepublik Deutschland. Z. Bevölkerungswiss. VI (1980) 411—420
Vaskovics, L.A. et al.: Generatives Verhalten von Ausländern und seine sozialen Folgen. München 1983
Vaskovics, L.: Geburtenentwicklung, Fruchtbarkeit und demographische Entwicklung bei Gastarbeitern. In: *H. Reimann, H. Reimann* (Hrsg.), Gastarbeiter, 2. Aufl. Opladen 1987, S. 222—242
Wilpert, C.: Die Zukunft der Zweiten Generation. Königstein 1980
Wilpert, C.: Zukunftsorientierung von Migrantenfamilien: Türkische Familien in Berlin. In: *H. Reimann, H. Reimann* (Hrsg.), Gastarbeiter, 2. Aufl. Opladen 1987, S. 198—221

Tabelle 1 Familienstatistische Angaben (1950–1984)

Jahr	durch-schnittliches Heiratsalter M (ledig)	F (ledig)	Eheschlie-ßungen je 1000 Ein-wohner	Lebendge-borene je 1000 Ein-wohner	nichteheli-che Gebur-ten auf 100 Lebendge-borene	Eheschei-dungen je 10000 Ein-wohner	Index der Gesamt-fruchtbarkeit
1950	28,1	25,4	10,7	16,2	9,7	16,9	2,09
1955	27,0	24,8	8,8	15,7	7,9	9,2	2,13
1960	25,9	23,7	9,4	17,4	6,3	8,8	2,37
1965	26,0	23,7	8,3	17,7	4,7	10,0	2,50
1970	25,6	23,0	7,3	13,4	5,5	12,6	2,01
1975	25,3	22,7	6,3	9,7	6,1	17,3	1,45
1980	26,1	23,4	5,9	10,1	7,6	15,6	1,45
1984	27,0	24,4	5,9	9,5	9,1	21,3	1,29

Quelle: Eigene Zusammenstellung aus den Angaben der Statistischen Jahrbücher, Wiesbaden 1960–1986

Tabelle 2 Erwerbstätigenquote der Mütter 1950–1982 in %

Jahr	a) alle Mütter			b) verheiratete Mütter		
	mit Kindern unter 18 J.	mit Kindern unter 15 J.	mit Kindern unter 6 J.	Zahl der Kinder unter 15 Jahren		
				1	2	3 und mehr
1950	24,3	22,8	–*	22,5	21,8	25,7
1961	34,7	32,7	29,7	37,3	31,7	31,7
1970	35,7	34,2	29,8	39,0	30,5	29,3
1980	42,3	40,8	35,8	46,2	36,7	31,7
1982	42,6	41,4	35,8	46,2	36,7	29,9

* Zu diesem Kriterium sind für 1950 keine Daten veröffentlicht worden.

Quellen: 1950: *Kurt Horstmann:* „Die Frau in Haushalt und Beruf". Wirtschaft und Statistik, 6. Jg., 7 (1954) 327
1961: *Johannes Adams, Helga Gendriesch:* „Familienstruktur und Frauenerwerbstätigkeit". Wirtschaft und Statistik, 17. Jg., 11 (1965) 706 sowie im Tabellenteil, S. 736
1970: Statistisches Jahrbuch 1971, 128
1980: Statistisches Jahrbuch 1981, 101
1982: Statistisches Jahrbuch 1985, 105

Namenregister*

Aba, O. 268, 270
Abadan-Unat, N 279, 283
Abel, J.D. 185
Achenbach, T.M. 268
Adams, J. 144
Adorno, Th. 90, 103, 122
Albrecht, G. 279
Allerbeck, K. 25, 95, 98, 112
Allouche-Benayoun, B.J. 181
Aquin, Th. v. 205
Armbruster, E. 263, 268
Arnold, B. 169
Arnold, F. 87
Atkin, Ch. K. 182, 190
Atkin, C.S. 185
Auge, M. 81, 227
Axeli-Knapp, G. 100, 112

Babchuck, N. 169
Bachmair, B. 180
Bäuerle, W. 141
Baker, D. 169
Ballerstedt, E. 5, 58
Bargel, T. 43, 50, 52, 84
Barker, R.G. 45, 46, 49
Barth 190
Bartke, U. 58
Bauer, W. 181
Baumann, R. 51
Baumert, G. 6, 65, 88, 96, 97, 98, 99, 100, 102, 121, 122
Baur, E. 181
Bayer, H. 134, 139
Becher, H. 279
Beck, U. 104
Becker, G.S. 74
Becker-Schmidt, R. 100, 112, 137, 138, 139
Beck-Gernsheim, E. 103, 136
Beckmann, M. 47, 48, 192
Behr, S. 23

Beiderwieden, J. 27
Beitzke, G. 169
Bejin, A. 67
Bell, N. 146
Bengtson, V.L. 169
Berger, R. 82, 84
Berg-Laase, G. 58
Berning, M. 58
Bertram, H. 108, 134, 139
Bessler, H. 177
Beyreuther, E. 204
Bickenbach, G. 29
Blood, R. 145, 168
Blücher, V. Graf 178
Blumer, H. 256
Bohnhoff, S. 263
Bonacker, M. 279
Bonfadelli, H. 175, 176, 177, 178
Bormann-Müller, R. 108
Born, C. 139
Bott, E. 146
Bottorf 190
Bowlby, J. 101, 110, 131
Brackmann 267
Brandes-Erlhoff, U. 137, 139
Braun, M. 268
Breetzke, E. 17, 18
Brinkmann 228
Bronfenbrenner, U. 46, 47, 49, 179
Buba, H.P. 279, 287
Buckle, D. 263
Buerkel-Rotfuss, N.L. 185
Buj, V. 261
Bunger, F.E. 236
Burchinal, L.G. 146
Burgess, E.W. 90
Burgsmüller, A. 200
Burhardt, W. 80, 81
Buss, M. 190
Butsch, R. 184

---

* Das Sach- und Namenregister wurde dankenswerterweise von Frau Ursula Oßwald und Frau Corinna Onnen-Isemann, Oldenburg, zusammengestellt.

Namenregister 301

Caesar, B. 99
Caesar-Wolf, B. 21
Caplow, T. 169
Chaffee, S. H. 182, 185, 190
Chombart de Lauwe, M.-J. 58
Claessens, D. 7, 8, 147
Clarke 190
Cohen, J. 51
Conze, W. 7
Cooper, D. 61
Cramer, A. 219
Csikszentmihalyi, M. 187
Cunningham, M. R. 187
Curtis, R. F. 170

Dahms, H. 179
Dahrendorf, R. 118
Dahrmann, D. 202, 203, 204
Darkow, M. 175, 178
Darschin, W. 175, 176
Deilmann, H. 39
Deppe, W. 91
De Witt, S. 29
Dietrich, G. 112
Diezinger, A. 137, 139
Dillon, P. B. 171
Dittrich 51
Dölle, H. 17, 18
Dombois, H. 201, 202
Douglas, J. W. B. 51
Durkheim, E. 146, 255
Duss von Werdt, J. 84

Eckart, Ch. 120, 137
Eckert 78, 79
Eckhardt, J. 175, 178
Ehlers, R. 177
Ehrlich, E. 11, 29
Eid, V. 91
Eidmann, D. 21
Einemann, B. 139
Eirmbter, B. H. 52
Elias, N. 250
Ellscheid, G. 29
Engelbert, A. 58
Engfer, A. 47, 192
Erikson, E. H. 99
Erler, G. 141
Ermisch, J. 74
Erpenbeck, G. 279
Eser, W. 16

Esser, H. 291
Eurich, C. 187
Ewert, O. 3, 4, 9, 261, 267

Fallis, S. F. 195
Farber, B. 147, 155, 156, 157, 167,
    168, 169
Fauser, R. 43, 50, 52
Fawcett, J. T. 87
Feiring, C. 101
Feld, W. 141
Figueroa, A. 167
Firth, R. 145
Fisch, R. 93, 251
Fischer, K. 263
Fitzpatrick, M. A. 195
Flade, A. 58
Flecken, M. 91
Fleischer, H. 234
Focke, K. 135
Fontane, Th. V
Forge, A. 145
Fover, L.-K. 75
Frank, B. 175, 176, 177, 181, 182,
    188
Franzmann, B. 175, 178
Freeman, M. D. A. 28
Frenkel-Brunswick, E. 90
Freudenberg, S. 261
Friedan, B. 65
Friese, H. 141
Fröhner, R. 16
Frueh, T. 185
Fthenakis, W. E. 23, 81, 109
Fuchs, H. 84
Füllmann, G. 80, 81, 84
Fürstenheim 261

Gaiser, W. 58
Ganzer, B. 145
Ganzert, J. 145
Gastager, H. 8
Gastager, S. 8
Gendriesch, H. 144
Gerbner, G. 184, 185, 190, 191
Gerhard, P. 182
Gerspach, M. 108
Geulen, D. 102
Glatzer, W. 5, 37, 38, 39, 40, 81, 84,
    85
Glendon, M. A. 170

Glennon, L. M. 184
Glogauer, W. 177, 179, 189
Glueck, E. 51
Glueck, S. 51
Glynn, C. J. 195
Goldstein, L. J. 170
Gorden, N. J. 191
Gordon, M. M. 287
Graf, U. 58
Gravenhorst, L. 80, 81, 84
Graves, S. B. 191
Greenberg, B. S. 185
Greese, D. 141
Gregor 261
Greschat, M. 200
Griese, H. M. 279, 292
Gross, L. 184
Grossmann, K. 109
Grossmann, K. E. 109

Haavio-Mannila, E. 169
Hackelberg, M. v. 16
Haensch, D. 8
Häring, H. 179
Häufele, R. 279
Hätten-Schwiber, W. 176
Hafeneger, B. 108
Hahn, A. 78, 79
Handl, G. 143
Hanselmann, I. 208, 209, 210, 211, 212
Havlicek, D. 175, 188
Hax, H. 12
Heilig, G. 84, 286
Heine, J. 58
Heintze, S. 139
Hellbrügge, Th. 130
Henning, G. 199
Herget, H. 81, 84, 85
Herlth, A. 47, 48, 52, 251, 252
Herlyn, I. 37, 38
Herlyn, U. 37, 38, 43, 45, 47
Herold, M. 258
Herrmann, A. H. 124, 125
Herzer, M. 247, 255
Hess, T. 273
Hild, H. 209
Hill, P. B. 279
Hill, R. 170
Hilzenbecher, M. 81
Himmelweit, H. 179, 183, 192

Hinze, E. 124, 125, 126, 127, 136
Hoag, W. 25, 95, 112
Höhn, Ch. 63, 64, 73, 84, 253
Höpflinger, F. 63, 64, 73, 74, 75
Hoff, A. 229
Hoffman, L. W. 87
Hoffman, H. R. 187
Hoffmann, K. 174, 187
Hoffmann-Nowotny, H. 279
Hoffmann-Riem, Ch. 71, 138, 139
Hofmann, A. Chr. 125, 126
Hofstätter, P. 173
Holtbrügge, H. 279
Hondrich, K. O. 7, 92
Honig, M.-S. 80, 81, 84
Horkheimer, M. 92
Horn, I. 178, 187, 188
Hornstein, W. 139, 141
Horstmann, K. 144
Hubbard, W. H. 11, 12
Hubert, J. 145
Hübner, R. 155
Hübner-Funk, S. 58
Huffmann, J. 29
Hunziker, P. 184, 186, 187, 188, 190, 192

Ihara, T. 29
Inglehardt, I. 86
Ittelson, W. H. 49

Jacob, J. 58
Jaeckel, M. 141
Jaerich, U. G. 120, 137
Jaide, W. 92
Jeffries-Fox, S. 184, 185, 190, 191
Jellouschek, H. 76
Johnson, H. M. 170
Johansen, E. M. 92
Jüngel, E. 220
Jürgens, H. W. 74

Kabbuth-Taddei 67
Kabel, R. 175, 178
Kätsch, E. M. 129
Kane, T. T. 279
Kappelhoff, P. 170
Karrer, M. 137, 139
Kaslike, E. 51
Kaufmann, F.-X. 47, 48, 50, 51, 250, 251, 252, 255

Namenregister

Keil, S. 3, 9, 203, 259
Kellner, H. 181, 186
Kersten, D. 125, 126
Kiefer, M.-L. 180
Kiefl, W. 252
Kipp, Th. 24, 27
Klages, H. 86, 87
Klauders 227
Klein, V. 123
Klönne, A. 58
Knapp, G. A. 137, 139
Knobloch, E. M. 267, 268, 274
Koblank, E. 261, 262, 263
Koch, C. 279
Koch-Arzberger, C. 279
Koebbel, I. 251
Köckeis, E. 6
König, P. 279, 285, 292
König, R. 7, 16, 67, 70, 147, 168, 170
Kohaus-Jellouschek, M. 76
Kohl, Ch. 266
Koliades, E. 134
Konjetzky, K. 108
Korczak, D. 8
Koschorke, M. 146, 274
Krähenbühl, V. 76
Kramer, H. 120, 137
Kreppner, K. 108
Kreeshan, B. 187
Krohns, H.-C. 48
Kropholler, J. 14
Krüger, D. 81, 82
Krüger, H. 17, 18, 106, 108, 109, 139
Krüsselberg, H. G. 81, 227
Krummacher 51
Kube, E. 58
Kubey, R. 187
Kudat, A. 279, 291
Küchenhoff, E. 184
Kühlewind 227
Künzel, R. 84
Kuhnt, M. 107, 108, 109
Kulpok, A. 177
Kunczik, M. 187
Kungel, B. 181
Kupisch, K. 199
Kurzrock, R. 92
Kutsch, G. 4

Lang, S. 58
Langer-El Sayed, I. 255
Langkau, J. 113
Langkau-Herrmann, M. 113
Lebovici, S. 263
Lee, G. R. 170
Lehr, U. 19, 134
Leifer, A. D. 191
Leimböck, A. 81
Leinhofer, G. 270
Leitner, H. 279, 294
Leitner, U. 145
Lempp, R. 141
Lewis, M. 101, 145, 168
Levy, R. 130
Lévy-Strauss, C. 147
Ley, K. 279
Liegle, L. 257
Lilienthal, C. 263
Limbach, J. 1, 8, 19, 20, 28, 198
Linde, H. 253
Littmann, E. 51
Litwak, E. 150, 167
Locke, H. J. 90
Löfgren, O. 170
Lopata, H. Z. 150
Lorey, E. M. 187
Lüdicke, K. 81
Lüke, G. 12
Lüschen, G. 2, 8, 145, 146, 168, 169, 183
Lüscher, K. 3, 7, 9, 75, 182, 198, 251, 255, 256
Luhmann, N. 66
Lukesch, H. 4, 8, 173, 176, 178, 182, 183, 188, 189
Lullies, V. 137, 139
Lupri, E. 78
Lyle, J. 183, 187, 192
Lyon, Ch. M. 28

Maccoby, E. E. 186, 192
Mahnken, M. 169
Malinphant, R. 51
Manis, J. 87
Marquardt, R. 137, 139
Mause, L. de 93
Maxson, R. F. 124
Mayer, K. U. 169, 171
Mayntz, R. 7, 141
McGhee, P. E. 185

McLeod, J. M. 182, 190, 195
Medick, H. 171
Mehrländer, U. 279, 285
Meier, W. 175, 178
Menken, J. 148, 149
Menne, A. E. 8, 147
Meulemann, H. 80, 81
Mewes 130
Meyer, S. 28, 65, 69, 77, 93, 118
Meyer-Ehlers, G. 58
Meyer-Plamedo, I. 171
Meyn, H. 180
Mikat 18
Milz, H. 140
Mitterauer, M. 7, 13
Moers, M. 142
Mohr, H. M. 82, 84
Mollenhauer, K. 51
Mollenhauer, P. 141
Moltmann, J. 199, 200
Monnier, A. 253
Moore, W. E. 4
Mühlfeld, C. 148
Müller, E. W. 145
Müller, H.-U. 58
Müller, W. 143, 171
Müller-Hagen, D. 234
Müller-Kaldenberg, R. 135
Münch, E. M. v. 29
Münder, J. 23, 26
Münz, R. 104
Mundt, J. W. 39, 43, 51, 52
Murstein, B. J. 67
Muthesius, H. 132
Myrdal, A. 123

Napp-Peters, A. 77
Nauck, B. 64, 78, 81, 82, 176, 279, 281, 283, 285, 292
Nave-Herz, R. I, 2, 7, 8, 27, 28, 65, 66, 67, 68, 70, 71, 78, 81, 85, 87, 88, 104, 105, 108, 109, 118, 132, 133, 145, 149, 176, 213
Neidhardt, F. I, 7, 78, 141, 167, 255
Nell-Breuning, O. v. 254
Neuendorff, K. 185
Neumann, K. 207
Neumann, U. 279
Nikles, B. W. 279, 292
Noelle-Neumann, E. 20, 43, 44, 223
Noll, H. 66

Nowack 17, 18
Nyssen, E. 118

Oberborbeck, K. W. 269
Oppenheim, A. N. 179, 183, 192
Özel, S. 279, 283
Ostermeyer, H. 8
Otremba, H. 279
Otto, J. 63, 64, 73, 84
Oubaid, M. 131

Papie, Th. 93
Pappi, W. 171
Parker, E. B. 183, 192
Parson, T. 89, 145, 146, 151
Pechstein 130
Perrers, M. 93
Pfeifer, W. K. 268, 270
Pfeiffer, H. 39
Pfeiffer, K. H. 181
Pfeil, E. 6, 79, 117, 118, 123, 124, 126, 128, 129, 132, 133, 134, 136, 138, 145
Pfifflering, J. 177
Piel, E. 43, 44
Pieper, B. 8
Pieper, M. 8
Pinkert, E. 51
Planck, U. 6
Pohl, K. 63
Porteous, J. 49
Postman, N. 175, 179
Preuß-Lausitz, U. 82, 98
Proebsting, H. 234
Prohansky, H. M. 49
Pross, H. 79, 80, 81, 82, 84, 132, 136
Prott, J. 141

Rabe-Kleberg, U. 106, 108, 109
Radevagen, T. 174
Raddatz, F. J. 104
Ramm, T. 13, 14, 15, 19
Ranke, H. 202
Reim, D. 103
Reitz, G. 132
Renner, E. 279
Rerrich, M. S. 7, 25, 42, 80, 81, 106, 108
Rey, E. R. 268, 270
Rheinstein, M. 167
Richter, H. E. 8, 61

Namenregister

Riedrich, L. 126
Ries, H.A. 58
Rivlin, L.G. 49
Robertson, J.F. 169
Rodax, K. 52
Rode, P. 139
Röhl, J. 67
Röpke, W. 205
Röttger, W.A. 269
Rojas, C. 188, 190
Rolland, W. 15
Ronneberger, F. I, 182
Rosenbaum, H. 7
Rosenblatt, P.C. 187
Rosenmayr, H. 150
Rosenstiel, L.v. 104
Rudert, R. 261
Ruede-Wissmann, W. 37
Rüstow, A. 205
Rumpf, M. 137, 139
Ryffel-Gericke, C. 81, 82

Sabean, D. 171
Sachs, A. 143
Saiti, H. 139
Salloway, J.C. 171
Sass, J. 141
Savigny, F.C.v. 11, 12
Saxer, U. 176
Scarbath, H. 179
Scarr, S. 134
Schäfer, U. 274
Schäfers, B. 66
Schäuble, G. 70
Scharmann, Th. I
Scheffler, E. 13
Scheller, G. 68
Schelsky, H. 6, 8, 65, 96, 101, 103, 120, 121, 122, 126, 127, 130, 237, 255
Scherpner, H. 205
Scheuch, E.K. 7, 171
Schlüter, W. 28
Schmalenbach, H. 147, 168
Schmerl, C. 196
Schmid, J. 252
Schmidt, B. 137, 139
Schmidtchen, G. 72, 133, 223, 224
Schmidtchen, S. 263
Schmitz, C.A. 171
Schmidt-Relenberg, N. 132
Schmücker, H. 38

Schneewind, K.A. I, V, 47, 48, 50, 51, 52, 74, 185, 192
Schneider, D.M. 156, 166, 168
Schneider, K. 273
Schneider, N.F. 41
Schneider, V. 140
Schorr-Bäcker, S. 229, 231
Schoen, R. 64
Schöneberg, U. 279, 294
Schönpflug, U. 279
Scholz, J. 229
Schottmayer, G. 179, 191
Schrader, A. 279, 292
Schramm, W. 183, 192
Schreiber, M. 179
Schubnell, H. 131, 139, 140, 144, 253
Schütte, H. 58
Schütz 174
Schütze, Y. 2, 4, 8, 75, 81, 86, 99, 102, 106, 108, 109, 131
Schulte-Döninghaus, U. 108
Schultheis, F. 3, 250, 255
Schultze, G. 279, 285, 292
Schulz, W. 7, 85, 86
Schulze, E. 28, 29, 118
Schulze, H.J. 94
Schumacher, J. 7, 69, 71, 72, 84, 85
Schumann, F.K. 201, 202
Schwägler, G. 145
Schwarz, K. 63, 69, 144, 150, 279
Schwarz, U. 234
Schweitzer, R.v. 58
Schwickerath, D. 51
Seifert-Schröder, B. 262
Seitz, W. 278
Seuß, H. 258
Sichtermann, B. 103
Siebel, W. 86
Sieder, R. 7, 13
Silbereisen, R.K. 279
Singer, D.G. 188
Singer, J.L. 188
Smid, H. 263, 268
Sommerkorn, I. 2, 8, 17, 75, 80, 83, 96, 102, 132, 133
Specht, F. 261
Speck, O. 131
Speil, W. 107, 108, 109
Spitz, M. 52
Spitz, R. 131

Staikof, Z. 146
Stauber, M. 71
Stefen, R. 179
Stein, A. 75, 256
Stein, R. 261
Stein 75
Steinmann, M. F. 175, 178
Still, H. 75
Stolte, D. 180, 182
Stolte-Heiskanen, V. 145, 146, 168, 169
Stone, V. A. 186
Strohmeier, K. P. 47, 48, 52, 251, 252
Strümpel, B. 223
Strzelewicz, W. 178
Stückrath, F. 179, 191
Süßmuth, R. 3, 8, 9, 116
Sussman, M. B. 7, 146

Teichert, W. 186
Tews, H. P. 145
Thees-Auslitz, C. 169
Thomes, M. M. 90, 91
Thurnwald, H. 6, 96, 100, 102, 118, 119
Thurnwald, R. 77, 82
Thyssen, S. 186, 188, 191
Tims, A. R. 185
Tölke, A. 67
Toman, W. 75
Treimann, D. 163
Trost, J. 69
Tschoepe, A. 33
Tuchelt-Gallwitz, A. 263, 267, 268
Tyrell, H. 64, 67, 68, 83, 88, 145, 146

Ulshoefer, H. 143
Urdze, A. 74, 80, 81

Vaskovics, L. A. I, V, 1, 4, 8, 40, 46, 51, 52, 65, 106, 145, 164, 279
Vince, P. 179, 183, 192
Voegeli, W. 14, 16, 17
Völger, G. 172
Vogel, E. 146
Vollmer, R. 69, 71, 84, 85

Wacke 18
Wagnerova, A. K. 135

Wahl, K. 80, 81, 84, 251
Wallis, C. P. 52
Ward, C. 145, 146, 168, 169
Warner, R. 29
Warhaftig, M. 58
Wartella, E. A. 184
Waters, J. K. 186
Watzinger 51, 52
Weber, M. 12, 77
Weber, R. 76
Weber-Kellermann, I. 7, 17
Weeber, R. 58
Weger, H.-D. 175, 178
Wehrspaun, M. 256
Weichmann, E. 119, 138
Weins, W. 40
Welck, K. V. 172
Weltz, F. 137, 139
Wersig, G. 197
Wessel, R. 279, 285, 292
Westphalen, J. v. 108
Weth, R. 200
Whitten, N. 146
Wieacker, F. 13
Wiedemann, J. 175, 177, 178, 197
Wild, Ch. 182
Willenbacher, B. 14, 16, 17
Willmott, P. 146, 158, 159, 161
Willms, A. 139
Wilpert, C. 279
Windaus, E. 27
Wingen, M. 38, 42, 71, 76, 255
Winn, M. 197
Winnicott, D. W. 101
Winter, G. 12
Wirth, W. 251, 252
Witte, E. H. 67
Wolf, E. 12
Wolfe, A. 146
Wolff, M. 24, 27
Wolff, R. 27
Würmeling, F. J. 205
Würzburg, G. 187
Wurzbacher, G. I, V, 6, 8, 25, 65, 78, 80, 88, 96, 97, 98, 102, 106, 110, 120, 121, 145

Young, M. 146, 158, 159, 161

Zapf, W. 4
Zenz, G. 26

Ziegert, K. A. 27
Ziegler, R. 171
Zielinski, S. 174

Zinn, H. 51
Zoltan, J. 188
Zuschlag, B. 261

Sachregister

Adoption 138, 147, 269
Alleinerziehende 242 ff, 249 ff, 268 ff
Amtsvormundschaft 22
Arbeitslosigkeit 231 ff, 268
Arbeitsmigranten 281, 283, 287
Arbeitsmigrantinnen 286
Arbeitsteilung, innerfamiliale 17 ff, 80 ff, 90, 108 ff, 116, 137, 227
Arbeitszeiten 127, 133, 225, 242
Arbeitszeitformen 133, 220 ff, 222 ff
Arbeitszeitverkürzungen 225
Assimilation 287 ff, 293
Ausbildungsförderungsgesetz 240 ff
Ausländerpopulation 280
Ausländische Arbeitnehmer 238
Außenkontakte 105 ff

Babyjahr 245
Beratungsanlässe 260, 271
Bevölkerungspolitik 247, 252
Beziehung, Mutter-Tochter 148, 157
Bundesausbildungsförderungsgesetz 242
Bundeskindergeldgesetz 240, 242

Doppelrolle 115, 123, 132, 135, 137 ff
Drei-Phasen-Modell 133

Ehe
- Auflösungsrisiko 83 ff, 89
- Bedeutungswandel 65, 84 ff, 86 ff, 89 ff
- Einstellung zur 72
- funktionale Spezialisierung 67, 85 ff
- gemischt - national 280, 286 ff, 293
- kinderlose 71, 89
- Motivation 61, 68
- Verpflichtungscharakter 68, 86, 88 ff
- Zufriedenheitsgrad 84, 89
Eheberatung 259, 263
Ehegattensplitting 206, 242
Ehepartner
- Altersunterschied 80
- Beziehung 77 ff, 104 ff, 106 ff, 120 ff
Ehepflichten 11, 18
Eherechtsreformgesetz 14 ff, 20, 30 ff
Ehescheidung 244, 290
- Gründe 84 ff
- im Recht 11 ff, 19, 20 ff, 27, 28, 201, 203, 218
- Umfang 64, 83 ff, 148 ff, 233
Eheschließung 42, 62 ff, 147, 149, 203, 213, 218
Eheschließungsformen 70
- Phasenablaufprozeß 68
Eheschließungsgründe 66 ff, 86
Eheschließungsziffern 62 ff
Eheverbote 147
Eheverfehlung 18
Eigenständigkeit des Kindes 25, 110
Ein-Eltern-Familien 23, 89, 244, 246
- Umfang 76 ff
Ein-Kind-Familie 75
Eltern- Medienkonsum 189, 191
Elternberatung 263, 271, 272 ff
Elternbildung 250
Elternbriefe 251
Eltern-Kind-Beziehung 47 ff, 49, 88, 98 ff, 101 ff, 120 ff, 192, 242
Elternmitverantwortung 226
Elternrecht 24
Entscheidungsmacht 16 ff, 78 ff
Entwicklung, kindliche 42, 45, 49, 51 ff, 99 ff
Erbfall 154
Erbrecht 147, 155
Erziehungsberatung 238, 250, 263 ff, 266 ff, 276
Erziehungsgeld 243 ff, 247, 250, 253
Erziehungsstile 23, 47 ff, 52, 54, 98 ff, 188, 192, 223, 271
Erziehungsurlaub 231
Erziehungsziele 45, 98 ff, 111, 112
Exogamie 147

Familie
- Ablehnung 71
- Außenkontakte 182 ff

- Bedeutungsverlust 61, 72, 89
- Begriff 88
- Darstellung in Medien 184 ff
- De-Institutionalisierungsprozeß 83 ff
- Funktionszuwachs 101, 226
- in Not 204 ff, 243, 248
- Interaktionsstile 190, 224
- unvollständige 76 ff, 88 ff, 126, 243
- Zerfall 11, 27, 199

Familienausgleichskassen 238
Familienberatung 201, 219, 245, 259, 263
Familienberichte 129
Familienbildung 201, 219
Familiendarlehen 243
Familienentwicklung 236, 255
Familienerholung 240
Familienferienpaß 245
Familiengröße 73, 246
Familienlastenausgleich 201, 204 ff, 206, 238 ff, 242, 246
Familienpflege 243
Familienplanung 252, 259 ff
Familienpolitik
- Ziele 205 ff, 247 ff
- Definition 235, 247 ff
Familienrechtskommission 203
Familientherapie 272 ff, 274
Familienverbände 201 ff, 205 ff, 243
Familienzulagen 237
Familienzusammenführung 284
Familienzyklus 19, 41, 73, 75 ff, 85, 176, 212
Fernsehabstinenz 181
Fernsehen/Erziehungsmittel 191 f
Fernsehfamilie 184, 186
Fernsehaktivität/-nutzung 175 ff, 176, 180, 183, 185, 188, 190
Fernsehkonsum 54
Frauenarbeitslosigkeit 231 ff
Frauenbewegung 26, 66, 80, 87, 120 ff, 136
Frauen-Erwerbsquote 116 ff
Frauenberichte 133, 254
Freundschaftskontakte 159 ff

Geburten, nicht-eheliche 23
Geburtenquote 71, 150
Geburtenrückgang 54, 71, 73, 150, 241, 244, 248, 253, 289

- Gründe 74 ff
Geschlechter-Rollen 66, 79 ff, 89
Geschlechtsrollenstereotypen 185
Geschlechtsspezifische Unterschiede 82, 85, 286, 293
Geschwister 75, 149 ff
Gewalt, elterliche 24, 202
Gewalt
- in Medien 184
Gewalttätigkeit 260
Gleichbehandlungsgebot 13
Gleichberechtigungsgesetz 20, 30 ff, 201 ff
Großeltern 75, 149

Hausaufgaben 81, 111
Hausfrauenehe im Recht 14, 17 ff, 202
Haushaltsbudget 180
Haushaltsfreibetrag 242
Haushaltshilfe 239, 242
Heimarbeit 133, 232 ff
Heiraten, interethnisch 287 ff
Heiratsalter 63, 75, 149
Hochzeit 70
Hospitalismusforschung 19, 131
Human-Relations-Bewegung 224
Humanvermögenstheorie 227

Intergeneration 149

Jugendhilfegesetz 266
Jugendliche 42, 175, 177, 182 ff, 188
Jugendschutzgesetz 177

Kinder
- Bedeutung für Eltern 67, 103 ff
Kinderbeihilfen 205
Kinder
- Beschäftigung mit 107, 111
- Funktionswandel 74 ff
- Mithilfe 82
- nicht-eheliche 12, 22 ff
- verhaltensauffällige 261
- verhaltensgestörte 261 ff
- vernachlässigte 25 ff, 125
Kinderwunsch 67 ff, 74, 86
Kindergeld 206, 236 ff, 238 ff, 242, 244, 246, 252
Kinderbetreuung 227
Kindergarten 42 ff, 52, 211, 237 ff, 250

Kindergeldfreibeträge 240, 244
Kindergeldgesetz 237ff
Kindergeldkasse 239
Kindertagesstätten 43, 238, 250
Kinderlosigkeit 71, 150, 246
Kinderschutz 25ff, 27
Kindesmißhandlung 26
Kinderzahl, ideale 73
Kindschaftsrecht 22ff
Kirchenamtliche Statistik 212ff, 219
Kirchenaustritte 209, 211
Kirchenmitglieder 209
Kirchensteuerregelung 207
Kirchenzugehörigkeit 210ff
Kleinfamilie, isolierte 145, 146, 151ff, 165
Konfessionszugehörigkeit 213, 215
Konfirmation 211ff
Kuppelei-Paragraph 66

Lebenserwartung 149
Liebe, romantische 67ff

Machtverhältnisse, familiale 16, 77ff
Marriage Squeeze 64
Männer-Rolle 79, 90
Männerüberschuß 64
man, complex 224
man, economic 224
Medienkonsum 173, 175ff, 177, 179, 183, 188ff, 190ff
Mediennutzungsverhalten 192
Mietbeihilfen 240
Migrantenfamilie, türkische 279ff
Migrationsbiographie 291
Migrationsentscheidung 294
Mischehen 218ff
Mutter
– biologische 27
– genetische 27
– Darstellung in Medien 184
Mütter
– Erwerbsquote 117
Mutter
– erwerbstätige 19, 106, 108, 115ff, 269
– Gründe 123ff, 134ff
– Doppelorientierung 130, 132, 139
– familientätige 107ff
Mutter-Kind-Dyade 110

Mutterschaftsgeld 239, 242
Mutterschaftsurlaub 239, 246
Mutterschutz 239ff

Nachelterliche Phase 75
Namensrecht 14, 15ff
Netzwerkanalyse 146
Netzwerke, gemeindliche 161
Netzwerke, familiale 152, 159, 161
Netzwerke, familial-verwandtschaftlich 148, 150, 161, 168
Netzwerke, familial-verwandtschaftlicher, Dichte 151
Netzwerke, soziale 46, 51, 101, 161, 294
Neue Technologien 232
Nicht-eheliche Lebensgemeinschaften 23ff, 27ff, 65ff, 200, 260
– Formen 69
– Begriff 64, 68ff
– Umfang 64, 68
– ges. Entstehung 65ff

Onkel-Ehe 70
Ordnung, parentelische 155f

Partnerschaftsverträge 29
Partnerwahl 215, 280, 283
Pluralität von Lebensformen 76, 88, 90, 249, 254
Pionierwanderer 280, 283ff
Printmedien 174ff
– Nutzung 177
Probe-Ehe 69
Produktivität 230

Quasi-Verwandte 146, 159

Reichsjugendwohlfahrtsgesetz 261
Reorganisationsprozesse, familiäre 291
Reserve modeling 190
Rituale 69ff
– familienspezifische 151

Säuglings- und Kindersterblichkeit 149
Schlüsselkinder 130ff, 139
Schülerhorte 237
Schulpsychologischer Dienst 271, 275
Schulstreß 111

Schwangerschaftskonfliktberatung 250
Schwarzhandel 119
Sexualethik 200
Sexualberatung 259
Sorgerecht, elterliches 20, 23 ff, 26, 201, 203 ff
Sorgerechtsgesetz von 1980 32 ff
Soziale Schichten 39, 43, 57, 70, 79, 165, 182, 184, 211, 268 ff
Sozialhilfe 206
Sozialisation, familiale 1, 24, 45 ff, 186 ff, 209
Sozialisation, kirchliche 211
Sozialisation, schichtenspez. 45, 90, 99 ff
Stammfamilie 145
Stiefelternschaft 76

Tagesmutter 134
Taufe 211 ff, 213 ff
Telesüchtigkeit 181
Trauungen 211, 215 ff, 218
Tod 147

Unterhaltsanspruch 20
Unterhaltshilfen 237 ff, 246
Unterhaltspflicht 11, 147
Unterhaltsrecht 21, 28
Unterhaltsvorschuß 242, 246
Unterhaltszahlung 22 ff
Urgroßeltern 149
Urlaubszeiten 225

Väter
- nicht-ehelicher Kinder 22 ff
Value-of-Children-Forschung 87
Vater
- Vorrecht 17
- Entscheidungsrecht 202
- Rolle 80 ff, 108 ff
- „werdender" 80 ff, 87, 109

Verlobung 69
Vereinbarkeit von Familie und Beruf 115 ff, 229 ff, 244
Verwandtschaft
- Bedeutung 145, 152
- Besuchsindex 160
- Beziehung 145, 151, 160 ff, 163, 165
- Hilfeleistungen 157 f, 159, 168
Verwandtschaftskulturen 147, 150
Verwandtschaftsbeziehungen 237
Verwandtschaftsstrukturen 151
Verwandtschaftssystem 75
- Ausdehnung 153
Vererbung/Besitz 154
Vermögensauseinandersetzung 28
Vermögensausgleich 28
Versorgungsausgleich 20 ff
Vormundschaftsgericht 16, 25 ff, 203

Weihnachtsfest 162
Wiederverheiratung 64, 76, 148 ff
Witwen 150
Witwen- und Waisengeld 237
Wohnungsausstattung 38 ff
Wohnbevölkerung, ausländische 281 ff
Wohngeldgesetz 242
Wohngemeinschaften 199
Wohnraumbestand 37
Wohnverhältnisse 41, 187
Wohnungsgröße 37 ff, 52
Wohnungssituation 36 ff, 39 ff, 41, 65 ff, 240
Wohnumgebung 49
Wohnzufriedenheit 39

Zeitautonomie 230
Zeitverwendungsmuster 228
Züchtigungsrecht 26
Zugewinngemeinschaft 20

# Ferdinand Enke Verlag Stuttgart

1987 — 150 Jahre

Der Mensch als soziales und personales Wesen

Hrsg. von G. Wurzbacher

Band 7
Identität
Hrsg. von *H.-P. Frey/K. Haußer*
1987. X, 296 S., 17 Abb., 13 Tab., kart. DM 48,–
ISBN 3 432 96401 3

Band 6
Umweltbedingungen familialer Sozialisation
Hrsg. von *L. A. Vaskovics*
1982. 392 S., 29 Abb., 19 Tab., [flex. Tb.] DM 29,80
ISBN 3 432 91391 5

Band 5
Frühkindliche Sozialisation
Hrsg. von *F. Neidhardt*
2., neubearb. Aufl. 1979. XII, 452 S., [flex. Tb.] DM 24,80
ISBN 3 432 88002 2

Band 4
Sozialisation durch Massenkommunikation
Hrsg. von *F. Ronneberger*
1971. XV, 440 S., 14 Abb., 44 Tab., kart. DM 64,–
ISBN 3 432 84691 6

Preisänderungen vorbehalten

Bei Fragen zur Produktsicherheit wenden Sie sich bitte an:
If you have any questions regarding product safety,
please contact:

Walter de Gruyter GmbH
Genthiner Straße 13
10785 Berlin
productsafety@degruyterbrill.com